멜랑콜리 미학

멜랑콜리 미학

m e l a n c h o l y

김동규 지음

문학동네

사랑의 면류관을 내게 씌워준
김남희에게
이 글을 헌정합니다.

차례

화답

어쩌면 도서관 사서 분들은 서가의 어디쯤에 이 책을 꽂아야 할지를 두고 얼마간 망설일 수도 있을 것 같다. 언뜻 보아서는 글의 정체가 불투명하기 때문이다. 내가 보기에도 이 글은 어떤 분류체계에도 깔끔하게 소속되지 않는다. 이런 글이 나오게 된 까닭은 우선 글 쓴 동기와 과정에 부득이한 사정이 있었기 때문이고, 다른 한편에서 필자 나름의 이유를 가지고 의도적으로 분류 불가능한 글쓰기를 시도했기 때문이다.

이 글의 첫 판형板型은 글쓴이가 미학 강의를 준비하며 기록한 메모들과 한 편의 영화를 보고 난 뒤에 떠오른 어떤 영감들을, '선명하게 조탁하기 위해' 그리고 '교육적 목적을 위해서', 조합해본 것에 바탕을 두고 있다. 다시 말하면 이 글의 기본 틀은 그동안 예술철학을 연구하고 강의하면서 여러 가지 갈래로 펼쳐져 있기만 하던 생각 부스러기들을 종합하고, 그것을 다시 한 편의 영화가 던져준 영감들에 접속시키려는 데에 있다. 그런 배경 속에서 나왔기 때문에, 이 글은 전문 영화비평도 아니고, 소설도 아니며, 미학이나 철학 분야의 논문집도 아닌 기묘한 형태의 글이 되었다. 게다가 예술에 관한 글은 원칙적으로 내용은 물론이거니와 글의 형식과 스타일 면에서 예술처럼 자유롭고 독특해야 한다는 글쓴이의 평소 생각도 글을 기묘하게 만드는 데 한몫했다. 굳이 이 책의 정체를 말하라면, '사랑과 죽음 그리고 예술에 관한 철학적 단상' 또는 일반 독자(특히 대학생들)를 위한 '미학 교양서', 그도 저도 아니라면 예술작품을 만나면서 떠오른 착상을 자유롭게 펼쳐본 '미학 에세이'에 가까운 책이라 할 것이다.

이 글을 이끌고 있는 문제의 영화는 〈글루미 선데이〉라는 작품이다. 상당히 인상적으로 본 작품이어서, 주위의 사람들에게 많이 소개하기도 하고, 미학(헤겔의 말처럼, 미학의 정확한 명칭은 예술철학이다. 하지만 이 글에서는 두 용어를 같은 의미로 병용한다) 강의에서도 학생들과 생각거리를 공유하는 매체로 이 영화를 자주 사용하고 있다. 상업적으로 성공한 영화였고, 평도 그다지 나쁘지 않았던 영화다. 이미 유명세를 확보한 음악 〈글루미 선데이〉를 십분 활용하면서, 탄탄한 플롯과 깔끔한 촬영 및 편집으로 일정 수준의 형식미를 확보하고, 특이한 사랑법을 선보이면서도 역사적 정치상황을 적절히 삽입시킴으로써 작품의 리얼리티를 포기하지 않았기 때문인지, 영화는 다양한 관객의 구미를 충족시킬 수 있었다. 그렇지만 영화사의 한 페이지를 장식할 만큼 특별한 미학적 기법을 사용했다거나, 당대의 시대정신을 잘 드러냈다거나, 아니면 심오한 철학적 메시지를 철두철미하게 구현했다거나 하는 등등의 거창한 수식어들이 붙을 만한 영화가 아님은 분명하다. 하지만 이 영화는 내게 각별한 의미로 다가왔고, 그래서 한 권의 책을 시작하고 마무리 짓게 했다.

이 글은 영화를 보고 영화를 언급하며 쓴 글이지만, 영화평론과 같은 종류의 글은 아니다. 나는 영화평론가도 아니며, 영화를 평론할 만큼의 충분한 지식도 재능도 없다. 이 글은 다만 영화를 천천히 음미하며 반복해서 보면서, 그것이 불러일으키는 여러 생각들, 특히 예술에 관한 생각의 편린들을 간추리고 다듬은 것이다. 시인 정현종은 이렇게 말한 적이 있다. "네 눈의 깊이는 네가 바라보는 것들의 깊이이다. / 네가 바라보는 것들의 깊이 없이 너의 깊이가 있느냐."* 시인은 사물의 깊이를 강조하고 있다. 사물의 깊이가 눈의 깊이를 결정한다. 작품의 깊이 역시 감상자의 눈의 깊이를 결정한다. 당연히 감상자의 안목을 깊이 있게 만들어주는 작품이 훌륭한 예술작품이다. 그러나 거꾸로 말할 수도 있다. 눈의 깊이가 사물의 깊이를 드러낸다고 말이다. 작품을 감상하는 자의 안목의 깊이는 어떤 사물이 예술작품이 되는 하나의 결정적인 계기다. 그래서 우리는 영화에 대한 비평적 관점에 관심을 갖기보다는 영화의 깊이에 우리 눈을 맞추면서도 동시에 '철학적인 눈의 깊이'로 영화의 깊이를 새롭게 가늠할 것이다.

이러한 까닭에 여기에서는 직접적으로 영화의 세부 내용을 다루기보다는(물론 각각의 주제마다 영화 내용이 삽입되었지만), **영화의 제목, 영화가 뿜어내는 분위기, 개별 모티프, 그리고 영화음악의 선율과 '어울리는'** 글을 의도할 것이다. 글 속에서 나는 영화와 글 내용의 직접적인 연관성보다는, 이질적인 둘 '사이'에서 공명하는 어떤 '**침묵의 좋은 화음**和音'을 구축하려 할 것이다. 철학자라면 한 편의 좋은 영화

---

* 정현종, 『견딜 수 없네』, 시와시학사/황금이삭.1, 2003. 17쪽.

를 보고 그 영화에 대한 세부 비평이 아니라, 영화가 던지는 메시지와 그것의 분위기에 '**화답**和答'하는 묵직한 책을 내야 한다는 생각으로 말이다.

글의 이해를 돕기 위해 이 글을 쓰게 된 부끄러운 동기 하나를 잠깐 언급하도록 하겠다. 예술철학을 가르치는 선생 자격으로 강단에 서면서, 나는 항상 학생들에게 부끄러웠다. 왜냐하면 교단에 서 있는 내가 정작 예술에 관한 생각을 삶의 큰 문맥 속에서 정리하지 못하고 있었기 때문이다. 소소한 미학적 세부 이론들은 예술에 관한 지적 허영심을 불어넣기에 충분히 도움이 되지만, 그것만으로는 당연히 예술의 근본을 밝힐 수 없는 것은 물론이고, 하물며 예술과 철학이 우리에게 어떤 의미가 있는지를 설명할 수 없기 때문이다. 그런 까닭에 강의를 하면서도 항상 자신 있게 예술에 대해 말할 수 없었고, 무엇인가 말을 한다 해도 사기치고 있다는 느낌을 지울 수 없었다. 그럴 즈음 이 영화를 보았다. 다른 무엇보다도 영화의 독일어 제목, 〈사랑과 죽음의 노래Ein Lied von Liebe und Tod〉라는 단어의 조합이 어떤 화두처럼, 빛나는 열쇳말로 다가왔다. 혼돈스럽게 흩뿌려진 별들 속에서 일정한 모양의 별자리를 찾아낸 과거의 뱃사공처럼, '사랑', '죽음', '노래', 이 세 단어의 조합 속에서 희미하지만 어떤 형체를 가진 의미 덩어리를 보았던 것이다.

이 글이 전면에 내세우고 있는 핵심 테제는 영화에서 얻은 영감에서 유래한 것이다. 우리의 테제에 따르면, '**예술은 본질적으로 사랑과 죽음의 노래다**'. 이 소박한 테제를 정치하게 다듬는 과정에서 예술이 어떻게 사랑(그리고 죽음)과 연결되는지를 밝히는 것이 이 글의 기본 목표이다. 다시 말해서 사랑과 죽음 그리고 예술 사이의 내밀한 연관성을 드러내는 것이 글의 일차적인 목표이다. 또한 이 글은 사랑과 죽음이라는 낭만적 주제를 그저 감상적으로 다루려는 것이 아니라, 철학적인 기반 위에서 그 주제를 **'멜랑콜리 미학'**으로 확대·변용시키고자한다. 이것에 관한 엄밀한 학술적 논증은 차후로 미루더라도, 멜랑콜리 미학의 기본 아이디어 몇 가지는 일단 소박한 모습 그대로 기록하고자 한다.

비록 글은 단순하고 작은 계기에서 출발했지만, 이 글을 아우르는 문제의 지평은 의외로 복잡하고 광활하다. 서구의 미학 담론을 구체적으로 소개하고 재해석하는 것에 많은 부분이 할애되겠지만, 이 글은 그것을 서구 문화론이라는 큰 틀에서 조망하고자 한다. 간명하게 말해서 이 글은 **서구의 자기애적인 '사랑론'과 자유의 최고 형식으로 전개되는 '죽음론'에서 독특한 '멜랑콜리 미학'**이 형성되었음을 간접적으로 보여줄 것이다. (글의 3단계 구성은 이런 발상에서 나온 것이다.) 이것을 위해, '서구 문화의 멜랑콜리'라는 밑그림 위에서 몇 가지 중요 미학 이론들을 재배치하는 방식으로 글이 구성될 것이다. 그렇지만 서구 문화를 이해하는 핵심 코드로서 멜랑콜리를 엄밀하게 논하는 작업은 다음 기회에 다루도록 하겠다. 다만 이 책에서는 그것에 대한 기본적인 발상 몇 가지를 소개하는 것으로 만족하기로 한다. 요컨대 이 글은 멜랑콜리 서구 문화론을 원경遠景으로 배치하면서, 사랑, 죽음, 멜랑콜리라는 열쇳말로 예술로 향한 비밀의 문 하나를 열어보려 한다. 이런 맥락에서 이해하자면, 이 글의 제목인 『멜랑콜리 미학』은 멜랑콜리에 '관한' 미학적 성찰을 뜻하는 것이라기보다는, **사랑과 죽음이 교차하는 심미적 감정이자, 서구 예술 전체를 지배하는 근본 정조가 멜랑콜리임을 밝히는 말**이라고 하겠다.

글은 모두 세 부분으로 이루어져 있다. 제1부 '사랑의 면류관'은 플라톤의 에로스를 중심으로 서양의 사랑론을 재구성한다. 여기에서는 일차적으로 사랑의 현상학적 기술에 초점을 맞추면서도, 사랑과 예술이 어떤 연관 속에서 하나로 엮이는지를 보일 것이다. 누구나 예술과 사랑 사이에 모종의 끈이 있음을 직감하면서도, 그것을 이론적으로 적절하게 풀어내는 일은 어려워한다. 제1부에서는 예술과 사랑의 본질적인 연관관계를 플라톤의 에로스론을 바탕으로 풀어볼 예정이며, 동시에 서양의 사랑론 저변에 나르시시즘이 놓여 있음을 보임으로써 그것의 한계를 밝혀보고자 한다.

제2부 '죽음의 흔적들'에서는 삶 속 곳곳에 침투해 있는 죽음의 자국들을 조망하고, 하이데거의 죽음론을 중심으로 서양인들이 어떻게 자유와 죽음을 연결 짓고 있는지에 초점을 맞출 것이다. 그들에게 죽음은 자유가 최고의 순수성을 얻기 위해 반드시 거쳐 가야만 할 관문이다. 그리고 인간의 존엄성은 그런 순수한 자유 위에서 확보된다. 그런데 서구인들이 인간의 최고 가치로 애지중지해온 그 자유가 종국에는 남성적인 자유, 자기중심적 자유, 자기애적 사랑에 기초한 자유임이 폭로될 것이다. 상대적으로 2부의 내용에는 예술에 관한 언급이 적겠지만, 이곳에서도 문맥이 허락하는 대로 미학적 내용을 가미할 생각이다. 근본적으로 예술의 꽃은 사랑이 죽음을 만날 때 만개滿開한다.

그리고 마지막으로 제3부 '멜랑콜리의 노래'에서는 본격적으로 서구 미학의 주요 개념 몇 가지를 다룰 것이다. 3부의 전체 내용에 따르면, '예술'을 비롯한 주요 미학 개념들은 모두 사랑과 죽음을 근원으로 삼고 있다. 그리고 서양의 사랑론과 죽음론이 결합되면서 멜랑콜리라는 특이한 정조가 예술적 형식 하나하나에 배게 된다. 마지막으로 그런 서구의 멜랑콜리 미학의 한계에 관한 짧은 반성을 추가할 것이다. (서술 과정에서 서구 미학 개념들을 보편화시켜 말할 때가 많겠지만, 기본적으로 이 책에 등장하는 모든 미학 개념체계들, 대표적으로 멜랑콜리를 중심으로 하는 미학 개념체계들은 '서구의' 독특한 개념체계임을 미리 밝힌다.)

이제부터 한 편의 영화를 통해서 사방으로 흩어진 생각의 조각들을 짜 맞출 것이다. 물론 남는 조각 하나 없이 천의무봉天衣無縫처럼 완벽하게 짜 맞출 자신은 없다. 자신도 없을 뿐더러, 그리고 싶지도 않다. 그런 완전한 모음은 사태를 왜곡하는 것일 수 있기 때문이다. 백번 양보한다 하더라도, 언어와 사유는 어떤 사건, 타자와의 만남의 사건을 완벽하게 재현할 수는 없다. 사건은 언제나 언어와 사유의 빈자리를 요구한다. 그것은 언어와 사유가 감당할 수 없는 과잉과 잉여의 공간이다. 때문에 낱말 모음이든 생각의 조각 모음이든 간에, 빈자리, 공백, 균열, 어긋남 등등의 조립 불가능한 지점이 남겨지지 않을 수 없다. 이 경우 억지로 짜 맞추려 하기보다는 어긋남을 인정하고 그대로 놓아두는 것이 보다 진실에 가까이 서는 셈이다.

생각을 재차 부르고, 생각에 잠기고, 생각을 모으는 일, 그래서 개념화, 논리화, 로고스화, 결국 언어화시키는 작업이 바로 철학이다. '철학哲學'이라고 번역되기 이전의 말, 'Philosophy'가 담고 있는 의미 그대로, 철학은 지혜sophia를 사랑philia하는 행위이다. 이 말의 의미에 충실히 따른다면, 철학은 여타의 학문과 나란히 서 있는 분과학문이기 이전에 학문을 움직이는 근본적인 동력, 진리에 대한 인간의 욕망, 사랑을 뜻한다. 때문에 철학은 본래부터 개별 학문의 좁은 울타리를 넘나드는 공동 학제적interdisziplinär 연구일 수밖에 없다. 그렇다고 이 말이 제도화된 철학자나 철학계의 오만어린 독단으로 해석되어서는 안 된다. 철학이란 이름은 말 그대로 특정인, 특정 학계의 전유물이 될 수 없다. 그것은 간절히 사랑하고 깊이 생각하는 사람들의 것이다. 얼마나 깊이 사랑하고 생각하느냐가 철학이란 이름을 얻는 데 있어 결정적인 관건이다. 이런 점에서 한 편의 영화에 빠져, 그 **예술작품을 깊이 생각한다는 것은 그 작품을 중심으로 '예술-철학'을 수행한다**는 말과 다르지 않다.

노년의 하이데거는 시와 예술을 자기 철학의 화두로 삼았다. 그렇다고 그가 단순히 개인적인 관심과 취미의 차원에서 그 문제를 다룬 것은 아니다. 도리어 그는 시와 예술의 문제를 그의 평생 화두이자 서양 철학의 고전적 화두인 '존재' 물음의 연장선에서 보았고, 존재를 향한 길을 따라가다보면 불가피하게 부딪칠 수밖에 없는 테마로 파악했다. 철학의 길을 따라가다보면 반드시 예술을 만날 수밖에 없다. 이미 헤겔도 절대적인 정신의 영역에 철학과 함께 예술이 속한다고 보았다. 그렇다면 마치 같은 부모에서 나온 형제자매처럼 철학과 예술이 서로 친근한 까닭은 무엇일까? 왜 그 둘은 서로 만날 수밖에 없는 필연적 운명인가?

이런 물음들의 미궁을 헤쳐나갈 수 있는 아리아드네의 끈으로 내가 쥐고 있는 열쇳말은 '사랑과 죽음'이다. 그것은 우리 인간에게 '가장 궁극적인 것'이라 말할 수 있다. 사회적 지위가 높든 낮든, 부자이든 가난뱅이든, 배웠든 못 배웠든 상관없이, 인생에서 이것보다 중요한 일이 있을까? 인간에게 이것보다 더 보편적인 것이 또 있을까? 또한 플라톤에 따르면, 예술은 본질적으로 사랑의 결실이고 철학은 죽음의 연습이다. 이미 언급한 것처럼, 철학이라는 말에는 이미 사랑이 담겨 있으며, 드브레Régis Debray에 따르면, 예술은 죽음에 직면한 인간의 탁월한 대응방식이다. 이런 점에서 철학과 예술은 사랑과 죽음이라는 인간의 운명에서 태어나고 성장하기에, 결국 둘은 서로 운명적으로 만날 수밖에 없다. 그래서 그들은 언제나 서로를 마주 볼 수밖에 없는 것이다.

하이데거의 비유에 따르면, 그 둘은 일상적인 삶의 밋밋한 평원에 우뚝 솟은 두 봉우리다. 즉 예술과 철학은 인간 존재의 가능성을 최고도로 드높인 두 영역이다. 그런데 산봉우리의 자태를 온전하게 감상할 수 있는 곳은 오직 그만큼의 높이와 깊이를 가진 다른 봉우리뿐인 것처럼, 예술의 높이를 헤아릴 수 있는 것은 철학뿐이며, 역으로 철학의 깊이를 드러내 표현할 수 있는 것도 예술뿐이다. 예술과 철학은 언제나 함께하며, 함께 갈 수밖에 없고, 함께 가야만 한다. 이 글은 '예술을 동반하는' 철학의 모습을 보여주고자 한다. 글에 담긴 철학적 공력功力이 부족하여 가당치도 않은 욕심일 수밖에 없겠지만 마지막으로 이 글이 '철학을 동반하는' 예술 출현의 자그마한 계기라도 마련할 수 있기를 희망해본다.

제1부

사랑의 면류관

일로나는 연인을 위해 스스로를 희생한다.
희생은 타인을 위한 자기 상실이다. 정확히
말해, 희생은 '사랑'하는 '타인'을 위한
'자기 상실'이다. 타인과의 만남, 결정적으
로 타인을 향한 사랑을 통해 우리는 자기를
버릴 수 있다. 사랑을 통해 사람은 변한다.
애지중지했던 기존의 자기 모습을 주저 없
이 버릴 수 있게 만드는 거의 유일한 힘이
사랑이다.

_「상실」

첫눈에……

뒤늦게 라즐로의 레스토랑을 찾은 안드라스와 푸른 꽃을 가득 안은
일로나의 첫 만남, 황홀한 부딪침. 만남은 시선의 부딪침으로 시작된
다. 두 시선이 충돌하고, 뒤엉키고, 이내 서로에게 빠지고 침몰한다.
애인 라즐로의 시선에도 아랑곳하지 않고, 일로나는 안드라스의 시선
에 붙잡혀 꼼짝할 수 없다. 이 세상에 단 하나밖에 없는 열쇠라도 되는
듯, 일로나의 시선은 안드라스의 눈에 정확히 꽂혀 어느 누구도 뺄 수
없을 만큼 깊숙이 박힌다. 만해의 "날카로운 첫 「키쓰」"*만큼이나 황
홀한 첫 눈맞춤에서 사랑은 시작된다.

사랑은 만남이고 만남은 일종의 충돌이자 섞임이다. 그것은 서로 다
른 타자가 충돌하고 뒤섞이는 사건이다. 그것이 일종의 충돌이기에 한

---

* 한용운, 『당신을 보았습니다』, 문학과비평사, 1988. 12쪽.

편으로는 고통스러울 수밖에 없다. 그렇지만, 다른 한편으로 미지의 타자와의 섞임이기에 극도로 흥분되는 사건이기도 하다. 만남에서는 충돌의 고통과 섞임의 기쁨이 교차한다. 사랑의 만남은 서로 다른 것들의 고통스런 충돌이고 동시에 황홀한 뒤섞임이다.

타자를 타자로 인식하기 위해서, 우리는 얼굴을 본다. 여기에서 말하는 얼굴이란 단순히 인간 신체의 상층부, 눈, 귀, 코, 입, 머리털, 두개골 등을 포함하고 있는 특정 신체 부위가 아니다. 여기에서 타인의 얼굴이란 상징적으로 타자의 자기 정체성, 타자를 타자로 만드는 타자성을 가리킨다. 특히 얼굴에 위치한 눈┃은 '얼굴의 얼굴'이라고 말할 수 있다. 타자의 타자성이자 타자 인식의 토대가 되는 것이 바로 눈이기 때문이다. 그래서 눈이 없는 타자는 타자가 아니라고도 말할 수 있다. 눈을 볼 수 없다면, 우리는 타자를 타자로 받아들이지 못하는 셈이며, 결국 타자와의 온전한 만남도 불가능하다.

작은 점에 불과한 눈이 이런 힘을 가지고 있다는 것은 생각하면 할수록 신비스러운 일이다. 몸집에 비해 아주 자그마한 눈에서 자기의 참된 모습이 빛을 발하듯 드러난다. 존재 전체가 하나의 점으로 응집되고 축약된 것처럼, 눈은 자신을 알리는 작은 공간이다. 예컨대 황색잡지에서 종종 볼 수 있는 불륜 현장 사진이나 범죄자 사진에서 사진 주인공의 신원을 보호하려는 의도로(사실 황색잡지에서는 이런 의도보다는 값싼 호기심을 증폭시키려는 목적으로) 눈을 모자이크 처리한다든지, 또는 자신을 공개하기 꺼려하는 연예인들이 선글라스를 착용하기도 하는데, 이 모든 것이 바로 눈의 자기현시의 힘 때문이다. 눈만 가리면 자기 전부를 가리는 셈이다. 몸의 대부분, 즉 상반신과 하반신을 전부 가린다고 해도 얼굴, 특히 눈이 노출되면 누군지 알 수 있다. 거꾸로 눈만 가리면, 자기는 드러나지 않는다. 눈이 없는, 눈을 가린 존재와는 충돌도 없고 만남도 없다. 우리는 눈을 가진 존재와 만나고 사랑한다. 자신의 눈을 가리지 않고 상대의 눈을 바라볼 수 있을 때, 상대의 시선에 반하고 빠져들 때, 사랑은 시작된다.

비유적인 의미로 눈은 자기임을 알리는 아이디ID이다. 이런 의미를 좀더 밀어붙이면, 눈이 없는 것은 '자기 자신'이 없는 것이고, 그래서 혼자 설 수 있는 자율적 주체가 아니고, 살아 있어도 생명이 없는 것이고 영혼이 없는 것이며, 바라보는 사람의 입장에서는 볼 만한 가치가 없는 것이라고도 말할 수 있다. 이런 이유에서 영화 〈아무도 나를 사랑하지 않아Keiner Liebt Mich〉(국내 개봉 제목 〈파니 핑크〉)의 여주인공 파니 핑크는 채식을 하는 이유를 한마디로 이렇게 말한다. "난 눈이 있는 동물은 먹지 않아요."

'눈은 자기현시의 장소다'라고 말한다면, 그것은 일종의 은유다. 그런데 많은 경우 은유는 은유 그 이상이다. 지금 언급되는 눈 자체가 단순히 생물학적 차원에서 논의되는 신체기관만을 뜻하지 않는다는 점에서, 은유적 표현이라고 할 수 있다. 하지만 그것이 은유이기 때문에 한갓 문학적 표현이고 허구적 수사라고 성급한 판단을 내려서는 안 된다. 언어는 근본적으로 사태를 온전히 담아낼 수 없다. 또한 기능성과 경제적 효율성의 측면에서 생각해보더라도 사태를 완벽히 담아낼 필요도 없다. 하나의 사태를 언어로 담기 위해 얼마나 많은 말을 해야 하며, 그렇게 많이 말한다 한들, 결국에는 제대로 사태를 담아내지도 못한다. 니체도 말했던 것처럼, 언어는 그 자체가 본성상 은유적일 수밖에 없다. 다양하게 차이 나는 사태들을 하나로 묶는 은유, 차이를 제거하지 않고도 사태를 묶는 은유, 살아 움직이는 존재를 길어 올리는 유연한 은유, 그래서 의미론적 파열이 쉽게 일어날 수밖에 없는 은유는 언어의 한계와 함께 언어의 바깥을 보여주는 언어의 본성이다.

자기 정체를 드러내는 결정적인 부분이 눈이라면, 그 눈만을 사로잡으면 존재 전체를 사로잡을 수 있을 것이다. 첫 만남에서 상대의 눈을 사로잡기 위해, 또는 제압하기 위해 얼마나 많은 노력을 기울이는가? 사로잡히든지, 사로잡든지. 팽팽한 눈싸움. 사랑을 일종의 사냥에 비유한다면, 결국 사냥의 최대 관건은 상대의 눈을 사로잡는 데 있다. 그런데 사실 상대의 눈을 사로잡으려는 자는 이미 상대의 눈에 사로잡힌 자이다. 누군가를 욕망하는 자는 능동적이고 적극적인 사람처럼 보이지만, 사실 그는 이미 용솟음치는 자기 욕망의 노예이고, 욕망을 불러일으킨 누군가의 꼭두각시다. 사냥꾼이 되는 순간 이미 그는 사냥감이었다. 이것이 사랑 사냥의 역설이고 사랑 사냥터의 신비다. 그곳에 발을 들여놓는 사람들은 자신도 모르는 사이에 사냥꾼이자 동시에 사냥감이 된다. 사랑이라는 만남, 그 신비한 장소에서 각자는 서로에게 사냥꾼이자 사냥감으로 변모된다.

눈은 자기의 발가벗은 모습이다. 눈맞춤을 통해 나는 상대에게 알몸으로 나아간다. 나의 거짓 없는 모습이 눈을 통해 발산된다. 이렇게 눈에서 발산된 진정한 나의 모습이 '눈-물'이다. 눈은 자기 자신이고 그것의 결정체가 눈물이다. 눈물까지 기만하는 자는 영원히 가망 없는 인간이다. 그는 한순간도 자기 자신이 될 수 없는 가면에 불과하다. 시력을 잃은 맹인이 위대한 사람이 될 수 있었던 것은 눈물이 마르지 않았기 때문이다. 호메로스, 오이디푸스, 테이레시아스와 같은 이들은 시각기관을 잃었지만, 눈물을 흘릴 수 있는 눈만은 간직하고 있었다. 오히려 신체가 멀쩡한 사람보다 더 많은 눈물을 흘릴 수 있는 큰 눈을 가지고 있었기에 미래를 예견할 수 있었고 많은 사람들을 감동시킬 수 있었던 것이다. 어쩌면 눈물방울 하나하나가 눈동자인지도 모른다. 그래서 그들은 눈물방울만큼이나 많은 눈을 가지고 있었는지도 모른다. 독일 시인 횔덜린Johann Friedrich Hölderlin은 비운의 오이디푸스를 두고 이렇게 노래하기도 했다. "아마 오이디푸스 왕은 눈 하나만으로도 너무 많이 가진 셈일 것이다."

성경은 한때 그리고 지금도 여전히 서양 회화의 상상력의 원천이다. 그 가운데 성모 마리아와 예수의 모습은 지겨울 정도로 자주 눈에 띄는 모티프다. 예수와 그의 어머니 마리아는 신격화된 인물들이다. 인간의 모습을 하고 있지만, 동시에 신인 사람들. 서양의 화가들은 신이자 인간인 이들에게 어떤 신비로운 분위기를 얹어주고자 후광을 만들기도 하고, 성스러운 자태와 포즈, 표정을 지어 보이도록 노력했다. 인간을 초월하는 신적인 무엇인가를 표현하고자 했던 것이다. 그런데 동시에 이들이 인간이기에 인간적인 면모를 형상화해야 했다. 인간이 아닌 신이 인간일 수 있는 어떤 특징적인 모습을 찾아내야 했다. 성경은 한 나약한 인간으로서 십자가에 매달려 고통 속에서 예수가 부르짖는 외마디 외침을 일러주고 있다. "주여! 내게 왜 이런 고통을 주시나이까?" 하지만 이 외침을 그대로 회화적 형태로 구현할 수는 없다. 그림은 음성적 언어가 아니기 때문이다. 기껏 고통에 일그러진 예수의 표정을 묘사하는 것이 전부다. 하지만 예수의 눈가에 가득 고인 눈물을 찍어넣음으로써, 화가는 성경의 이 구절을 훌륭하게 시각적 이미지로 번역했다.

영화 속에서 일로나의 눈물이 자주 등장한다. 안드라스가 죽었을 때, 라즐로가 독일 병사들에게 잡혀갈 때, 일로나의 눈은 하염없는 눈물을 뿌린다. 사랑하는 사람의 죽음과 고통을 바라보면서 억제할 수 없는 힘으로 흘러내리는 것이 눈물이다. 사랑이 없으면 눈물도 없다. 눈물이 없으면 인간도 없다. 인간은 사랑할 때, 그래서 눈물을 흘릴 수 있을 때, 비로소 인간이 된다. 옛 유행가 가사에도 나오는 구절, "사랑은 눈물의 씨앗"을 이런 맥락에서 이해할 수 있다. 사랑은 눈물의 원천이고 인간성의 원천이라고. 많은 사랑 이야기들의 골격을 살펴보면, 눈맞춤을 통해 시작된 사랑이 눈물로 막을 내린다. 그 시작과 끝 '사이'에서 "너무나 인간적인" 인간이 탄생한다.

시선의 감촉

라즐로의 식당에서 피아노를 연주하기 위해 안드라스가 처음 라즐로와 일로나 앞에서 음악을 연주한다. 일로나의 시선이 피아노를 연주하는 안드라스에 묶여 있다. 정념의 끈으로 단단하게 얽매여 다른 곳으로 시선을 향할 수 없는 지경에까지 이른다. 일로나의 옆에 서 있던 라즐로가 그녀를 응시한다. 질투어린 라즐로의 눈빛이 일로나를 어루만진다. 일로나는 그 눈빛의 감촉을 느낄 수 있다. 그러고 보면 시선의 감촉이란 것도 존재한다. 비록 두 눈이 안드라스를 향하고 있지만, 그녀는 라즐로의 시선을 감지한다. 그래서 그녀는 눈을 살며시 깜박이며 시선의 감촉에 반응한다.

눈은 일정한 거리 속에서 대상을 바라보는 감각기관이다. 가시거리가 조성되지 않으면, 눈은 아무것도 볼 수 없다. 다시 말해서 시각은 대상과의 거리, 분리, 간격을 필요로 한다. 이렇게 조성된 거리 속에서 시각은 객관성을 담보할 수 있는 가장 우월한 인식기관이 되었다(대개의 경우 객관성은 인식주체와의 이런 분리를 의미한다). 이와 같이 눈은 간접적으로만 사물에 닿을 수 있다. 그런데 종종 시선이 촉각적으로 느껴질 때가 있다. 어떤 시선에서는 부드러움과 차가움을, 다른 시선에서는 끈적끈적함과 껄끄러움을 느낀다. 직접 만지고 핥기라도 하듯이, 거리를 뛰어넘어 시선의 접촉을 느낄 때가 있다. 어떤 면에서 이것은 당연한 일인지도 모른다. 왜냐하면 신체에 전해오는 자극이 모든 감각의 기본 조건이며, 때문에 모든 감각의 이면에는 외부세계와 접촉하는 촉각이 깔려 있기 때문이다. 시각의 경우도 사물에서 반사한 빛이 시신경을 자극한다는 측면에서 보면, 일종의 촉각이다.

시선의 감촉은 시선을 통해 어루만져질 수 있다는 것을 함축한다. 그리고 그것은 성적인 접촉으로까지 확대 해석될 수 있다. 프로이트식 발상에 따르자면, 눈은 성기를 상징한다. 그렇다면 앞서 말한 눈맞춤은 입맞춤에서 더 나아가 성기 맞춤을 상징하는 것으로도 이해할 수 있을 것이다. 이와 연관하여 드브레는 오이디푸스가 자신의 눈을 찌른 것을 다음과 같이 해석한다. "그리스인들에게 산다는 것은 우리들처럼 숨 쉰다는 것이 아니라, 본다는 것이었고, 또 죽는다는 것은 시력을 잃는다는 것을 뜻한다. 우리는 '그는 마지막 숨'을 거두었다고 말하지만, 그들은 '그는 마지막 눈길'을 거두었다고 말한다. 그들에게는 그들의 적을 거세하는 것보다 더 심한 것은 그들의 눈을 뽑아내는 것이었다. 결국 오이디푸스는 산송장인 셈이다." 이런 점에서 시선의 감촉을 느낀다는 것은 살아 있는 타자의 욕망을 느낀다는 것을 의미한다.

일로나의 시선은 정면으로 안드라스를 향해 있었다. 그렇다면 어떻게 일로나의 망막에 라즐로의 시선이 감촉되었을까? 직접 건드린 것도 아닌데, 빛이라는 매개체를 통해 자극되는 타인의 시선을 어떻게 본능적으로 감지하는 것일까? 만일 라즐로의 시선이 그녀를 향하지 않았다면, 분명 일로나의 눈 깜박임은 없었을 것이다. 정신없이 새로운 남자에게 빠져 있는 동안에도, 연인의 시선만큼은 의식하지 않을 수 없었다.

타인의 시선을 의식한다는 것은 단순히 광학적·생물학적 감각의 차원에서만 다루어질 수 있는 문제는 아니다. 도리어 그것은 나와 타인의 '관계'에 관한 문제다. 어쩌면 타인의 시선을 통해 우리의 존재, 마음, 욕망 자체가 구성된 것일지도 모른다. 우리는 타인의 시선을 무시할 수 없을 뿐만 아니라, 우리 자신이 그 시선에 의해 형성된다. 나의 시선이 있기 전에 타인의 시선이 이미 존재했으며, 나의 시선은 타인의 시선, 그것의 욕망에 의해 조성된다. 사람은 태어날 때부터 부모의 시선에 길들여지고, 성장하는 동안 사회라는 커다란 감시의 시선에 종속된다. 때로는 그 타자의 시선과 충돌하고 투쟁할 수도 있겠으나, 결국 이미 주어진 시선들은 우리의 의식 깊숙이 들어와 똬리를 틀고 있다는 이야기이다. 이런 이유에서 타인의 시선을 의식하는 것은 인간에게 너무도 자연스러운 일이다.

굳이 라캉Jacques Lacan이나 지라르René Girard와 같은 이 분야의 전문 이론가들을 거론하지 않더라도, 타인의 시선과 자아 형성과의 밀접한 관계에 대해 쉽게 다음과 같이 말할 수 있다. 일단 나는 누구인가라는 질문을 던져놓고, 확인해볼 수 있는 가능한 답을 열거해보자. 1) 내가 본 나, 2) 타인이 바라본 나, 3) 타인의 시선에 비친 나로 추정된 나, 등등. 그 다음부터는 마치 두 개의 거울을 맞세워놓을 때 무한히 많은 상들이 나타나는 것처럼, 무수히 많은 나를 열거할 수 있을 것이다. 마주

보는 두 사람의 망막 위로 서로의 상들이 무한히 맺힌다. 그 가운데 어떤 것이 '나'의 진실일까? 인간의 시력은 그다지 좋은 편이 아니기 때문에 무수히 많은 나를 일일이 확인할 수 없다.

내 눈을 통해서 나는 나의 전모를 바라볼 수 없다. 오직 나 아닌 것 (예컨대 거울)을 통해서만 나를 간접적으로 볼 수 있다. 나의 눈을 내가 직접 볼 수는 없지 않은가! 그래서 대개의 경우 문제는 타인의 시선에 비친 나이다. 그러나 나는 타인이 아니기 때문에 타인의 시선에 비친 내 모습을 간접적으로만 알 수 있을 뿐이다. 그래서 많은 경우 우리는 타인의 욕망이 원하는 나의 모습을 어렴풋이 재현하고 상상하고 나에 대한 환상을 만들면서, 그런 사람이 되기를 희망하기도 하고, 그것이 나의 참모습이라고 판단한다.

나는 타자의 시선의 노예다. 타자의 시선이 나를 만든다. 틀린 말은 아니다. 하지만 아직 너무 거친 주장이고 좀더 다듬어야 할 명제이다. 우리는 무차별적인 시선을 모두 의식하지는 않는다. 특정한 관계 속에 있는 자, 특히 사랑하는 사람의 시선을 주로 의식한다. 라즐로가 사랑하는 애인이 아니었다면, 그의 시선이 일로나의 깜박임을 야기할 수 있었을까? 새로 출현한 남자에게 정신이 팔려 있는 일로나를 제지할 수 있는 사람은 아무도 없다. 과거의 애인 라즐로를 제외하고는 말이다. 이런 면에서 타인의 시선이 힘을 발휘하여 나에게 전해질 수 있기 위해서는 그 시선이 '사랑의 시선'이어야 한다. 감미로운 감촉을 느낄 수 있는 사랑의 시선이어야 한다. (사랑과 결합된 증오의 날카로운 시선도 이런 힘을 발휘한다.) 우리가 부모를 비롯한 타인의 시선을 의식하는 것은 어떤 식으로든지 먼저 그들을 사랑하고 있기 때문이다. 사랑하지 않는 사람들의 시선은 의식하기도 어렵고 굳이 의식할 필요도 없다.

타인의 시선을 의식하는 강도는 타인에 대한 사랑의 강도에 비례한다.
그리고 그 강도는 시선의 감촉으로 느껴진다.

상사병

첫눈에 둘은 사랑의 감정을 느낀다. 애인이 있는 일로나는 막연하게, 안드라스는 강렬하게 느낀다. 일로나의 애인이자 안드라스의 고용주인 라즐로라는 존재 때문에 사랑의 감정은 두 남녀의 가슴 깊숙이 감추어져 있다. 프로이트 식 오이디푸스 콤플렉스의 삼각항이 변형된 형태로 만들어진다. 애인이자 고용주인 라즐로에 대한 사랑과 신뢰 때문에 일로나는 자기 내부에서 일어나는 안드라스에 대한 사랑을 좀처럼 느낄 수 없다. 그저 막연하게만 느낄 뿐이다. 그래서 그녀는 라즐로와 목욕하며 나누는 대화 속에서도 안드라스에 대한 자신의 감정을 눈치채지 못한다. 그에 비해 안드라스는 선망과 고마움의 대상이자 강력한 사랑의 라이벌인 라즐로에게 양가감정ambivalence을 갖게 된다. 그결과 한편으로는 일로나에 대한 사랑을 억누르고, 다른 한편에서는 그런 억압에서 오는 고통으로 자기 사랑의 크기를 확인한다. 예민한 음악가이기 때문에 일로나에 대한 사랑의 감정을 쉽게 포착한 것인지도 모른다. 사정이 어떻든 안드라스는 일로나에게 빠졌고 그녀의 포로가 된다. 강력한 연적, 라즐로가 버티고 있기 때문에 그는 애인에게 다가가지는 못하고 속으로만 사랑의 열병을 앓고 있다. 그는 상사병에 걸린 것이다.

영화에서는 생략되었지만, 첫 만남 이후 안드라스가 은밀하게 일로나를 욕망했음을 우리는 충분히 짐작할 수 있다. 일로나의 생일날, 그가 생일 선물로 음악을 준비한 것만 보아도 알 수 있다. 가진 것이라곤 음악적 재능밖에 없기도 했지만, 안드라스는 자기의 연정을 전하기 위해 자신이 직접 작곡한 음악을 선사한다. 표현 불가능한 사랑을 한 편의 음악으로 표현하기 위해서, 그는 얼마나 많은 밤을 지새웠을까? 안드라스는 사랑이라는 병을 얻었고, 그것을 음악으로 치유했을 것이다. 아니 라즐로라는 거대한 검은 그림자 속에서, 일로나로 향하는 유일한 방법인 음악에 자신의 모든 역량을 쏟아부었을 것이다. 사랑이 담긴 오선지는 불치병 환자의 하나 남은 처방전이었을 것이다.

사랑은 타자의 침입 사건이다. 사랑에 빠진다는 것은 자발적으로 타인에게 마음을 열어준다는 것을, 그래서 자기 마음 한구석에 타인이 거주하는 것을 허락한다는 뜻이다. 그런데 이런 사건은 로맨틱하게만 볼 일이 아니다. 도리어 내 안으로 들어온 타자는 나를 파괴시키는 병원체에 가까울 수 있다. 어떤 면에서 사랑 현상은 내 속에 나 아닌 것이 들어와 나를 숙주 삼아 성장하는 모습으로 나타난다. 극단적인 경우 기생하던 타자가 숙주를 압도하여, 결국 죽음으로 내몰 수 있다. 그런 점에서 사랑은 자기 유지를 위해 자기 주위에 쳐놓은 면역체계를 뚫고 병원체가 침투하는 것에 빗댈 수 있다. 그래서 사람들이 종종 사랑을 열병에 비유하곤 할 때, 그것이 한갓 비유로만 치부될 수는 없다. 사랑은 자기 상실의 고통을 수반하는 치명적인 열병이다.

그렇다면 그 열병의 증후는 무엇일까? 그 병의 증상은 수없이 많이 열거할 수 있다. 실제로 사람마다 제각기 다른 증상을 보인다. 또한 사랑의 증후는 하나로 가지런히 배열할 수 있는 성질의 것이 아니라, 다양하고 불특정하며, 뒤죽박죽 뒤엉킨 채 치밀어오르는 현상들의 복합이다. 예컨대 가슴이 설레고, 숨이 막힐 듯한 흥분이 일고, 꿈을 꾸듯 몽롱해지고, 작은 일에도 예민하게 반응하는 것 등을 들 수 있다. 평소에는 예술작품에(고상한 고전작품에서 대중예술을 두루 포함한) 무감각했던 사람들도 사랑에 빠지면, 삼류 유행가 가사 한 구절에도 감격할 수 있다(종종 관찰되듯이, 예술과 철학에 무관심했던 사람도 사랑에 빠지면 그것에 관심을 갖는다. 이후 다시 언급하겠지만, 예술과 철학은 근본적으로 사랑의 자식들이기 때문이다. 이 점에서 "예술의 죽음"과 "철학의 죽음"을 선포하는 사람들은 너무 성급한 진단을 내린 셈이다. 지상에 사랑이 존재하고, 누구든 한 번쯤 사랑에 빠질 수밖에 없다면, "예술과 철학의 종언" 테제는 불가능한 테제이다. 그래서 내가 보기에 문제는 예술과 철학의 사망선고 그 자체가 아니다. 차라리 문제는 이 사망선고가 지상에서 사랑이 사라져가고 있음을 암시한다는 점이며, 우리는 이 점을 진지하게 생각해보아야 한다). 무엇보다 확실한 사랑의 증상은 때와 장소를 가리지 않고 그/그녀가 생각난다는 것이다. 상사병相思病의 증후가 일어난다. 사랑병에 걸린 것을 확인하는 방법은 간단하다. 나의 존재 전체가 온통 그/그녀에 대한 생각으로 가득 차기 시작할 때, 나는 사랑에 빠진 것이다.

이 병에 걸린 사람은 아무것도 할 수 없다. 그/그녀의 뇌수는 온통 사랑하는 연인의 모습과 음성으로 가득 차 있기 때문이다. 모윤숙의

『렌의 애가』의 한 쪽을 펼쳐보면, 이런 구절이 등장한다. "시몬! 이렇게 밤이 깊었는데 나는 홀로 작은 책상을 마주 앉아 밤을 새웁니다. 눈을 들어 하늘을 쳐다보면 작고 큰 별들이 떨어졌다 모였다 그 찬란한 빛들이 무궁한 저편 세상에 요란히 어른거립니다. ⋯⋯ 책을 몇 페이지 읽으려면 자연 마음이 흩어지려 합니다. 그것은 책 속에 배열해놓은 이론보다 당신의 산 설교가 더 마음에 동경되는 까닭입니다." 숱한 예술가와 철학자 들이 사랑의 증상에 대해 묘사하고 있지만, 플라톤만큼 그 현상을 생생하게 묘사하고 있는 사람은 드물다. 플라톤은 『향연』과 『파이드로스』라는 책에서 본격적으로 사랑, 에로스에 대해 다루고 있다. 이 두 권의 책은 어지간한 서양의 사랑 담론을 모두 포괄할 뿐만 아니라, 미학의 최고^{最高/最古} 고전으로 간주되기 때문에, 우리는 이 책을 중심으로 사랑론을 전개하고자 한다. 여기에서는 일단 『파이드로스』의 한 장면을 살펴보기로 하자.* 플라톤은 영혼과 영혼의 윤회를 믿었다. 그는 사랑하는 아름다운 대상은 이미 천상 어딘가에서 만났던 적이 있으며, 그래서 사실 우리가 그 대상과의 첫 만남이라 여기는 것도 사실은 오랜만의 감격적인 재회라고 생각한다. 그렇지 않다면, 첫 만남의 황홀과 갑작스런 친밀감의 신비를 해명할 수 없다고 보는 것이다. 처음에는 그 사실을 알아채지 못하지만, 아름다운 대상을 깊이 사랑하고 알아갈수록, 점차 그것을 깨닫게 된다.

우선 사랑에 빠진 사람은 연인을 천상에서 내려온 신처럼 파악한다. 그/그녀는 결코 지상에는 존재할 수 없는 존재, 범상한 인간의 한계를 초월해 있는 존재, 그렇다면 천상에 거주하는 신 또는 천사와 같은 존

---

* 플라톤, 『파이드로스』, 조대호 옮김, 문예출판사, 2008. 248a~250c 참조.

재일 수밖에 없다. 연인이 인간 너머의 신적인 존재로 보인다는 것은 연인이 처음에는 두려움과 전율 그리고 경외의 대상으로 보인다는 말이다. 그래서 연인의 자태를 보면, 맨 처음에는 피부에 소름이 돋고 오한이 나는 전율을 느끼지만, 연인을 신으로 받아들이면서, 연인을 신처럼 받들고 신과 같은 연인을 위해 모든 것을 기꺼이 희생하고자 한다. 플라톤이 보기에, 사랑의 첫 증후는 연인의 신격화에서 따라 나오는 두려움과 전율 그리고 경외감이다.*

일로나의 생일날, 라즐로는 그녀를 "천사"라고 부른다. "천사들은 나이를 먹지 않지만, 그럼에도 생일은 있지. 왜냐면 그들도 한 번은 샴페인을 마시고 싶어하기 때문이야. 생일 축하해, 나의 천사." 마찬가지로 한스 역시 일로나를 천사로 여기고 있다. 부인과 딸을 고향에 남겨두고 독일군 사령관으로 헝가리에 온 한스, 하지만 여전히 일로나에 대한 사랑을 접을 수 없는 그는 일로나를 유혹하며 다음과 같이 말한다. "일로나, 나는 내 부인을 사랑해요. 난 다른 여자와는…… 할 수 없지만, 당신과는…… 그런 일은 다른 여자와라면 있을 수 없겠지만, 천사와는 가능할지도 모르죠." 라즐로와 한스에게, 또한 안드라스에게도 일로나는 천사이고 여신이다. 사랑의 대상은 신격화되고 숭배된다. 사랑의 힘이 그렇게 만든다.

프랑스 소설가, 스탕달의 연애론에는 연애의 일곱 단계가 서술되어 있다. 제1단계는 처음 상대방의 모든 것에 감탄하는 단계이고, 제2단계는 그에게 가까이 다가가고픈 접근 충동의 단계이며, 제3단계는 도래하게 될 사랑에 가슴이 설레는 희망의 단계이며, 제4단계는 사랑이

---

* 플라톤, 같은 책. 251a 참조.

본격적으로 시작되고 사랑의 열병을 앓는 단계이며, 제5단계는 세상에서 연인이 가장 아름다워 보이는 첫번째 결정結晶 작용 단계이고, 제6단계는 의혹과 질투의 단계이고, 마지막 제7의 단계는 갈등과 오해 속에서도 사랑을 확신하고 싶어 두번째 결정 작용이 일어나는 단계다.

여기에서 스탕달은 사랑 대상을 미화하고 신격화하는 사랑의 작용을 '결정 작용'이라는 신조어로 표현한다. 결정 작용에 대한 스탕달의 설명을 직접 들어보기로 하자. "잘츠부르크의 암염 채굴장에 겨울이 되어 잎이 떨어진 앙상한 나뭇가지를 넣어두었다가 몇 개월 뒤 꺼내보면 소금 결정으로 뒤덮여 다이아몬드처럼 빛난다. 원래의 초라한 모습은 온데간데없다."* 이 견해에 따르면, 사랑의 마음은 아무리 초라한 사람이라도 다이아몬드처럼 아름답고 귀중한 모습으로 응결시키는 결정의 힘을 가지고 있다. 이 작용은 기본적으로 사랑의 작용이지만, 그렇다고 "눈에 콩깍지가 씌었다"거나 "제 눈에 안경"이라는 의미에서 주관이 만든 환상이라고만 치부할 수 없다. 왜냐하면 사랑의 결정 작용은 끊임없이 연인의 매력을 "발견해내는 놀라운 능력"**이기도 하기 때문이다. 결국 사랑은 연인이 가지고 있는 아름다움을 응결·응축시켜서 아름다운 가상을 정련하는 작업을 수행한다고 말할 수 있을 것이다.

이런 아름다움의 정련 과정은 예술가가 작품을 창작하는 과정과 닮아 있다. 예술가는 관심을 끄는 사물 속에서 아름다움의 결정체를 추출한다. 그 결정체는 사물과는 전혀 딴판인 예술작품으로 다시 태어난다. 이런 점에서 예술가는 사물을 예술작품으로 가공하기 이전에 먼저

---

* 스탕달, 『스탕달 연애론 에세이 LOVE』, 이동진 편역, 해누리, 2006. 22쪽.
** 스탕달, 같은 책. 26쪽.

사물을 사랑했으며, 그 사랑의(결정작용의) 산물이 예술작품이라고 이해할 수 있다. 예술가가 연인에게 바치는 사랑의 선물도 이런 사랑의 결정 작용으로 빚어진 것이다. 사랑은 미다스의 손처럼 손대는 즉시 모든 것을 아름답게 만든다.

다시 플라톤으로 돌아가보자. 그에 따르면, 우리의 영혼은 본래 자유롭다. 육체에 제약되어 있지만, 원래 영혼의 본질은 자유다. 플라톤은 그것을 영혼의 날개로 비유한다. 인간은 원래 드높은 진리와 아름다움의 평원으로 비상할 수 있는 자유로운 영혼이었다. 그런 영혼이 날개가 꺾여 지상에 추락하고 육체에 갇히면서, 지금처럼 왜소해지고 편협해졌다는 것이다. 그런데 사랑은 부러진 날개를 다시 소생시키는 힘을 가지고 있다. 성서의 한 구절을 플라톤 식으로 패러디하자면, '사랑이 너희를 자유케 하리라'. 사랑은 영혼의 상처를 치유하여, 우리 영혼을 다시금 자유롭게 한다. 그렇다면 사랑의 열병 증세는 결국 상처 입은 영혼 깃의 치유 과정과 다르지 않다.

사랑에 빠진 이가 연인을 바라볼 때, 처음에는 전율에 떨며 오한을 느낀다. 이어서 오는 증상은 첫 증상이 역전되어 나타난다. 즉 땀을 흘리며 심상치 않은 열을 발산한다. 육체가 그렇듯이 영혼도 그러하다. 사랑을 통해 영혼이 따뜻하게 데워진다. 그럼으로써 영혼의 날개 깃털 구멍의 주위에서 굳게 엉켜 오랫동안 그 발아를 훼방하던 것들이 녹아내리고, 그 구멍으로 아름다움의 자양분이 흘러들면서, 다시 날개가 조금씩 돋아난다. 이런 영혼 날개의 재생 과정을 플라톤은 근사하게 다음과 같이 묘사한다. "이럴 때엔 영혼의 모든 것들이 들끓고 용솟음치지. 마치 이☨가 막 새로 나려는 사람이 잇몸에서 가렵고 근질근질한 자극을 느끼는 것처럼, 깃털이 돋기 시작하는 영혼도 그와 같은 것을 느끼지. 영혼에서 깃털이 몰려나올 때면, 깃털은 영혼 속에서 들끓어 오르고 영혼을 간질이고 들뜨게 하지."[*] 플라톤이 증언하는 사랑의 두 번째 증후는 뜨겁게 분출하는 정열, 효모가 발효하듯 작고 많은 감정들이 우글대며 들끓는 초조와 불안, 간지럽게 자극하며 안절부절못하게 만드는 감정, 곧 들뜬 설렘이다.

플라톤은 그 다음의 증후로서 기쁨과 고뇌, 환희와 불안, 생기와 우울 등등의 상반된 감정들이 교대로 일어난다고 기술하고 있다. 그리고 중중 사랑병에 걸릴 경우, 재산관리를 소홀히 하고 예의범절을 무시하는가 하면, 심지어 부모와 형제, 친구 들의 존재마저 망각한다고 한다. 2,500년 전의 철학자, 플라톤이 기술한 것만 보더라도, 예나 지금이나 서양이나 동양이나 사랑의 병에 걸렸을 때 나타나는 증상은 크게 다르지 않음을 확인할 수 있다. 추가로 플라톤은 이 병을 완치시킬 수 있는 의사는 사랑하는 연인뿐이라고 못 박는다.[**] 사랑의 열병에는 백약이 무효하다. 오직 사랑하는 연인만이 그 병을 고칠 수 있다.

안드라스의 상사병으로 다시 돌아가보자. 일로나에 대한 생각이 안드라스에게 밀려온다. 그녀를 향한 생각이 불가항력의 힘으로 그를 덮친다. 엄습하는 생각에 어찌해볼 방법이 없다. 때와 장소를 가리지 않고 쇄도하는 생각의 파도는 치명적이다. 미친 듯이 생각이 몰려든다는 점 하나만으로도 사랑은 치명적이다. 그나마 다행히 안드라스에게는 음악이라는 작은 돛단배가 있다. 그는 엄습하는 생각의 해일을 음악의 리듬으로 변용시키며 겨우 살아남는다.

우리말 어법의 관점에서, '사랑한다'는 말은 '생각한다'는 뜻이다.

---

* 플라톤, 『파이드로스』, 조대호 옮김, 문예출판사, 2008. 251b~c.
** 플라톤, 같은 책. 251a~252b.

사랑의 증상을 확인하는 가장 손쉬운 방법은 주체할 수 없을 정도로
그 사람이 생각나는지 아닌지를 확인해보는 것이다. 만일 의도하지 않
았지만 자꾸만 그이가 생각난다면, 당신은 이미 사랑에 빠졌다고 보아
야 한다. 우리말 "사랑하다"는 원래 생각하다라는 의미를 가지고 있었
다. 예를 들어 "흔번 사호고져 스랑ㅎ나니"라는 말은 "한번 싸우고자
생각하노니"라는 말이다. 사랑이라는 단어가 사량思量에서 유래했다는
설도 있지만, 어원학적으로 그다지 확실하지는 않다. 그러나 많은 고
문헌에서 "스랑ㅎ다"가 "생각하다"라는 의미로 사용된 것만은 분명하
다.* 그렇다면 사랑과 생각은 어떤 연관성이 있는 것일까?

　'사랑하다'와 '생각하다'는 긴밀한 연관을 가지고 있다. '스랑ㅎ다'
가 '생각하다'라는 뜻을 가지고 있었다면, 한자의 "사思" 역시 사랑한
다는 의미를 함축하고 있다고 보아야 할 것이다. 예컨대 지독한 짝사
랑이 화근이 되어 생긴 병을 상사병이라 부른다거나, '아름다운 이를
생각하며 부르는 노래'라는 뜻을 가지고 있는 〈사미인곡思美人曲〉이라는
작품 제목을 보더라도, 사랑한다는 것은 생각한다는 것이다.

　인간에게 있어 무엇인가를 떠올려 생각하고 회상하는 행위의 저변
에는 사랑이 놓여 있다. 뉘앙스와 결론은 사뭇 다르지만 플라톤도 이
와 비슷한 논변을 펼친다. 플라톤이 말하는 영혼의 날개는 궁극적으로
생각의 날개다. 사유의 날개를 통해 인간 영혼은 육체와 연관된 감각
적 앎에서 탈출한다. 그리고 영혼의 고향인 진리의 나라를 회상한다.
그런데 이 상기想起의 작업은 어려운 일이다. 왜냐하면 인간 영혼이 지

* 김민수·최호철·김무림 편찬, 『우리말 어원사전』, 태학사, 1997. 526쪽; 조영언, 『한국어
어원사전』, 다솜출판사, 2004. 264쪽.

상에 떨어질 때, 망각의 강을 건너왔기 때문이다. 망각의 강Lethe, 저 건 너편으로 다시 되돌아가기 위해서 우리는 생각의 날개를 활짝 펼쳐야 한다.

사랑은 분명 생각을 동반한다. 그러나 어떤 점에서 사랑은 생각이 아니다. 차라리 사랑은 사유 불가능한 사건을 지칭하는 말이다. 특히 여기에서 생각이 어떤 표상Vorstellung, 재현re-presentation을 의미한다면, 사랑은 재현 불가능한 사건이다. 그토록 황홀했던 만남을 어떻게 다시 재현할 수 있겠는가? 연인의 아름다운 모습을 과연 만족스럽게 묘사할 수 있을까? 어떻게 당시의 일들과 상황과 감정을 '똑같이' 떠올릴 수 있겠는가? 재현할 수조차 없는 것을 어떻게 재연할 수 있겠는가? 아무리 재현하고 떠올려보아도 사랑 만남의 사건은 완벽하게 재현될 수 없다. 그러나 완벽하게 재현될 수는 없지만, 그 재현 불가능성이 끊임없이 새로운 재현들을 불러일으킨다. 생각을 불러온다. 사유 불가능한 사랑은 연인에 대한 생각, 이미지, 표상을 불가능할 정도로 무한히 불러오는 것이다. 그래서 무한히 쌓여만 가는 생각의 더미에 빠져 허우적대도록 만든다.

이런 점에서 사랑은 불가능한 생각, 생각의 불가능성이다. 생각을 몰고 오고, 거대한 무리의 생각을 거느리지만, 그 자체는 정작 생각하기 불가능한 지점이다. 사랑은 온갖 생각들의 소용돌이의 중심, 태풍의 눈이다. 때문에 사랑은 온전히 이해할 수 있는 사태가 아니다. 그것은 어찌할 수 없는 힘에 사로잡히는 사건이지, 미리 계산하고 합리적으로 조정하고 뻔히 예측할 수 있는 사건이 아니다. 어떻게 '내가' 사랑에 빠지게 되었는지, 왜 바로 '이' 사람을 사랑하게 되었는지는 결국 알 수 없다. 물론 어느 정도의 해명은 가능하다 하더라도, 궁극적으로 사랑은 이해 불가능한 신비이자 부조리다. 옛사람들이 사랑의 화살을 마구 쏘아대는 큐피드의 두 눈을 천으로 가린 것으로 묘사한다거나 걸핏하면 운명적인 사랑을 말하는 것도 모두 사랑의 신비를 자백한 것에 불과하다. 우리는 사랑(대상)을 잘 알고 있기 때문에 사랑하는 것이 아니라, "부조리하기에 사랑한다amo quia absurdum".

비상의 꿈

　연인들로부터 일로나는 천사로 불린다. 사랑의 대상은 흔히 볼 수 있는 평범한 사람이 아니라, 높은 하늘 저 어딘가에 살고 있는 천사인 것만 같다. 사랑의 대상은 손에 닿지 않는 동경의 대상이자 몽롱하게 가물거리는 그리움의 대상이다. 사랑에 빠지면 눈이 먼다고들 한다. 극심하게 시력이 떨어져 가까이에 있는 연인의 실제 모습은 보이지 않고, 오직 멀리 떨어져 있는 연인의 잔상만이 희미하게 비친다. 이렇듯 사랑의 질병은 우리의 눈을 순식간에 원시遠視로 바꾼다. 이제 피곤해진 눈은 스르르 감기고, 드높은 세계에 사는 연인에게 다가가기 위해 비상飛翔의 꿈에 빠져든다.

　어렸을 적 사람들은 창공을 자유로이 훨훨 날아다니는 꿈을 꾼다. 나이가 들수록 그런 꿈을 꾸는 횟수가 줄어들기는 하지만, 육체가 잠을 자며 휴식을 취할 때면, 여전히 현실의 무게를 잊고 하늘로 날아오르려는 욕망이 꿈틀거리곤 한다. 그것을 옛사람들은 잠을 통해서 육체와 분리된 영혼이 자유로이 부유하는 것이라고 보았다. 프로이트 식으로 말하면, 이런 꿈은 냉혹한 현실 원칙에서 벗어나고픈 욕망의 분출구다. 비상의 꿈을 통해 인간은 현실 속에서 좌절될 수밖에 없는 욕망을 대리적으로 충족시킨다.*

이런 비상의 느낌은 사랑의 순간에도 고이 새겨져 있다. 사랑하는 이를 보고 있는 순간에, 그리고 그를 그리워하는 시간 내내, 주위의 사물들과 사람들은 시야에서 사라진다. 그동안 친숙하던 세계가 저기 발아래 하나의 작은 점으로 까마득히 보인다. 자신이 머물던 곳에서 사뿐히 날아올라 낯설고 새로운 별천지인 연인의 세계로 자신도 모르는 사이에 빠져든다. 연인이 아무리 먼 곳에 떨어져 있더라도, 영혼은 가벼워져 이내 그의 곁에 가 있다. 어떤 부재의 거리도 사모의 마음을 막을 수는 없다. 그러다 연인을 보게 된 순간, 온갖 현실적 고통, 고민거리가 한순간에 사라져버린다. 또는 그것들이 진정 사라지는 것이 아니라면, 적어도 연인의 존재로 말미암아 고통스럽고 짐스러운 현실이 구속력을 잃는다고는 말할 수 있겠다. 요컨대 현실의 중력에서 벗어나 가볍게 날아오르려는 욕망이 발현되고 실현되는 공간이라는 점에서 꿈과 사랑은 일치한다. 그래서 사람들은 사랑의 순간을 한낮의 달콤한 꿈에 비유하기도 한다.

---

* 더 정확히 말하자면, 프로이트는 남성 성기의 발기 현상과 비상의 꿈을 연결시킨다. "중력(重力)에 대항하여 곧추설 수 있는 음경의 특이한 성질, 즉 발기(勃起)라는 부분 현상은 기구, 비행기, 또 최근에 이르러서는 체펠린(Zeppelin) 비행선 등과 같은 것들과 같은 상징 표현까지도 가능하게 했습니다. …… 그처럼 아름답게 생각되던 비행의 꿈이 일반적인 성적 흥분이라든가 발기의 꿈으로 해석된다고 해서 너무 상심할 필요는 없습니다." 프로이트, 『정신분석 강의』, 임홍빈·홍혜경 공역, 열린책들, 1997. 219쪽.

그렇다면 '비상의 욕망'과 '사랑' 사이에는 어떤 구체적인 연관성이 있을까? 다시 플라톤에게 도움을 구해본다. 『파이드로스』라는 글에서 플라톤은 이 물음에 답하고 있다.* 이 책의 등장인물은 소크라테스와 파이드로스다. 그들은 어느 여름날, 강 주변 나무 그늘 밑에서 서늘한 바람과 매미 소리의 비호를 받으며, 사랑과 광기, 영혼과 수사학 등에 대해 이야기를 나누고 있다. 일반 독자의 기대와는 달리, 이야기 속에 등장하는 고상한 철학자, 소크라테스는 "광적인 사랑"을 옹호한다. 물론 이때 소크라테스가 말하고자 하는 광기는 신적인 광기이다. 신적인 것에 대한 남다른 열광 때문에 어떤 사람을 미치광이로 보이게 하는 그런 종류의 광기가 고려의 대상이다. 그리고 그 광기는 특정한 사람에게만 해당하는 광기가 아니라 사랑할 수 있는 인간이면 누구나 한 번쯤 빠질 수 있는 광기이다. 그래서 만일 사랑이 '인간의 조건'이라면, 이 광기는 인간이면 누구나 가슴속에 품고 있는 잠재적인 광기라고도 할 수 있다.

　고대 그리스인들의 세계 속에 등장하는 신의 모습은 특별하다. 신은 완벽한 인간의 모습, 즉 인간 존재의 완전성을 확보한 존재로 그려지고 있다. 이것은 이상적인 인체 비례로 조각된 그리스 신상들을 떠올려보는 것만으로도 족할 것이다. 성상聖像을 우상偶像이라 금했던 종교와 비교해보면 그리스 신의 독특함은 보다 선명해진다. 그래서 사람들은 인간의 자기 투영으로 그리스 신을 이해하기도 한다. 그리스인들에게 신과 인간의 결정적인 차이는 죽느냐, 죽지 않느냐의 차이밖에 없다. 한마디로 그리스인의 신에 대한 사랑, 열정, 광기는 인간의 '완전

---

*플라톤, 『파이드로스』, 조대호 옮김, 문예출판사, 2008. 특히 244a~259c 참조.

성' 그리고 '불멸성'에 대한 그것에 다름 아니다.

　이런 이유에서 플라톤은 신적인 광기를 논하면서도 자연스럽게 인간들 사이의 사랑과 그것의 광기를 연결시키고 있다. 그 연결고리로서 플라톤은 신적인 영혼과 인간적 영혼의 차이를 이야기한다. 그리스인들에게 영혼은 살아 움직이는 것의 실체를 뜻하는 말이다. 원래 영혼에 해당하는 그리스어 프시케Psyche는 생명의 숨결을 의미한다. 영혼은 바람결이고 입김이며 호흡이다. 우리는 호흡하는 것을 보고 어떤 것이 살아 있다는 것을 알아차린다. 그래서 영혼이 가볍게 날 수 있는 이유를 고대 그리스인들에게 물어본다면, 아마도 그것이 바람의 숨결이기 때문이라고 대답할지도 모른다. 이후 그리스어 프시케는 라틴어 아니마anima로 번역된다. 라틴어 아니마도 프시케와 유사한 의미를 간직하고 있다. 이 말들은 지금까지도 영향력을 상실하지 않고 면면히 이어져오고 있다. 예를 들어, 아니마를 어원으로 삼고 있는 대표적인 낱말이 애니메이션animation이다. 현대인들은 정지된 그림들을 연속적으로 보여줌으로써 살아 있는 것처럼 보이게 하는 것을 애니메이션이라고 명명한다. 요약하자면, 그리스인에게 영혼은 숨결이고 바람이자 호흡이고 움직임이다.

　이런 영혼의 모습을 좀더 또렷하게 그려내기 위해 플라톤은 신화를 도입한다. 이 신화의 주된 줄거리는 이러하다. 영혼은 두 마리의 말과 한 명의 마부가 이끄는 마차와 같다. 그리고 두 마리 말에는 날개가 달려 있다. 날갯짓하며 영혼은 하늘로 날아오른다. 그런데 숨을 쉬는 모든 영혼에 날개가 달린 것은 아니다. 오직 신들의 영혼과 인간의 영혼에만 날개가 달려 있다. 신들의 영혼과 인간 영혼의 차이는 영혼을 상승시키는 날개의 성능에 있다. 보다 힘차고 가볍게 하늘을 날 수 있느냐에 그 차이가 있을 뿐이다. 달리 표현하면, 신적 영혼은 완벽하고 튼튼한 날개를 소유한 반면, 인간의 영혼은 허약하고 부실한 날개를 가지고 있다. 언제든지 쉽게 꺾일 수 있는 연약한 날개가 인간 영혼을 항상 불안정하게 만든다. 그리고 엄격히 말한다면, 모든 인간의 영혼에 날개가 돋아 있는 것은 아니다. 지상에 거주하는 인간 영혼에는 날개가 돋칠 가능성만 있을 따름이다. 왜냐하면 지상의 인간은 본래 날개가 꺾인 영혼이기 때문이다. 날개가 꺾여 지상으로 추락하여 육체에 감금된 영혼이기 때문이다.

영혼을 이루고 있는 두 마리 말은 서로 판이하다. 한 마리는 마부의 명령에 순종하는 길들여진 말이고, 다른 것은 혈기방장한 야생마이다. 또한 전자는 균형 잡힌 체구를 가진 아름다운 말이고, 후자는 체구도 볼품없는데 고집까지 사나운 말이다. 아마도 신적 영혼의 마차에는 그런 야생마는 없을 것이다. 두 말은 태생부터 달라서 전자는 고귀한 혈통을 가지고 있지만 후자는 혈통이 혼합 교배된 잡종이다. 서로 다른 두 말 때문에 마부는 종종 어려움을 겪는다. 사실 항상 문제를 일으키는 주범은 혈기방장한 야생마다. 고귀한 준마는 마부의 뜻을 거스르는 적이 거의 없기 때문이다. 결국 신적 영혼과는 다른 인간 영혼을 갈팡질팡하게 만드는 것은 바로 마부의 뜻대로 움직여주지 않는 야생마다.

그렇다면 날개 달린 영혼의 마차는 어디를 향해 날고자 하는 것일까? 플라톤의 설명에 따르면, 천상에 있는 진리의 평원이 영혼의 목적지이다. 하늘 건너편에는 참된 것들이 존재하고 있다. 우리가 현실이라 부르는 것은 그것의 그림자에 불과하다. 이런 생각은 아마도 마치 평지에 있을 때에는 사물의 일면만을 볼 수 있는 데 비해, 일정 거리를 둔 보다 높은 곳에서는 사물의 전체적인 모습을 볼 수 있는 것처럼, 하늘 저 건너 어딘가에는 사물들의 참된 모습을 한눈에 볼 수 있는 어떤 이상적인 조망 지점이 존재할 것이라는 생각에서 유래했을 것이다. 플라톤은 그 완전한 존재의 모습을 "이데아Idea"라고 명명한다. 그리고 그에 따르면, 이 이데아 세계에는 영혼의 사유를 매혹시키는 아름다움이 서려 있다. 아름다움의 유혹, 그것이 영혼이 날갯짓하며 날아오르도록 만드는 원동력이다. 그래서 플라톤은 영혼의 날개가 진리와 아름다움의 목초를 먹고 자란다고 말한다. 영혼은 아름다움을 먹고 자라 더욱 높이 날갯짓하여 더 많은 아름다움을 섭취한다. 그래서 점점 더 하늘 높이 비상한다.

플라톤이 보기에, 인간의 영혼은 원래 이러했다. 힘센 날개를 지닌 신들의 영혼이 앞서 상승하면 인간의 영혼은 그 꽁무니를 따라다녔다. 인간 영혼의 행렬을 살펴보면, 날개의 크기에 따라, 영혼이 가지는 성질과 습성에 따라 각 신의 뒤에(예컨대 전쟁과 싸움을 좋아하는 영혼은 아레스 신의 뒤에) 일렬종대로 줄지어 있다. 그 순서에 따라 철학자에서 폭군까지의 아홉 단계로 인간 영혼을 분류할 수 있다. 때때로 인간 영혼을 이루는 야생마 때문에 신들의 영혼을 더이상 따르지 못하고 그 영혼의 장엄한 행렬에서 이탈하여 지상으로 떨어지기도 한다. 날개에 상처를 입는 경우도 있고, 심지어 날개가 뽑히는 경우도 있다. 인간 영혼이 비행飛行의 사이클 속에서 신에 근접하기도 하고 지상에 떨어져 동물이 되기도 한다. 물론 동물에서 다시 인간으로 태어날 수 있다. 이렇듯 불멸하는 영혼은 아름다운 진리를 어느 정도 보았느냐에 따라 다양한 모습으로 태어나기를 반복한다.

그렇다면 지상에 떨어진 인간 영혼은 어떻게 다시 본래의 자기 모습으로 되돌아갈 수 있을까? 물론 이 물음에 대한 답은 간단하다. 날개를 달면 된다. 그럼 어떻게 하면 다시 날개가 돋아날 수 있을까? 이 물음에 대한 답도 역시 간단하다. 날개의 주된 성분인 진리의 아름다움을 먹으면 된다. 그렇지만 아름다운 진리의 평원은 천상에 있고 인간 영혼은 지상에 있다. 글자 그대로 하늘과 땅 차이의 간격 속에 영혼은 무력하게 서 있다. 결국 이 물음은 간단치 않은 것으로 판명된다.

이 어려운 물음에 봉착하여 플라톤이 내놓은 비장의 해법이 바로 사랑이다. 사랑만이 이 문제를 해결할 수 있다. 사랑의 대상은 아름답다. 플라톤이 보기에, 아름답지 않은 대상은 어떤 경우든 사랑의 대상이 될 수 없다. 어떤 식으로든 아름다워야만 사랑의 대상이 될 수 있다. 그런데 지상에 여전히 사랑이 존재한다는 사실은 아주 작고 볼품없는 아름다움이라 하더라도 그것이 이곳에 존재한다는 것을 입증해준다. 지상의 자그마한 아름다움이나마 그것을 사랑(섭취)하면서 영혼의 날개는 조금씩 자란다. 마치 봄날 따뜻한 햇살의 힘으로 나뭇가지에 새순이 움트듯이, 사랑의 열기로 막혀 있던 날개의 구멍이 다시 뚫리고 그 자리에서 작은 날갯깃이 솟아난다.

이제 날개를 얻은 영혼은 아름다운 연인에게로 날아간다. 그런데 여기에서 플라톤은 왜 하필 영혼이 아름다움을 향해 '날아가야' 한다고 했을까? 왜 굳이 '날개'와 '비상'이란 상징을 통해서 그는 연인에게로 향한 길을 표현했을까? 왜냐하면 사랑하는 연인, 아름다운 대상은 걸어서는 다가설 수 없는 그런 높은 곳에 있기 때문이다. 어떤 도약을 감행하지 않으면 못 닿을 곳에 있기 때문이다. 플라톤이 보기에, 아름다움은 순수함과 완전성의 측면에서 수직적 층위를 가지고 있다. 다시 말하면, 저차의 아름다움이 있는 반면에 고차적인 아름다움도 존재한다. 지상의 사랑은 밑바닥 아름다움부터 시작해서 점차 고차적인 아름다움을 인식하게끔 우리 영혼을 고양시킨다. 플라톤은 날개라는 상징을 통해 아름다움의 이런 위계적 질서와 사랑을 통한 영혼의 고양을 표현하고자 했다.

다시 영혼의 마차로 되돌아가 플라톤의 생각을 정리해보면 이러하다. 비유컨대 인간은 본래 영혼이고 그것도 날개 달린 영혼이어서 하늘을 날 수 있다. 영혼은 날개 달린 두 마리 말과 마부로 이루어져 있다. 여기에서 두 마리의 말을 몰아 목적지로 향하는 마부는 사유의 중추인 이성이다. 이성에는 진리의 세계를 찾아나설 수 있는 지도와 나침반이 장착되어 있다. 그렇지만 지도와 나침반이 있어도 날개가 없으면, 즉 비행을 위한 추진력이 없으면 영혼은 한 걸음도 움직일 수 없다. 그 추진력을 보장해주는 것이 날개 달린 두 마리의 말이다. 온순한 말은 '기개'(이성에 따르려는 용기)에 해당하고 사나운 말은 '정욕'에 해당한다. 달리 말하면 전자는 이성에 길들여진 욕망이고, 후자는 야생의 욕망이다. 전자는 고상한 욕망이고 후자는 세속적인 욕망이다. 그러나 두 마리 말 모두 날개를 가지고 있다는 점은 출생이 어떻든 그것들이 모두 아름다움에 도달하려는 사랑의 욕망이라는 점에서는 동일하다는 것을 의미한다. 다시 말해서 아름다운 대상, 사랑하는 대상을 갈구하는 욕망에서 날개는 생겨난 것이다. 그래서 플라톤에게 날개는 사랑하는 대상에게로 비상하려는 욕망이 형상화된 것이며, 그 비상의 욕구는 아름다운 존재자 간의 소원疏遠한 수직 계열적 차이를 지움으로써 천상에 존재하는 아름다운 고향으로 귀향하려는 정신의 욕망이다.

자기 힘으로 하늘을 가로지르는 생명체는 날개를 지니고 있다. 하늘 위로 드높이 날아오르는 새들이 그런 생명체의 대표 격일 것이다. 플라톤 식으로 말하면 인간은 '사유의 날개'를 통해 비행기를 만들었고,

그것으로 하늘을 난다. 여기에서 날개는 반대되는 두 힘의 운동을 상징한다. 플라톤도 반대되는 말의 성격 묘사를 통해 그것을 말하고 싶어했다. 그 척력의 균형 속에서 몸체가 떠오른다. 다시 말해 반대되는 두 힘의 팽팽한 긴장 속에서만 그 탄력을 이용하여 튀어오를 수 있다. 플라톤이 아무리 한 마리의 말을 다른 것보다 우위에 두려고 해도 열등한 말을 배제할 수는 없다. 지상의 어떤 것도 날개 한쪽만으로는 날 수 없기 때문이다. 플라톤의 이야기 속에서 실질적으로 영혼은 삼분되어 있다기보다는 양분되어 있다고 볼 수 있다. 이야기 속에서 마부, 다시 말해서 동물적 영혼을 지배하는 이성의 설정에는 이성의 지위를 돋보이게 하려는 플라톤 나름의 계산이 깔려 있다고 볼 수 있지만, 결국 영혼 내부의 싸움은 힘과 지략을 가진 이성과 여전히 동물적인 어두운 영혼, 그 양 진영으로 나뉘어 진행되기 때문이다. 한쪽이 힘과 지략을 모두 갖추었음에도 불구하고 손쉽게 다른 쪽을 제압하지 못한다. 그래서 인간 영혼은 언제나 불안정하게 요동친다. 그런데 영혼이 비상하기 위해서는 어느 한쪽의 일방적인 우위로 싸움을 끝내서는 안 된다. 영혼의 팽팽한 갈등 속에서, 그 긴장의 탄력에서 영혼은 조금씩 떠오를 수 있기 때문이다.

그런데 왜 인간 영혼은 비상을 꿈꾸는 것일까? 이 물음에 대해 간명하게 다음처럼 답할 수 있을 것이다. 인간에게는 비상의 자유가 박탈되어 있기 때문이라고. 이곳, 지상에 살기 위해서 인간은 온갖 제약조건에 얽매일 수밖에 없다. 가장 기초적인 생존을 위해 우리는 너무도 많은 것을 희생하고 포기한다. 특히 함께 살기 위해 터부, 관습, 제도 등에 자신을 얽어매며 살 수밖에 없다. 우리를 지상에 묶어두는 그것들은 일종의 중력이다. 중력 때문에 이곳에서 거주할 수 있지만, 동시에 인간은 이 가혹한 중력을 이기고, 그 힘에서 벗어나 자유로이 날고 싶어한다. 인간의 이런 욕망은 현실에서 좌절된 이성적 질서를 희구하는 욕망일 수도 있고, 또는 그 이성의 미명 아래(혹은 이성에 의해 불가피하게) 희생된 자연적 욕망일 수도 있다. 서로 상반된 이들 욕망이 인간 영혼의 두 날개를 이룬다. 두 날개의 움직임을 통해 인간은 이전과는 다른 거주 공간으로 이주할 수 있다.

플라톤에게 영혼은 지상의 나그네였다. 플라톤은 철학을 죽음을 위한 연습, 즉 육체의 감옥에서 풀려나기 위한 연습으로 생각하고 지상을 영원한 타향이라고 여겼다. 한마디로 인간은 본래 영혼이며, 그 영혼의 진정한 거주지는 중력이 미치지 않는 천상의 세계라는 것이다. 때문에 영혼 비상의 목적지는 영혼의 고향인 천상일 수밖에 없다. 지상에서의 삶, 그것은 타향살이의 괴로움 그 자체이다. 플라톤의 향수병은 타향살이의 고통, 중력의 가혹함에서 유래한다.

인간 영혼은 비상을 꿈꾼다. 좁은 삶의 울타리를 아득히 뒤로 남겨두고, 중력이 덜 미치는 곳을 찾아 날아오른다. (영혼에 날개가 아니라 지느러미가 달려 있다면, 중력이 약해진 물속을 헤엄친다고 할 수도 있을 것이다.) 플라톤은 중력이 전혀 미치지 못하는 그곳까지 영혼이 오를 수 있으며, 그곳에 영혼의 고향이 있다고 믿었다. 플라톤의 이야기를 경청하되, 그의 믿음을 반드시 공유할 필요는 없다. 플라톤과는 다르게 다음과 같이 생각할 수도 있을 것이다. 만일 영혼이 있다면, '인간'의 영혼은 지상에 거주할 수밖에 없으며, 그곳을 고향같이 친숙한 곳으로 만들 수 있을 뿐이다. 그리하여 인간의 영혼은 천상의 고향에 다다르기 위해서가 아니라, 지상에서 연인과 함께 거주할 공간을 마련하기 위해 날아오를 뿐이다.

고백

순박한 청년이었던 한스가 일로나에게 사랑 고백을 한다. 한 번은 아주 투박하게, "제 아내가 되어주세요", 다른 한 번은 보통의 관례에 따라, "나는 당신을 사랑합니다"라고. 라즐로는 평생 같은 욕조를 사용하고 싶다며 우회적으로 프러포즈를 하고, 안드라스는 당신을 위해 음악을 작곡했다며 은근슬쩍 사랑 고백을 한다. 일로나의 마음을 얻은 라즐로나 안드라스에 비해, 사랑의 눈길조차 못 받은 한스는 규격화되고 정형화된 사랑 고백을 한다. 사랑 고백이 정형화되는 순간, 고백의 언어는 강렬한 호소력을 잃기 마련이다.

누군가에게 고백의 언어를 내비친다는 것은 아무런 가식 없이 "있는 그대로"의 자신을 보여준다는 뜻이다. 고백은 자기 보호를 위한 모든 방어기제들을 제거하고 자기 존재를 낱낱이 드러낸다는 뜻이다. 고백은 자초해서 위험에 스스로를 노출시킨다. 자기만의 일급비밀을 누설한다. 누군가의 앞에서 발가벗는다. 이런 점에서 고백은 '자기 보존의 원칙'에 어긋나는 행위라고 할 수 있다. 그렇다면 왜 고백을 통해 자기 보안 시스템을 모두 꺼버리는 것일까?

가장 대표적인 고백 가운데 하나가 사랑 고백이다. "나는 당신을 사랑합니다", "愛してる", "我愛你", "Ich liebe dich", "I love you", "Je t'aime" 등과 같은 말들은 각각의 언어에서 가장 황홀하지만, 가장 하기 힘든 고백의 언어다. 그렇다면 너를 사랑한다는 이 말이 왜 이다지도 하기 힘든 것일까? 혀끝에서 맴도는 이 말을 내뱉는 일은 왜 그다지도 어려운 것일까?

맨 처음의 사랑 고백도 어렵지만, 이후에 사랑을 담은 언어를 구사하는 것도 쉬운 일은 아니다. 사랑이라는 강렬한 정념이 누구나 함께 사용하는 언어의 진부함과 일반성을 위반하려 하기 때문이다. 하나의 사물을 언어로 표현하는 것은 물론이거니와, 하물며 내밀하고 진솔한 감정이나 마음을 언어로 표현하는 것은 원래부터 불가능한 일인지도 모른다. 그래서 은유는 한갓 수사법의 하나가 아니라, 언어의 본질일 수 있다. 이런 의미의 은유metaphor는 언어적 한계의 노출이자 그 한계를 넘어가는 언어의 본령이다. 그리고 이런 언어의 치부를 드러내는 순간이 사랑의 순간이며, 그런 사랑에 빠지면 당연히 언어의 은유성은 극대화된다. 이런 맥락에서 크리스테바Julia Kristeva는 사랑 언어의 이런 성격을 다음과 같이 말한다. "사랑의 언어는 직설적으로 옮기려 하면 부적절하고, 즉시 암시적이며 불가능한 것이 되어 수많은 은유들로 흩날려 간다."*

---

* 줄리아 크리스테바, 『사랑의 역사』, 김인환 옮김, 민음사, 2008. 9쪽.

영화, 〈일 포스티노Il Postino〉에는 순박한 시골청년 마리오가 망명시인 파블로 네루다를 만나 시를 쓰는 장면이 등장한다. 마리오가 네루다에게 배우는 첫번째 시작법詩作法이 은유이고, 그 시작법을 사용하여 처음 쓴 시가 연애시다. 질박하고 선량해 보이는 시골 젊은이가 간절하게 언어에 사랑의 마음을 담으려는 시 창작 장면이, 곧 크리스테바가 말한 바와 같이 "사랑의 시련이 언어의 시련"임을 잘 보여주는 그 한 장면이 바로 이 영화의 백미다. 터무니없는 상상이지만, 〈글루미 선데이〉의 한스가 〈일 포스티노〉의 시골청년처럼 네루다 같은 대시인을 만나 사랑의 시작법을 배웠더라면, 일로나의 마음을 얻기 쉬웠을지도 모른다.

물론 쉽게 상습적으로 이 말을 사용하는 사람들도 있을 것이다. 그러나 그런 사람마저도 처음 이 말을 꺼낼 때는 많은 생각에 망설일 수밖에 없었을 것이다. 왜냐하면 말이란 사람과의 '사이', '관계' 속에 위치해 있는 것이며, 그래서 말 한마디는 사람과의 관계에서 나온 것이자, 관계를 규정하고 결정하는 것이기 때문이다. 말을 뱉기 이전과 이후의 관계는 순식간에 돌변한다. 예컨대 한스가 일로나에게 사랑 고백을 하기 전까지 그는 한갓 레스토랑의 단골손님에 불과했지만, 사랑 고백 이후에는 아주 작지만 일로나의 삶의 한 부분을 차지하게 된다. 일로나는 훗날 한스를 다시 만났을 때, 한스가 사랑 고백을 하며 했던 말을 거의 빠트리지 않고 기억한다. 또한 한스가 일로나의 사진을 동봉한 편지를 보냈을 때 라즐로가 편지 내용을 묻자, 일로나는 "그것은 사적인 일이에요"라고 대답한다.

사적인 영역, 보안이 요구되는 영역, 자기만의 비밀이 한스의 사랑 고백과 함께 일로나에게 만들어졌다. 다시 말해 어려운 고백을 통해 작지만 비밀스러운 공모가 이루어졌다. 일로나의 마음속에 존재하는 한스가 아무리 왜소하다 하더라도, 그의 사랑 고백이 없었다면 아마 이것마저도 존재할 수 없었을 것이다. 고백, 특히 사랑 고백은 고백하는 자와 듣는 자 모두에게 무거운 마음의 앙금을 남긴다. 고백을 한 사람은 물론이거니와 고백을 들은 사람도 더이상 상대방에 무심할 수 없다. 한스의 느닷없는 사랑 고백에 일로나가 처음에는 가볍게 웃음으로 응수했다가, 잠시 후 그의 진심을 확인하고 "웃었던 것을 용서해주세요"라고 정중하게 사과한 것을 보더라도 이 점을 확인할 수 있다.

솔직해야 한다는 도덕적 당위 때문이 아니라면, 또는 각자에게 자기만의 비밀스런 영역이 불가피하다면, 왜 우리는 고백을 하는 것일까? 고백하자마자 발가벗은 자기 존재가 노출될 것이고, 그것은 곧 우리 주위를 둘러싸고 있는 잇단 위험에 치명적으로 노출되는 것을 의미함에도 불구하고, 사람들은 왜 고백하는 것일까? 자기 파괴의 본능, 죽음 본능으로 해석될 수 있을까? 물론 그런 본능을 또 해명해야 하기 때문에, 이 경우 답은 연기된 것일 뿐이다. 그런 것이 아니라면, 고백은 상대에 대한 믿음을 표현하기 위한 하나의 방법일 수도 있다. 믿음을 얻기 위해서는 일단 상대에 대한 자기의 믿음을 보여주어야만 한다. 그 표현의 강도는 자기 헌신의 강도에 비례한다. 그리고 우리는 그것을 사랑의 표현으로 이해한다.

사랑 고백을 했을 때, 상대의 거절이 두려워 고백하기 어려운 경우도 있다. 사랑의 아픔이 지나치게 크기 때문에, 그 고통이 두려워 망설이는 경우다. 노심초사하며 고백했건만 상대는 냉담하게 자기 마음을 거절할 수 있으며, 그 경우 쥐구멍에라도 머리를 들이밀고 싶은 부끄러움과 낭패감이 밀려온다. 그러나 이 경우는 아직 사랑 고백을 할 시점이 아님을 보여준다. 과거의 상처가 아물지 않은 상태이고, 자기 자신에 집중해 있는 상태이기 때문에, 현재로는 사랑할 수 있는 여력이 없다. 당연히 나르시시스트는 타인에게 진정으로 사랑 고백을 할 수 없다.

고백은 자신을 '있는 대로' 증언하는 말이다. '진정성'을 담은 말이며 그래서 자기 존재 전체를 걸고 하는 말이기 때문에, 고백은 말하기 어렵다. 여기에서 전제로 깔려 있는 것은 자기에 대한 앎이고 믿음이다. 그것이 없다면, 진정성을 담고 있는 고백의 언어를 내뱉을 수 없다. 그런데 자신이 누구라고 말하기 위해서는 먼저 과거의 자기를 면밀히 되살피고, 현재의 나를 직시하며, 미래의 나를 스스로 약속하는 일이 필요하다. 자기 존재를 말하는 것은 물론이거니와, 말한다는 행위 자체가 시간의 지평에서 펼쳐지는 존재를 규정하는 일이기에, 말 한마디 내뱉는 것도 쉬운 일은 아니다. 왜냐하면 모든 규정은 변화를 정지시키는 행위이고, 규정하는 언어는 시간을 거스르는 모험이며, 결국 자신을 증언하는 고백은 지키기 힘든 약속이기 때문이다. 이처럼 고백의 언어는 타인과의 약속이자 자신과의 약속을 함축한다.

"당신을 사랑합니다"라는 말 한마디는 지금까지 당신을 사랑해왔고, 미래에도 사랑할 것이며, 지금 이 순간 사무치게 사랑하고 있다는 의미 전부를 함축한다. 과거와 현재 그리고 미래에 이르기까지 사랑에 대한 한 점의 의심이 없을 때, 연인과 자기 자신에게 미래를 약속할 수 있을 때, 사랑 고백을 토해낼 수 있다. 그래서 고백의 언어는 언제나 가늘게 떨릴 수밖에 없다. 왜냐하면 우리가 그렇게 의심의 여지없이 확실한 존재는 아니기 때문이다. 그래서 사랑 고백의 목소리는 언제나 망설임과 머뭇거림으로 떨릴 수밖에 없다.

언어는 한 개인이 만드는 것이 아니다. 비트겐슈타인의 말처럼, '사적 언어'란 없다. 어떤 면에서 언어는 한 공동체의 공유자산이다. 그러나 말이 독특한 생명을 부여받아 살아 꿈틀거리는 곳은 한 개인의 입이다. 다른 누구도 흉내낼 수 없는 억양과 톤, 의미로 언어는 매번 재탄생한다. 그래서 같은 말을 하더라도 누가 어떻게 했느냐에 따라 말의 뜻이 달라진다. 똑같은 사랑 고백이라 하더라도, 라즐로, 안드라스, 한스는 각기 다르게 말하고 있다. 그 가운데 한스가 가장 색깔 없는 말을 구사한다.

여기에서 "색깔 없는 말"이란 단순히 수사학적으로 근사하지 않은 말이라기보다는 자기만의 '고유한' 존재를 담지 못한 말, 곧 '진정성'이 모자라는 말이라는 뜻이다. 다시 말해서 어눌한 사람이라도 그가 만일 진정성을 담아 말한다면, 색깔 있는 말을 구사할 수 있다. 시골청년 마리오처럼 말이다. 그런데 사랑의 고백에서 진정성이 떨어지는 까닭은 궁극적으로 사랑의 크기가 작기 때문이다. 그리고 이 경우 사랑의 크기는 얼마만큼 자신을 타자에 대한 사랑에 쏟아붓느냐로 측량된다. 당연히 왜소한 사랑으로는 연인의 마음을 얻을 수 없다.

선물

일로나의 생일날, 라즐로는 연인 일로나에게 머리핀을 선사한다. 유난히 푸른 꽃을 좋아하는 연인에게 에메랄드빛 꽃다발 무늬의 머리핀을 선물한다. 그녀는 그것을 평생 간직한다. 가난한 음악가 안드라스는 음악을 생일 선물로 헌정한다. 〈글루미 선데이〉라는 음악. 그의 음악은 일로나의 영혼을 순식간에 잠식한다. 생일파티가 끝나고 레스토랑을 나섰을 때, 일로나는 그 음악의 멜로디를 무심결에 흥얼거린다. 음악의 선율이 일로나의 혀를 조율하고 연주하고 지휘한다. 한순간에 음악은 일로나의 몸속 깊이 자리잡는다. 일로나는 (몸과 마음 모두) 선물의 포로가 된다. 음악의 포로가 되고, 선물에 담겨 있는 사랑의 포로가 된다. 이런 점에서 선물은 애인을 포로로 사로잡기 위한 사랑의 덫이다. 선물로 받은 음악의 선율은 평생 일로나의 입가에 맴돈다. 영화의 마지막 장면에서 노파가 된 일로나의 머리에 꽂혀 있는 머리핀과 여전히 그녀의 혀끝을 장악하고 있는 〈글루미 선데이〉가, 즉 두 연인의 분신이 그녀의 몸속에 박혀 있음을 상징적으로 보여준다.

플라톤의 『향연』에서 파이드로스는 사랑의 신 에로스가 "가장 오래된 존재"라고 주장한다.* 젊디젊다 못해 아기가 되어버린 에로스(큐피드)를 어떤 근거로 가장 나이가 많은 신이라 주장하는 것일까? 파이드로스는 먼저 여러 신화를 통해 에로스가 가장 오래된 신임을 입증해 보인 다음(인간처럼 사랑과 결혼 그리고 족보를 가지고 있는 그리스 신들의 세계에서는 신들도 사랑이 먼저 있어야 존재할 수 있기 때문에), 그 신의 오랜 연륜 때문에 에로스가 인간에게 가장 큰 혜택을 베푼다고 주장한다. 나이를 먹고 연륜이 쌓인다는 것은 누군가에게 무엇인가를 베풀 수 있는 여유와 능력을 소유한다는 말이다. 이런 맥락에서 파이드로스의 주장은 사랑의 본질이 "받음"에 있는 것이 아니라, "줌"에 있는 것이라고 해석될 수 있다. 사랑은 그 자체가 베풂이고 선물이다.

이처럼 파이드로스의 이야기를 지금의 우리에게도 설득력 있게끔 보편적으로 해석할 수 있지만, 그 이야기가 나온 당대의 구체적 사회상과 연관해서 해석하기도 해야 한다. 사실 파이드로스의 사랑은 병영 사회로 조직된 그리스 사회의 동성애와 직접적인 연관을 가지고 있다. 많이 알려져 있다시피 그리스 시대에는 동성애가 관례였고, 특히 나이 많은 남자가 나이 어린 미소년과 동성애를 했다고 한다. 사회 조직 자체가 전사 공동체의 성격을 띠고 있던 그리스 사회에서 동성애는 전우애에 가까운 것이었다. 조그만 판단 착오가 치명적일 수 있는 전쟁 상

---

* Platon, "Das Gastmahl", In: Platon, BdIII, Wissenschaftliche Buchgesellschaft, Darmstadt, 1974. 여기에서는 다음 한글 번역본을 사용하였다. 플라톤, 『향연』, 박희영 옮김, 문학과지성사, 2003. 178b.

황을 가정하면 위계적인 조직 사회, 그것도 정보의 자유로운 공유가 어려웠던 고대 사회에서, 나이 많은 연장자는 어린 신참에 비해 비교할 수 없이 많은 지식을 소유할 수밖에 없다. 동서고금을 막론하고 군대 조직에서는 전쟁 경험이 많은 연장자가 권위를 인정받는다. 통속적인 군대 용어로 말하자면, 아무리 정보화된 사회라도 군대 "짬밥"의 권위는 무시할 수 없다. 특히 전쟁이 진행중인 경우에는 말이다. 나이 많은 이는 베푸는 자이고, 어린 이는 베풂을 받는 자이다. 고참은 신참에게 전쟁에 관한 여러 가지 경험과 지식을 전해줄 수 있는 자이다. 보초를 설 때 고참과 신참을 한 조로 내보내듯이, 예나 지금이나 군대 조직은 계급이라는 명령 하달체계 속에서 고참과 신참의 차이와 조화를 중시 여긴다. 파이드로스의 사랑관은 이런 고대 그리스의 사회·문화적 토양에서 구체적인 형태로 드러난다.

다음과 같은 파이드로스의 진술은 그것을 잘 보여준다. 에로스 신이 나이가 많은 신임을 말하는 과정에서 파이드로스는 훌륭한 삶으로 우리를 이끄는 원리에 대해 말한다. 그가 보기에 훌륭한 삶으로 인도하는 근본 동기는 '부끄러움'과 '명예'다. 사람들은 소극적으로는 부끄럽지 않기 위해 훌륭한 일을 하며 적극적으로는 명예를 얻기 위해 훌륭한 일을 한다. 그런데 이것은 앞서 언급한 바 있는 시선의 힘이기도 하다. 부끄러움과 명예는 모두 타인의 시선을 전제하고 있다. 궁극적으로 그 둘은 사랑의 시선(또는 사랑이 바탕에 깔린 증오의 시선)을 전제한다. 다시 말해서 사랑하는 사람 앞에서만 진정으로 부끄러울 수 있고 명예스러울 수 있다. 예컨대 사랑하지 않을 뿐 아니라 마주치기도 싫은 사람에게서 칭찬을 듣는다고 기쁠 리는 만무하고, 그로부터 비난의 소리를 듣는다 하더라도 부끄럽지 않을 것이다. 오로지 사랑하는 사람의 시선 앞에서만 우리는 부끄럽지 않고 떳떳한 삶을 살 수 있다. 요컨대 훌륭한 삶을 추동시키는 '부끄러움'과 '명예'는 모두 사랑의 시선, 그것의 가시거리 속에서만 힘을 얻는다. 그리고 부끄러움과 명예를 느끼는 강도는 사랑의 강도에 비례한다.

에로스를 설명하기 위해 파이드로스가 들고 있는 사례는 군대 조직이다. 그가 보기에 만일 군대 구성원이 모두 연인들로만 구성되어 있다면, 그 군대는 천하무적일 수밖에 없다. "만약 어떤 방법을 써서 사랑하는 사람과 사랑받는 사람들로만 이루어진 나라나 군대를 만들 수만 있다면, 그보다 더 이상적인 나라나 군대는 없을 것이네. 왜냐하면 나라나 군대가 그렇게 조직되었을 때만 사람들은 모든 부끄러운 행동들을 멀리하고, 서로가 경쟁적으로 훌륭한 일을 실천하려고 들 것이기 때문이지."* 이것은 전선戰線에서 사랑하는 연인을 옆에 두고 비겁하게 줄행랑치지는 않을 것이요 심지어 연인에게 좋은 모습으로 기억되고 싶어 용감하게 싸울 것이기 때문에, 연인으로 구성된 부대는 천하무적이 되리라는 주장이다. 현재 우리나라를 비롯한 대부분의 군대 조직에서는 동성애를 금지하고 있지만, 당시 그리스 군대에서는 전투력 증강을 위해서라도 동성애가 허용되었던 것 같다. 여기에서도 잘 나타나는 것처럼, 파이드로스의 사랑은 동성애에 가까운 전우애가 모범이었음을 확인할 수 있다.

사랑은 무엇인가 좋은 것을 주는 행위다. 시간의 풍랑을 겪은 연장자만이 자기중심적 소유욕에서 벗어나 생명처럼 소중한 것을 타인에게 줄 수 있다. 물론 현실 속에서는 나이를 먹을수록 더욱더 자기에 집

---

* 플라톤, 같은 책. 178d.

착하는 사람들도 많다. 여기에서 연장자란 죽음에 보다 근접한 사람으로서 소유에의 집착이 느슨해진 성숙한 사람을 뜻한다. 그러나 사랑의 베풂은 말처럼 쉽지 않다. 사랑의 베풂이 손익 계산에서 벗어나는 일이라면, 다시 말해 준 만큼 받을 것을 기대하지 않고 오직 주는 행위 가운데 기쁨을 느끼는 것이라면, 더 말할 나위는 없을 것이다.

베푸는 가운데 기쁨을 느낄 수 있으려면, 대개의 경우 먼저 사랑을 받아본 기억이 있어야 한다. 물론 사랑을 받지 못해 그것의 소중함을 사무치게 알고서 사랑을 베푸는 사람도 있을 것이다. 하지만 그에게 베풂은 기쁨보다는 의무로 느껴지기 쉽다. 베풂만으로 행복할 수 있으려면, 사랑을 받을 때의 기쁨을 맛보았어야 한다. 사랑을 받는 사람의 기뻐하는 얼굴 속에서 더불어 기뻐할 수 있는 사람만이 베풂만으로도 행복할 수 있다. 사랑받는 기쁨을 충분히 공감할 수 있어야만 타인에게 사랑을 주는 행위만으로도 기쁠 수 있기 때문이다.

그러나 타인의 웃음을 나의 웃음으로 만드는 일은 항상 쉽지 않다. 사랑받는 기쁨은 사랑 주는 기쁨의 필요조건은 될 수 있을지언정 충분조건은 될 수 없다. 많은 사람들은 받는 기쁨만을 알지, 주는 기쁨을 알지 못한다. 그들은 타인의 기쁨을 나의 기쁨으로 만들 수 없다. 사랑받는 기쁨을 사랑 주는 기쁨으로 바꿀 수 있으려면, 사랑이 숙성할 수 있는 시간이 필요하다. 사랑하는 이의 기쁨 속에서 자기 존재의 의미를 확인하는 '성숙한' 사람만이 이런 사랑을 줄 수 있다. 에로스 신이 가장 오래되고 나이가 많다는 파이드로스의 주장은 이런 내용을 함축하고 있다. 영화 속에서도 연인인 일로나에게뿐만 아니라, 연적인 안드라스나 한스에게 가장 많은 것을 베푸는 이는 '나이 많은' 라즐로였다. 파이드로스가 보기에, 사랑한다는 것은 베풀고 선물하는 행위, 더 나아가 연인을 위해 몸 바치는(몸을 선물하는) 희생을 의미하며, 이런 사랑은 미숙한 사람이 아니라 성숙한 사람만이 수행해낼 수 있고, 그런 의미에서 에로스 신은 가장 오래된 신일 수밖에 없다.

누구나 한 번쯤 선물을 해본 적이 있을 것이고, 그럴 때마다 어떤 것을 선물해야 할지를 고민한 적이 있을 것이다. 과연 어떤 것을 선물하면 좋을까? 선물이 사랑하는 마음의 표현이라면, 자기의 사랑을 가장 잘 드러낼 수 있는 것으로 준비하면 될 것이다. 영화 속에서 안드라스는 이 원칙에 충실하게 선물을 준비했다. 라즐로가 선물했던 값비싼 보석 머리핀보다 안드라스의 마음이 담긴 음악 선물이 그날 밤 일로나의 마음을 사로잡았기 때문이다. 결과가 어찌 되었든, 라즐로는 라즐로대로 안드라스는 안드라스대로 자신이 할 수 있는 최고의 선물을 준비한 셈이다. 고급 레스토랑의 주인인 라즐로가 연인을 위해 할 수 있는 최상의 선물은 그 연인에게 어울리는 아름다운 장식품이었을 것이고, 가난한 음악가인 안드라스가 선물할 수 있는 최상의 것은 자신이 손수 작곡한 음악이었을 것이다. 선물이 어떤 결과나 대가를 바라는 뇌물 같은 것이 아니라면, 두 사람 모두 사랑을 담고 표현한 선물을 준비했다고 말할 수 있다.

선물을 결정할 때, 크게 두 가지 선택지가 주어진다. 하나는 선물을 받는 사람의 욕망이고, 다른 하나는 선물을 주는 사람의 욕망이다. 다시 말해서 선물을 받는 사람이 가장 받고 싶어하는 것을 선물하느냐, 아니면 선물을 주는 당사자가 가장 주고픈 것을 선물하느냐의 기로에 서게 된다. 두 욕망이 다행스럽게도 일치하기만 한다면야 아무런 문제가 없겠지만, 대개의 경우 두 욕망은 상이할 뿐만 아니라 충돌하기까지 한다. 두 욕망의 갈림길에까지 생각이 미치면, 누구나 망설일 수밖에 없다. 어느 것 하나 무시할 수 없기 때문이다. 어차피 모든 선택은 선택하지 않은 다른 한쪽의 포기를 감수해야 한다. 어떤 결정을 내리든, 두 경우 모두 상대방과 자신의 욕망에 대한 면밀한 관심이 요구되기는 마찬가지이다. 진정 사랑하는 연인이 원하는 것이 무엇인지, 그리고 내가 원하는 것은 무엇인지를 찾아내는 일은 어렵지만 중요하다. 연인의 욕망에 나의 욕망을 덧씌우는 것은 아닌지, 그래서 연인의 욕망이 아니라 실은 자신의 분열된 또다른 욕망이 아닌지, 또는 내 욕망이라 믿었던 것이 실은 또다른 타자의 욕망이 내면화된 것은 아닌지 등을 면밀히 반성해볼 필요가 있다.

선물은 되받음을 기대하지 않는 무상의 증여다. 어떤 기대가 개입되면, 선물의 순수성이 깨진다. 그 경우 선물膳物은 뇌물賂物이 된다. 무엇인가를 바라는 마음이 전혀 없는 선물이란 현실적으로 존재하지 않을지 몰라도 우리는 선물과 뇌물을 구분한다. 둘 사이의 경계에 애매한 지점이 없는 것은 아니더라도, 양자를 동일시하기도 힘들다. 선물을 주는 자는 답례를 바랄 수도 요구할 수도 없지만, 선물을 받은 자는 답례의 의무를 짊어지지 않을 수 없다. 이런 점에서 선물은 주는 자와 받는 자의 윤리성에 기반하고 있다. 이익 교환의 체계를 초월하는 윤리의 바탕 위에 선물이 놓여 있다. 그것은 인간과 인간이 인간적으로 만나면서 오가는 마음의 표현인 것이다. 선물과 답례의 이런 관계는 이익 교환을 기본 원리로 삼고 있는 뇌물과는 근본적으로 구분된다. 인간마저 사물화·상품화하는 상품 교환 메커니즘이 전 세계를 석권하고 있는 자본주의 시대에도 연인 사이, 부모 자식 사이, 친구 사이, 결국 사랑하는 '사이'의 마음이 화폐로 측량되어 나타나면, 여전히 어색하고 비정하게 느껴지는 까닭은 바로 여기에 있다.

선물은 본질적으로 자신이 가장 아끼는 것을 상대에게 주는 행위다. 자신의 대체물, 자기의 분신, 더 나아가 자기 자신을 상대에게 바치는 사랑의 행위이다. 또한 선물은 자신의 분신이 상대의 몸속에 깊숙이 박히기를, 그래서 언제나 연인과 함께하기를 바라는 사랑의 증표다. 연인이 그것을 알아주기를 희망하지만 알아주지 않더라도 상관없는 무조건적인 사랑의 결정체다. 이처럼 선물은 나를 대신해서 연인에게 나를 표현한다.

　　이런 점에서 선물은 누군가에게 보내는 나의 마음이다. 나에게서 떨어져나간 내 마음의 편지다. 동시에 그것은 연인과 동떨어진 거리를 이어주는 무지개다리다. 그러나 선물에 대해 이렇게 로맨틱하게만 말할 수는 없다. 선물은 동시에 연인을 파괴할 수 있는 것이다. 아무리 선의로 보낸 선물이라도 그것이 연인의 가슴속 깊숙이 파고들어 연인을 파괴하는 독극물이 될 수 있다. 왜냐하면 타자인 연인에게 나의 마음은 언제나 이물질일 수밖에 없기 때문이다. 선물은 트로이의 목마처럼 타자의 방어선을 뚫고 타자를 자기화하려는 전략일 수 있기 때문이다. 이것이 피할 수 없는 선물의 이중성이다. 요컨대 사랑의 본질은 베풂이고 베풀어진 것이 선물이며, 선물은 사랑이란 파르마콘pharmakon(약이면서 독)의 증여를 뜻한다.

거래

사랑의 본질이 '줌'에 있는 것이라면, 더군다나 어떤 보상도 바라지 않는 전적인 베풂에 있는 것이라면, 사랑은 더이상 거래가 아니다. 사랑은 거래를 초월한 어떤 것이다. 이것은 사랑에 대한 고전적이고 낭만적인 정의이자, 이상적이고 종교적이기까지 한 사랑에 대한 규정이다. 분명 사랑은 시장에서 거래되는 상품처럼 교환가치에 의해 지배되는 물품이 아니다. 사랑은 거래되고 교환되고, 그래서 돈을 주고 살 수 있는 어떤 것이 아니다. 분명 사랑은 주고받는 거래를 넘어서는 지점에 위치한다. 이런 의미에서 사랑을 비경제적이고 반자본주의적이며, 반사회적이라고 규정할 수 있다. 하여 사회적 통념의 시각에서 보자면, 이런 사랑에 빠진 사람은 항상 바보나 반사회적인 광인처럼 보이기 마련이다.

사랑의 이런 측면은 다양한 사랑 이야기들을 한번쯤 회고해보는 것만으로도 쉽게 확인될 수 있다. 레비스트로스의 인류학적 보고에 따르면, 결혼은 부족 간의 선물(여자) 교환에 그 기원을 두고 있다. 다른 부족과의 유대 관계를 위해 여자가 사용되었고, 이런 이유에서 족외혼이 성립했다고 한다. 사랑은 이런 결혼제도에 적대적이다. 멜로드라마가 설파하는 이데올로기와는 달리, 사랑은 결혼의 필수조건이 아니며, 결혼 역시 사랑의 완성이 아니다. 로미오와 줄리엣의 사랑 이야기가 이 점을 잘 보여준다. 사랑이 일으키는 여러 갈등은 사회의 기초적인 성립 원리인 교환과 거래를 무시하는 데에서 초래된다. 거래를 초월하는 사랑은 거래를 통해 작동하는 사회 속에서 반드시 장애물을 만날 수밖에 없다. 장애를 극복했다고 쉽게 말할 수 있을지는 몰라도, 사실 극복했다기보다는 일종의 타협점을 찾았다는 말이 옳을 것이다. 예컨대 결혼제도에 편입해서 행복한 삶을 누리며 오래도록 살았다는 방식으로 말이다. 결국 사회에 순화되든지 사랑 때문에 파멸에 이르든지, 두 갈래 길밖에 없는지도 모른다.

사랑은 분명 거래를 초월한다. 하지만 인간의 사랑은 언제나 다시 거래로 떨어진다. 사랑이 잠시 거래를 떠날 수는 있어도, 완벽하게 거래관계를 제거할 수는 없다. 우리가 살아 있는 동안은 말이다. 거래로 작동되는 사회로부터 완벽하게 초탈한다는 것은 인간에게 죽음을 의미한다. 사랑이라는 나무가 땅을 떠나 하늘을 향해 높이 치솟는다 하더라도, 대지를 완전히 떠날 수는 없다. 높이 치솟으면 치솟을수록 땅속 깊숙이 뿌리를 내려야만 한다. 본질적으로 사랑은 거래의 형식을 탈피하지만, 동시에 살아 있는 사랑은 언제나 거래관계에 토대를 두고 있다. 사랑은 조건 없는 줌이지만, 동시에 비대칭적일지언정 주고받는 형평의 관계이기도 하다. 이것이 사랑의 모순적인 이중성이고 유한한 사랑의 일면이다.

거래의 정의正義를 지향하는 사회에 살다보면 당연히 준 만큼 받고자한다. 그것이 최소한의 정의라고 생각되기 때문이다. 그래서 내가 이만큼 사랑을 주었다면, 우리는 최소한 그만큼은 사랑받기를 원한다. 사랑을 측정할 수 있는 마땅한 도구가 없음에도 불구하고 사랑의 크기를 측량해서 준 만큼 받으려고 하고, 받지 못하면 아쉬워하며, 준 것 이상의 사랑을 받으면 부담스러워한다. 이런 이유에서 사랑이 깨어지는 많은 경우는 사랑의 저울이 한쪽으로 크게 기울 때이다. 안 그런 척하지만 사랑을 준 만큼 받지 못하면, 어떤 아쉬움이 앙금처럼 남고, 그 앙금이 쌓여 사랑이 미움으로 돌변한다. 완벽히 거래를 단절할 수 없는 사랑의 필연적 운명이다.

그래서 시인 고정희는 파국적인 사랑 거래를 막기 위해 '사랑법 첫째'로 다음과 같이 노래한다. "그대 향한 내 기대 높으면 높을수록 그 기대보다 더 큰 돌덩이 매달아 놓습니다. / 부질없는 내 기대 높이가 그대보다 높아서는 아니 되겠기에 내 기대 높이가 자라는 쪽으로 커다란 돌덩이 매달아 놓습니다. / 그대를 기대와 바꾸지 않기 위해서 기대따라 행여 그대 잃지 않기 위해서 내 외롬 짓무른 밤일수록 제 설움 넘치는 밤일수록 크고 무거운 돌덩이 하나 가슴 한복판에 매달아 놓습니다."*

거래는 주고받는 관계이다. 주는 것이 있으면 받는 것이 있어야 하고, 받는 것이 있으면, 무엇인가를 주어야 하는 관계가 거래이다. 영화 속에서 거래의 달인으로 등장하는 사람은 라즐로다. 유대인에 대한 통

* 고정희, 「사랑법 첫째」 전문, 『이 時代의 아벨』, 문학과지성사, 1983. 113쪽.

념과 어울리게 그는 사업수완이 뛰어난 사람이다. 빈에서 온 음반업자들과 기가 막힌 거래를 성사시키는 라즐로의 모습을 떠올려보라. 라즐로에게는 사랑 역시 어쩌면 일종의 거래라고 말할 수 있을지 모른다. 처음 일로나가 안드라스를 선택한 다음날, 그는 일로나와 안드라스에게 일로나를 전부 잃느니보다 일로나의 일부라도 갖기를 원한다고 말한다. 그 전날 일로나에게 선택의 자유를 '베푼' 대가로 그는 일로나의 한 부분에 대한 권리를 주장한다. 일로나와 안드라스는 라즐로의 거래 조건에 동의한다. 이때부터 일로나는 두 명의 연인을 갖게 되고, 또는 두 명의 연인에 의해 공유된다. 영화는 이것을 라즐로와 안드라스가 나란히 감자자루를 들고 가는 장면으로 잡아낸다. 그 감자는 이미 라즐로가 탁월한 거래수완을 통해 반값으로 구입한 감자였다.

거래의 관계에서는 참과 거짓이 크게 중요하지 않다. 거기에서 중요한 것은 거래하는 사람들 모두를 만족시킬 수 있는 타협과 균형점이다. 절묘한 균형이 거래의 지향점이다. 자기만 옳고 자기만 정당하고 자기만 진리를 말한다고 우겨대면, 그 순간 거래는 깨어진다. 그것은 거래하지 않겠다는 의사 표명이다. 거래의 관계에서 옳음, 정의, 진리 등등의 원론적 주장은 자기 이익 관철의 보조 수단일 뿐이다. 라즐로가 빈에서 온 음반업자들과 거래하는 모습은 거래 당사자 모두를 만족시키는 거래의 모범을 보여주고 있다.

사랑, 정의, 진리 등등의 지고의 가치는 거래될 수 있는 것이 아니다. 그 모든 것은 거래와 협상을 초과하는 지점에 위치해 있다. 하지만 그것들의 절대성을 주장하기 힘들 때, 또는 공존해야만 하는 사람의 생각이 나와 전혀 다를 때에는, 거래할 수밖에 없다. 상대방과의 타협과 조정을 유도해내야 한다. 이것은 정치적인 거래다. 그리고 이것이 바로 사랑, 정의, 진리 등등의 지고의 가치에도 스며들 수밖에 없는 정치성이다.

데리다가 분석한 바 있는 '관용'과 '환대'의 관계도 이와 마찬가지이다.* 관용은 이질적인 민족, 문화가 동거해야만 하는 지구촌 시대에 무엇보다 요구되는 윤리적 덕목이다. 윤리적으로 요구된다지만, 그러나 지키기는 어려운 덕목이다. 어디를 가더라도 이방인에 대한 차별이 있고 괄시가 있으며, '홈그라운드의 이점', '텃새', '나와바리', '터줏대감' 등등으로 불리는 것들이 있다. 이런 세상에서 관용의 덕목만이라도 잘 지켜진다면, 지금보다 훨씬 살기 좋은 세상이 될 것이다. 하지만 관용은 그 자체로는 지고의 가치가 아니다. 궁극적으로 말해서, 관용은 권력을 가진 자가 호의를 베푸는 아량이고, 공동체의 안전을 유지하는 조건 아래에서 타자의 침투를 허용하는 '조건적' 환대일 뿐이다. 그것은 이방인 내지 타자를 어느 선까지만 받아들인다는 것, 즉 제한적인 조건하에서 자기 영역으로의 침입을 받아들인다는 것을 뜻한다. 그래서 관용은 주의 깊고 세심하게 신분을 확인하는 환대이며, 언제나 주의관찰, 감독의 끈을 놓지 않는 환대일 뿐이다.

하지만 이런 조건부 환대만으로는 환대 개념 자체가 불가능하다. 환대는 언제나 '무조건적' 환대 개념을 요구한다. 만일 이런저런 조건을 따져가며 누군가를 초대하고 맞이한다면, 그것은 진정한 의미의 환대라기보다는 더 많은 이익을 얻기 위해 거래 상대자를 '접대'하는 것에 불과하다. 이런 의미에서 조건 없는 환대가 진정한 환대이다. 환대는 다른 이유 없이 기쁘게 손님을 맞이하여 융숭한 대접을 하는 것이지

---

* 자크 데리다, 『환대에 대하여』, 남수인 옮김, 동문선, 2004 참조.

어떤 손익계산을 통해 하는 접대가 아니다. 언젠가 손님에게 자신이 마찬가지로 초대받으리라는 것을 기대하지도 않고, 손님을 환대하면 어떤 이득을 보리라 예상하지도 않고, 환대에 따르는 불이익을 감수하면서도 하는 것이 진정한 환대다. "기대되지도 초대되지도 않은 모든 자에게, 절대적으로 낯선 방문자로서 도착한 모든 자〔일어난 모든 것〕에게, 신원을 확인할 수 없고 예견할 수 없는 도착자에게, 사전에 미리 개방되어 있는" 그런 환대가 무조건적 환대이다.

현실에서 이런 환대는 어쩌면 불가능한 일이다. 한밤중에 갑자기 문을 두드리는 낯선 사람에게 어떻게 쉽게 문을 열어줄 수 있다는 말인가? 아무런 정보도 없는 이방인을 어떻게 아무런 조건 없이 환대할 수 있다는 말인가? 그러나 그런 무조건적 환대를 사유해보지도 않는다면, 환대 일반의 개념을 가지지 못할 것이며 조건부 환대의 규준조차 정할 수 없다. 누군가를 이렇게 대접하는 것이 어느 정도의 환대인지를 가늠하기 위해서라도, 어떤 조건이 더 붙었고 덜 붙었는지를 확인하기 위해서라도 무조건적 환대는 없어서는 안 된다. 아무것도 없는 백지 위에서 티끌들이 잘 보이듯이, 조건 없음이 바탕에 깔려야만 어떤 조건들이 환대라는 미명 아래에 붙어 있는지를 확인할 수 있다. 또한 무조건적 환대 없이는, 타자에 대한 관념, 즉 초대받지 않고도 우리의 삶 속으로 들어오는 그 혹은 그녀에 대한 관념을 갖지도 못할 것이다. 왜냐하면 조건부 환대만 존재한다면, 조건에 따라 허락된 사람 이외의 타자는 전혀 고려의 대상이 될 수 없기 때문이다. 이처럼 사랑과 거래, 환대와 관용(선물과 뇌물도 마찬가지다)이라는 두 개의 쌍에서 전자는 현실에서 온전히 실현 불가능한 것이지만, 그럼에도 불구하고 후자의 불가피한 조건으로 존재한다.

거래란 기본적으로 주고받는give and take 관계를 뜻하며, 그 관계 속에서 각자는 최소 비용으로 최대 이윤을 추구한다. 거래 상대자가 모두 적게 주고 많이 받으려 하기 때문에 거래에는 다툼이 없을 수 없다. 그래서 거래에는 조정과 타협이 요구된다. 거래의 관계에 들어서면, 최대한의 이윤 산출을 전제로 하기 때문에, 상대방의 어떤 말도 참으로 들리지 않는다. 아무리 공정한 거래라 하더라도, 거래를 통해 상대방에 대한 존경이나 애정이 보장되는 것도 아니다. 조정과 타협 지점을 찾지 못하면, 거래가 끝나는 동시에 관계 자체도 끝난다.

거래 이상의 관계를 바란다는 것은 한갓 철없는 인간의 꿈에 불과한 것일까? 차라리 비현실적인 꿈을 버리면, 좀더 행복해질 수 있지 않을까? 이루어질 수 없는 꿈 때문에 좌절과 실망 그리고 고통을 맛보지 않는가? 허나 이것은 어리석은 물음들이다. 인간은 원래부터가 거래에 만족할 수 없는 존재다. 주위에서 무수히 보고 있지 않은가? 계산이 빠른 합리론자도 거래만으로는 만족할 수 없고 행복할 수 없다. 거래는 우리에게 행복은커녕 외로움을 가중시키기 때문이다. 거래는 외로움을 삭감하기보다도 외로움을 증폭시킨다. 거래의 탁자에 마주하고 있는 모든 사람들이 늑대로 보이기 때문이다. 그곳에는 부모 자식도, 친구도, 연인도 존재할 수 없기 때문이다.

세상에 외로움만큼 무서운 것은 그다지 없는 것 같다. 사람들이 거래를 통해 돈과 명예 그리고 권력을 그토록 갈망하는 것은 사실 많은 부분 외로움을 잊기 위해서다. 그런데 아이러니하게도 타인과 함께하는 거래는 외로움을 가중시킨다. 거래의 탁자에 앉으면, 순간 외로움을 잊을 수는 있어도 더 큰 외로움이 엄습한다. 거래의 탁자에선 영원한 승자는 없으며, 탁자 주위의 모든 사람들이 언제라도 나를 쓰러트리려 호시탐탐 기회를 노리는 적들이기 때문이다. 그것을 번번이 경험하면서도 사람들은 거래의 탁자를 박차고 일어서지 못한다. 거래를 사랑으로 바꾸지 못한다. 왜일까? 사랑에 대한 믿음이 없기 때문이다. 사랑의 온전한 힘을 경험하지 못했기 때문이다. 자꾸만 사랑이 초라해지는 시대에 살고 있기 때문이다. 사랑이 거래로 추락했던 트라우마에 두려움을 느끼고 있기 때문이다. 불안정한 사랑보다는 정확한 계산이 믿음직스럽기 때문이다.

외로움보다 더 쓸쓸한 이야기를 들은 적이 있다. 언젠가 기차 뒷좌석에 앉은 두 노인의 이야기를 본의 아니게 엿들은 적이 있는데, 두 노인의 대화는 대략 이런 내용이었다. "자식들에게 괄시받지 않고 존중받으려면, 살아 있는 동안 절대로 재산을 넘겨줘서는 안 돼. 늙어서 외롭지 않으려면, 죽기 전까지 돈을 꼭 쥐고 있어야 한다니까." 그분들의 말씀에 따르면, 노인에게 죽는 것보다 더 무서운 것은 외로움이다. 그리고 외롭지 않기 위해서는 돈이 반드시 필요하다. 자식들이 뻔히 돈 때문에 효도하는 줄 알면서도, 그분들은 외로움보다는 거짓 사랑을 선택했다. 현대 사회의 거래의 탁자에는 부모와 자식마저 사랑이라는 가면을 쓰고 마주 보고 앉아 있다. 거래와 사랑은 칼로 물 베듯 선명하게 분리되지 않는다. 그렇다고 둘을 동일시해서는 곤란하다. 때때로, 아니 자주, 우리는 사랑이 거래가 아니라고 소리 높여 외쳐야 한다.

이해

사랑한 다음에야 비로소 누군가를 이해할 수 있는 걸까? 아니면 이해한 다음에야 누군가를 사랑할 수 있는 걸까? 영화의 무대는 헝가리의 부다페스트다. 영화가 독일 영화이기 때문에, 라즐로나 안드라스, 일로나 등등이 모두 독일어로 말하고 있다. 하지만 사실 그들은 헝가리어로 말하는 것이 정상일 것이다. 실제 상황이라면, 독일어를 모국어로 구사할 수 있는 사람은 한스뿐이다. 그렇다면 언어의 장벽 때문에 한스가 일로나의 사랑을 받지 못한 것이라고 추측할 수도 있다. 언어를 통해 자신을 온전히 알리고 이해시킬 수 없는 이방인, 한스가 일로나의 사랑을 받지 못한 이유는 이 점에 있다고 상상해볼 수도 있을 것이다. 그렇다면 우리는 상대방을 이해한 다음에만 사랑할 수 있는 것일까? 도대체 누군가를 이해한다는 것은 무슨 뜻인가?

이해한다는 말은 영어로 under-stand이다. 이 단어를 분석해보면,

무엇인가의 아래에 서는 것이 이해한다는 말이다. 그렇다면 무엇 아래 서는 것일까? 이 단어 속에는 그 무엇은 등장하지 않는다. 그 '무엇'을 알기 위해서는 우리의 지적 상상력이 요구된다. 해석학적으로 생각해보면, 이해를 가능케 하는 "세계" 아래에 서는 것을 뜻한다. 어떤 것을 이해한다는 것은 세계 속에서, 전체 속에서, 곧 이해하는 자가 맺고 있는 의미의 관계망 전체 속에서 그 이해 대상을 무엇'으로서als' 이해하는 것이다. 이런 해석학적 이해 개념에 따르면, 전체 세계에 대한 선이해先理解가 없다면, 어떤 이해도 발생하지 않는다. 그럼 선이해는 어떻게 가능한가? 그것은 우리가 이미 속해 있어 암암리에 따르고 있는 전승된 세계, 또는 전반성적이고 선술어적인 "생활세계"에 기초해 있다. 좀더 쉽게 말하자면, 특정한 문화, 역사의 세계 아래에서만, 무엇인가를 이해할 수 있다는 것이다.

그렇다면 동일한 생활세계에서 살고 있지 않은 이방인을 만났을 때에는 어떻게 해야 하나? 서로 다른 매트릭스에 사는 사람들은 어떻게 상대방을 이해할 수 있을까? 상이한 문화 속에서 선이해를 달리하는 사람 사이의 이해도 문제지만, 이해가 앞선 이해를 요구한다고 할 때 그 '앞선'이 계속 진행될 수 있다는 점도 '이해'를 이해하는 데 어려움을 던져준다. 이해는 선이해를, 그것은 또 이전의 선이해를 요구한다. 무한 퇴행. 악무한. 하지만 꼬리에 꼬리를 무는 순환은 이해의 과정에서 피할 수 없다. 부분을 이해하려면 전체를 알아야 하고, 전체를 이해하려면 부분을 알아야 한다. 이해의 해석학에 따르면, 이해를 위해서 원환의 고리를 싹둑 잘라내기보다는 그 순환 고리 속으로 용감하게 뛰어드는 것이 현명한 일이다. 그것에 따르면, 바깥으로 확장하고 안으로 수렴하기를 반복하는 순환의 고리 속에서 우리는 '완벽한' 이해가 아니라, '폭넓고 깊이 있는' 이해를 얻을 수 있다.

낯선 타인과 대화를 하고 있다. 내가 타인을 이해한다는 것은 타인이 속해 있는 세계, 곧 이미 그를 구성해온 수많은 관계망을 받아들이고, 그 세계 아래에 서는 것을 뜻한다. 쉽게 말해서 대화 상대자가 이미 속해 있는 관습, 문화, 역사, 계급, 성, 법, 제도 등등의 아래로 내려간다는 것이다. 그렇다면 "아래에 선다"는 말은 어떤 의미인가? 일단 자신을 낮춘다는 뜻이다. 그리고 낮추어진 상태에서 상대방의 세계를 "받아들인다"는 뜻이다.* 자기 앞에 도도하게 흐르는 세계를 부정하거나 외면하지 않고, 그 흐름을 타는 것이고, 그 흐름을 받아들이는 것을 뜻한다. 타인의 세계, 타자적 세계에 내 몸을 싣는 것이다. 이런 점에서 이해한다는 것은 타자의 세계에 소속되는 경험이다.

아래에 서기 위해서는 몸을 낮추어야 한다. 몸을 최대한 낮추고 상대의 아래에 위치해야만 상대를 이해할 수 있다. 플라톤도 이미 사용했던 바 있는 비유 하나를 들어보자. 두 컵 속에 물을 붓는데 한 컵에는 가득 물을 붓고 다른 컵에는 물을 붓지 않는다. 그 컵 사이에 실을 하나 놓아두면, 물은 높은 곳에서 낮은 곳으로 흘러 빈 컵을 채운다. 두 컵에 물의 양이 같아질 때까지. 이해는 그리고 앎은 낮은 곳으로 향하는 이런 중력의 법칙을 따른다. 그래서 이해하기 위해서는 아래에 위치해야 한다. 타인과 나의 세계가 같은 지평을 이룰 때까지. 이 비유를 조금 더 밀고 나가면, 빈 컵처럼 나를 무화해야 한다. 빈 컵처럼, 철

---

* 참고로 독일어로 이해는 Verstehen(바꿔 선다, 옮겨 선다는 의미에 가깝다)이고 이 말의 명사형이 오성 또는 지성을 뜻하는 Verstand이며, 이보다 좀더 폭넓은 의미의 이성, Vernunft(지각하다, 받아들이다)는 Vernehmen의 명사형이다. 이처럼 독일어에서는 유사 의미군에 속하는 단어들에서 "받아들인다"는 의미를 찾아볼 수 있다.

저히 나를 비워야만 상대를 받아들일 수 있고 이해할 수 있다. 나를 세우기만 하고 몸을 낮추지 않는다면, 나의 잣대로 상대를 재단할 수는 있어도 결코 상대를 이해할 수는 없다.

말이야 쉽지만, 진정으로 몸을 낮추기 힘들다. 낮추는 척이야 어렵지 않게 할 수 있지만, 그것은 진정한 의미의 이해가 아닐 뿐더러 상대와 자신을 기만하는 행위다. 대화 상황에서 상대방의 말을 듣고 있다 하더라도 그것은 제대로 듣고 있는 것이 아니다.* 몸을 낮추지 않으면, 상대방의 말이 잘 들리지 않는 것은 물론이고 도리어 상대방에게 무엇인가를 자꾸만 이야기하고 싶어진다. 자기주장을 펴고 싶어진다. 상대방보다 높은 위치에서 가르치고 싶어진다. 가르침의 언어가 내뱉어지자마자 타인에 대한 이해는 중단된다. 가르치려는 오만은 이해를 향한 길이 아니라, 편견을 향한 길이다. 그 점을 뻔히 알고 있음에도 불구하고, 오만과 편견의 힘은 좀처럼 수그러지지 않는다. 혀끝까지 치밀어오른 이야기를 누설하지 않고 참을 수 있으려면, 거의 초인적인 인내가 필요하다. 아무리 억눌러도 목소리가 목 천장까지 차오른다. 그래서 번번이 상대방 이야기의 허점과 휴지기를 틈타 내 입에서 자기주장이 흘러나온다.

때로 우리는 사랑마저 가르치려 든다. 위압적으로 가르치려 들거나 사랑이 무슨 이론적 지식이라도 되는 양 가르치려 한다. 이런 가르침은 처음부터 실패를 예고할 수밖에 없다. 가르치려 드는 이를 어떻게 사랑할 수 있으며, 또 이런 이에게 어떻게 이해받기를 기대할 수 있다

* 독일어에서 듣다(hören)는 이해하다라는 의미를 내포하고 있다. 하이데거도 지적했다시피, 상대방의 이야기를 듣는 것은 상대를 이해하는 것이고, 상대에 속하는 것(gehören)이며, 그를 따르는 것(gehorsam)이다.

는 말인가? 시인 정호승은 이렇게 노래한다. "사랑을 위하여/사랑을 가르치지 마라/……사랑을 위하여/사랑의 형식을 가르치지 마라//사랑은 이미 가르침이 아니다/가르치는 것은 이미 사랑이 아니다/……사랑을 가르치는 시대는 슬프고/사랑을 가르칠 수 있다고 믿는/믿음의 시대는 슬프다"*

　가르침의 언어가 터져 나오지 않도록 꾹 참는 일은 자기 존재를 거부하는 행위와 같다. 인내의 고통을 조금 극단적으로 표현해보면, 그것은 자기 존재를 잠정적으로 죽이는 일이다. '나'의 생각과 감정을 죽이는 일이다. 당연히 나는 그 죽임, 그 고통스런 억눌림을 참지 못한다. 그래서 타자를 이해하는 일, 곧 타자의 아래에 서서 그가 말 건네기를 기다리는 일은 여간 고통스러운 일이 아닐 수 없다. 그렇지만 이해를 위한 인내는 새로운 내가 탄생할 수 있는 기회를 제공한다. 참다운 이해는 이처럼 '나'를 낮춤으로써 새로운 '나'로 거듭날 수 있는 계기를 뜻한다.

　누군가를 이해한다는 것은 타인의 세계 속으로 침잠해 들어가는 것을 뜻한다. 이해해간다는 것은 타인의 세계로 좀더 깊숙이 들어간다는 말이다. 그런 진입이 가능하려면, 이해하려는 당사자 자신이 먼저 무

---

* 정호승, 「세족식을 위하여」, 『사랑하다가 죽어버려라』, 창작과비평사, 1997. 86~87쪽. 시의 전문은 이러하다. "사랑을 위하여/사랑을 가르치지 마라/세족식을 위하여 우리가/세상의 더러운 물 속에 계속 발을 담글지라도/내 이웃을 내 몸과 같이 사랑할 수 있다고/가르치지 마라//지상의 모든 먼지와 때와/고통의 모든 눈물과 흔적을 위하여/오늘 내 이웃의 발을 씻기고 또 씻길지라도/사랑을 위하여/사랑의 형식을 가르치지 마라//사랑은 이미 가르침이 아니다/가르치는 것은 이미 사랑이 아니다/밤마다 발을 씻지 않고는 잠들지 못하는/우리의 사랑은 언제나 거짓 앞에 서 있다//가르치지 마라 부활을 위하여/가르치지 마라 세족식을 위하여/사랑을 가르치는 시대는 슬프고/사랑을 가르칠 수 있다고 믿는/믿음의 시대는 슬프다"

장해제를 해야 한다. 상대방을 해칠 수 있는 생각(과 말)을 휴대하고 있다면, 당연히 상대방은 자기 안으로 진입하는 것을 막을 것이다. 무기를 들지 않은 빈손으로 타자의 세계에 조용히 진입해야 한다. 우리 모두가 잘 알고 있듯이, 말 한마디가 듣는 이의 가슴에 비수로 꽂힐 수 있다. 때문에 말하기보다는 조용히 경청하는 자세로 이해에 임해야 한다. 또한 타자의 세계 아래에 서는 일은 먼저 자신이 속한 세계를 떠난 뒤에야 가능하다. 자기 세계에 머물러 있어서는 타인의 세계로 진입할 수 없다.

타인의 세계로 진입한다는 것은 자기를 비운다는 말과 같은 말이다. 자기를 비우고 비워진 그 자리에 타인을 채우는 것, 그것이 바로 타인의 세계로 진입하는 것이다. 물론 완벽하게 타인이 될 수는 없다. 하지만 타인에 대한 이해의 깊이는 얼마만큼 타인의 세계에 깊숙이 들어섰느냐에 달려 있는 것만은 분명하다. 또한 우리는 자기 세계에 대한 지적 독점권을 가지고 있지 않다. 도리어 내가 타인을 타인 자신보다 더 잘 이해할 수도 있다. 역으로 타인이 나를 더 잘 이해할 수 있다. "등잔 밑이 어둡다"라는 속담도 있는 것처럼, 너무 가까이 있는 것은 바로 그 가까움 때문에 이해되기 어렵다. 이해하기 위해서는 이해의 가시거리가 필요하다. 거리, 간격, 차이가 이해의 선행조건이다. 상이한 세계를 가로질러 여행한 사람일수록, 차이의 거리를 몸으로 체험한 사람일수록, 풍부한 이해를 선물로 얻을 수 있다. 이런 점에서 모든 이해는 타자 이해이다.

자기 이해라는 말 역시 이런 맥락에서 해명될 수 있다. 자기 자신과의 거리가 조성되지 않는다면, 자신을 이해할 수 있는 길은 없다. 이해를 위해 자신과 거리를 두어야 한다. 이해의 과정에서 '보는 나'와 '보이는 나'가 벌어질 수밖에 없다. 그래서 '나'가 분열되고 소외되고 타자화될 수밖에 없다. 이런 자기 분열과 소외 때문에 자기 이해 역시 타자 이해만큼이나 고통스러울 수밖에 없다. 그런데 만일 이해가 타자의 아래에 서는 것이라면, 자기 이해라는 말은 타자화된 자기 세계의 아래에 서는 것을 뜻한다. 미지의 자기 세계 아래에 서는 것이다. 그것은 기존의 자기 모습을 떠나 낯선 자기의 가능성을 향하는 것을 뜻한다. 그것은 도래할 자기를 위해 기존의 자기 모습을 지우고 비우는 일이라 말할 수 있다. 그 가운데 고착된 자기 모습이 깨어진다. 타인의 세계에 진입하기 위한 선결조건이 이런 "자기 무화自己無化"라면, 자기 무화는 고정된 자기를 지워내는 것을 뜻하고, 결국 자기 이해에 들어섰음을 뜻한다. 이런 맥락에서 모든 타자 이해는 자기 이해와 공속한다.

앎이란 정보의 축적만으로는 설명될 수 없는 개념이다. 또는 앎이 단지 정보의 축적이기만 하다면, 이해(진정한 앎)는 그와는 다른 종류의 것이다. 이해는 마치 컴퓨터 다운로드의 과정에서 파일이 옮겨가듯이, 그렇게 간단하게 그려볼 수 있는 것이 아니다. 정보는 쌓일 수도 흩어질 수도 지워질 수도 있지만, 결코 나의 존재를 바꿀 수는 없다. 우리는 축적된 정보를 가지고 타자를 이용하고 통제하고 지배할 수는 있다. 하지만 그런 정보만으로 자신을 변화시킬 수는 없다. 왜냐하면 정보로서의 앎은 (기존의) 자기를 구축하고, 정당화하고, 방어하는 수단이기 때문이다. 반면 참다운 이해는 자기 존재를 변화시킨다. 진정한 앎은 기존의 나를 무너뜨린다. 그래서 그런 앎은 죽음과 동반하며, 죽음 속에서 부활하는 앎이다. 몸을 낮춰 타인의 세계로 침잠해 들어가 타인의 세계에 동화될 수 있는 앎, 타자에의 미메시스를 통해 변신할 수 있는 앎, 수많은 이해의 지평들을 자유로이 옮겨 다닐 수 있는 앎. 이런 앎만이 삶의 밀도와 깊이가 더해지는 앎이다. 삶의 깊은 주름이 한 겹 늘어나는 앎이다. 황홀한 앎이며, 고통스런 앎이며, 농도 깊은 앎이다. 예로부터 사람들은 이런 앎의 대표적인 것으로서 예술과 철학을 꼽았다.

다시 처음의 물음으로 되돌아가보자. 사랑한 다음 이해할 수 있는 것일까? 아니면 이해한 다음 사랑할 수 있는 것일까? 지금까지 살펴본 것처럼, 만약 이해가 타자 이해이고, 타자의 세계 아래로 서는 것이며, 타자의 세계에 침잠해 들어가는 것이라면, 사랑은 이해에 선행한다. 사랑이 전제되지 않으면, 힘겹게 타자 아래에 서려는 사람은 없기 때문이다. 사랑이 없다면, 타자 아래로 내려가는 이해는커녕, 대화와 토론은커녕, 상대방에게 말을 걸지도 않을 것이기 때문이다. 사랑한 다음에야 이해할 수 있다. 이미 『향연』에서 플라톤이 잘 보여주고 있는 것처럼, 앎은 에로스의 가호 속에서만 존재할 수 있다. 이해할 수 있어야지 좋아하고 사랑할 수 있다는 것은 진실이다. 허나 그보다 더 큰 진실은 좋아하고 사랑해야만 진정 이해할 수 있다는 사실이다.

외국 체류 경험이 있는 사람은 다음의 사실을 잘 알고 있다. 자신이 아무리 그 나라 말을 못 해도, 상대방이 기본적인 관심과 호의를 가지고 있다면, 의사소통하는 데에 큰 문제가 없다는 것을. 또 외국의 언어와 문화를 배우는 데 있어, 그 나라 연인을 만나는 것보다 더 좋은 방법은 없다는 것을. 이런 점에서 오직 언어 장벽 때문에 일로나가 한스를 사랑하지 않았다는 가설은 폐기되지 않을 수 없다. 물론 몰이해, 무지가 사랑의 커다란 장애 요소라는 점은 부인될 수 없다. 하지만 이해가 궁극적으로 사랑의 추동력으로 움직인다는 점에서, 그것은 하나의 핑계거리일 가능성이 농후하다. 많은 경우, "나는 널 이해하지 못하겠

어"라는 말은 "난 널 더이상 사랑하지 않아"라는 말의 완곡한 표현 내
지, 헤어지고픈 핑계일 수 있다.

사랑은 이해의 조건이다. 그런데 모든 이해를 가능케 해주는 사랑
자체는 이해될 수 없다. 사랑이 이해의 선결조건일 때부터 사랑은 이
미 이해의 차원을 벗어난다. 사랑은 이해를 가능케 하지만, 역설적으
로 그 자체는 이해될 수 없다. 이해할 수 없는 사랑의 신비를 사람들은
그저 "운명"이라고만 얼버무린다.

육체

사랑은 그리움이고 생각이다. 그런데 이런 그리움과 생각에는 몸이 스며 있다. 생각과 몸이 따로 노는 것이 아니라면, 생각은 처음부터 몸의 생각이고, 몸은 처음부터 생각의 구현체다. 그렇다면 그리움과 생각은 처음부터 만지고 핥고 냄새 맡는 몸의 움직임의 연장延長이며, 눈가의 떨림 하나, 손끝의 감촉 하나가 모두 생각의 연장이다. 몸이 없는 사람을 상상할 수 없듯이, 몸이 없는 사랑은 존재하지 않는다. 인간의 사랑은 언제나 우리의 몸과 몸 '사이'에서 움튼다.

일로나의 몸은 눈이 부시도록 아름답다. 그녀의 육체는 젊고 건강하며, 전형적인 서양적 아름다움의 기준에 따라 빚어진 조각상 같다. 게다가 강렬한 성적인 매력까지 발산한다. 라즐로의 말처럼, 어느 남자라도 그녀의 몸이 뿜어내는 매력에는 못 배길 것이다. 그나마 일로나와 견줄 수 있는 육체의 매력을 가진 남자로는 한스를 꼽을 수 있을 것이다. 라즐로의 약간 뚱뚱한 몸집이나 안드라스의 빼빼 마른 몸과는 대조적으로 한스의 몸은 젊고 균형 잡힌 동선을 가지고 있다. 하지만 남자의 몸은 영화 속에서 크게 부각되지 않는다. 영화 속에서는 유독 일로나의 벗은 육체만 자주 카메라에 노출된다. 남성 중심적 전통에 따라 여자의 몸만이 카메라 렌즈에 잡힌다. 카메라의 뷰파인더는 남자의 시선을(영화 속의 남성이든, 남성 영화 제작자든, 남성 관객이든) 사로잡는 여자의 몸만을 담고 있다. 이 경우 카메라는 남자의 눈의 대체물이다.

상대방의 눈동자에 빠지면, 이내 상대의 몸 작은 부분 하나하나에 빠져들게 된다. 그것이 사회 통념상 아름답든 그렇지 않든 상관없다. 일단 빠져들게 되면, 모든 것이 아름답게 보인다. 이것이 사랑의 마법이고 빠져듦의 착시현상이다. 물론 눈보다 먼저 상대의 몸에 빠져들 수도 있다. 그리고 나서 상대의 눈에 빠져들 수도 있다. 하지만 이런 경우는 드물다. 영화에서도 일로나의 가슴에만 시선을 고정시키는 한스는 결국 일로나의 몸만을 원했던 것으로 그려진다. 반면 일로나와 시선의 교감을 이룬 안드라스도 이후 그녀의 가슴에 시선을 빼앗기지만, 그녀의 전체를 사랑한 사람으로 그려진다.

영혼과 육체의 구분법에 대해서는 수많은 논의들이 있어왔고, 지금도 진행중이다. 둘을 구분할 수 있는지 없는지에 대한 문제에서부터, 구분된다면 어떻게 구분할 수 있는지, 또 양자의 관계는 어떻게 설정될 수 있는지 등등에 이르기까지 복잡하고 어려운 철학적 문제들이 여기에 걸려 있다. 내게 단지 분명한 것은 전통적인 유심론唯心論이나 유물론唯物論 어느 한쪽에 우위를 두고 그것에 다른 한쪽을 환원시키려 한다면, 그런 환원주의는 문제가 많다는 점이다. 환원주의는 사유의 편의주의에 불과하다. 그것은 어떤 선명한 이론적 설명을 위해서 복잡다양한 현상의 실타래를 그저 베어버리는 사유의 나태함을 보여줄 뿐이다. 결국 궁금증을 유발한 현상은 사라지고, 남는 것은 공허한 주장뿐이다. 이런 경우 당장에는 모든 것이 선명하게 보일지는 몰라도, 종국에는 궁금증이 다시 재발할 수밖에 없다.

인간은 육체와 영혼으로 이루어져 있다. 여기에서 영혼은 자기 의식은 물론이고, 깊은 무의식, 세포 하나하나에 스며 있는 물질적 무의식까지 포함한다. 그리고 육체는 우리의 몸을 이루는 물리적·생물학적·생리적 기반을 포괄하면서도 영혼의 표면이자 용기用器라는 의미까지 포함한다. 현대를 살아가는 우리는 육체를 자명한 것으로 이해하는 반면, 영혼은 불투명한 것이라고 생각한다. 영혼은 한갓 물리적인 육체의(두뇌의) 부대현상쯤으로 취급된다. 하지만 진정 사랑해본 적이 있는 사람은, 더구나 연인의 주검을 망연자실하며 바라본 적이 있는 사람은 영혼의 존재를 그렇게 간단히 부정할 수 없다. 그 시신에서는 분명 무엇인가가 상실되었지만 여전히 어딘가에 존재할 수밖에 없는 무언가가 남아 있다. 옛날 사람들은 그것을 영혼(프시케/아니마)이라고 불렀다.

영혼의 사랑을 우위에 두었던 플라톤마저 실상 육체적 사랑을 거부하지는 않는다. 그의 『향연』을 직접 읽어본 사람이라면, 누구나 쉽게 그것을 확인할 수 있을 것이다. 그는 도리어 영혼의 사랑에 이르는 필수적인 길로서 육체적 사랑을 그리고 있다. 그에 따르면, 육체의 아름다움에 빠져보지 못한 사람은 연인의 영혼에 도달하기 어렵다. 아주 정묘한 영혼의 아름다움을 포착하기 위해서는 먼저 육체적 아름다움을 맛볼 수 있어야 하며, 그 섬세해진 감각을 통해서만 눈에 보이지 않는 영혼의 정밀한 아름다움에 빠져들 수 있다. 육체의 아름다움에 눈을 뜨고, 그것에 대한 감각이 정교해지면서, 인간 영혼은 더이상 둔탁한 육체의 아름다움에 시선을 고정시키기보다는 영혼의 비가시적 아름다움에 매혹된다. 육체적 아름다움에 실망하고 그것의 자극이 권태로워지면서, 보이지 않을 정도로 섬세한 영혼의 몸짓과 표정, 그것의 모습에 눈을 돌리게 된다는 것이다. 이런 식으로 플라톤은 사랑의 상승 작용과 수직적 운동을 주장함으로써 결국 정신적이고 지적인 사랑에 우위를 두고는 있다. 하지만 그 역시 육체적 사랑의 불가피성과 그것의 시발성은 긍정하지 않을 수 없었다. 더구나 그의 정신적·지적 사랑이라는 것도 따지고 보면 동성애적 사랑에 기반을 두고 있다.

『향연』에서 파우사니아스는 에로스를 찬미하기 이전에 좀더 세분할 것을 제안하면서, 모든 에로스가 찬사의 대상은 아니며, 오직 천상의 에로스, 즉 지성적인 분별심과 자제력을 갖춘 완숙한 에로스만이 찬미의 대상이라고 주장한다.* 그가 보기에 에로스에는 출생의 내력에 따라, 미숙한 '세속의 에로스'와 성숙한 '하늘의 에로스'가 있다. 세속의 에로스는 물질적·육체적·충동적인 성격을 가지고 있다. 반면에 하늘의 에로스는 정신적·지성적인 성격을 갖는다. 저속하고 육체적인 사랑은 시간의 지배를 받지만, 고상한 사랑은 시간의 지배에서 벗어난다. 그리고 두 에로스는 땅과 하늘의 차이만큼이나 커다란 차이점을 가지고 있다.

플라톤적으로 설명하자면, 사랑의 욕구가 질료와 경향성에 얽매이게 되면, 시간의 제약에 그리고 우연의 늪에 빠지고 만다. 반면에 지성

---

* 플라톤, 『향연』, 박희영 옮김, 문학과지성사, 2003. 180c~185c 참조.

적인 사랑은 시간의 마모로부터 오랫동안 보존될 수 있다. 때문에 찬미되어야 할 사랑은 그 의미와 가치를 오랫동안 지속·보존할 수 있는 지성적·정신적 사랑이다. 이와 같은 사유 방식은 불멸을 희구하는 인간의 형이상학적 욕망을 그대로 드러낸다. 불멸에의 욕망은 끊임없이 소멸하는 감각보다는 지속을 보장해주는 지성에 뿌리를 내린다. 이런 이유에서 고대 미학은 '지성적 완전성'을 아름다움과 예술의 척도로 보았다. 참다운 미적 체험과 창작은 지성적 척도, 즉 질서, 균제, 조화, 균형 등에 준해서 수행되어야 한다. 게다가 그런 척도는 우주의 영원한 이법理法이라고 간주되었다. 그리고 그런 이법은 오직 지성을 통해서만 접근 가능하다. 아름다움과 예술은 단지 감각적 즐거움이나 쾌적함 또는 비이성적인 열정의 소산이 아니라, 언제나 지성과 매개된 것으로 이해되었던 것이다.

흥미로운 점은 플라톤이 파우사니아스의 입을 통해 육체적 사랑과 정신적 사랑을 우리가 보통 생각하는 것과는 조금 다른 방식으로 설명하고 있다는 점이다. 그가 보기에 천상의 사랑과 세속적 사랑의 결정적인 차이점은 정신과 육체의 차이에 있지 않다. 다시 말해서 육체를 사용하느냐 아니냐가 결정적인 변별점은 아니라는 말이다. 사실 많은 변태적인 성행위(정상/비정상을 가르는 것만큼 변태를 규정하는 일은 쉽지 않다. 정상위만을 고집하는 것 역시 변태의 일종일 수 있다는 생각에 이르면 더욱 그러하다)는 대개 육체(특히 성기)를 사용하지 않는다. 예를 들어 페티시즘나 관음증 등은 육체를 직접 사용하지는 않지만, 우리가 보통 생각하는 고결한 정신적 사랑이라고 규정하기는 어렵다.

파우사니아스가 보기에 천상적 사랑과 세속의 사랑이 갈라지는 결정적인 지점은 그것이 분별적인 사랑이냐 무차별적인 사랑이냐에 달려 있다. 천상의 사랑이 "사랑하는 사람을 구별해낼 수 있는" 분별적인 사랑임에 반해, 세속의 사랑은 "아무 대상이나 닥치는 대로" 사랑하는 무분별한 사랑이다.* 진정으로 사랑하는 사람(사랑할 만한 가치가 있는 사람, 자기보다 뛰어난 사람)만을 사랑하는 것은 맹목적인 욕정에 휩싸여 아무하고나 나누는 사랑과는 본질적으로 다르다. 여기에서 분별의 능력인 이성에 근거한 사랑과 맹목적인 욕망에 근거한 사랑이 구분된다. 사리분별 능력을 갖춘 사람의 사랑과 그렇지 못한 사람의 사랑이 구분된다.

이런 구분법은 나름대로 설득력이 있다. 그러나 이런 구분법에도 문제가 없는 것은 아니다. 즉 분별하는 이성적 사랑이 나르시시즘에 기초해 있다면, 무차별적인 사랑이 도리어 나르시시즘을 넘어서는 성스러운 사랑의 모습으로 나타나기도 한다고 말이다. 자기에게 필요한 사람만을 가려서 사랑하는 것보다는 자기에게 해가 될 수 있는 사람마저 사랑하는 것이 더 천상의 사랑에 가까울 수 있다. 가난하고 헐벗은 자들을 더욱 사랑하는 예수처럼, 혹은 나병 환자에게 자신의 몸을 허락하는 플로베르Gustave Flaubert 소설의 성 줄리앙처럼 말이다. 분별지가 자기중심적인 나르시시즘으로 향할 때, 무차별성이 오히려 고결한 사랑의 징표가 된다.

플라톤이 생각했던 것처럼, 사랑은 수직적·직선적·위계적·점진적인 단계와 과정으로만 이루어져 있지 않다. 도리어 사랑은 확장적·원환적·수평적·순간적인 성격을 가진다. 처음과 끝이 하나로 만나고 연결되는 원환의 띠처럼, 사랑은 처음의 순간을 새롭게 반복하며 끝을

---

* 플라톤, 같은 책. 180d 이하 참조.

맺는다. 사랑은 육체에서 영혼으로만 상승하는 것이 아니라, 영혼에서 다시 육체로 하강하면서 사랑의 높이와 깊이를 동시에 확장시킨다. 그 확장은 순간적인 발산과 연이은 영점으로의 수렴으로 반복된다. 육체적 사랑이 단순한 성기 삽입과 성적 흥분 상태의 고조만을 의미하지 않는 이상, 육체적 사랑은 영혼의 교감을 뜻하며, 정신적 사랑은 어떤 식으로든 육체적 사랑을 동반한다.

플라톤의 말처럼 연인의 몸을 진정으로 사랑하는 사람은 그 영혼 역시 사랑하지 않을 수 없다. 역으로 한 사람의 영혼을 진정으로 사랑하는 사람은 그 사람의 몸을 사랑하지 않을 수 없다. 한마디로 우리는 그 누군가의 존재 자체를 사랑하는 것이다. 때문에 언제나 문제는 영혼의 사랑을 육체의 사랑으로, 또한 거꾸로 육체의 사랑을 영혼의 사랑으로 이행시키는 일이다. 사랑에 있어서 어렵지만 중요한 일은, 앙드레 지드의 『좁은 문』에 등장하는 육체적 사랑이 제거된 고결한 정신적 사랑이 아니라, 영혼과 육체 사이에서 쌍방향으로 진행되는 사랑의 이행과 번역Übersetzen(독일어에서 '번역'은 '옮겨놓는 이행'의 의미를 담고 있다) 작업이다.

다시 영화로 되돌아가보자. 일로나의 아름다운 육체는 적정한 조명 아래에서 카메라 렌즈에 잡힌다. 카메라는 일로나의 육체를 더욱 미화시킨다. 동시에 여성 육체의 아름다움이 부각되면 될수록, 그것은 남성에게 위험천만한 존재로 보인다. 이것이 남성의 시선에서 본 여성적 아름다움의 이중성이다. 여성 육체의 아름다움은 남성에게 매료와 위협의 대상으로 여겨졌다. 왜냐하면 사랑은 육체의 아름다움에 자리잡고 있으며 사랑 자체가 이미 독이자 해독제라는 이중성을 가지고 있기 때문이다. 즉 사랑 자체가 치명적인 사랑병을 일으키는 독소인 동시에 그 병을 유일하게 치유하는 약, 곧 사랑의 파르마콘이기 때문이다. 예로부터 미인의 비극적 운명을 일컫는 미인박명美人薄命, 강렬한 매력으로 남자를 치명적인 파국으로 떨어트리는 팜 파탈femme fatale, 또는 여자 한 명이 한 나라를 기울게 만든다는 경국지색傾國之色이라는 말 등은 모두 이런 사랑의 이중성과 사랑의 육체성, 그리고 남성 중심적 시각이 뒤섞여서 만들어진 말들이다.

서양의 전통은 육체를 악마적인 것으로 폄하했다. 이것은 무지에서 오는 착각일 뿐이다. 자기의식이 강한 이성 중심적 나르시시스트가 타자성과 만났을 때 흔히 보이는 과잉반응이다. 영혼, 그것도 영혼의 아주 작은 한 부분일 뿐인 자기의식에게 육체는 알 수 없는 거대한 괴물이고 자기의식을 교란하고 파괴하는 악마처럼 보인다. 그런 사람은 육체에 유혹될 수는 있지만, 육체를 사랑할 수는 없다. 하지만 이런 서양 전통의 강고한 지적 억압 내에서도 솔직 담백하게 육체적 사랑을 표현한 사람이 있었다. 그 사람은 여자였고, 중세 기독교 수도원의 원장이기도 했다. 그녀의 이름은 엘로이즈이다. 시대를 뛰어넘는 그녀의 대담한 고백을 들어보기로 하자.

"그런데 나에게 있어서는, 우리가 함께 맛본 저 사랑의 기쁨이 너무나 감미로워 그것을 뉘우칠 생각이 일지 않을 뿐더러, 그것을 내 기억에서 지워버릴 수도 없습니다. 동을 향해서나 서를 향해서나, 그것은 항시 욕망이 되어 눈앞에 어른거리고, 잠들어 있을 때조차도 그 환상은 나에게서 떠나지 않았습니다. 가장 순수하게 기도 속에 잠겨 있어야 할 미사 의식의 중간에서도 그 환락의 방종한 영상은 가엾은 내 마음을 완전히 사로잡아, 나는 기도에 전념하기보다는 수치스러운 생각에 잠겨 있기가 일쑤인 것입니다. 자신이 저지른 죄과에 대해서 회한을 품고 있어야 할 시기에, 나는 도리어 다시 범할 수 없는 잃어버린 것에 대해 그리움을 느끼고 있는 것입니다."[*]

마지막 구절에 나오는 표현, "다시 범할 수 없는 잃어버린 것"은 무엇일까? 막연하게 말하자면, 사랑이다. 떠나간 사랑. 하지만 구체적으로 말하자면, 그것은 떠나가버린 연인 아벨라르이고, 그의 몸이며, 그의 잘려나간 성기다. 아벨라르는 엘로이즈의 가정교사로 왔다가 어린 여학생 엘로이즈와 사랑에 빠진 죄로 그녀의 삼촌으로부터 거세당했다. "다시 범할 수 없는 잃어버린" 연인의 성기에 그리움을 느끼는 엘로이즈. 그녀는 적어도 사랑의 육화肉化를 알고 있었던 여인이었다. 영혼의 사랑을 육체의 몸짓으로 완벽히 번역할 수 있었던 여인이었다. 육체를 폄하했던 플라톤적 헬레니즘과 기독교의 헤브라이즘 전통에서 비껴 있었던 몸 사랑의 찬미자였다.

---

[*] 아벨라르·엘로이즈, 『아벨라르와 엘로이즈』, 정봉구 옮김, 을유문화사, 1999. 120~21쪽.

적음

일로나의 몸은 아름답다. 라즐로의 말처럼, 일로나는 모든 남자의 사랑을 독차지할 만큼의 아름다움을 소유하고 있다. 그렇다면 그녀의 아름다움은 어디에서 유래하는 것일까? 딱히 말하기가 쉽지 않다. 황금비율로 균형 잡힌 몸매라고만 단정 짓기도 어렵고, 남자들의 성적 환상이라고만 규정하기도 어렵다. 롤랑 바르트의 말처럼, 아름다움은 "무한한 암호"다. 그녀의 몸이 마치 비너스 조각상처럼 아름답다고 표현한다면, 그럼 비너스 조각상은 또 무엇처럼 아름답다고 해야 할까? 비너스 조각상처럼 선례가 되는 암호에 의지해서만 아름다움을 표현할 수 있다면, 그 선례는 무한히 또다른 선례로 소급될 수밖에 없다. 그렇다면, 아름다움 자체에 대해서 우리는 아무 말도 할 수 없게 된다. 설사 바르트의 말에 동의한다고 하더라도 아름다움의 비밀이 궁금한 것은 어쩔 수 없다.

영화는 일로나의 아름다움에 대한 한 가지 힌트를 주고 있다. 그녀는 영화 내내 젊고 생기발랄한 나이를 유지한다. 마지막 장면에서도 영화는 노파가 된 일로나의 얼굴을 보여주지 않는다. 단지 노파의 뒷모습만을 보여줄 뿐이다. 그녀임을 확인할 수 있는 소품, 즉 라즐로의 생일 선물인 푸른 머리핀이 그녀의 얼굴을 대신한다. 그렇다면 일단 일로나의 아름다움의 정체가 젊음이라고 추정할 수 있지는 않을까?

플라톤의 『향연』에서 아가톤은 다른 무엇보다도 에로스를 아름다움의 신으로 규정하면서, 에로스는 생기가 넘치는 젊음의 신이라고 말한다.* 아가톤이 보기에, 사랑은 아름다움을 지향하며, 사랑이 향하고 있는 아름다움의 본질은 젊음에 있다. 그가 보기에, 젊음은 사랑과 아름다움의 원천이다. 젊은 자만이 사랑할 수 있고 아름다울 수 있다. 아무리 균형 잡힌 외모를 가진 사람도 나이가 들어 피부에 윤택이 사라지고 검버섯이 돋고 주름이 생기면, 게다가 허리와 어깨가 구부러지고 목소리마저 입가에서 새기 시작하면, 그런 사람을 더이상 아름답다고 말하기 어렵다는 것이다.

직접 통계 조사를 해보지는 않았지만, 대부분의 남자가 생각하는 여자의 아름다움은 그녀의 젊음에서 기인한다. 영화 속에서 감독은 미의 여신으로 등장하는 일로나의 노년의 얼굴을 가볍게 감추고 있다. 중후한 노년의 얼굴을 간직한 한스의 모습은(청년 한스 역으로 출현한 배우 [벤 베커]의 실제 아버지가 노년의 한스 역할을 했다고 한다) 보여주면서도, 일로나의 경우에는 뒷모습만을 카메라로 잡고 있다. 관객의 호기심을 증폭시키고 극적 긴장감을 더할 수 있다는 감독의 계산일 수도 있으

---

* 플라톤, 『향연』, 박희영 옮김, 문학과지성사, 2003. 195a~197e 참조.

며, (남성) 관객을 위한 배려라고 볼 수도 있고, 미의 여신이었던 그녀의 노년의 얼굴을 표현하기가 너무 힘들었기 때문일 수도 있다. 어느 경우이든 아가톤의 말처럼 아름다움이 젊음과 긴밀하게 연결되어 있다는 점은 부정하기 어렵다.

남성 중심 사회에서 남자는 사회적 지위를 통해 평가받는 반면에, 여성은 성적 매력으로 평가받는다. 예쁘지 않은 여성은 용서할 수 없다는 남성의 시선 때문에 여성은 성형수술을 하고 무리한 다이어트에 시달린다. 하지만 어떤 시술로도 노화 현상은 막을 길이 없다. 만일 여성의 아름다움의 팔 할이 젊음에서 오는 것이라면, 그런 아름다움의 쇠락은 필연적인 귀결이며 단지 시간 문제일 뿐이다. 남성의 시선이 규정하는 여성적 아름다움의 비극성이 여기에 있다. 이런 아름다움은 순간 화려하게 피었다가 순식간에 지저분한 낙화로 전락하고 마는 목련의 아름다움과 같다. 이런 덧없는 (남성의 시선에 종속된) 여성적 아름다움의 덫에 걸려 여성은 인생의 대부분을 무익하게 소비한다. 이런 미美의 감옥에서 벗어나려면 노년의 여성적 아름다움을 새롭게 발굴하든지, 아니면 젊음을 새롭게 해석하든지 해야 하며, 근본적으로는 남성 중심적인 사회를 바꾸어야 할 것이다. 여기에서는 젊음을 새롭게 해석하는 길을 따라가보기로 한다.

젊음이란 어떤 것일까? 단순히 생물학적인 특정 기간을 지칭하는 말일까? 생물마다 젊음의 순간이 다르고, 사람마다 또 다르다. 하루살이는 단지 몇 시간만을 젊은-이로 살 수 있을 것이고, 몇백 년을 넘게 사는 나무는 백 년을 족히 젊은-이로 살 수 있을 것이다. 사람의 경우에는, 만년晩年의 나이에 젊음을 구가하는 사람이 있는가 하면, 생물학적 연령은 어리지만 정신적 연령이 뭇 노인보다 더 연로한 사람도 있다. 그렇다면 젊음의 의미를 단지 상식에만 맡기지 말고 좀더 깊이 생각해볼 필요가 있다.

아가톤의 말을 좀더 들어보자. 그에 따르면, 젊음의 신인 에로스는 부드럽고 민감한 신이다. 에로스의 이런 성격은 그의 처소를 결정하여, 에로스는 부드러운 곳에만 머문다. 여기에서 젊음의 부드러움은 젊은이의 부드럽고 탄력 있는 피부를 연상하면 그것으로 족하다. 그렇다면 그런 부드러움과 팽팽한 탄력은 어디에서 오는가?

싱그러운 부드러움은 타자와의 접촉을 방해하는 장애물이 없음을 뜻한다. 마치 봄날의 어린 버드나무 가지의 연둣빛 껍질처럼 말이다. 옛날 시골아이들은 그 부드러운 껍질을 가지고 피리를 만들어 불며 놀기도 했다. 어린아이들의 날숨으로도 정묘하게 떨릴 수 있을 정도로 봄날의 버드나무 껍질은 부드럽다. 하지만 그 부드럽고 연약한 껍질은 약간의 자극에도 상처를 입는다. 마찬가지로 젊은이는 자신을 둘러싼 환경을 스펀지처럼 흡수하지만 동시에 작은 자극에도 치명적인 상처를 입는다. 치명적인 외적 자극으로부터 자신을 보호하기 위해 나무가 점차 부드러운 연둣빛 껍질을 단단하고 두꺼운 껍질로 대체하듯이, 사람도 자기를 보호할 수 있는 두꺼운 방어벽을 주위에 쌓는다. 그런데 이런 자기 보호 장치는 타자와의 소통을 가로막는 장애물이 될 수 있다. 타자를 사랑할 수 없는 불감증의 원인이 될 수 있다. 요컨대 타인으로부터 자기를 보호하는 울타리는 동시에 자기를 가두는 감옥이다. 젊음은 자기와 타인 사이에 놓인 경계가 유연함을 뜻한다. 따라서 이런 결론이 도출된다. 젊음은 부드러움이며, 부드러운 영혼에만 사랑이 깃들 수 있다. 역으로 말할 수도 있다. 사랑할 수 있는 이가 바로 아름다운 젊은이라고 말이다.

젊음의 본질은 "부드러움"이자 "탄력"이다. 탄력은 팽팽함에서 나온다. 아가톤의 묘사에 따르면, 에로스는 부드러운 영혼만을 통통 튀기면서 뛰어다닌다. 마치 어릴 적 즐겨 타고 놀던 '스카이 콩콩'이라는 놀이기구처럼 그렇게 말이다. 탄력의 팽팽함을 이해하기 위해, 스프링을 떠올려도 좋고, 공기가 가득 찬 타이어를 생각해도 무방하며, 서커스 곡예에서 안전장치로 밑에 설치하는 팽팽한 그물망을 연상해도 좋다. 어쨌든 탄력은 팽팽함에서 나오고, 팽팽함은 서로 상반되는 힘의 균형에서 나온다. 다시 말해서 탄력의 팽팽함은 철학자 헤라클레이토스나 『향연』의 에릭시마코스가 말한 바 있는 상반되는 것들의 긴장과 균형에서 기인한다.* 젊음은 탄력적인 어떤 것이다. 그것은 어떤 방향으로 쉽게 기우는 것이 아니라, 서로 상반되는 힘들의 알력과 긴장 속에 놓여 있는 것을 뜻하며, 그 가운데에서 어떤 절묘한 균형과 조화를 잡아내는 것을 뜻한다. 젊은이의 방황과 번민은 이런 젊은 영혼의 탄력을 보여준다. 이런 젊음의 탄력에서 모든 창조적인 힘이 창출된다. 젊음의 팽팽한 긴장이 없는 한, 어떠한 창조성도 존재할 수 없다.

아가톤에 따르면, 이런 부드러운 성격으로 말미암아 에로스는 모든 것을 감쌀 수 있다. 또한 에로스는 선하고 자제력이 뛰어나며, 전쟁의 신인 아레스를 사로잡을 정도로 용감하고 강하다. 노자의 상선약수上善若水처럼 아가톤이 보기에도 부드러움이 단단함을 압도한다. 무엇보다도 에로스는 모든 종류의 예술적 창조에 뛰어나다. 다시 말해서 모든 종류의 창조는 에로스의 지혜의 결과이다.

노쇠한 불임不姙의 신으로서가 아니라, 아가톤은 모든 생명과 창조의

---

* 플라톤, 같은 책. 186e.

신으로서 에로스를 규정한다. 때문에 에로스는 젊고 생기발랄하며, 새로운 생명을 수태할 수 있고, 부드러운 성격의 소유자일 수밖에 없다. 젊은 에로스는 삶을 긍정한다. 젊은 에로스는 노년, 죽음의 이미지와는 거리가 멀다. 부드러운 에로스는 대립되는 개별적인 것들을 모두 포용할 수 있는 힘이며, 그것들을 사로잡는 매력이다. 이런 에로스는 아름다우며 창조를 가능케 한다. 그리고 생명체의 창조만이 아니라 예술작품의 창조도 생명을 불어넣는 에로스의 원리가 깊게 관여한다. 이런 맥락에서 후에 칸트는 아름다움의 감정을 "생명의 느낌Lebensgefühl"으로, 예술작품을 구성하는 핵심적 원리를 "마음에 생명을 불어넣는 원리"로 설명한다. 결국 생명, 젊음으로서의 에로스는 새로운 생명을 잉태할 수 있는 창조성과 다산성을 상징한다.

젊음을 이렇게 해석할 수 있다면, 젊음을 유지하는 가장 현명한 방법은 무엇일까? 육체의 젊음을 유지하는 방법에는 한계가 있다. 어차피 몸의 노화 현상은 막을 수 없기 때문이다. 더구나 막을 수 없는 것을 악착같이 막으려 하는 것이 도리어 추하게 보인다. 하지만 마음을 부드럽고 탄력 있게 유지하는 것은 가능하다. 여기에서 탄력 있는 마음이란 고정관념이나 편벽한 세계에 얽매이지 않는 마음, 열린 마음, 변화와 대립과 갈등을 회피하지 않는 마음, 긴장 속에서 균형을 잃지 않는 마음 등등을 뜻한다. 생물학적 젊은이보다 더 부드럽고, 더 탄력 있는 마음을 유지하는 것은 불가능하지 않다. 그래서 노년의 나이에도 더 깊고 밀도 높은 사랑을 할 수 있다. 하지만 이것이 가능하다는 말이지, 쉽다는 말은 아니다. 몸이 노쇠해질수록 마음마저 노쇠해지는 것도 흔히 볼 수 있는 일이기 때문이다. 그러나 누군가 젊음을, 아름다움을 평생 유지하고 싶다면, 육체의 탄력에 집착하느니보다 마음의 탄력을 유지하려고 노력하는 편이 현명할 것이다.

아가톤이 에로스를 젊음의 신으로 복원시킨 것은 파이드로스의 견해, 즉 에로스가 가장 오래된 신이라는 주장에 대한 반박이다. 파이드로스의 견해는 당시에도 일반 상식과 거리가 먼 생각이었다. 예나 지금이나 대부분의 사람들은 에로스와 그것의 라틴적 버전인 큐피드를 젊은 신으로 떠올린다. 심지어 큐피드는 젊디젊다 못해 어린아이 모습을 하고 있지 않던가? 큐피드를 그린 많은 화가들은 큐피드의 눈에 붕대를 감았다. 그 이유는 간단하다. 사랑의 맹목성을 표현하기 위해서이다. 그렇다면 그들은 왜 에로스를 젊은이가 아닌 어린아이로 표현했을까? 연인은 항상 감싸안아주고픈 모성(혹은 부성)을 자극하는 대상이기 때문일까? 내가 보기에, 이 물음에 대한 적절한 답을 제출한 사람은 롤랑 바르트다. 그에 따르면, 사랑하는 사람은 "모성적인 것과 생식기적인 것을 원하는, 동시에 두 명의 주체"이며, "발기된 아이"이다.*

마지막으로 프랑스 소설가 미셸 투르니에의 말을 들어보기로 하자. "젊다는 것은 아직 그 누구를 잃어버려본 경험이 없다는 것이다."** 젊음에 대한 투르니에의 규정은 멜랑콜리하고 심오하다. 사랑하는 누군가를 잃어본 적이 없는 자는 제아무리 그가 생물학적인 나이를 많이 먹었다 하더라도 아직 젊은이다. 그는 경쾌하지만 경박하다. 철모르는 사람이다. 반면 젖살이 채 빠지지 않은 어린이라도 상실의 고통을 뼈저리게 느껴본 사람은 늙은이다. 사랑의 상실은 젊음마저 앗아간다. 사랑의 상실은 이마의 주름처럼 삶에 깊은 고랑을 남긴다. 젊음이 빠

---

* 롤랑 바르트, 『사랑의 단상』, 김희영 옮김, 문학과지성사, 1999. 139쪽.
** 미셸 투르니에, 『짧은 글 긴 침묵』, 김화영 옮김, 현대문학, 1998. 228쪽.

져나간 빈자리가 삶의 고랑이 된다. 파헤쳐진 그 고랑 때문에 삶의 토양이 비옥해질지 황폐하게 될지는 아무도 모른다. 다만 우리는 젊음을 잃는 대가로 더 풍성하고 무르익은 삶을 수확하기만을 희망하고 노력할 뿐이다.

맛과 멋

영화는 한스가 식당에서 '롤 플라이쉬'라는 요리를 먹는 장면으로 시작한다. 요리가 식탁에 오르자 한스는 우아하게 손을 저어 음식의 냄새를 음미한다. 눈으로는 음식의 꼴과 색채를 감상하고 코로 냄새를 분간하며 손으로는 포크와 나이프라는 도구를 사용해 간접적으로 고기의 부드러움을 확인한다. 마지막으로 입 안으로 조금 음식을 넣은 다음, 이와 혀로 음식을 씹고 감촉을 느끼면서 맛을 즐긴다. 한스는 전형적인 식도락가의 포즈로 음식을 맛본다. 마치 예술작품을 감상하듯, 그는 음식을 감상하며 즐긴다.

맛은 멋으로 이어지는 것일까? 어원적으로 우리말 '맛'과 '멋'의 관계는 불분명하다. 하지만 두 단어 사이의 어떤 내적 연관관계를 부정하기는 어렵다. 음운 교체 이상의 친밀성이 보인다. 특히 일상적으로 사용되는 언어 사용의 문맥에서 두 단어는 친화성을 가지고 있다. 국어사전을 펼쳐보면, 맛이란 1) "달콤한 맛"의 경우처럼 음식 따위에 혀를 댈 적에 느끼는 감각, 2) "짠 맛에 샀다"는 경우처럼 어떤 사물에 대한 재미나 만족감, 3) "실패의 쓰라린 맛을 보았다"의 경우처럼 체험을 통해서 알게 된 느낌, 4) "하필 오늘 가야 맛인가"의 경우처럼 꼭 바라는 바의 것, 만족스러운 것, 성에 참을 뜻한다. "노름에 맛이 들면 집안이 망할 수가 있어"라는 관용어법이 보여주는 것처럼, 맛은 감관의 만족을 넘어서 좋아지거나 즐거워지는 것 일반에 붙는 말이 되었다.

거기에 비해 멋은 좀더 고상하고 정신적인 즐거움을 나타내는 말이다. 다시 사전을 펴 보면, 멋이란 1) 차림새·행동·생김새 등이 세련되고 아름다움을 뜻하고, 2) "격에 어울리게 운치 있는 맛"이다. 이렇듯 사전에서 멋을 맛으로 설명하고 있다. 이런 점에 비추어볼 때, 멋은 맛의 단순한 감각적 즐거움을 떠나 격조 높은 정신적 즐거움(예술적 아름다움과 같은)을 표현하기 위해 만들어진 조어라고 할 수 있을 것이다. 두 만족의 차이를 부각시키기 위해 '맛'이라는 단어를 변형시켜 '멋'이라는 단어가 만들어졌다고 이해할 수도 있을 것이다. 하지만 은유적으로 맛은 멋의 의미로 사용될 수 있다. 예컨대 "한시漢詩의 멋을 너는 모른다"라는 말은 "한시의 맛을 너는 모른다"로도 쉽게 바꿔 표현할 수 있다.

이런 사정은 다른 나라 언어에서도 마찬가지이다. 칸트가 "아름다움을 판정하는 능력"을 "취미Geschmack"라고 불렀는데, 그것은 어원적으로 맛보고 냄새 맡는다는 뜻을 가지고 있다. 칸트의 취미는 영국 미학자들의 '테이스트taste'라는 말을 번역한 것이기도 한데, 테이스트라는 말 역시 기본적으로 미각, 맛이라는 뜻이다. 이런 점에서 맛은 멋과 긴밀하게 연결되어 있다고 볼 수 있다. 정신의 수준 높은 심미적 경험마저 몸이 느끼는 맛의 경험에 뿌리를 두고 있는 셈이다. 물론 두 경험의 차이를 망각해서도 안 될 것이다. 맛은 멋과 이어진다. 하지만 둘은 서로 다르다. 그렇다면 어떤 점에서 서로 다른 것일까? 심미적 판단, 곧 취미 판단(멋)은 감관의 판단(맛)과는 어떻게 다른 특징을 가지고 있는가? 우리는 이 물음을 칸트와 함께 답해보기로 한다.

칸트는 『판단력 비판Kritik der Urteilskraft』(1790)이란 책에서 아름다움에 관한 우리의 감정, 판단을 자세하게 논한다. 얼핏 판단력과 아름다움은 어울리지 않는 말처럼 들린다. 하지만 여기에서 칸트가 주목하는 판단력은 객관적으로 우리 밖에 주어진 대상에 대한 판단이 아니라, 아름답다는 어떤 감정/감각에 의존하는 심미적 판단을 뜻한다. 판단력이라고 해서 모두 동일하지 않다. 판단력을 세분화하는 것이 칸트가 이 저작에서 일차적으로 하려 했던 작업이다. 그런데 그 작업은 미학의 이론적 기초를 놓은 중대 사건이 되었다. 간략하게 그의 견해를 요약해보기로 한다.

칸트에 따르면, 판단력이란 "특수한 것을 보편적인 것 아래에 함유되어 있는 것으로 사고하는 능력"* 이다. 논리학에서 판단이란 둘 이상의 개념을 서로 연결 짓는 인식행위이다. 다시 말해서 그것은 개념의 위계질서 속에 두 개념을 연결 짓는 사유의 활동이다. 예를 들어 A라는 개념과 B라는 개념은 '이다'라는 서술격 조사를 통해서 하나의 판단, 즉 "A는 B이다"라는 판단을 내리게 된다. 이 경우 올바른 판단이 성립하기 위해서 A 개념은 B 개념에 포섭되는 하위 개념이어야 하고,

---

* Immanuel Kant, *Kritik der Urteilskraft*, Philosophische Bibliothek Bd. 39a, hrsg. von Karl Vorländer, Hamburg : Felix Meiner, 1974. 한국어 번역본은 『판단력비판』(백종현 옮김, 아카넷, 2009)이 있으며, 이 글에서 한국어 번역본의 인용 쪽수만을 표기한다. 162~63쪽.

B 개념은 A 개념을 포섭하는 상위 개념, 보편 개념이어야 한다. 그리고 이와 같이 상이한 두 개념 사이를 연결 지어 판단을 내리는 능력이 바로 판단력이다.

칸트 이전의 철학자들은 특수자를 포섭할 수 있는 보편자가 존재하는 한에서만 판단을 생각했다. 'A는 B다'라고 쉽게 판단 내릴 수 있는 사태에만 주목한 것이다. 그런데 언제나 특수한 사태를 포섭시킬 수 있는 보편자가 주어져 있는 것은 아니다. 우리는 자주 보편 개념이 떠오르지 않는 경우를 경험한다. 예컨대 매우 낯설고 경탄스런 사태(자연경관 또는 매혹적인 연인과의 첫 만남)에 직면하여 그것을 무엇이라 쉽게 단정 지을 수 없었던 경험을 떠올려보라. 그러나 그렇다 하더라도 그 특수를 포섭할 수 있는 보편이 존재하지 않는다고 쉽게 단정 지을 수는 없다. 당장에 주어져 있지는 않지만, 또는 영원히 우리에게 알려지지 않는다 하더라도, 그것이 없다고 할 수는 없기 때문이다. 그래서 판단력은 이 경우에도 자신의 능력을 발휘하고자 한다. 즉 판단력은 모든 개념들을 돌이켜 '반성'해보면서 바로 '이' 특수한 것을 설명해줄 수 있는 보편 개념을 찾는다. 이것을 고려하여 칸트는 판단력을 두 가지로 구분한다.

칸트는 보편자가 주어진 경우의 판단력을 '규정적 판단력'이라고 칭하고, 보편자가 주어지지 않아 그것을 추구하는 (보편 개념 발견의) 판단력을 '반성적 판단력'이라고 명명한다. 아름다움에 대한 판단, 즉 심미적 판단은 이 반성적 판단력을 통해 내려진다. 모든 사태가 쉽게 포섭되고 무엇이라 규정된다면, 반성적 판단은 불필요할 것이다. 포섭되지 않고 규정되지 않기 때문에, 사태를 되살피며 보편자를 찾게 된다. 이런 점에서 포섭 불가능하고 규정 불가능한 사태의 출현이 반성

적 판단의 필요조건이다. 그리고 이런 포섭 불가능성과 규정 불가능성
은 언표 불가능성과 연결된다.

그렇다면 이와 연관된 언표 불가능한 상황에는 어떤 것이 있을까?
그 대표적인 것이 아름다운 대상 또는 예술작품을 마주할 때라고 말할
수 있다. 예컨대 공룡능선에서 바라본 설악의 풍경이라든지, 사랑하는
연인의 얼굴이라든지, 바흐의 〈마태수난곡〉과 같은 감동적인 음악을
들으면서 그런 것들을 어떻게 판단하고 규정하고 언표할 수 있겠는가?
물론 산, 사람 얼굴, 음악이란 상위개념으로 그것을 규정할 수 있을 것
이다. 아니면 그것들을 단지 기암괴석과 나무 들의 무더기, 황인종 여
자의 이목구비, 바로크 풍의 음의 조합이라고 재규정할 수도 있을 것이
다. 하지만 과연 누가 그런 규정에 만족할 수 있을까? 각각의 것들은
유일무이한 존재로서 그 존재 전체를 남김 없이 포섭할 수 있는 마땅
한 보편자는 존재하지 않는다. 그렇다고 전혀 판단을 내릴 수 없는 것
은 아니다. 그 경우에도 우리는 판단을 내린다. 즉 반성 과정 속에서
산출된 어떤 '감정'을 통해 판단을 내린다. '아름답다'고 말이다. 심미
적 판단은 보편자 없이 내리는 반성적 판단이며, '개념'이 아니라 반성
을 통해 산출된 '감정'을 통해 내리는 판단이다. 물론 이런 감정은 인
식 능력들과 긴밀하게 연관되어 있는 감정이다.

무엇인가를 판단할 때에는 판단의 기준이 있어야 한다. 그 기준으로
보통 지성적 개념이 사용된다. 다시 말해 대상에 대한 개념을 가지고
우리는 어떤 판단을 내린다. 예를 들어 "이것은 사과다"라는 판단을
내릴 때, 이런 판단을 내리기 위해서는 이 대상을 포섭시킬 수 있는 보
편 개념 이해가 선행되어야 한다. 예를 들어 사과가 무엇인지를 미리
알고 있어야 "이것은 사과다"라는 판단을 내릴 수 있다. 그런데 아름다

움의 경우에는 그런 보편 개념이 없다. 특수자를 포섭할 수 있는 보편자가 없다. 그런 개념이 없기 때문에 그것이 무엇이라고 판단 내리지 못한다. 그래서 언제나 입 안에서만 맴돌 뿐 무엇이라 규정 내리기 어렵다. 이런 상황에서 '은유'라는 특별한 언어로 그것을 탁월하게 말할 수 있는 사람이 시인이고, 우리는 그런 시인의 시를 읽고 내가 하고 싶었던 말이라며 무릎을 치는 것이다.

칸트에 따르면, 심미적 판단(취미 판단)이 가지고 있는 네 가지 특징이 있다. 아니 심미적 판단이 가능하기 위한 네 가지 조건이라고 해도 무방하다. 첫번째, 심미적 판단은 '관심이 없는' 판단이다. 여기에서 관심이란 "우리가 대상의 실존 표상과 결합하는 흡족"이다.* 쉽게 말해 관심이란 무엇인가 있다는 사실과 밀착된 쾌감이며, 그래서 무엇인가의 있음을 욕구하게 하는 것이다. 예컨대 배가 고플 경우 허기를 채울 밥과 빵이 '있어야만' 한다. 또한 윤리적으로 행동해야 할 경우에도 선善이 '있어야만' 한다. 그런 것들의 있음을 떠올리고 욕구하지 않을 수 없게 하는 것이 관심이다. 전자가 감관의 만족을 주는 것에 대한 관심이라면, 후자는 윤리적 관심이라 말할 수 있다. 하지만 심미적 판단의 경우 이런 관심, 즉 대상의 있음에 집착해서는 안 된다. 왜냐하면 예술은 자유로운 상상력의 유희 활동이기 때문이다. 예컨대 끓어오르는 성욕에 휩싸인 자는 누드화를 심미적으로 감상하기 힘들며, 사사건건 윤리적 잣대를 들이대는 자 역시 상상력의 놀이를 즐길 수 없다.

두번째, 심미적 판단은 '개념이 없는' 판단이다. 아름다움은 개념이 아니며 개념만을 통해서는 접근할 수 없는 것이다. 여기에서 칸트가

---

* 임마누엘 칸트, 같은 책. 193쪽.

말하는 개념이란 사물에 대한 고정관념과 같은 것이다. 고정관념으로 굳어진 개념을 가지고 사물에 접근한다면 아름다움을 느낄 가망은 없다. 예컨대 누군가 인간 신체에 대한 고정관념을 가지고 피카소의 초상화를 본다면, 거기에서는 결코 아름다움을 느끼지는 못할 것이다. 또는 폐도구들을 조립한 아상블라주 작품이나 뒤샹의 〈샘〉과 같은 레디메이드 작품을 사례로 제시할 수 있을 것이다. 만일 누군가 폐자전거나 남성 소변기라는 도구 개념만을 통해 사물을 이해하는 사람이 있다면, 그는 현대예술작품을 이해할 수도 창작할 수도 없을 것이다. 한 가지 덧붙이자면, 아름다움을 느끼게 하는 것은 보편적인 개념이 아니라 구체적인 개별자이기 때문에, 심미적 판단은 언제나 '단칭판단'일 수밖에 없다. 칸트에 따르면, "사람이 꽃보다 아름"다울 수는 없고 오직 구체적이고 감각 가능한 '이' 사람만이 아름다울 수 있다.

세번째, 심미적 판단은 '목적이 없지만 합목적적인' 판단이다. 여기에서 '목적'이란 "한 개념이 대상의 원인(즉 대상을 가능케 하는 실재적 근거)으로 간주되는 한에서 그 개념의 대상"이다.[*] 그런데 두번째 특징과 마찬가지로 개념의 대상인 목적을 염두에 두어서는 심미적 판단을 내릴 수 없다. 하지만 아름다움의 세계 속에서는 어떤 것이 미지의 목적에 부합된다는 의미의 '합목적성'을 어떤 느낌으로 확인할 수 있다. 다시 말하자면, 아름다움은 특정한 목적을 상정할 수는 없지만, 미지의 목적이나마 그것에 부합해가는 느낌이다.

목적이 뚜렷이 상정되는 순간 작품은 도구로 전락하기 쉽다. 작품이 목적의 수단이 되는 셈이다. 작품이 (개념이든 이데올로기이든 실용적 목

---

[*] 임마누엘 칸트, 같은 책. 214쪽.

적이든 상관없이 그런 것들의) 도구가 아닌 작품으로 남기 위해서는 목적을 상정해서는 안 된다. 그럼에도 불구하고 칸트는 예술작품, 더 나아가 아름다운 모든 대상이 미지의 어떤 목적에 부합한다는 합목적적 감정을 자아낸다고 보았다.

네번째, 심미적 판단은 '주관적이지만 보편적인 동의를 요구하는' 판단이다. 다시 말해서 심미적 판단이 판단을 내리는 개개인의 감정에 토대를 두고 있는 '주관적' 판단임에도 불구하고, 심미적 판단에서는 모두가 자기 판단에 보편적 동의를 요구한다는 특징을 가지고 있다. 예컨대 커피를 마시든 홍차를 마시든 그것은 한갓 취향의 문제이고 거기에는 개개인의 주관적 선택이 허용된다. 하지만 자신이 감동 깊게 읽은 시 한 구절의 경우에는 모든 사람이 자신의 판단에 동의하기를 요구한다는 것이다. 만일 호감이 가던 사람이 자신의 애송시를 읽고 무감각하게 반응한다면, 그는 거기에 크게 실망할 것이다. 이것은 커피가 아니라 홍차를 마실 때에는 찾아볼 수 없는 현상이다. 그것은 커피와 홍차의 선호를 두고 사람을 평가할 수는 없지만, 취미 판단의 차이를 가지고는 한 사람의 됨됨이를 파악할 수 있다는 말이다. 요컨대 취미 판단은 지극히 주관적인 판단이지만 동시에 보편성을 주장하는 역설적인 판단이다.

이와 같은 칸트의 이야기를 들으면서, 우리는 '멋'이 '맛'보다 더 지성적이고, 감각적 욕구로부터 보다 더 자유롭다는 사실을 알게 되었다. 그렇지만 멋과 맛의 차이가 그렇게 심원한 것일까? 만일 육체가 영혼의 무덤도 아니고 역으로 영혼이 육체의 무덤도 아니라면, 즉 육체와 영혼이 서로 적대적인 것이 아니라면, 멋은 맛으로, 맛은 멋으로 자유로이 이행될 수 있어야 하지 않을까? 감각적인 즐거움은 정신적인 즐거움으로 상승해야 하고 정신적인 즐거움은 감각적인 즐거움으로 하강해야 하지 않을까? 그렇다면 "멋있는 사람"이란 육체적 즐거움과 정신적 즐거움을 모두 선사하는 그런 아름다움을 소유한 사람이라는 뜻일 것이다.

아름다움

적어도 영화 속의 세 남자의 눈에 일로나는 아름다움의 여신 비너스로 비친다. 그녀는 언제나 빛나는 아름다움의 여신으로 다가온다. 그들은 일로나에게서 눈을 뗄 수 없다. 그 찬연한 빛에 시력을 잃는 한이 있더라도 연인의 아름다움에서 눈을 뗄 수 없다. 아름다움은 우선 밝게 빛나는 것이다. 그래서 중세 철학자 토마스 아퀴나스는 아름다움을 무엇보다도 "광휘"라고 규정했다.

아름다움을 도대체 어떻게 규정할 수 있을까? 미학의 근본 문제인 아름다움은 2,000년이 넘는 장구한 담론의 역사를 가지고 있음에도 불구하고 아직까지 어둠에 싸여 있다. 어쩌면 이것은 당연한 일인지도 모른다. 왜냐하면 아름다움은 원래부터 언표될 수 없는 영역, 설명될 수 없는 그 무엇, 말할 수 없는 어떤 체험을 지칭하는 것인지도 모르기 때문이다. 그러나 이처럼 아름다움을 규정하기 어렵다고 해서(혹은 그것이 불가능하다고 해서), 아름다움이 무엇인지에 대한 궁금증이 사라지는 것은 아니다. 오히려 심미적 체험을 할 때마다, 또는 우리의 아름다움에 대한 규정이 매번 어긋날 때마다, 그 궁금증은 더욱 증폭된다. 따라서 우리가 아름다움에 대한 명쾌한 정의를 내릴 수는 없다고 하더라도, 아름다운 현상을 놓쳐서는 안 되며, 그것에 대한 사유를 포기할 필요도 전혀 없다.

일단 언어 속에 오랜 시간 동안 축적되어 있는 의미의 지층을 채굴해보도록 하자. 국어사전에서 미美라는 수식어가 붙은 단어들의 의미를 살펴보면, 거기에서 어떤 공통점을 찾을 수 있다. 예를 들어 여러 덕목들 가운데 특히 권할 만한 미덕美德, 이야기 중 우리를 특히 감동시키는 미담美談, 많은 기술들 가운데 특별히 빼어난 미기美技, 밭 가운데 가장 비옥한 미전美田, 술 중의 술인 미주美酒, 술안주 중 가장 맛 좋은 미효美肴, 여러 풍속들 중 계승할 만한 미풍美風 등등이 그것이다. 여기에서 아름다움은 딱히 제도권 내에서 예술작품이라고 한정하는 것에만 붙는 수식어가 아니라, 탁월하고 훌륭한 것 모두를 뜻하는 수식어로 사용된다. 이 수식어는 피수식어의 존재 함량이 모두 채워지고 심지어 그 함량이 초과되는 사태를 표현하고 있다. 요컨대 단순히 예술작품을 감상할 때만이 아니라, 어떤 말의 개념적 기준이나 척도를 만족시키는 것은 물론 그것을 흥건히 넘쳐버렸을 때면 언제나 아름다움이라는 수식을 붙였다.

우리말 어원에서 '아롭답다'는 '알다知·善'라는 동사에서 파생되었다고 보는 견해가 우세하다.* 발음상으로는 '한 아름', '아름드리', '아름

---

* 김민수·최호철·김무림 편찬, 『우리말 어원사전』, 태학사, 1997. 683~84쪽; 백문식, 『우리말의 뿌리를 찾아서』, 삼광출판사, 1998. 275쪽.

차다' 등의 말과도 같은 계열에 속한다고도 볼 수 있다. 우리말 어원에 대한 연구가 아직 충분히 체계적으로 확립되지 못했기 때문에, 현재로서는 "아름답다"의 정확한 어원을 추적하기 힘들다. 그렇지만 아름다움이 앎과 연관되어 있는 것은 분명한 듯하다. 아름다운 것일수록 잘 알게 되고, 잘 알고 있는 것일수록 아름답다. 아름다움에 매혹될수록 앎의 욕망이 증폭되고, 넉넉한 존재 이해 속에서 그 존재의 아름다움이 보인다. 예컨대 아름다운 사람에 매혹되면 그이를 더 많이 알고 싶어하며, 누군가를 더 많이 이해하게 될수록 그의 감춰진 아름다움을 더 많이 발견한다. 이 점에서 아름다움과 앎은 근본적으로 사랑에 뿌리를 두고 있다. 왜냐하면 우리는 사랑하는 것만을 진정으로 알 수 있기 때문이다.[*]

아름다움은 근본적으로 사랑을 통해서 규정된다. 사랑의 대상은 언제나 아름답다. 아름다움이란 단어는 연인들이 암기해야 하는 사랑의 단어장 목록에 반드시 수록되어 있다. 아름다운 대상은 사랑을 불러일으킨다. 사랑 없는 아름다움은 허망한 가식이고, 아름다움 없는 사랑은 황량한 성도착으로 귀착된다. 사랑이 무엇이고 아름다움이 무엇인지를 논하기 이전에 사랑과 아름다움이 함께 동반하는 개념쌍이라는 점에 주목할 필요가 있다. 아름다움을 제도화된 예술에 한정 지을 필요도 없다. 이미 플라톤부터 그렇게 생각했듯이, 아름다움의 비밀을

---

[*] 이 테제는 상식의 차원에서도 이해할 수 있고, 하이데거, 하버마스 같은 철학자도 비슷한 논지의 이야기를 할 뿐 아니라, 인지심리학자인 헬무트 레더도 공통으로 주장하는 테제이다. Helmut Leder, "Ein psychologischer Ansatz zur Ästhetik: Gefallen und Vertrautheit", in: *Dimensionen Ästhetischer Erfahrung*, hrsg. von Joachim Küpper und Christoph Menke, Suhrkamp, Frankfurt am Main, 2003. 284~307쪽.

푸는 첫 관문은 사랑이다.

사랑과 아름다움의 깊은 연관성에 관한 견해는 에로스를 철저히 성적인 욕망으로 파악하는 프로이트 역시 공유했던 생각이다. 『성욕에 관한 세 편의 에세이』에서 그는 다음과 같이 말한다. "내 생각에는 '아름답다'는 개념이 성적 흥분에 뿌리를 두고 있으며, 그 본원적 의미가 '성적으로 자극적인'이었다는 데 의심의 여지가 없다." 또한 『문명 속의 불만』에서는 아름다움을 순화되고 승화된 성적 욕망의 발현으로 이해한다. "근본적으로 '아름다움'과 '매력'은 성적 대상의 속성이다. 그러나 성기를 보는 것은 언제나 자극적이지만, 성기 그 자체가 아름답다고 평가를 받는 경우가 거의 없다는 사실은 주목할 만하다. 아름다움의 속성을 갖고 있는 것은 성기가 아니라 어떤 부차적인 성적 특징인 것 같다."*

아름다움에 대한 미학적 논의는 그 역사가 길고 긴 만큼 풍부하다. 조화, 균형, 비례 등등의 고전적 아름다움에서부터 키치적인 아름다움에 이르기까지 아름다움을 한마디로 요약하거나 공통점을 찾아내기는 불가능하다. 시대마다 문화마다 그리고 사람들 각자마다 모두에게 상이한 아름다움이 존재한다고 할 수도 있을 것이다.

하지만 내가 보기에 적어도 아름다움을 말하는 사람들이 공유하는 아름다움의 특징은 존재한다. 그것은 아름다움이 어떤 미지의 거대한 매력 덩어리라는 점이다. 우리가 아름다움을 말한다는 것은 형용할 수 없는 거대한 매력을 긍정한다는 것을 뜻한다. 아름다움은 한순간에 온 존재를 한꺼번에 사로잡는 불가항력의 힘, 헤아릴 수 없고 예측할 수

---

* 지그문트 프로이트, 『문명 속의 불만』, 김석희 옮김, 열린책들, 1998. 265~66쪽.

없는 커다란 기쁨과 두려움을 동시에 느끼게 하는 어떤 것에 대한 이름임에 분명하다. 남들이 보기에는 아무리 추하고 악마적이고 변태적인 것이라 할지라도 누군가 그것을 아름답다고 말한다면, 그에게만은 아름다움의 대상이 어떤 매력적인 힘을 가지고 있음을 의미한다.

아름다움은 매력적이다. 한번 매력적인 아름다움을 맛본 사람은 그 아름다움에 중독된다. 아름다움은 매력적이고, 아름다움의 매력은 중독성이 강하다. "한번 아름다움을 본 자는 그 아름다움에 대한 욕망을 다시 없앨 수 없다. 아름다움에 대한 욕구는 그칠 수 없기 때문이다. 이제 오로지 그 아름다움 이외에는 아무것도 욕망할 수 없기 때문이다."* 그런데 동시에 모든 매력적인 것은 어떤 흥분과 도취의 즐거움과 함께 강렬한 두려움을 자아낸다. 릴케는 『두이노의 비가』 첫머리에서 아름다움을 이렇게 말하고 있다. "내가 이렇게 소리친들, 천사의 계열 중 대체 그 누가/내 목소리를 들어줄까? 한 천사가 느닷없이/나를 가슴에 끌어안으면, 나보다 강한 그의/존재로 말미암아 나 스러지고 말 텐데. 아름다움이란 우리가 간신히 견디어내는 무서움의 시작일 뿐이므로./우리 이처럼 아름다움에 경탄하는 까닭은, 그것이 우리를/파멸시키는 것 따윈 아랑곳하지 않기 때문이다. 모든 천사는 무섭다."**

여기에서 릴케는 "느닷없이" 닥쳐오는 아름다움을 말하고 있다. 어마어마한 존재의 크기와 위력으로 엄습하는 아름다움의 파도는 공포스럽다. 그것은 바라보고 있는 존재를 무화시킬 수 있기 때문이다. 또한 그것은 불가피하게 불현듯 빠른 속도로 접근해오는 것이다. 이와

---

* Hélène Cixous, *Le rire de la méduse*/Sorities, 『메두사의 웃음/출구』, 박혜영 옮김, 동문선, 2004. 163쪽.

** Rainer Maria Rilke, *Duineser Elegien*, 『릴케전집2』, 김재혁 옮김, 책세상, 2000. 443쪽.

반대로 니체는 부지불식간에 느리게 다가오는 아름다움을 말한다. 그에게 아름다움은 "느린 화살"과 같다. "가장 고귀한 종류의 아름다움은 갑자기 매혹시키는 그런 아름다움이나, 폭풍처럼 도취시키는 아름다움이 아니라, …… 인간이 거의 의식하지 못한 채 계속 지니고 있는 아름다움, 꿈속에서 한번 만난 듯 우리들 마음속에 겸손히 자리잡은 후 결국 우리를 점령하여 우리의 눈을 눈물로, 우리의 마음을 동경으로 채우면서 천천히 스며드는 아름다움이다."* 그런데 니체도 아름다움을 깨닫는 것은 "느닷없는" 순간일 것이다. 마치 안개 속을 무심히 거닐다가 시나브로 옷이 젖은 것을 불현듯 알아채듯이, "거의 의식하지 못한 채 계속 지니고" 있다가 이미 "점령" 당한 다음에야 비로소 불가항력의 아름다움을 인지하게 될 것이다. 릴케와 니체 모두 아름다움의 예측불허의 성격과 미지적 성격을 인정하고 있다. 릴케는 아름다운 천사의 얼굴을 인식할 수 없게 만드는 도래의 '급박성'을 강조하고 있으며, 니체는 아름다움의 도래가 이미 준비된 것이자 가까이 임박한 것임을 강조한다.

아름다움은 불가항력의 매력으로 나를 어디론가 데려간다. 아름다움에 사로잡히면, 자신의 파멸도 아랑곳하지 않는다. 그런데 그런 매력을 발산하는 아름다운 대상은 언제나 우리의 시야에 잡히지 않는다. 우리는 그것의 정체를 알지 못한 채, 그것에 이끌려 어디론가 가고 있는 셈이다. 때문에 아름다운 것은 두렵지 않을 수 없다. 장 폴 사르트르에 따르면, 아름다움의 경험이란 "응시하는 순간 스르르 무無로 변해버려서 바로 그 순간부터 더이상 포착되지 않는 응시의 대상에 대해서

---

* 프리드리히 니체, 『인간적인 너무나 인간적인 I』, 김미기 옮김, 책세상, 2001. 170쪽.

일으키는 일종의 반동으로, 그 자체로 하나의 비유 기능을 한다. 다시 말해서 아름다움은 현실의 존재를 통해서 우리에게 나타나는 하나의 비현실적 이미지로 작용하는 것이다".[*]

그렇다면 우리에게 종종 떠오르는 물음 하나를 생각해보자. 아름답기 때문에 사랑하는 것일까? 아니면 사랑하기 때문에 아름다운 것일까? 플라톤은 이미 보았듯이 전자의 입장을 고수한다. 그의 입장에 따르면, 우리는 연인이 아름답기 때문에 연인을 사랑한다. 추한 사람을 사랑한다는 것은 플라톤에게는 불가능한 일이다. 외모가 아름답든 영혼이 아름답든 여하튼 무엇인가 아름다운 것이 있어야만 사랑의 감정이 싹틀 수 있다.

후자의 입장은 근대 미학의 완성자라 불리는 칸트가 대변하고 있다. 물론 그는 사랑과 아름다움을 직접 연결시키고 있지는 않지만, 칸트에게 아름다움은 대상이 가지고 있는 어떤 속성이 아니라, 우리 마음의 조화로운 상태를 가리키는 것이다. 다시 말해서 어떤 것이 그 자체로 아름다운 것이 아니라, 어떤 대상을 '우리'가 아름답게 본(판단한) 것이다. 물론 그렇다고 그 판단이 순전히 제멋대로 자의적인 판단은 아니다. 주관적이면서도 보편성을 주장할 수 있는 판단이다. 이제 간단히 칸트의 아름다움에 대해 살펴보면서, 아름다움에 대한 이야기를 종합해보기로 하자.

이미 살펴본 것처럼, 심미적 판단의 전체적인 성격은 무엇보다도 "관심", "개념", "목적" 등이 결여되었다는 점이다. 이 결여의 상태가

---

[*] Jean-Paul Sartre, *The Psychology of Imagination*, London: Methuen, 1978. p.225; 프란세트 팍토, 『미인』, 이민아 옮김, 까치, 2000. 132쪽 재인용.

첫째가는 취미판단의 특징이다. 그러나 이런 결여에도 불구하고 다른 한편에서 취미 판단은 보편타당성을 요구한다. 취미 판단은 자신의 지적 소유물을 통해 보편성을 주장하는 것이 아니라, 자신의 철저한 '무소유'를 통해 보편성을 주장한다. 바꿔 말해서 자신이 소유하고 있는 기지旣知를 통해, 그 기지에 근거해서 미지를 포섭하는 판단이 아니라, 미지를 받아들이고 그것과 충돌함으로써 얻을 수 있는 타자성에 대한 예감적 판단에 더 가깝다. 릴케의 시를 다시 떠올려보자. "우리 이처럼 아름다움에 경탄하는 까닭은, 그것이 우리를/파멸시키는 것 따윈 아랑곳하지 않기 때문이다. 모든 천사는 무섭다." 물론 칸트는 아름다움이 릴케처럼 타자가 전해오는 감정의 "두려운" 파도에 존립하는 것이 아니라, 그 파도가 다시 절묘한 균형을 찾는 곳에서 아름다움이 유래한다고 보았다. 하지만 칸트의 아름다움, 그 절묘한 균형 역시 혼돈의 두려움을 전제하지 않을 수 없다.

칸트에 따르면, 아름다움은 원래 헤아릴 수 없이 거대하고 깊은 심연(이론과 실천, 감성과 이성, 육체와 영혼 등등, 전통 형이상학이 구획 지은 이분법의 간극, 틈, 사이)에서 출생했다. 그리스 신화에서도 아름다움은 심연의 바다에서 덧없는 거품으로 탄생했다. 그 출생 배경에 따라서, 아름다움의 성격은 무無-관심성, 무無-개념성, 무無-목적성 등으로 규정된다. 여기에서 관심, 개념, 목적 등은 모두 상상력의 자유를 저해하는 장애물이다. 예컨대 경제적인 관심이나 어떤 고정관념(개념), 혹은 정치적 목적 등을 가지고 예술작품에 다가가서는 곤란하다. 그러는 즉시 상상력의 날개는 부러질 수밖에 없기 때문이다. 다르게 말해서 관심, 개념, 목적 등은 아름다움의 경계 안으로 들어오자마자, 끝없는 심연 속으로 사라져버린다. 따라서 아름다움의 왕국에 들어오려는 자는 누구나 자기 고향에서 누렸던 특권을 포기해야 하며, 무장해제를 감내해야만 한다. 왜냐하면 이곳 아름다움의 왕국은 어렵게 마련된 비무장지대이자 화해의 장소이기 때문이다. 이론과 실천, 감성과 이성, 육체와 영혼, 필연과 자유라는 양립 불가능한 사태를 양립 가능하도록 만드는 상상의 공간이기 때문이다.

그러나 아름다움의 왕국에도 따라야 될 고유한 법률이 있다. 그것이 바로 화해와 희망의 원리인 "합목적성"의 원리이다. 이것은 전통적 구분법에서 전자(이론, 감성, 육체)가 후자(실천, 이성, 영혼)의 목적에 들어맞을 것이라는 형이상학적 갈등(모순) 해소의 희망을 간직하기 위한 원리에 다름 아니다. 칸트는 그 원리에 고유성, 순수성, 자율성을 부여함으로써, 한편에서는 대립하는 양항의 '진정한 화해'를 꾀하고, 다른 편에서는 아름다움의 '순수성'을 주장할 수 있었다. 이런 점에서 칸트가 주장하는 아름다움의 순수성은 전통 형이상학 내부에서 대립하고 삐걱대는 것들의 진정한 화해를 성취하기 위해 설정된 것이라 할 수 있다. 이런 칸트의 기획은 한편에서는 전통 형이상학을 비판하고 제한하는 기능을 하면서도, 다른 한편으로는 갈라진 형이상학을 봉합하면서 유지하는 기능을 하고 있다. 칸트 이후 낭만주의자들은 칸트의 시도를 심미적으로 극단화했고, 헤겔은 그런 극단화된 칸트의 기획을 실패한 기획으로 간주했으며, 헤겔 이후의 현대 철학자들은 칸트의 기획을 전통 형이상학의 해체 기획으로 철저히 변형시켰다.

칸트는 처음으로 예술의 자율성, 아름다움의 순수성을 이론적으로 논증하려 했던 사람이다. 그러나 모든 것이 관계의 그물망 속에 있는 이상, 무엇인가의 자율성 혹은 순수성은 유지되기 어렵다. 현대인들은 칸트적 순수성을 더이상 믿지 않는다. 도리어 현대인에게 순수성은 위

험하기까지 한 것으로 보인다. 현대인들은 '순수성'이란 말에서 아리
안 족의 순수 혈통을 강조했던 나치를 떠올린다. 순수성에 대한 자신
의 믿음을 포기하지는 않지만, 칸트 역시 현실세계에서는 불순이 득세
하고 있음을 모르지는 않았다. 아름다움의 경우도 예외는 아니어서,
순수함이 더럽혀진 이종잡배의 아름다움은 어디에나 존재한다. 칸트
에 따르면, 아름다움의 순수성을 침범하는 것에는 '감각적 만족'과 '지
적/도덕적 만족'이 있다. 이것들은 모두 아름다움의 가능 조건인 인식
능력들(특히 상상력) 간의 자유로운 유희를 방해하는 불순물들이다.

아름다움의 순수성은 '자유로움'으로 표현된다. 칸트에 따르면, 아
름다움에는 "자유로운 아름다움"과 "부수적인 아름다움"이 있다. "전
자는 대상이 무엇이어야만 하는가에 관한 개념을 전제하지 않으나, 후
자는 그와 같은 개념과 그 개념에 따른 대상의 완전성을 전제한다."*
전자는 어떤 것에도 의존하지 않고(특히 개념에 의존하지 않고) 그 무엇
에도 구속됨이 없으며, 스스로 존립하는 순수한 아름다움이다. 반면에
후자는 그것이 무엇이어야만 한다는 개념의 강제력에 의해 그 순수함
이 유린된 아름다움이며, 동시에 개념의 힘에 의존해야만 존립할 수
있는 부수적인 아름다움이다.

그런데 여기에서 칸트는 자유로운 아름다움을 라틴어, 풀크리투도
바가pulchritudo vaga로 번역한다. 바구스vagus는 '유랑하는', '동요하는',
'변하기 쉬운', '불안정한', '얽매이지 않은', '비확정적인' 등의 의미
를 갖는 형용사이다. 칸트는 독일어 frei(자유로운)의 라틴 번역어로서
리베르liber 대신에 바구스vagus를 선택했다. 물론 특별한 이유 없이 이

---

* 임마누엘 칸트, 『판단력비판』, 백종현 옮김, 아카넷, 2009. 227~28쪽.

용어를 선택했을 수도 있지만, 그의 용어 선택에는 간과할 수 없는 의미심장함이 엿보인다. 그의 선택을 존중한다면, 아름다움의 '자유로움'은 목적지 없이 떠도는 불안정한 자유로움으로 해석할 수 있다. 비유컨대 그것은 기대고 의탁할 곳 없는 나그네의 가난한 자유로움이다. 풍요로운 가운데 자족할 수 있는 자유가 아니라 무소유의 자유다. 칸트의 자유미는 우리가 종국에는 수렴하고 환원시킬 수 있는 개념이나 목적을 가지고 있지 않다는 비극적 현실 인식에서 출발한다. 또한 그것이 바로 가장 먼저 제시되어야 하는 자유미의 가능 조건이다. 이런 자유로움은 우리가 아무것도 소유하지 않음으로써 도리어 소유할 수 있는 자유로움이기도 하다.

칸트는 아름다움을 자유로 설명했지만, 우리는 아름다움을 사랑으로 이해하기로 한다. 아름다움은 사랑을 먹고 자란다. 아름다움이 객관적인 것이든 주관적인 것이든, 아름다움은 우리를 옴짝달싹할 수 없이 만드는 사랑의 힘이다. 사랑의 힘은 찬연히 빛나는 것이어서 그 강렬한 빛을 우리의 시력은 감당하지 못한다. 그래서 아름다움은 눈을 멀게 하는 무엇, 알 수 없는 무엇, 말로 규정할 수 없는 무엇으로 다가온다. 사랑의 아름다움이 존재한다는 그 자체가 충격적이고 '경이롭다thaumazein'. 경이롭고 아름다운 사랑의 '있음'에 사로잡히지만, 그 사로잡힘을 통해 우리는 무한히 자유로워진다. 자유뿐만 아니라 아름다움 역시 사랑에 뿌리를 내리고 있다. 사랑은 아름다움의 근본이다. 아름답기 때문에 사랑한다고 말하든 사랑하기 때문에 아름답다고 말하든, 결국 아름다움은 사랑을 통해서만 해명될 수밖에 없다.

에스테티쉬

철학을 전공한 어느 선배에게 이 영화를 추천했다. 영화를 본 다음, 그분은 영화에 대해 이렇게 평가했다. "영화가 참 에스테티쉬하군요." 그 선배가 정확히 어떤 의미로 그런 말을 했는지는 기억나지 않는다. 다만 그의 말을 듣고 영화의 전체적인 분위기를 "에스테티쉬"하다고 명명하는 것도 괜찮을 것 같다는 생각을 했던 것 같다. "에스테티쉬 ästhetisch"라는 말은 외국어(독일어)이지만, 요즘에는 우리 주변에서도 자주 듣는 매우 익숙한 말이 되었다. 이 말이 아직 낯선 사람도 그것의 번역어, "미학Ästhetik", "미학적"(또는 심미적ästhetisch)이란 말은 종종 들어보았을 것이다.

벨슈Wolfgang Welsch의 말처럼, 요즘 시대는 미학의 시대, "에스테티쉬"한 시대가 되었기 때문인지, 어디를 가더라도 이 단어를 어렵지 않게 찾아볼 수 있다. 마치 오래전부터 "~철학"이라는 말이 무차별적으로 사용되어온 것처럼 말이다. 심지어 우리나라 대학에는 미학과도 있다. 그런데 미학과는 영미권이나 유럽권의 어느 나라 대학에 가보아도 찾기 어려운 학과다. 대개의 경우 미학은 철학의 한 분야로 철학과에서 다루어지고, 그와 인접한 예술사학(또는 예술학)과에서도 유사한 내용을 다룬다. 우리나라의 미학과는 걸출한 미학자를 배출했다기보다는 뛰어난 예술가들의 요람이었다고 말하는 편이 나을 것이다. 시인 김지하, 황지우가 그 대표적인 인물이다. 그 예술가들이 미학이란 말을 자연스레 대중화한 장본인들이다. 그 밖에 미학을 대중화한 빼놓을 수 없는 사람으로는 『미학 오디세이』의 작가, 진중권이 있다.

"미학美學"이라는 말을 들으면, 그 말에 아름답다는 한자, 미美가 있어서 그런지 '아름다움'과 관련이 있을 거라고 연상하는데, 이것은 맞으면서도 틀린 예측이다. 美學이라는 한자어는 사용된 지 100년 남짓밖에 안 된 말(신조어)로 번역을 위해 부득이 만든 인공어이다. 원래 독일어 "Ästhetik" 또는 영어 "Aesthetics"라는 말을 일본 학자가 번역한 말이다. 그런데 서양말 Aesthetic 속에는 "美"라는 개념은 없다. 미학에서 아름다움을 연상하는 것은 "미학"이란 번역어가 만들어낸 환상일 수 있다. 이런 오판은 유사 명칭과 연합하여 근거 없는 신빙성을 가중시켰다. 예를 들면 최근 들어 유행하고 있는 "에스테틱"이라는 말은 피부를 아름답게 치장하고 건강하게 관리하는 분야의 명칭인데, 이것은 Aesthetics을 차용한 명칭이다. 그러나 미학은 사실 이와는 전혀 관련 없는 학문이다. 미학과 미술사 역시 단어의 공통분모가 있다는 이유로 종종 혼동되기도 하는데, 둘은 엄연히 다른 영역이라 할 수 있다. 미학은 단순히 미술에 한정된 학문이 아니다. 차라리 그것은 감성적인 지각을 중심 연구 과제로 삼을 뿐만 아니라, 그와 연관된 전체적인 예술

현상을 모두 다룬다.

  미학이란 말은 1750년 바움가르텐Alexander G. Baumgarten(1714~62)이
처음으로 사용했다. 미학의 창시자로서 바움가르텐이 학문의 기초를
놓은 것은 사실이지만, 아직 그의 미학은 튼튼한 철학적 토대를 가지지
못한 상태였다. 칸트의 『판단력비판』이라는 책을 통해 비로소 미학은
확고한 철학적 토대 위에서 체계적인 학문으로 성장했다. 비록 미학적
인 주제는 이미 철학이 시작할 무렵부터 시작되었다고 말할 수 있으
나, 그것이 본격적인 관심의 대상이 되고, 하나의 학적 고찰의 영역에
편입된 것은 근대 이후라고 말할 수 있다. 다시 말해서 미학이라는 영
역이 철학의 한 부문으로 정착한 것은 그다지 오래되지 않은 일이다.

  Ästhetik은 aisthesis(고대 그리스어로 감각, 감성을 뜻함)에서 유래한 말
로, 그 말을 최초로 사용한 바움가르텐은 "감각적 인식의 학문"이란 의
미로 이 용어를 사용했다. 그가 보기에, 사유의 법칙을 다루는 "논리
학"이 있는 것처럼, 인간의 감각에도 법칙이 있으며, 미학은 감각의 법
칙(사유의 논리에 대응하는 또다른 논리)을 다루는 학문 분야이다. 이런
맥락에서 미학은 기본적으로 근대 인식론적 함의를 담고 있다. 즉 인
식이 성립하는 과정에서 지성의 이전 단계로서 감성적 차원의 법칙을
다루는 부문이라는 의미를 담고 있다. 칸트의 주저인 『순수이성비판』
에 "초월적 감성학transzendentale Ästhetik"이라는 부분이 등장하는 것도
이런 맥락에서 이해될 수 있다.* 만일 누군가 미학을 단지 글자 그대로
"아름다움에 관한 학문"이라고만 이해한다면, 아름다움과는 전혀 무
관한 인식 성립의 조건과 과정 그리고 한계를 다룬 이 책에서 Ästhetik

---

* 임마누엘 칸트, 『순수이성비판』, 백종현 옮김, 아카넷, 2006. 이하 참조.

이라는 용어를 발견하고 고개를 갸우뚱거릴 수밖에 없을 것이다.

이렇듯 기본적으로 이 용어가 인식론적인 의미를 담고 있기는 하지만 이미 미학의 창시자라 할 수 있는 바움가르텐부터 감성적인 것과 아름다움 그리고 예술을 긴밀하게 연결하여 다루었으며, 이후 미학은 단순히 인식론적 개념만이 아니라 예술철학의 또다른 이름으로 사용된다. 미학이 특히 예술과 관련을 맺는 까닭은 미학에서 다루는 감성 가운데 특히 예술을 만나면서 경험하는 감성이 가치 있고 유의미하다고 생각되었기 때문이다. 기본적으로 미학은 감각적인 것을 다룬다. 그런데 감각적인 것은 무수히 다양하다. 그래서 미학은 아름다움과 같은 섬세하고 지적인 감각, 질리지 않고 쉽게 소진되지 않는 감각, 곧 예술에서 얻는 감각을 주로 다룬다. 때문에 일본 학자는 감성적인 것에 관한 학문을 미학이라고 번역했던 것이다.

그런데 왜 감각적 인식의 학문인 미학이 이렇게 늦게 생겼을까? 무엇보다도 감각에 대한 가치 절하를 중요한 이유로 꼽을 수 있다. 근대 이전까지 철학자들은 인간의 영혼을 믿었고, 인식은 그 영혼의 이성을 통해 형성되는 것이라고 생각했다. 그들에게 감각은 믿을 수 없는 것이다. 육체를 영토로 삼고 있는 감각의 제국에서는 어떤 규칙으로 잡히지 않는 무질서, 변덕, 변칙성이 주인 노릇을 하고 있기 때문에, 감각은 이성적인 학문적 고찰의 대상이 될 수 없다는 것이다. 예컨대 물속 젓가락이 굴절되어 보이는 현상을 떠올려보면, 시각을 통해 보여진 굽은 젓가락은 그렇게만 보일 뿐 실제로는 휘지 않았다. 때문에 감각은 인식을 위해 기여한다기보다는, 인식을 방해하는 것이며, 이성을 통해 교정되어야 할 것으로 생각했다.

이런 감각에 대한 가치 절하는 결국 인간의 육체를 천시한 것에서 비롯된다. 인간의 몸에 대한 경시는 다양한 문맥 속에서 읽힐 수 있다. 정치·사회학적인 측면에서 그것은 지식·엘리트 계급과 생산자 계급으로 구성된 사회 조직을 반영한다. 플라톤의 『국가』에 잘 나타나 있는 것처럼, 영혼과 육체의 구분법은 그대로 폴리스의 정치 체제로 전이되어 해석된다. 그것을 통해 인간의 두뇌(영혼)에 해당하는 지배층과 나머지 육체에 해당하는 피지배층의 구분이 정당화된다. 이 논의에 따르면, 영혼이 육체를 지배하듯이, 지식인 계급은 생산자 계급을 지배·통제해야 한다. 이런 맥락에서 몸을 쓰는 예술가는 과거에 피지배층에 소속되었다. 그래서 당시 고급예술과 저급예술은 몸을 쓰느냐 쓰지 않느냐에 따라 쉽게 구분되었다. 지배층이 향유한 고급예술은 문학, 시 등이고 저급예술에는 근육 사용이 요구되는 조각, 물감에 뒤범벅될 수밖에 없는 그림 등이 있다.

페미니즘의 문맥에서 살펴보자면, 육체에 대한 천시는 남녀 차별에서 기인한 것이다. 남성 중심적 사회에서 여성은 남성에 비해 이성이 박약한 존재이고 감성이 풍부한 존재로 이해된다. 파스칼의 말을 패러디해 말하자면, 여성은 "생각하는 갈대"가 아니라, 생각 없이 감정에 따라 이리저리 흔들리는, 그래서 변덕스런 '감정의 갈대'이다. 감정과 욕망의 노예인 여성은 결국 육체의 노예인 셈이다. 때마다 반복되는 월경이나 임신 및 출산도 여성이 육체에 더 가까운 존재임을 입증하는 사례가 된다. 이처럼 남성 중심적 사회에서 여성에 대한 차별은 곧장 육체에 대한 천시로 직결된다.

이처럼 전통적으로 무시되어온 감각/육체의 가치를 근대적 주체는 새롭게 자각한다. 근대적 주체에게 감각/육체는 전통 철학에 혁명적으로 맞설 수 있는 영역이었으며, 그런 맥락에서 근대적 주체는 감성적인 것에 관한 학문, 곧 미학을 만들고자 했다. 만일 이런 근대적 주체가 출현하지 않았다면 미학은 발생하지 않았을 것이다. 그렇다면 미학은 분명 전통 철학에 대한 철저한 혁신을 통해 등장한 학문이다.

하지만 다른 편에서 보면, 미학은 전통 철학의 완성 국면에 접어들 무렵에 탄생한 학문이다. 미학은 서양 전통 철학을 비판하기 위해서가 아니라 그것을 보충하고 완성시키기 위해 만들어진 것이다. 이것은 현대 철학자, 하이데거의 미학에 대한 평가에 해당한다. 하이데거에 따르면, 서양 철학은 태생부터 이성 중심적 특징이 각인되어 있다. 쉽게 말하자면, 존재하는 모든 것을 합리적인 생각의 틀에 맞추고자 한다는 것이다. 그리고 그런 이성 중심적 경향의 이면에는 이성을 통해 타자를 통제하고 지배하고자 하는 욕구가 놓여 있다. 근대는 과학적 합리주의가 승승장구하는 시대이다. 과학에서 중요한 것은 관찰 대상에 접근하는 합리적인 방법과 그 방법의 체계성이다. 이런 맥락에서 근대학문은 이성적 체계성을 자신의 모델로 삼았다. 그리고 미학은 학문적 체계화의 욕구가 극대화된 근대의 산물이다. 체계화되지 않고 이성화되지 않은 마지막 오지, 비합리성과 변칙이 난무하는 야만의 세계, 그래서 지금껏 관심의 변방으로 배제하고 무시하고 천시하기만 했던 감각의 제국을 근대에 와서야 비로소 이성은 마지막 식민지로 만들려고 하였다. 한마디로 감각의 이성적 체계화의 일환으로 미학이란 학문이 성립되었던 것이다. 이런 맥락에서 하이데거는 합리적 체계의 학문인 미학을 격렬하게 비판한다. 미학은 예술의 종말을 부추기는, 아니 죽은 예술의 시체를 해부하기만 하는 반反예술적 학문에 불과하다는 것이다.

이처럼 미학이라는 학문 분야는 양가적인 역사적 배경을 가지고 있다. 한편에서 미학은 주체의 감각(또는 감정)을 새롭게 긍정적으로 해석하면서 전통 서구 철학의 비판의 장소로서 탄생했지만, 다른 한편에서 미학의 성립은 이성이 지배하지 못했던 마지막 오지(감각의 제국)에 이성의 깃발을 꽂았다는 것을 의미한다. 지금까지도 미학은 이 두 상반되는 역사 해석 사이에서 동요하고 있다. 미학이 전통 철학을 비판하는 힘을 발휘할 경우 전자의 해석이 믿음직스럽다. 그러나 전통 철학에 편입되어 감성을 길들이고 예술을 학적 고찰의 대상으로만 파악할 경우, 후자의 해석이 설득력을 발휘한다.

"영화가 참 에스테티쉬하군요." 이 말은 일차적으로 영화가 무척 감각적이고, 관능적이고, 자극적이고, 육체적이고, 여성적이고, 감성적이고, 매혹적이고, 아름답다는 의미다. 실제로 영화가 그러했던가? 나는 그 말에 동의했고, 지금도 여전히 동의한다. 더구나 폄하의 언어가 아니라, 차라리 찬미의 언어로 "에스테티쉬"라는 말을 이해한다. 왜냐하면 영화가 보여주는 "에스테티쉬"한 부분은 웬만한 이성보다 더 이성적이고 영혼에 더 큰 공명을 불러일으키기 때문이다. 내게 "에스테티쉬"라는 용어는 편협한 이성, 편파적인 이성, 남성 중심적 이성, 도구적 이성, 회색 이성, 불모적인 이성으로는 담을 수 없는 존재의 과잉, 충만을 의미하기 때문이다. 그리고 이런 의미를 담고 있는 "에스테티쉬"한 것은 당연히 아름다운 것이다.

내기

늦은 밤, 레스토랑을 닫은 뒤 함께 귀가하는 세 남녀는 삼거리에서 멈춰 선다. 안드라스는 왼쪽 길로 가야 하고 라즐로는 오른쪽 길로 가야 한다. 이미 일로나의 마음은 안드라스에게 기울고 있다. 예사롭지 않은 작별 키스가 그것을 보여준다. 안드라스를 쫓아갈지 라즐로를 따라갈지, 일로나는 망설인다. 그것을 옆에서 지켜본 라즐로는 너그럽게 이렇게 말한다. "당신도 알다시피, 날 신경 쓸 필요는 없어. 인간은 자유롭게 결정할 수 있어야 한다고 내가 항상 말했잖아. 난 지금 이대로 계속 걸을 거야. 그럼 당신은 쉽게 결정 내릴 수 있을 거야." 라즐로는 연인에게 선택권을 쥐여준다. 사실 안드라스로 향하는 일로나의 마음을 차단시키는 데 전념을 해도 형세를 바꾸기 어려운 판국이다. 그러나 라즐로는 아량 있는 남자의 품위를 뽐내려 한다. 이것은 위험천만한 내기다.

내기에 참가하는 사람들이 모두 그러하듯이, 라즐로는 이 내기에서 이길 자신이 있었다. 일로나가 자신을 선택한다면, 일로나의 굳은 사랑을 확인할 수 있는 것은 물론이거니와 연인의 기억 속에 더없이 멋있는 남자로 남을 수 있다. 이것이 내기에서 이기는 경우다. 그러나 만일 일로나가 안드라스의 품에 안긴다면, 라즐로는 사랑도 품위도 모두 잃는다. 태연한 척하며 라즐로는 안드라스와는 다른 골목으로 걸어간다. 애인의 발걸음 소리가 점점 희미하게 사라져간다. 당당했던 라즐로의 발걸음이 점점 느려진다. 여유 있는 미소를 머금은 그의 얼굴은 점차 절망과 후회로 일그러진다. 뒤돌아보지 않으려 하지만, 도저히 그럴 수 없다. 결국 고개를 돌려 뒤를 바라본다. 그때 그의 시선에는 텅 빈 거리만 들어온다. 라즐로는 사랑에 내기를 걸었고, 한순간 모든 것을 잃었다.

사랑을 혹은 삶을 내기로 이해할 수 있을까? 내기가 성립하기 위해서 예측할 수 없는 우연이 개입해야 한다. 승패의 결과가 뻔히 예상되는 내기는 내기라 하기 어렵다. 예측 가능한 필연의 세계에서 내기는 존재할 수 없다. 사람들이 사랑 혹은 인생을 내기에 빗대는 까닭은 그것에 깃든 우연성 때문일 것이다. 나는 왜 하필 '이런' 곳에서 태어났는지, 나는 왜 '이' 사람을 사랑하게 되었는지를 묻는다면, 그 물음에 대한 답안지에는 '우연'이란 물음표로 가득 차 있을 것이다. 이런 우연성은 '자기'의 삶 속으로 침입해 들어온 '타자성'을 상징한다. 사랑이 타자와의 진정한 만남이라면, 그 만남에는 당연히 우연성의 계기가 삽입되지 않을 수 없다. 이런 점에서 (타자적인) 사랑은 통상 우연을 만드는 주범이다. 처음 사랑 담론은 우연의 일치에서 시작한다. "하필 그때 그곳에서 다른 누구도 아닌 바로 당신을 만나게 될 줄이야" 또는

"당신 이런 것 좋아하세요? 어쩜 나도 좋아하는데" 기타 등등.

권태를 잊기 위해 또는 작은 즐거움을 얻기 위해 사람들은 내기를 한다. 내기에 참여하는 자는 내기를 통해 더 많은 것을 따려 한다. 물론 내기로 걸었던 모든 것을 잃을 수 있지만, 바로 그 때문에 내기는 집중과 긴장의 즐거움을 준다. 내기에서 우리는 예측할 수 없는 상황, 수많은 변수, 지독한 행/불행의 반전 등을 만난다. 이런 내기에서 이기기 위해서는 가능한 경우의 수와 가늠할 수 있는 모든 변수를 계산하여 미래의 불확실함을 지워나가야 한다. 하지만 내기의 승패는 뚜껑을 열어보기 전에는 아무도 알 수 없다. 더욱이 내기의 성격이 순수해질수록 그런 내기를 지배하는 법칙에는 순수한 '우연'밖에 남지 않는다. 다시 말해서 운에 좌우되는 내기일수록, 필승의 법칙은 아니라 하더라도 의지할 수 있는 최소한의 개연적 법칙도 존재하지 않는다. 그 무법의 공간에 발가벗은 채로 입장한 인간은 모두 평등하다. 내기는 그런 우연의 놀이다. 사람들은 우연의 장난 속에서 이상한 매력을 느낀다.

내기의 이런 매력에 일확천금이란 인간의 욕망이 더해지면, 내기는 더이상 놀이가 아니라 도박이 된다. 그동안 모아둔 전 재산은 물론이고 자기 영혼, 심지어 자식과 부인마저 도박의 희생양이 된다. 그래서 사람들은 도박을 위험천만한 짓이라며 경계한다. 그러면서도 종종 우리는 인생이 일종의 내기 같다는 생각을 한다. 가끔씩 자기의 모든 것을 불확실한 미래에 던져보고 싶은 충동이 일기도 한다. 자신의 모든 것을 걸고 무엇인가를 감행해보지 않은 인생은 너무 왜소하고 궁핍하게 보인다. 확실하고 안전한 길만 걸어온 인생은 왠지 미덥지 않게 보인다. 인생이란 도박장에서 끊임없이 내기를 건 경험 많은 베테랑이 차라리 믿음직스럽게 보인다.

　내기는 일종의 놀이다. 문화인류학자 카이와Roger Caillois에 따르면, 놀이란 1) 어떤 강요도 없는 자유로운 활동이며, 2) 명확히 정해진 시간과 공간의 범위에 한정된 분리된 활동이고, 3) 결과가 언제나 확정되어 있지 않은 활동이며, 4) 소유권의 이동 정도만 있는 비생산적인 활동이고, 5) 규칙, 약속이 있는 활동이며, 6) 비현실이라는 특수한 의식을 수반하는 허구적인 활동이다.* 그는 이런 놀이를 크게 네 가지로 구분한다. 그에 따르면, 놀이는 알레아Alea(라틴어로 요행, 우연), 일링크스Ilinx(그리스어로 소용돌이), 미미크리Mimicry(영어로 흉내, 모방), 아곤Agôn(그리스어로 시합, 경기)으로 구분할 수 있다고 한다. 알레아는 운을 중시하는 놀이이고, 일링크스는 현기증을 유발하는 놀이이며, 미미크리는 모방으로 재미를 느끼는 놀이이며, 아곤은 경쟁을 통한 놀이이다. 모든 놀이는 이 네 가지 요소를 모두 조금씩은 가지고 있다고 말할 수 있을 것이다. 다만 어느 요소가 더 주도적인지에 따라서 이 네 가지 분류체계로 나누어볼 수 있다는 것이다. 카이와의 놀이 분류체계를 도식화하면 다음과 같다.**

---

* 로제 카이와, 『놀이와 인간』, 이상률 옮김, 문예출판사, 2002. 34쪽 참조.
** 로제 카이와, 같은 책. 37쪽 이하 참조.

	사회기구 가장자리에 있는 문화의 형태	사회생활에 편입된 제도적 형태	타락
아곤	스포츠	상업상의 경쟁, 시험, 콩쿠르	폭력, 권력의지, 술책
알레아	복권, 카지노, 경마장, 경마도박	주식투기	미신, 점성술
미미크리	카니발, 연극, 영화, 스타 숭배	제복, 예의범절, 의식, 표현에 종사하는 직업	광기, 소외, 이중인격
일링크스	등산, 스키, 공중 서커스, 스피드광	그 활동이 현기증의 지배를 뜻하는 직업	알코올 중독, 마약

　그런데 카이와의 놀이에 대한 규정과 네 가지 분류체계를 유심히 살펴보면, 예술도 이와 유사하다는 것을 쉽게 확인할 수 있다. 숱한 예술가와 미학자 들의 증언처럼 예술 역시 일종의 놀이라고 말할 수 있기 때문이다. 먼저 카이와의 놀이 규정에 대입해 예술을 말해보면 다음과 같다. 예술은 1) 강요 없는 자유로운 활동이며, 2) 다른 삶의 영역과 구분된 영역이고, 3) 언제나 불확정성과 우연성이 개입하는 활동이며, 4) 사회 일반의 기준에서 볼 때 비생산적인 활동이고, 5) 새로운 규칙을 창조하는 활동이며, 6) 상식적인 현실 개념에 비추어볼 때 허구적인 활동이다.

　이번에는 놀이의 종류와 예술을 연결시켜보자. (특히 현대) 예술작품에는 '우연'을 중시하는 작품이 많고, 짜릿한 현기증을 유발시키는 작품(특히 춤과 음악)도 있으며, 무엇인가를 모방하는 작품이 많고(연극, 영화가 대표적이며 더욱이 고전 미학은 모방을 예술의 본질로 이해했다), 전설적인 화가 제욱시스와 파라시오스의 그림 대결에서 보여지듯, 예술작품의 태반이 경쟁의 산물이다. (영화 〈모딜리아니〉〔2004〕에서는 피카소와 모딜리아니의 그림 대결이 등장한다.) 예술뿐 아니라 사랑도 마찬가지다. 사랑도 일종의 놀이라고 할 수 있다. 사랑은 첫 만남부터 우연성이 개입되고(연인들은 그것을 운명이라 말한다), 현기증 나는 설렘과 감정의 일렁임이 존재하며, 연인 역할을 연기演技하기도 하고, 연적과 경쟁하기도 하기 때문이다.

　내기는 알레아에 속한다. 그것은 우연의 운에 자신을 맡기는 놀이다. 내기를 말할 때, 신의 현존마저 내기를 걸었던 철학자 파스칼을 빼놓을 수 없다. 그런데 왜 그는 내기의 철학자가 되었을까? 냉철한 이성을 소유했던 철학자이자 수학자가 왜 내기에 집착했을까? 잘 알려져 있다시피, 『팡세』 곳곳에는 인간의 역설적인 모습, 즉 위대함과 비천함을 동시에 모두 갖고 있는 인간의 모습이 극명하게 묘사되고 있다. 인간은 물방울 하나로도 파괴될 수 있는 연약한 갈대이지만, 동시에 생각하는 위대한 존재라는 유명한 단편을 비롯하여 이 책 곳곳에서 이런 역설이 등장한다. 이런 역설을 통해서 파스칼은 인간을 비참함에 머물 수도 없지만 위대함에만 머물 수도 없는, 양극단 사이를 오락가락하는 중간적 존재로 그린다. 이런 역설적인 인간의 의식은 "전부 아니면 전무"라는 범주를 통해 지배받는다. 이럴 수도 저럴 수도 없는 상황에서 어느 하나를 선택한 인간은 결국 하나를 선택함으로써 포기할 수밖에 없었던 다른 극단에 의해 파멸될 수 있다. 이런 인간에게 신을 향한 믿음도 하나의 내기일 수밖에 없다. 냉철한 파스칼이 내기에 집착한 까닭은 여기에 있다.

　골드만Lucien Goldmann은 파스칼의 독특한 입장을 "숨은 신—자신을 숨기는 신"*이란 관념에서 찾는다. 파스칼에게 숨은 신은 현존하며

'동시에' 부재하는 신이지, 때로는 현존하고 때로는 부재하는 신이 아니다. 그래서 "언제나 현존하며 언제나 부재하는 신"이다. 신은 인간에게 자신의 확실한 모습을 보여주지 않는다. 그 결과 확실하고 안전한 내세라는 피난처가 사라지고 신의 존재는 한갓 "희망"이 되고 만다. 우리는 이 험난한 세상에 살기 위해 희망이 필요하다. 비록 그것이 불확실한 희망이나마, 그것을 위해 일평생을 내기 걸어야 한다. 그래서 파스칼은 다음과 같이 말한다. "당신은 신앙의 길로 가기를 원하는데 그 길을 모르고 계시지요? 당신은 불신앙을 떨쳐버리기를 원하면서, 그 해결 방법을 구하고 계시지요? 당신과 마찬가지로 묶여 있었다가 지금은 그들의 모든 행복에 내기를 걸고 있는 사람들에게서 배우도록 하십시오. 이들이 바로 당신이 따라가고자 하는 길을 알고 있는 사람들이며, 당신이 치료받고자 하는 고통에서 치료를 받았던 사람들입니다."**

내기는 본래 불확실성을 전제로 성립한다. 파스칼이 보기에, 신을 믿는 행위도 일종의 내기이다. 왜냐하면 신이 있느냐 없느냐, 믿음을 갖느냐 갖지 않느냐의 문제는 결코 어떤 확실한 앎의 기반 위에서 판단 내릴 수 없기 때문이다. 신이 존재하느냐 그렇지 않느냐를 결정하는 데 있어서 우리가 소유하고 있는 앎은 너무 보잘것없다. 그래서 그

---

* 본문에 인용된 텍스트 번역은 영역본(Lucien Goldman, *The Hidden God*, tr. Philip Tnody, Routledge & Kegan Paul, 1964)과 독역본(*Der verborgene Gott*, tr. Hermann Baum, Suhrkamp, 1985)을 주로 참조했다. 한글 번역본 (『숨은 신』, 송기형·정과리 옮김, 연구사, 1986)으로는 발췌 번역본(1부 비극적 세계관)이 있다. 여기서 인용된 구절은 영역본 284쪽에 있다.

** 『팡세』 원문의 인용은 한글 번역본(블레이즈 파스칼, 『팡세』, 김형길 옮김, 서울대학교 출판부, 1996)을 따랐다. 493~94쪽. 고딕체 강조는 인용자.

런 무력한 앎은 우리의 판단과 선택에 큰 도움이 되지 않는다. 이처럼 우리가 지적 불투명 상태에 처해 있다면, 게다가 반드시 선택을 해야만 하는 급박한 상황이라면, 어쩔 수 없이 우리는 어느 한쪽에 내기를 걸 수밖에 없다.

파스칼의 직관에 따르면, 인간은 언제 폭풍우가 몰아칠지 모를 바다에 던져진 선원과 같다. 불확실한 위험에 항상 노출되어 있는 인간은 매번 바다처럼 광활한 무지의 한복판에서 어느 하나를 선택해야만 한다. 이런 무지 속의 선택 상황이 바로 인간이 처할 수밖에 없는 근본 상황이다. 때문에 파스칼은 내기를 불가피한 인간의 조건으로 파악한다. 인간은 전지전능한 신이 아니며, 때문에 무지 속에서 어떤 것을 선택하고 결정해야만 한다. 내기의 위험은 나약한 지성의 소유자인 인간, 불확실한 세계, 예측 불가능한 미래에서 온다. 이런 점에서 내기는 세계와 만나는 인간의 가장 근원적인 행위 방식이고 원초적인 세계 경험이다. 이 내기 경험 속에서 인간은 세계의 아주 작은 부분을 경험한다. 그리고 이런 세계와의 만남 속에서 인간의 행위와 그 결과는 인간에 의해 좌우되는 것이 아니라, 궁극적으로 알 수 없는 무엇인가에 의해 지배된다는 사실을 깨닫게 된다. 결국 내기 행위란 미지의 불확실한 그 무엇인가의 관할 영역 속에 인간 자신이 귀속됨을 경험하는 것 이외의 다른 것이 아닐 것이다.

우리가 무엇인가에 내기를 걸고 있다고 생각해보자. 예를 들어 카드 놀이를 한다고 치자. 베팅을 한다. 만일 내가 무한히 베팅할 수 있는 돈을 가지고 있다면, 나는 무조건 승리한다. 그럴 수밖에 없다. 유한은 언제나 무한 앞에서는 무력하기 때문이다. 무한의 필승이다. 그러나 무조건 이기는 승부는 더이상 승부일 수 없다. 놀이일 수 없다. 필연적으로 이길 수밖에 없는 게임은 재미있을 수 없기 때문이다. 우연의 놀이인 내기가 지속되기 위해서는 무한이 등장해서는 안 된다. 그런데 사랑도 일종의 내기라면? 예측불허의 사랑 내기에서 과감하게 자신의 모든 것을 내거는 쪽이 필연코 승자가 될 것이다. 물론 무지 속에서 벌이는 위험천만한 내기이기 때문에 모든 것을 잃을 수 있다. 하지만 자기의 전 존재를 거는 무한에 가까운 사랑 앞에서 당해낼 자는 없다. 물론 현실에서 무한에 가까운 사랑은 드물다. 하지만 그런 사랑에 가까워질수록, 사랑은 '장난스런' 사랑에서 점차 '성스러운' 사랑으로 변모해갈 것이다. 사랑을 내기에 빗대면서 내릴 수 있는 결론은 이렇다. 사랑의 도박판에서 승부의 관건은 베팅할 수 있는 사랑의 양이다. 포커페이스라든가 밀고 당기는 잔기술만으로는 안 된다. 무한한 사랑을 베팅할 수 있다면, 반드시 사랑을 얻을 수 있다. 반면 사랑이 일종의 놀이일 뿐이며 놀이에서는 이기고 지는 것이 관건이 아니라면, 성패와 상관없이 그저 사랑 내기를 즐기면 된다.

잃어버린 반쪽

　사랑하는 이들은 하나가 되기를 원한다. 잠시라도 떨어지기를 싫어한다. 마치 원래는 하나였던 것처럼 그들은 다시 하나이기를 갈망한다. 이음새 하나 없는 완벽한 합일을 원한다. 과연 그런 합일은 가능할까? 또 그들은 서로를 자신의 반쪽이라 말한다. 그렇다면 영화에서 일로나는 안드라스의 반쪽일까? 아니면 라즐로의 반쪽일까? 아니면 이들은 원래 세 조각으로 분열된 하나였을까? 반쪽과 하나, 상실과 회복. 『향연』의 에릭시마코스의 설명에 따르면, 사랑은 분열되고 대립하는 것들을 하나로 어우러지게 하는 힘이다.* 그런데 그런 통합의 힘은 어떻게 다시 해명될 수 있을까? 서로 차이 나고 대립하는 것들이 어떻게 어우러질 수 있을까?

---

* 플라톤, 『향연』, 박희영 옮김, 문학과지성사, 2003. 186a~189e 참조.

아무리 차이 나고 대립하여도 원래 하나였다는 가정, 원래는 하나였다가 쪼개져서 이제는 하나였던 흔적마저 찾아볼 길이 없어졌다는 가정을 설정하면 된다. 때때로 사무치는 외로움은 자신의 한 부분을 잃어버렸다는 어떤 상실감으로 이어지고, 상실된 그 무엇을 되찾으려는 갈망과 접속한다. 또한 첫 만남의 황홀감을 극적으로 표현하기 위해, 처음 만난 사람이지만 이미 만났던 적이 있는 사람처럼 친밀감을 느낀다고 말하곤 한다. 이런 데자뷔旣視感, déjàvu 현상은 연인과의 첫 만남의 신비를 증언하는 것이자, 그 신비를 재회의 감격으로 설명하는 것이자, 어떤 운명적인 결속을 강조하려는 표현이다. 이런 경험 속에서 자신의 분신처럼 느껴지는 연인에 대한 동경과 그리움의 힘이 사랑이라는 견해가 도출된다. 이런 사랑 담론을 '잃어버린 반쪽에 대한 그리움'이라고 요약할 수 있다면, 이런 견해 역시 플라톤이 제공해주고 있다. 플라톤은 아리스토파네스의 입을 빌려 이런 사랑 담론을 신화적으로 펼쳐낸다.

아리스토파네스의 이 이야기는 아마도 서양의 사랑담론에서 가장 자주 그리고 널리 회자되는 이야기일 것이다. 그에 따르면, 태초의 인간은 지금보다 두 배의 신체기관을 가지고 있었다고 한다. 좀더 구체적으로 묘사해보자면, 원래 인간은 지금보다 모두 두 배의 신체기관, 곧 둥글둥글한 기본 자태에 앞뒤로 네 개의 눈과 두 개의 코, 그리고 두 개의 입, 네 개의 팔과 다리 등등을 가지고 있었다고 한다. 영화〈헤드윅Hedwig and the Angry Inch〉은 이 신화에 등장하는 원형적 인간을 애니메이션으로 표현하고 있는데, 간단한 '선'과 '점'의 터치만을 통해서 이런 인간의 모습을 잘 보여주고 있다. (이 영화를 보다보면, 2,500년이라는 긴 세월을 간단히 뛰어넘는 플라톤 사랑 담론의 끈질긴 생명력에 감탄하지 않을 수 없다.) 이렇게 두 배의 신체기관을 가지고 있었기에 지금의 인간보다 훨씬 더 강력한 힘을 가지고 있었다고 한다. 태초의 인간이 심지어 신을 위협했을 정도였다고 하니 아마도 단순히 지금 인간의 두 배의 힘이 아니라, 그 이상의 힘을 가지고 있었을 것이다.

산술적으로 1+1=2이지만, 경험적 세계에서는 산술 규칙에 어긋나는 경우도 종종 볼 수 있다. 예를 들어 삼겹살을 안주로 먹는 술자리에서 쉽게 그 예외적인 경험을 하게 된다. 한 사람이 보통 삼겹살 2인분을 먹을 수 있고 친구 5명이 한 테이블에서 함께 먹는다면, 산술적으로 그 테이블에서는 10인분의 삼겹살이 소화되어야 한다. 하지만 혼자 먹을 때와는 달리, 함께 어울리며 고기를 먹을 때는 그보다 훨씬 많은 양을 먹는다. 사람이 의기투합하며 어울렸을 때, 또 경쟁적으로 누군가와 함께 일을 도모할 때에는, 힘의 상승 작용이 일어난다. 마찬가지로 아리스토파네스가 그리고 있는 원형적 인간은 신체기관이 두 배로 많았다고는 하지만 단순히 지금 인간보다 두 배의 힘만을 가진 것이 아니라, 그 이상의 힘을 가졌다고 보아야 할 것이다. 결국 이 신화가 말하는 두 배의 신체기관이란 첫째 지금은 상상조차 할 수 없는 강력한 힘을 뜻하고, 둘째 한 쌍의 커플을 암시한다.

그리스의 신들은 오만하고 위협적인 인간을 그냥 보아 넘길 수 없었다. 그렇다고 인간을 완전히 전멸시킬 수도 없었는데, 왜냐하면 신 역시 자신을 '바라봐줄 수 있는' 존재, 자기를 기억하고 존중해줄 수 있는 인간이 필요했기 때문이다. 신 또한 '외로움'만은 견디기 힘들었던 것이다. 그래서 그들은 인간을 전멸시키는 대신에 두 쪽으로 갈라놓을 계략을 마련한다. 두 힘이 합쳐지며 시너지 효과를 일으켜 두 배 이상의 큰 힘을 낼 수 있다면, 그와는 반대로 하나의 힘을 둘로 갈라놓는다는 것은 단순히 힘의 절반 나누기가 아니라, 절반 이하로 극소화하는 전략이라 할 수 있다.

제우스는 번개를 가지고 인간을 둘로 쪼갰다. 이 이야기를 듣고 있는 많은 사람들은 판판한 등이 잘려나간 쪽이라고 예상할 테지만, 신화는 잘린 쪽이 배 부분이고 얼굴의 방향을 잘린 쪽으로 돌려놓은 것이라고 말해준다. 배에 있는 배꼽이 절단된 상처 부분을 하나로 모아 묶어둔 부분이며, 신이 인간의 얼굴을 배로 향하게 한 까닭은 인간의 오만에 대한 신의 형벌 자국인 배꼽을 볼 수 있도록 하기 위해서다. 결국 인간은 신의 계략에 따라 지금과 같은 반쪽 모습을 갖게 되었고 잘려나간 자신의 반쪽에 대한 사랑을 하게 되었다. 이 신화에 따르면, 사랑이란 분열되고 상실된 인간 자신이 완전한 본모습을 회복하기 위한 열망이다. 신화는 그것을 증명이라도 하려는 듯, 한 가지 사례를 추가한다. 사랑하는 연인끼리 배를 맞대고 깊은 포옹을 하고픈 것은 부러진 칼을 다시 맞춰보듯, 잘려나간 단면을 맞대가며 하나임을 확인하고픈 욕망이라고 말이다.

아리스토파네스에 따르면, 사랑은 신을 위협할 정도로 강한 자신의 원형적 힘을 회복하기 위한 선천적인 욕망이자 절단의 상처를 아물게 하는 치유력이다. 여기에서 사랑은 상실된 것에 대한 갈망으로, 또는 본래적인 것, 통일적인 것, 완전한 것, 보다 선하고 강력한 것을 희구하는 열망으로 그려진다. 이 이야기에 따르면, 사랑은 양분된 개체들 간의 끌리는 힘, 곧 매력이다. 아리스토파네스는 통합하는 응집력으로서 사랑을 규정하고 그 힘의 기원을 분열된 것들의 '본래적 단일성'에 두고 있다. 이런 단일성은 원의 이미지가 상징하는 것처럼(멀리서 바라본 태초 인간의 전체 이미지는 원이었다), 완전하고 강력하고 아름다운 것이다.

아름다움은 우리를 그 앞에서 떠나지 못하게 만드는 강력한 힘을 가지고 있다. 또한 그것에 참여하는 모든 이들을 하나로 묶는 통합의 힘 역시 가지고 있다. 아리스토파네스의 이야기는 사랑의 대상인 아름다움이 우리에게 매력적인 까닭을 설명해주고 있다. 아름다운 대상이란 우리가 잠시 잊었거나 과거 언젠가 상실했던 또다른 나이다. 즉 그것은 잃어버린 소중한 나의 분신이다. 그 소중한 부분을 상실함으로써 나는 지금처럼 나약하고 무능하고 추하게 된 것이다. 아름다운 대상은 힘 있고 화려했던 나의 본래 모습을 상기시키고 그런 본모습으로 다시 돌아가고픈 갈망을 환기시킨다. 그런 갈망이 곧 사랑이다. 그것은 아름다운 대상과 합일을 꿈꾸는 사랑이다. 결국 자기의 상실된 힘을 복원하고자 하는 욕구, 파편화된 자기의 총체성을 회복하고자 하는 욕망이 사랑이라는 것이다.

이처럼 아리스토파네스의 사랑 이야기는 로맨틱하게 들린다. 사랑을 '잃어버린 반쪽에 대한 그리움'으로 규정하고 있으니 얼마나 근사하고 로맨틱한가? 이 이야기는 로맨틱한 사랑 판타지를 얼마든지 길어올릴 수 있는 마르지 않는 상상의 샘이다. 그렇지만 이 이야기는 진정 로맨틱한 사랑 이야기일까? 일부러 사람들의 로맨틱한 환상을 깨트리고 싶지는 않다. 하지만 냉정한 시각에서 이 사랑 담론을 볼 필요가 있다. 이 이야기에서 사랑의 대상은 타자성을 잃은 '나'의 반쪽이고 사랑은 상실한 반쪽을 자기 자신과 재통합하려는 욕망이다. 여기에서 사랑의 목표는 자기 힘의 확대에 있으며, 목표 실현의 방법은 사랑 대상과의 합일에 있다. 그렇다면 자기를 확장시키는 합일은 어떻게 성취될 수 있을까? 거기에는 어떤 모델이 있을까?

음식물을 소화시키는 현상이 하나의 모델로 설정될 수 있을 것이다. 우리는 허기를 채우기 위해, 새로운 활력을 얻고 자기 몸을 불리기 위해, 음식을 먹는다. 입에서는 먼저 튼튼한 치아로 음식물을 질경질경 씹기도 하고 갈기갈기 찢거나 으스러트리고 으깨면서 음식물을 소화시키기 좋게 만든다. 조각난 음식물을 혀로 굴리면서 침과 잘 섞어서 식도 아래로 보낸다. 그 다음부터는 독한 위액을 비롯한 온갖 소화액들이 음식물을 살균/소독한다. 그런 다음 영양분을 흡수한다. 이렇듯 소화 과정은 타자를 해체시켜 자기에 동화시키는 과정으로서 자기 동화의 좋은 모델이다.

로맨틱한 판타지에 비해 끔찍한 식인적인 판타지이기는 하지만, 아리스토파네스의 사랑 담론은 이런 소화 행위와 닮아 있다. 이런 사랑에서는 먼저 타자를 분해시킨다. '나에게' 좋은 면과 나쁜 면으로 타자를 분리한 다음, 좋은 면은 흡수하여 나의 힘으로 만들고 나쁜 면은 가차 없이 버린다. 여기에서 사랑의 대상은 내가 더 강력한 존재가 되기 위해 소유해야 할 대상에 불과하다. 자기 생존과 자기 힘의 증대를 위해서 안정되게 확보해야 하고 소유해야 하는 밥과 빵에 불과하다. 사랑의 대상을 '나'의 반쪽이라고 규정한다면, 사랑에서 내가 그 반쪽에게 소화되는 측면은 사라진다. 오직 타자가 자기로 소화되는 측면만 남는다. 이 이야기에서 등장하는 합일은 자타가 모두 소멸되는 합일이 아니라, 타자가 자기로 흡수되는 합일이다.

결국 이런 사랑은 소유욕으로 귀착된다. 사랑하는 대상은 자기의 반쪽이고 그래서 자기 것이라 주장한다. 이런 주장을 펴는 사람은 사랑의 "계보학적" 기원이 소유욕에 있다고 현학적으로 말할 수도 있을 것이다. 사랑을 이렇게만 보면, 모든 구애는 종국에는 '소유권 주장'의 표출이다. 흔히 접하게 되는 사랑의 속삭임들에서도 이런 경향은 쉽게 확인된다. "너는 내 거야"라는 표현이라든지, 아니면 "먹고 싶다"는 성적 비속어도 또한 이런 경향을 대변하는 말이라 볼 수 있다. 그렇다면 사랑은 소유에 대한 열망, 소유권 주장과 동일한 것일까? 사랑이 소유욕이 아니라면 그것은 도대체 무엇일까?

영화에서 라즐로는 일로나와 안드라스가 서로 사랑에 빠진 것을 알게 되지만, 자신의 반쪽이라 생각했던 일로나를 포기하지 못한다. 자신의 연인이 다른 사람을 사랑한다 하더라도, 자신의 반쪽의 반쪽이라도 소유하려고 한다. 자기 분신을 완전히 잃느니 차라리 일로나의 작은 부분이라도 소유하고자 한다. 이 영화를 유명하게 만든 그의 대사를 직접 들어보자. "지금까지 4년 동안, 나는 일로나를 알고 지내왔는데…… 점점 분명해지죠. 누구나 사실은 둘 다 갖고 싶어하지요. 육체적인 것과 정신적인 것, 풍족하게 해주는 것, 그리고 갈망하게 하는 것. 일로나에게는 바로 그것이 있어요. 그리고 라즐로라는 남자와 안드라스라는 남자가 있죠. 반쪽의 일로나는 나에게 없는 것보다는 훨씬 더 나아요." 현실 감각이 뛰어나고 이해타산에 밝은 라즐로는 그의 사랑을 아무리 미화한다 하더라도 결국 일로나의 몸과 마음의 점유/소유권을 포기할 수 없었던 것이다.

불멸의 사랑

    대개 이 말은 온갖 유혹과 역경에도 불구하고 오래도록 유지되는 사랑에 대한 수사학적 찬미의 언어로 사용된다. 곧 불멸의 사랑이란 '사랑'의 영원한 지속성을 뜻한다. 하지만 우리는 거꾸로 '불멸의 사랑'이란 말에서 '불멸'에 방점을 찍고, '불멸'을 통해 사랑을 이해해보기로 한다. 곧 불멸의 사랑은 불멸不滅, immortality에의 욕망이라고 말이다. 사랑은 불멸을 지향하는 욕망이다.

    사랑이란 무엇일까? 우리는 지금까지 사랑에 얽힌 이러저러한 이야기들을 해왔다. 그럼에도 불구하고 사랑이 무엇인지 아직도 명쾌한 대답을 찾지 못하고 있다. 일로나와 라즐로, 일로나와 안드라스는 서로가 서로를 진심으로 사랑하고 있다. 영화를 보는 관객도 그들의 사랑을 크게 의심하지 않는다. 우리가 비록 사랑에 대한 정의는 내리지 못하고 있지만, 그들의 사랑을 의심하지 않는다. 그것이 무엇인지도 모른 채, 그것을 아무 문제없이 판단하고 이야기한다. 이것이 판단의 아이러니다. 사실 우리가 내리는 판단의 대부분은 이처럼 완벽한 앎 없이도 내릴 수 있는 판단, 칸트가 말한 바 있는 어떤 느낌을 통해 내리는 심미적 판단과 유사하다. 플라톤도 무지無知와 지知 사이에 놓인 에로스의 판단이 그러하다고 말한다. 사랑의 판단은 완벽히 알고서 내리는 판단도 아니지만, 그렇다고 앎이 전무한 상태에서 내리는 것도 아닌 그런 판단이다.

어떤 이들은 그들의 사랑이 "불멸의 사랑"이라고 판단한다. 그들은 대체 어떤 근거에서 이런 판단을 내리는 것일까?

"나는 당신을 '영원히' 사랑합니다"라는 표현은 사랑의 수사학에서 빼놓을 수 없는 표현이다. 한 사람만을 죽을 때까지, 아니 죽은 이후에도 만일 새로운 세계가 존재한다면 그곳에서도 그 사람만을 영원히 사랑하겠다는 수사법이다. 자신의 사랑의 크기를 최대로 확장해 보이는 수사법이다. 사람들은 영원한 사랑을 갈구한다. 누군가로부터 영원한 사랑을 보장받고 싶어한다. 때문에 그 수사법이 한갓 과장된 수사임을 알고 있으면서도, 그 말을 듣고 싶어한다. 도대체 왜 사람들은 영원한 사랑을 갈구하는 것일까?

서양의 사랑 담론의 최고最高이자 最古는 플라톤의 사랑론이다. 플라토닉 러브를 단순히 육체적 섹스에 대비되는 정신적 사랑으로 오해하지 않는 한, 서양의 수많은 사랑 담론은 플라톤 사랑 담론의 다양한 변주일 뿐이라고 말할 수 있다. 마치 지금까지의 철학을 니체는 '플라톤주의'라고 규정하고, 화이트헤드는 '플라톤 철학의 각주'일 뿐이라고 규정했듯이 말이다. 서양인들은 인간의 영원한 관심사일 수밖에 없는 사랑을 플라톤이 마련해놓은 담론의 틀에서 새롭게 반복해서 이야기한다. 영화 〈헤드윅〉을 보면, 지금까지도 플라톤의 사랑론이 유효함을 쉽게 확인할 수 있다.

그렇다면 플라토닉 러브의 요체는 무엇인가? 이미 잠깐 언급했다시피, 그것은 한마디로 "불멸하고자 하는 욕망"이다. 플라톤은 청춘 남녀의 달콤한 사랑, 거친 육체적 욕망에서부터 예술과 철학의 원동력인 고상한 사랑을 망라하여 다루고 있지만, 그 모두를 관통하는 사랑의 본질을 요약해서 말하자면, 인간이면 누구나 겪을 수밖에 없는 인간 본질에서 유래한 사랑, 곧 불멸에의 욕망이라 규정한다.

플라톤의 텍스트에서 그의 스승인 소크라테스는 거의 매번 대화를 이끌고 결론을 짓는 주인공으로 등장한다. 하지만 특이하게도 사랑 담론을 펼치고 있는 『향연』에서는 예외적으로 주인공이 아니다. 오히려 사랑의 문제에 대해서는 문외한으로 묘사되고 있다. 그를 대신하여 여사제 '디오티마'가 플라톤의 생각을 대변하는 주인공으로 등장한다. 적어도 플라톤의 이런 인물 설정을 고려한다면, 그는 사랑의 여성성을 알고 있었다고 말할 수 있을 것이다. 하지만 결국 그것은 단순히 인물 배역 설정의 수준에 머무르고 만다. 여성인 디오티마는 남성의 목소리, 즉 플라톤의 대변인 역할을 충실히 수행하고 있기 때문이다. 시인 옥타비오 파스의 지적처럼, 플라톤의 사랑의 향연에는 오직 남자만 참여할 수 있다.*

디오티마에 따르면, 사랑은 넓은 의미에서 일종의 '욕망'이다. 그런데 욕망은 충족되지 못한 '결핍'을 전제한다. 무엇인가로 존재하지만, 결핍된 채 있는 것에서 욕망이 발생한다. 달리 말하자면, 욕망은 '풍요

---

* Octavio Paz, *Die doppelte Flamme*, Rudolf Wittkopf(übersetzen), Suhrkamp, Frankfurt am Main, 1997. 94쪽.

와 빈곤' '사이'에서 발생한다. 여기에서는 에로스가 양극단의 '사이'에 존재한다는 사실이 중요하다. 에로스는 풍요와 빈곤 사이에서 양극단의 성격을 모두 가지고 있다. 그러나 에로스는 풍요와 빈곤의 극단, 그 어디에도 속하지 않는다. 디오티마의 신화적 설명에 따르자면, 아름다움의 여신 아프로디테의 생일날, 풍요의 남신 포로스가 술에 취해 곯아떨어져 있을 때 빈곤의 여신 페니아에 의해 동침이 이루어지고 이 둘 사이에서 에로스가 태어났다고 한다. 이런 출생 배경을 가진 에로스는 풍요와 빈곤, 존재와 비존재, 선과 악, 미와 추, 앎과 무지 등등의 '사이'에 거주하고 있으며, 그 사이에서 풍요, 존재, 선, 미, 앎 등등을 갈망하는 존재이다. 사랑은 이항대립의 구조 안에서는 발견되지 않는다. 오직 그 이항대립의 '사이'에서만 사랑은 존재할 수 있다. 한마디로 사랑은 사이의 존재가 자신의 '결핍'을 메워가려는 욕망이다.[*]

　욕망은 철저한 풍요나 철저한 가난 속에서는 일어나지 않는다. 완벽하게 모든 것을 갖추고 있는 부자는 더이상 얻을 대상이 없기 때문에 어떤 욕망도 불가능하다. 물론 실재 세계에서 이런 부자는 존재하지 않으며, 실재 세계의 대부분의 부자는 보통사람보다 더 큰 욕망을 가지고 있다. 반면 아무것도 가진 것이 없는 가난한 자는 아무것도 욕망할 수 없다. 욕망 자체도 잃어버렸기 때문이다. 물론 실재 세계에서 이런 빈자는 존재하지 않으며, 대개의 빈자는 부자이기를 욕망한다. 여기에서 실재 세계라 부르는 세계가 곧 에로스가 거주하는 곳이다. 살아 있는 인간이 거주하는 곳이다.

　다른 방식으로 이것을 설명해보자. 신은 철학하지 않는다. 이미 모

---

[*] '사이'에 관한 철학적 의미와 그 역사적 전개에 관해서는 글쓴이의 다음 책을 참조하기 바란다. 김동규, 『하이데거의 사이-예술론: 예술과 철학 사이』, 그린비, 2009.

든 것을 알고 있는 신은 철학, 곧 '지혜에 대한 욕망'을 느낄 필요도 이유도 없다. 신의 입장에서 철학은 유한성의 표식일 뿐이다. 신은 유한하지 않고, 유한할 수 없다. "신은 철학할 수 없다"는 말은 무력의 언술이 아니라, 무력할 수 없다는 필연성의 언술이다. 반면 앎이 전무한 자도 철학하지 않는다. 철학이 "앎에 대한 사랑에서 유래한 물음 던지기"라고 한다면, 일말의 앎도 없는 자는 철학할 수 없다. 그는 물음을 던질 수 없기 때문이다. 조금이라도 아는 자만이 물음을 던질 수 있다. 수업 시간에 질문을 하는 학생은 대개의 경우 수업 내용을 가장 많이 이해하고 있는 학생이다. 수업에 관심을 가지고 있고 자신이 무지하다는 자각이 있는 학생만이 질문할 수 있다. 요컨대 알고자 하는 욕망은 철저한 무지와 완전한 앎 '사이'에서만 일어난다.

이런 에로스 신의 가호를 받고 있는 인간은 아름다움과 추함, 선과 악, 앎과 무지, 존재와 무 등등의 이원성 '사이'에서 살고 있는 존재자이다. 인간은 절대적인 미추, 선악을 말할 수 있는 자가 아니다. 단지 그는 그 사이에서 사랑의 힘으로 운동하고 있는 존재일 뿐이다. 이런 이항대립의 구조 '사이'에서 살고 있는 사람의 언어는 언제나 선험적으로 은유적일 수밖에 없다. 그들의 언어는 완벽히 알지는 못하지만, 그렇다고 완전한 무지 속에 있지 않은 사람의 언어이며, 무엇인가를 중얼거리지만 선명하게 분절화할 수 없는 언어이다. 모든 사랑의 밀어가 그러하듯이, 그들의 언어는 결핍의 언어이며, 그래서 욕망의 언어이자, 결국 유한자의 언어이다.

플라톤에 의하면 욕망에는 방향이 있다. 그에 따르면 욕망은 지향적이고, 욕망이 지향하는 방향은 한쪽으로 고정되어 있다. 다시 말해서 사랑은 아름다움과 추함, 선과 악, 존재와 무 등의 이원성 '사이'에서 운동하고, 운동은 언제나 추에서 미로, 악에서 선으로, 무에서 존재로 방향을 잡고 있다. 그 반대 방향으로 욕망하는 것은 불가능하다. 인간이 아름다움과 좋음 그리고 존재를 추구하고 추와 악 그리고 무를 피하려 하는 것은 플라톤에게는 너무도 자명한 사실이었다.

이런 사랑 운동의 도식은 수평적 도식(왼쪽/오른쪽)에서 말하기보다는 수직적 도식(위/아래)으로 말하는 편이 더 정확하다. 사랑은 운동이고, 그것도 수직 상승 운동이다. 그에 따르면, 사랑에 빠진 어느 누구도 아래로 떨어지려고 하지 않는다. 언제나 아름답고 선한 진리의 세계, 천상의 세계로 향할 수밖에 없다는 것이다. 예를 들어 어느 누구도 지금보다 더 아름답고 싶어하지, 결코 추해지기를 원하지 않는다. 아름다움의 기준이 설령 다를지라도, 아름다움을 추구하고 추함을 피하려는 욕망의 법칙은 불변한다. 그렇다면 플라톤은 어떤 근거에서 이 불변의 원칙을 고수할 수 있었을까? 플라톤의 사랑이 수직 상승 운동을 할 수밖에 없는 이유는 무엇일까? 왜 사랑은 천상의 세계로 비상하려고만 하는 것일까?

이 물음에 답하기 위해서는 플라톤의 생각을 대변하고 있는 디오티마의 이야기를 좀더 들어보아야 한다. 그녀에 따르면 인간이 가지고 있는 가장 뿌리 깊고 가장 큰 욕망, 곧 에로스는 불멸에의 욕망이다. 이항구조에서 왼편에 제시된 것들, 즉 아름다움, 선, 존재 등등은 모두 신적이고 불멸하는 것들이다. 그리고 에로스는 그런 불멸을 꿈꾸는 존재다. 또한 플라톤의 시각에서 보면, 인간이 가지고 있는 모든 욕망들, 예컨대 식욕, 성욕, 명예욕, 권력욕, 과시욕 등등의 모든 욕망들 이면에는 불멸의 욕망이 웅크리고 있다. 어떤 점에서 인간은 죽지 않으려고 먹고, 자신의 유전자 흔적을 남기기 위해 섹스하고, 이름이라도 남기려고 갖은 애를 쓰고, 타인으로부터 해를 당하지 않기 위해(극단적으로 죽임을 당하지 않기 위해) 또는 타인을 지배함으로써 자기 존재를 입증하기 위해 권력을 탐한다. 이런 식으로 생각하다보면 결국 인간의 모든 욕망은 죽지 않으려는 욕망으로 수렴된다. 불멸을 향한 에로스, 그것은 죽지 않는 불멸의 신이 되고자 하는 욕망이다(디오티마에 따르면, 에로스 그 자신은 신이 아니다. 다만 신이 되고자 욕망할 뿐이다. 그래서 디오티마는 에로스가 신도 인간도 아닌 그 '사이' 존재, 반신半神, 정령Daimon이라고 말한다).

죽을 수밖에 없는 인간이 죽지 않으려는 욕망을 가졌다. 살아 있는 다른 모든 것들도 이와 유사한 욕망을 가졌는지도 모른다. 하지만 인간은 이 욕망에 의식적이고 능동적으로 대처한다. 자신의 죽음을 직시할 수 있는 인간만이 이런 대처를 도모할 수 있다. 그렇다면 어떻게 이 불가능한 욕망을 성취할 것인가? 어떻게 필멸의 인간이 불멸의 욕망을 성취할 수 있단 말인가? 이 어려운 물음에 디오티마의 대답은 예상외로 간명하고 분명하다. 불멸의 신이 되고자 하는 에로스, 그 신적인 욕망 행위와 그 결과가 그것을 가능하게 한다. 한마디로 인간에게 죽지 않을 수 있는 유일한 길은 에로스, 곧 사랑이다.

계속 디오티마의 이야기를 들어보자. 에로스 행위의 일차적인 의미는 섹스다. 사랑은 섹스로 이어지고 섹스를 통해 사랑이 확인된다. 2,500년 전에 살았던 디오티마가 보기에 섹스는 곧바로 새로운 생명의 잉태와 출산으로 이어진다. 플라톤이 디오티마를 주인공으로 등장시킨 이유도 바로 여기에 있다. 잉태와 출산은 오로지 여성의 전유물이기 때문이다. 오늘날에는 섹스 하면 쾌락이 먼저 떠오르지만, 고대인들은 섹스의 근본 의미를 자신과 닮은 새로운 개체의 잉태와 출산에 두었다. 하나의 개체는 죽을 수밖에 없다. 하지만 섹스를 통해 자식을 낳음으로써 인간은 간접적으로 죽지 않을 수 있다. 육체적 섹스를 통한 유전자 복제이자, 서로 다른 유전자의 창조적인 복합, 이 방법을 통해 인간은 불멸의 길로 나아갈 수 있다.

플라톤을 대변하는 디오티마는 여기에서 이야기를 멈추지 않는다. 섹스에는 육체의 섹스만 있는 것이 아니라, 영혼의 섹스도 있다. 영혼의 섹스 역시 일종의 섹스이기 때문에 새로운 영혼의 잉태와 출산 과정을 반복한다. 이것은 한 영혼이 다른 영혼을 만나 어떤 영감을 받고 새로운 영혼으로 다시 태어나는 과정이며, 그 가운데 어떤 새로운 산물을 창작하는 과정이기도 하다. 다시 말해서 어떤 지적 충격과 자극을 통해 새로운 예술작품이나 철학을 창작하는 과정이기도 하다. 마치 남자의 성기에서 나온 정액이 여자의 자궁 속의 난자와 만나 또다른 개체로 성장하듯이 말이다.

디오티마는 육체적 섹스에서 영혼의 섹스를 유추한다. 모든 유추는 상동성과 상이성을 전제한다. 육체적 섹스가 영혼의 섹스와 유사하기는 하지만 똑같지는 않다. 영혼에는 남녀의 뚜렷한 성적 구별이 없다. 다시 말해서 영혼에는 남자만 가지고 있는 정액과 여자만 가지고 있는 난자와 자궁에 대한 이야기가 빠져 있다. 비유컨대 모든 영혼은 영혼의 정액과 난자 그리고 자궁을 가지고 있다(고대 그리스인들은 생각의 씨앗, 즉 말의 정액, 로고스 스페르마티코스Logos spermatikos라는 말을 자주 사용했다고 한다).* 즉 사랑의 파트너보다 아름답고, 보다 선하고, 존재 밀도가 높은 영혼만이 영혼의 정액을 선사할 수 있다. 이렇듯 강한 타자

---

* Günter Schulte, *Philosophie der letzten Dinge Über Liebe und Tod als Grund und Abgrund des Denkens*, Heinrich Hugendubel Verlag, Kreuzlingen München, 1997. p.154.

제 1 부 사 랑 의 면 류 관 149

에게서 온 영혼의 정액과 자신의 난자를 결합하여 창조해낸 것이 영혼의 씨앗이다. 그리고 그것을 길러내는 곳이 영혼의 자궁이다.

이런 점에서 영혼의 섹스에는 원칙적으로 남녀의 구별이 없다고 말할 수 있다. 만일 정액이 남성적 능동성을 상징하고 난자와 자궁이 여성적 수동성을 상징한다면, 영혼은 사랑의 대상이 누구냐에 따라 두 가지 성 역할을 모두 할 수 있기 때문이다. 다시 말하면 강한 영혼의 소유자는 남성의 역할을 하는 반면, 사랑을 받는 자는 여성 역할을 하는 셈이다. 하지만 사랑에 빠진 모든 영혼이 잉태된 아이를 품을 수 있는 자궁을 가지고 있다는 점에서, 그리고 육체의 자궁은 여성의 전유물이라는 점에서, 영혼의 사랑은 기본적으로 여성적이라고 말할 수 있다.

이렇게 영혼의 사랑, 영혼의 섹스를 통해 탄생한 영혼의 자식은 육체의 자식보다 더 오래 살아남는다. 어느 정도 시간이 지나면 후손들의 기억 속에서 선조는 사라질 수밖에 없는 데 반하여, 영혼의 섹스를 통해 탄생한 자식은 훨씬 오랫동안 수없이 많은 사람들에게 그 부모의 이름을 기억시키기 때문이다. 그런 영혼의 자식 가운데 대표적인 것이 바로 예술작품이다. 디오티마의 이야기를 직접 들어보자. "사실 모든 사람들은 유한한 존재인 사람의 자식보다는 그러한 불사적인 어린이를 자신의 자식으로 갖기를 소망하기 마련이지요. 예를 들어 사람들은 호메로스나 헤시오도스 그리고 그 외의 다른 훌륭한 시인들을 매우 부러워하는데, 그 이유는 그 시인들이 영혼의 자식을 남겨놓았기 때문이지요."*

이제야 비로소 예술의 기원이 선명하게 밝혀진다. 『향연』이라는 텍

---

* 플라톤, 『향연』, 박희영 옮김, 문학과지성사, 2003. 209d 참조.

스트가 서구의 사랑론을 다룬 책이면서 동시에 미학의 중요 텍스트로 손꼽히는 이유가 여기에 있다. 즉 이 텍스트가 예술의 기원을 사랑에서 찾으면서, 그것을 심오한 수준에서 논하고 있기 때문이다. 이 텍스트에 따르면, 예술은 근본적으로 플라톤적인 에로스, 궁극적으로 불멸에의 욕망에서 기인한다. 예술은 불멸에의 욕망에 뿌리를 내리고 있다.

사실 소박한 차원에서 말하더라도, 예술 자체가 에로틱한 사랑의 한 가지 방식이다. 예술은 타인에게 사랑을 전하는 사랑의 표현 방식이다. 이런 맥락에서 예술Art은 '사랑의 최고 기술ars'이라고 말할 수 있다. 사람의 마음을 움직이고 사로잡는 힘을 가지고 있다는 점에서 예술은 사랑의 강력한 기술이다. 예컨대 영화 〈일 포스티노〉의 시골청년이 시인이 된 근본 동기는 여성의 마음을 얻는 것이었다. 영화 속에서 시골청년의 마음을 사로잡아 시를 쓰게 한 여인의 이름은 베아트리체였는데, 이 이름은 이탈리아 최고의 시인 단테Dante Alighieri가 불후의 명작, 『신곡La divina comedia』을 쓰게 했던 여인의 이름이었다. 직접 예술가들을 만나보거나 그들의 전기를 몇 장만 넘겨보아도, 일개 평범한 사람을 예술가로 만든 배경에 이와 같은 동기가 있었다는 점은 쉽게 확인할 수 있다. 많은 뛰어난 예술가는 예술이라는 최고의 무기로 사람들의 사랑을 독차지할 수 있었다. 사랑의 최고 기술을 습득한 예술가가 부와 권력에 맞서 생존할 수 있었고, 자신의 유전자를 남길 수 있었던 것도 예술이 사랑의 기술이라는 이유 때문이다.

그러나 플라톤이 사랑과 예술을 연결시킬 수 있었던 보다 중요한 지점은 양자가 가지고 있는 '창조성' 때문이고, 그 창조성을 통해 확보되는 '불멸성' 때문이다. 무엇인가를 새롭게 산출하는 인간의 가장 전형적인 행위가 사랑이고 그 사랑의 과정은 섹스와 잉태와 출산으로 설명된다. 플라톤은 이 생명 탄생의 과정을 하나의 모델로 삼아 예술을 설명한다. 아니 모델 이상이다. 왜냐하면 예술작품이 곧 영혼의 사랑의 자식이라고 말하고 있기 때문이다. 플라톤에게 예술은 사랑이고 예술작품은 사랑의 결실이다.

　육체의 사랑이건 영혼의 사랑이건, 플라톤의 사랑은 불멸을 지향한다. 불멸의 신적 존재를 지향한다. 한마디로 그의 사랑은 불멸하는 신에 대한 사랑이다. 그런데 불멸하는 신은 자기 바깥에 있지 않다. 그것은 이미 자기 안에 있으며, 자신의 유래와 과거 속에 숨겨져 있다. 물론 불멸성이 자기에게는 없는 것으로 보였고, 그런 결핍 때문에 욕망이 일어났다. 하지만 무엇이 부족한지를 이미 알고 있다는 점과, 욕망의 대상으로 채울 수 있는 빈자리가 내 속에 있다는 점에 주목할 필요가 있다. 불멸의 존재에 대한 인식 가능성, 존재의 결핍을 메울 수 있는 가능성 때문에 욕망이 일어나는 것이라면, 욕망하는 주체는 선험적으로 욕망의 대상과 동근원적이다. 신을 욕망하는 자는 이미 신성을 가지고 있어야 한다. 비록 에로스는 반쪽 신이기는 하지만, 그것이 잠재적인 신임을 부정할 수는 없다.

　플라톤은 이것을 비유적으로 설명한다. 인간 영혼은 이미 천상의 세계에서 살았던 적이 있는 신적인 영혼이다. 애초부터 플라톤은 인간 영혼을 불멸의 존재로 설정하였다. 영혼의 날개가 부러지는 바람에 육체의 감옥에 갇혀서 지금의 유한한 인간 모습이 되었지만, 원래 인간은 불멸의 존재, 곧 신이었다. 그리하여 타자를 향해 있는 것처럼, 자기 바깥의 신을 향해 있는 것처럼 보였던 사랑은 결국 자기 사랑으로 밝혀진다. 사랑의 대상이 자기 자신이었던 비운의 나르키소스처럼 말이다. 플라톤의 사랑은 불멸에의 욕망이며, 그 욕망의 대상과 주체는 모두 자기 자신이다. 수면 위에 비친 자기 모습을 타인의 모습으로 착각한 나르키소스처럼, 욕망하는 자는 욕망의 대상이 타자라고 착각한다. 이 착각이 욕망을 일으킨 주범이다. 신화 속의 나르키소스는 죽어서도 착각을 깨닫지 못하였다고 한다. 죽어서도 그는 수면 위의 자기 모습에서 떠나지 못했다고 전해진다. 플라톤의 사랑론도 마찬가지다. 그 역시 불가능한 사랑, 파국적인 자기 사랑을 버릴 수 없다.

플라톤이 말하는 사랑은 자기의 불멸을 희구하는 '자기 사랑'으로 귀착된다. 그것은 타자의 아름다움 속에서 자신의 아름다움을 상기하는 나르시시스트의 사랑이다. 타자의 아름다움을 자기의 것으로 동화시키는 자기-중심적 사랑이다. 궁극적으로 그것은 소유욕이다. 지치지 않는 그 욕망은 무한한 소유, 절대적인 소유, 영원한 소유, 불멸의 소유를 갈망한다. 이런 사랑에서 타인은 자신을 사랑하기 위한 하나의 방편일 뿐이다. 이런 사랑론에서는 연인인 타자는 자기 사랑의 방편에 불과하며, 육체의 자식이든 영혼의 자식이든, 자식으로서의 타자도 불멸하고자 하는 자기 욕망의 수단에 불과하다. 숭고한 희생의 대명사로 불리는 부모의 자식 사랑마저 나르시시즘이라는 점에서 예외가 아니다. 자기 복제를 통해 자기 불멸을 설파했던 플라톤은 말할 것도 없고, 외관상 플라톤과는 철저히 다른 사랑론을 전개했던 현대의 프로이트 역시 이 점에서는 동일한 견해를 가지고 있다. 그는 부모의 자식 사랑을 다음과 같이 표현한다. "이 모든 것은 현실의 압박을 심하게 받아 자아의 불멸성이 위협을 받는 부모의 나르시시즘이 자식에게서 피난처를 찾아 안정된 위치를 유지하려는 것에 불과하다. 너무도 감동적이지만 근본적으로는 유치한 속성을 지닌 부모의 사랑이란, 결국 부모의 나르시시즘이 대상 사랑으로 변모되어 그 과거의 속성을 그대로 내보이는 것에 불과한 것이다. 다시 살아난 부모의 나르시시즘, 이것이 바로 부모의 사랑이기 때문이다."*

물론 이런 사랑론에도 희생처럼 보이는 모습은 많이 있다. 대표적으로 불멸하는 이념, 전체, 진리를 위한 개체의 희생은 이런 사랑의 주요 덕목이다. 하지만 그것은 진정 타인을 위한 희생이라고 보기 어렵다. 차라리 그것은 자신이 발견한 진리, 자신이 고안한 자기 불멸의 길을 따르는 것일 뿐이다. 공동체라는 자아가 확대된 전체에 영원히 자신의 흔적을 남기려는 욕망일 뿐이다. 당연한 말이지만, 자기 사랑에는 타자성이 빠져 있다. 있더라도 그것은 신화 속의 나르키소스처럼 '착각'의 산물일 뿐이다. 자기 사랑마저도 사랑의 힘을 극대화하기 위해서는 타자성이 필요하다. 타자라는 외면성外面性, 타자적 자기 외화外化의 계기가 필요한 것이다. 나르시시스트 역시 나만을 위해 일하기보다, 전체를 위해 일하는 것에 의미와 가치를 두는 까닭도 여기에 있다. 나르키소스는 동성인 자기 모습에 반한다. 여기에서 그의 동성애는 상식적인 의미의 동성애가 아니라, 타자성을 받아들이지 못하는 자기중심의 사랑을 상징한다.

이렇게 볼 때, 플라토닉 러브의 핵심은 세간의 통념과는 달리, 그것의 관념성에 있지 않다. 그의 책을 직접 읽어보면 플라토닉 러브는 차라리 '에로틱한 러브'에 가깝다는 것을 확인할 수 있다. 그것도 남성 간의 동성애에 가깝다. 또한 영혼마저 에로틱한 사랑을 한다고 묘사하

---

* 지그문트 프로이트, 「나르시시즘에 관한 서론」, 『무의식에 관하여』, 윤희기 옮김, 열린책들, 1997. 71~72쪽.

지 않는가?『향연』의 찬미 대상은 사랑의 또다른 고대 그리스 낱말, 즉 우정에 가까운 "필리아φιλία"나 신적 사랑인 "아가페αγάπη"가 아니라, 바로 성적 뉘앙스를 가진 "에로스Eϱως"이다. 하여 진정한 플라토닉 러브의 요체는 한갓 정신적 사랑이 아닌 다른 곳, 즉 육체와 정신을 아우르는 '불멸을 동경하는 자기 사랑'이라는 점에 있다.

신적인 것에 대한 광기어린 열정을 빙자하지만, 결국 자기 자신의 아름다움에 대한 미친 사랑의 독백이라는 점, 바로 그것이 플라토닉 러브의 요체이다. 더 나아가 이것이 바로 서양 사랑 담론의 임계 지점이다. 고대의 플라톤에서부터 시작하여 현대의 프로이트, 바르트에 이르기까지, 서양의 사랑 담론은 자기중심적 성격을 선명하게 드러낸다. 플라톤의 사랑 담론에서 현격하게 벗어나 있다고 평가되는 바르트의 사랑 담론조차 여기에서 예외는 아니다. 그가 이런 모습을 보여주는 한 구절만 인용해보기로 한다. 그에 따르면, "사랑의 고유한 변태성에 의해, 주체가 사랑하는 것은 사랑 자체이지, 그 대상이 아니다". 사랑에서 사랑의 대상이 중요한 것이 아니라, 사랑 자체가 중요하다는 말이다. 하이데거가 존재자가 '아닌' 존재를 말하듯이, 사뭇 심오한 말처럼 들린다. 또 '사랑하다'라는 동사적 사태의 중요성을 강조하는 말처럼 들리기도 한다. 그러나 여기에서 사랑은 다시 자기 사랑, 자기 욕망으로 추락한다. 그에 따르면, "내가 원하는 것은 바로 내 욕망이며, 사랑의 대상은 그 앞잡이에 지나지 않는다".* 사랑에 대한 심원한 통찰을 던져주었던 바르트에게 있어서도 사랑은 결국 타자 사랑이 아니라 자기 사랑이었던 것이다.

---

* 롤랑 바르트,『사랑의 단상』, 김희영 옮김, 문학과지성사, 1999. 50쪽.

그러나 이것은 분명 사랑의 한 가지 모습이기는 하지만, 사랑의 전모全貌는 아니다. 사랑이란 자신이 있던 곳을 떠나 사랑의 대상이 있는 곳으로 이주하는 것이며, 그곳에서 자신과는 이질적인 것을 동화하면서 그것에 이화異化되는 것이다. 사랑의 감정은 타인을 동화해(영혼의 날개는 타자의 아름다움을 섭취·소화하면서 움튼다는 플라톤의 말을 상기하자) 자신을 확대하는 감정일 뿐만 아니라, 이화되어 자기를 상실하였기에 생기는 텅 빈 충만감이기도 하다. 이런 점에서 사랑이란 (타자를 통한) 자기 확장과 자기 상실이라는 씨줄과 날줄로 짜인 욕망의 그물이다. 사랑이라는 아름다운 천을 직조하기 위해서는 한번은 씨줄을, 다음번은 날줄을 번갈아가며 짜넣어야 한다.

상실

　한스가 변했다. 더이상 그는 과거의 순박한 청년이 아니다. 지배자의 오만한 표정을 짓는 한스가 생명의 은인이자 친구인 라즐로에게 우스개 농담을 해보라고 명령한다. 너무도 변한 한스의 모습에 라즐로는 당황하지만, 순간의 기지를 발휘해 어려운 상황을 겨우 모면한다. 라즐로에 이어 한스는 안드라스에게 〈글루미 선데이〉를 연주하라고 명령한다. 안드라스는 더이상의 굴욕을 참을 수 없다. 허리를 꼿꼿이 세우고 명령에 복종하지 않는다. 언제나 지배자는 피지배자의 명령 불복종을 참기 힘든 모욕으로 받아들인다. 한스와 안드라스 사이에서 살벌한 긴장이 감돌 때, 일로나가 나선다. 혼자 있을 때에만 노래한다고, 그래서 안드라스가 사랑의 감미로운 언어로 노래를 청했을 때도 단호하게 거절했던 일로나가 〈글루미 선데이〉를 노래 부른다. 부당한 명령에(상대방의 자발성을 무시한다는 점에서 모든 명령은 그 자체가 부당하다)

복종한다는 차원이 아니라, 자기 노래에 반주를 넣어달라며 애원하는 일로나를 위해, 안드라스는 피아노를 연주한다. 순간의 위기는 넘겼지만, 안드라스는 곧 자살하고 만다. 일로나의 첫번째 쓰디쓴 이별이다.

곧 두번째 이별이 기다리고 있다. 한스의 보호하에 안전하리라 믿었던 라즐로가 잡혀간다. 일로나는 라즐로를 연행하는 군인들에게 한스가 약속한 내용을 말해보지만 소용없다. 이미 한스는 라즐로를 배신했고, 배신의 순간부터 그의 약속은 기간이 만료된 보증서였던 셈이다. 눈물을 뿌리면서 일로나는 한스를 찾아간다. 옛 친구 라즐로를 위해, 아니 일로나 자신을 위해 라즐로를 빼내어달라고 애원한다. 한스는 그 대가로 일로나의 몸을 원한다. 몇 번의 시도에도 난공불락이던 일로나의 육체가 결국 한스에게 점령된다. 그러나 한스는 아우슈비츠로 떠나는 기차에서 라즐로를 빼내지 않는다. 자신의 비리를 누구보다 잘 알고 있는 라즐로 대신에, 유대인 사회에서 힘이 있는 노교수, 훗날 자신을 변호해줄 수 있는 유대인 권력자를 탈출시킨다. 한스의 배신으로 일로나는 두번째 이별을 맞이한다.

이별은 사랑하는 사람과의 헤어짐이다. 사랑하지 않는 사람과의 헤어짐은 진정한 의미의 이별이 아니다. 그것은 일시적으로 잠시 인접해 있다가, 다시 분리되고 떨어지는 것일 뿐이다. 깨끗한 분리다. 이런 것을 두고 흔히 "뒤끝이 없다"고도 말한다. 여기에서 "뒤끝"이란 이별의 정한, 뼈에 사무치는 슬픔, 가슴 저미는 안타까움 등을 말한다. 울며불며 귀찮게 따라붙는 것이 없는 깨끗한 분리다. 어떤 고통도 회한도 아쉬움도 없는 갈라짐이다. 사람들이 종종 이런 분리를 선호하는 이유는 간단하다. 어떠한 아픔도 없기 때문이다. 자신의 수족을 잘라내는 고통이 없기 때문이다. 함께 잘려나간 자기 자신이 없기 때문이다. 때문에 "뒤끝" 없는 헤어짐은 제아무리 치장한다 해도 이별일 수 없으며, 사랑의 마지막일 수 없다. 이런 의미에서 "뒤끝"이 없는 사랑, 이별 없는 사랑은 사랑이라 말하기 어렵다.

이별은 상실이다. 사랑하는 대상의 사라짐이다. 연인과의 합일을 꿈꾸는 것이 사랑이라면, 이별은 그 꿈을 산산조각낸다. 행복과 기쁨의 원천이었던 꿈의 상실은 상상할 수 없는 고통을 유발한다. 그래서 연인들은 언제나 이별의 상실감을 두려워한다. 이별의 상실감을 막기 위해, 일로나는 자신의 삶의 원칙을 깨트린다. 혼자만의 노래를 공개적인 장소에서 부르고, 원치 않는 남자에게 몸을 허락한다. 죽기보다 하기 싫은 행위들을 주저 없이 실행한다. 무엇이 일로나를 그렇게 행동하게 했을까? 사랑이다. 그리고 연인의 상실에 대한 견딜 수 없는 공포 때문이다. 일로나는 사무치게 사랑했고, 사랑의 크기만큼 큰 이별의 아픔을 겪는다. 그녀에게 사랑은 자기 존재의 전부였기에, 연인의 상실은 존재 전체의 상실을 의미하기에, 그녀는 자신의 모든 것을 스스럼없이 희생할 수 있었던 것이다. 이런 점에서 그녀에게 사랑의 일차적인 의미는 희생이다.

일로나를 사랑했던 라즐로, 안드라스, 한스. 이 세 사람의 공통점으로는 일로나를 사랑했다는 점 말고도, 남자라는 점, 그리고 연인을 위해 스스로를 희생하지 않았다는 점을 들 수 있다. 일로나를 성적 욕망의 도구로 삼은 한스는 말할 것도 없지만, 라즐로나 안드라스 역시 일로나를 위해 희생한 것이 별로 없다. 남자는 자기의 타자인 여자를 위해 스스로를 희생하지 않는다. 참된 의미의 플라토닉 러브에 빠져 있는 남자는 타인을 위해 희생할 수 없다. 그렇게 보이는 일을 하더라도 그것은 타인에 대한 사랑에서가 아니라 자기 사랑에서 유래한 것이다.

안드라스가 자살한 것이나 라즐로가 자살을 꿈꾼 것 모두 자신의 존엄성이 훼손되는 상황에서 벗어나기 위한 것이었지, 사랑하는 일로나를 위해서가 아니다. 반면 일로나는 자신의 타자인 남자를 위해 스스로를 희생한다.

이 부분은 여성에게만 희생을 강요하는 남성중심주의적 윤리로 오해될 수도 있다. 하지만 반드시 그렇게만 해석할 필요는 없다. 희생 없는 사랑은 사랑이 아니며, 그런 점에서 남성적 사랑은 타자를 향한 진정한 사랑이 아니라 자기중심적 나르시시즘이고 플라톤적인 불멸에의 욕망일 뿐이라고 말할 수 있기 때문이다. 사랑에 무능한 남성적 윤리에 새로운 여성적 윤리의 모범을 보여주었다고 말할 수 있기 때문이다. 희생적 사랑이 빠진 남성적 윤리는 결국 궁극적인 의미에서 '윤리'가 아니라 '생존의 원칙'에 가깝다고 해석할 수 있기 때문이다.

이 부분은 뒤에서 다시 다루기로 하고 희생에 대해 좀더 생각해보자. 일로나는 연인을 위해 스스로를 희생한다. 희생은 타인을 위한 자기 상실이다. 정확히 말해, 희생은 '사랑'하는 '타인'을 위한 '자기 상실'이다. 만일 사랑하지도 않는 사람을 위해 희생하라고 한다면 그것은 강요이고 폭력일 뿐이다. 그렇다면 사랑 자체가 이미 희생이다. 그리고 사랑의 희생에서 상실되는 것은 자기이다. 타인과의 만남, 결정적으로 타인을 향한 사랑을 통해 우리는 자기를 버릴 수 있다. 사랑을 통해 사람은 변한다. 애지중지했던 기존의 자기 모습을 주저 없이 버릴 수 있게 만드는 거의 유일한 힘이 사랑이다.

이번에는 서양 중세의 연인, 아벨라르(1079~1142)와 엘로이즈(1098~64)의 편지를 다시 펼쳐보자. 중세부터 전해오는 그들의 사랑 이야기는 둘이 주고받은 편지 속에 고스란히 남아 있다. 이미 젊은 나이에 당대 최고의 철학자이자 논객이 된 서른아홉 살 아벨라르는 열일곱 살 엘로이즈를 만나 사랑에 빠진다. 그러나 음모와 배신 그리고 오해로 인해, 아벨라르는 거세를 당하고, 둘은 각기 다른 수도원에서 사제로 여생을 보낸다. 이런 와중에 그들은 편지 교환을 한다. 그 가운데 엘로이즈가 아벨라르에게 보낸 편지는 800년이 넘는 시간의 장벽을 훌쩍 뛰어넘어 우리에게 절절한 이별의 아픔과 상실의 고통을 공감할 수 있도록 해준다.

중세 시대 수도원장인 엘로이즈가 말했다고 믿기 힘든 사랑의 떨리는 감정들이 편지 곳곳에 묻어 있다. 무엇보다 그녀의 진솔하고 파격적인 생각들이 놀랍기만 하다. 예를 들어 다음과 같은 대목을 들어보기로 하자. "아내라는 칭호가 보다 신성하고 보다 건전하게 판단되겠지만, 나에게는 언제고 애인이란 명칭이 보다 감미로웠던 것입니다. 당신께서만 그것을 괴이쩍게 여기지 않으신다면 첩이라는 명칭이고 창녀라는 명칭이고 다 상관없었던 것입니다. 당신을 위하여 나 자신을 낮춤으로써 그만큼 더 당신의 총애를 차지할 것이며, 당신의 영예로운 명망을 손상시키는 일 또한 덜하게 되리라 생각했던 것입니다. …… 신을 걸고 맹세합니다만, 전 세계를 다스린 아우구스투스 황제가 나에게 결혼의 영예를 바치며, 전 세계를 영구히 지배케 하마고 확약해준다 해도, 나는 그의 황후로 불리기보다는 당신의 창녀로 불리는 편을 더 달갑게 여겼을 것입니다. …… 나에게 남은 것이 있다면, 무엇보다도 먼저 당신의 것이 될 수 있는 권리 그것뿐입니다. …… 내 삶의 모든 단계에 있어서, 하느님이 아시는 일입니다만, 나는 하느님을 노하시게 하는 일보다 당신을 노하게 할까 더 근심해왔습니다. 하느님을 기쁘게 해드리려고 하는 욕망보다도 당신을 기쁘게 해드리려는 욕망이 컸습니다. 내가 성의聖衣를 입은 것은 당신의 명령 때문이었지, 성소聖召에 의한 것이 아니었습니다."[*]

자기 감정에 솔직한 엘로이즈는 연인의 상실을 진정으로 아파한다. 연인의 상실. 이것은 이들의 관계에서는 좀더 구체적이고 특별한 의미가 있는 단어이다. 말하자면, 엘로이즈는 연인의 거세 상실을 아파한다. "나의 님이시여, 당신은 알고 계십니다. 그리고 온 세상이 다 알고 있습니다. 당신이 잃으신 것을, 그리고 그 때문에 내가 모든 것을 다 잃었다는 사실을. 비열하고도 감출 길 없는 배신 행위가 무서운 일격을 가함으로 해서 나로부터 당신을 앗아감과 동시에 나 자신까지도 스스로에게서 뿌리째 뽑아가버리고 만 것입니다. 상실 그것보다 더, 당신을 잃게 된 그 상실의 방법이 내 고통의 까닭이 되었으니 말입니다. …… 모든 내 불행의 근원이신 당신만을 바랍니다. 오로지 당신만이 나를 슬프게도 할 수 있고, 오로지 당신만이 나에게 기쁨과 위안을 주실 수도 있습니다."[**]

여기에서 주목할 점은 엘로이즈가 무엇보다 가슴 아파하는 것은 상실의 방법이라는 점이다. 상실 그 자체도 물론 고통스럽지만, 고통을 배가시키는 것은 긍정할 수 없는 상실의 방법이다. 상실의 방법을 말하는 엘로이즈는 부당한 거세를 염두에 두고 있다. 만일 아벨라르가 자연스럽게 죽음을 맞이했다면, 그런 이별도 고통을 남기겠지만, 부조리한 죽음, 거세와 같은 이별은 진정될 수 없는 고통, 영원한 상실감을 낳는다.

---

[*] 아벨라르·엘로이즈, 『아벨라르와 엘로이즈』, 정봉구 옮김, 을유문화사, 1999. 92쪽 이하 참조.
[**] 아벨라르·엘로이즈, 같은 책. 91~92쪽 참조.

일로나는 안드라스와 라즐로를 잃었다. 그들이 모두 나름의 이유를 가지고 죽었다면, 그녀의 슬픔은 반감되었을지도 모른다. 그러나 안드라스와 라즐로는 아무 이유 없이 죽었다. 이유가 있다 하더라도, 터무니없는 이유로 죽었다. 안드라스는 수치와 모멸로 자살을 했고, 라즐로는 유대인이라는 이유로 아우슈비츠 수용소에서 죽었다. 둘 모두 어떤 점에서 죽임을 당한 셈이다. 때문에 일로나는 둘을 잃은 어이없는 방식 때문에 더욱 고통스러웠을 것이다.

사랑은 눈맞춤의 설렘에서 이별의 슬픔으로 끝을 맺는다. 이별은 상실이고 사랑의 잠정적인 끝이다. 이별의 고통이 사랑의 달콤함을 뒤따르는 것은 필연적인 수순이다. 만남의 달콤함 속에 이미 이별의 고통이 자라고 있었다. 이별의 고통은 사랑의 숙명이다. 사랑하는 이가 떠나거나 죽거나 변절했다. 아니면 사랑이 식을 수도 있다. 이 역시 이별이다. 고통이다. 그것으로 사랑은 잠정적으로 끝난 것이다. 철없는 사랑을 제외한다면, 누군가를 사랑하는 자는 이별의 고통을 감내할 준비가 되어 있는 사람이다. 그래서 사랑이란 자발적으로 고통의 면류관을 쓰는 행위를 뜻한다. 사랑의 면류관, 예수가 만인을 사랑한 죄로 썼다던 그 면류관. 예수처럼 큰 면류관은 아니더라도 사랑하는 사람은 누구나 작은 면류관 하나씩은 쓰고 있다. 아니 누군가를 사랑하는 사람은 모두 가시면류관을 쓸 수밖에 없다. 사랑은 처음부터 이별을 감내하는 고통이기에.

사랑은 합일을 지향하지만, 지상에서 영원한 합일은 불가능하다. 지상에서는 언제나 이별의 강을 만날 수밖에 없다. 하지만 사랑에서 이별의 고통이 존재하는 것을 부정적으로만 볼 필요는 없다. 오히려 그것은 사랑의 존재 조건이다. 사랑은 둘의 합일이 아니다. 완벽한 합일이란 불가능한 일이며, 설령 합일될 수 있다 하더라도, 합일의 순간 사랑은 사라진다. 더이상 사랑할 대상이 존재하지 않기 때문이다. 사랑은 단순히 합일이 아니라, 연인들 사이에서 가깝고자 하는 '움직임'이고, '지향'이고, '관계'이고, 결국 그 '사이' 자체이다. 사랑이 이런 '사이'라면, 사랑에는 이미 일정한 거리와 간극, 결국 이별이 전제된다고 말할 수 있다. 그리하여 이별 없는 사랑은 이별의 고통이 두려워 만들어낸 관념적 허구에 불과하다고 말할 수 있다. 이별 없는 사랑은 없다. 고통 없는 사랑은 없다. 사랑은 태생적으로 이별의 고통을 먹고 자란다.

　때문에 살갗을 파고드는 사랑의 가시면류관, 오직 이것을 쓴 자만이 사랑을 느낄 수 있다. 사랑의 기쁨은 사랑의 고통을 담보로 주어진 것이다. '높이' 비상할수록 '깊이' 추락하는 것이 당연한 이치이듯이, 기쁨의 크기가 클수록 고통의 크기도 클 수밖에 없다. 때문에 사랑의 기쁨을 맛보려는 자는 고통의 가시면류관을 써야만 한다. 여기에서 요행은 있을 수 없다. 기쁨을 추구하고 고통을 피하려는 것이 인지상정이라 하더라도, 가파른 사랑의 언덕에서 그것은 한갓 헛된 바람일 뿐이다. 만남과 이별, 기쁨과 고통은 사랑의 불가피한 조건들이기 때문이다. 이런 점에서 비극적인 사랑이 따로 있는 것이 아니라, 사랑 자체가 이미 비극적이다. 죽음을 맞이할 수밖에 없는 삶이 그러하듯이, 사랑의 운명이 이미 비극적이다. 하지만 운명을 피하지 않는 비극의 주인공처럼, 사랑하는 이에게 사랑의 면류관은 사랑할 수 있는 자만의 특권이고, 그만의 영광이다.

죽음의 흔적들

인간은 자유롭기 때문에 존엄하다. 죽음에
의연한 자유의 모습에서 인간의 존엄성도
한층 고양된다. '죽을 수 있는 자유'란 거듭
고정된 자신의 틀을 죽임으로써 획득되는
자유를 뜻한다. 자신의 목숨을 끊는 자살이
란 의미가 아니라, 타자적 존재를 드러낼 수
있는 여지 마련을 위한 자기 파괴의 자유다.

_「존엄성」

기약없는이별

만남이 없다면 이별도 없다. 누군가를 만날 경우 이별은 필연적이다. 우리는 만났다가 헤어지고, 헤어졌다 다시 만난다. 하루하루, 순간순간이 만남과 이별의 연속이다. 그리고 이별은 고통이다. 이처럼 끊임없이 반복되는 이별을 우리가 큰 아픔 없이 감내할 수 있는 것은 다시 만날 수 있다는 확신 때문이다. 내일이나 다음주 아니면 다음달, 그것도 아니면 언젠가는 반드시 다시 만나리라는 믿음과 희망 때문에, 우리는 큰 저항과 고통 없이 이별을 받아들일 수 있다. 물론 이런 기다림의 시간도 고통스럽기는 마찬가지이지만 말이다. (다시 강조하지만, 사랑은 기쁨과 고통, 둘 모두의 원천이다.) 그런데 이런 평범한 이별과는 다른 이별도 있다. 다시 만나리라는 기대도, 기약도 할 수 없는 이별, 어쩌면 영원한 이별, 죽음이 바로 그런 기막힌 이별이다.

우리가 일상의 삶에서 자주 경험하는 일이지만, 세상은 생각보다 좁다(어느 기업가의 "세상은 넓고 할 일은 많다"는 말은 이미 글로벌 시대에 어울리지 않는 말이 되었다). 세상에 살아 있는 한, 다시 못 볼 것 같은 사람도 언젠가 한 번쯤은 다시 만난다. 때문에 유럽이나 히말라야의 한 귀퉁이에서 우연히 만난 사람도 다시 못 볼 거라 생각하고 그 관계를 소홀히 했다가는 큰 코 다치기 십상이다. 하지만 죽는다면, 이 세상에서의 재회는 불가능하다. 죽음은 다시 만날 가능성을 철저히 박탈하고 인간관계의 실타래를 무정하게 싹둑 절단한다.

이런 점에서 기본적으로 죽음은 비사회적이다. 일말의 여지없이 관계의 끈을 날카롭게 잘라내는 사건이기 때문이다. 더구나 가족과 친구들의 절절한 애도 속에서 죽는다 하더라도 죽음은 결국 나만의 죽음일 수밖에 없고 그래서 죽음에 가까워질수록 고독할 수밖에 없다. 살아 있는 동안 누군가와 특정한 관계 속에서 형성된 인간은 그 누군가의 죽음으로 인해 자신을 이루고 있던 한 부분을 상실하게 되고, 때문에 살을 저미는 고통을 느낀다. 상실감의 강도는 둘을 묶었던 끈의 강도에 비례한다. 다시 말해서 사랑의 밀도가 높은 관계일수록 상실의 고통은 커질 수밖에 없다. 자기 존재의 핵심을 이루는 관계망이 잘려나갔기 때문이다.

죽음은 비사회적일 뿐만 아니라 무의미의 온상이다. 죽음은 어떤 의미 부여도 온전히 용납하지 않는다. 물론 사회적으로 추앙받는 희생적 죽음이 있고, 천벌을 받을 만한 사람의 죽음도 있다. 그러나 죽음 자체는 기본적으로 이런 의미 부여를 온전히 받아들이지 않는다. 죽음, 곧 관계의 절단면은 암흑이고 심연이고 무근거이기 때문에, 그 어떤 의미 부여도 안착할 수 있는 튼튼한 바탕이 없다. 우리가 작성한 모든 의미가 죽음이라는 의미의 블랙홀로 빠져들 뿐이다. 죽음이 임박했음을 알게 된 많은 사람들의 증언처럼, 왜 내가 죽어야 하는지, "하필이면 내가 왜?"라는 질문 앞에서 속수무책일 수밖에 없다. 아무도 대답해줄 수 없다. 죽음은 이유 없이 찾아오는 무의미의 소용돌이이기 때문이다.

퀴블러-로스에 따르면, 죽어가는 사람에게서 다섯 가지 국면의 태도 변화가 관찰된다. 시한부 인생을 선고받은 환자는 우선 자신의 죽음을 기정사실로 받아들이고 싶어하지 않는다. 곧 임박한 자신의 죽음을 거부한다.(1국면) 다음으로 그에게는 억제할 수 없는 분노가 들끓어 오른다. 하필이면 자신이 죽어야 하는지를 이해할 수 없는 상황에서, 자신만을 제외하고 만사가 일상적으로 순조롭게 돌아가는 모습을 보면서, 그의 분노는 배가된다.(2국면) 다음으로 분노가 가라앉은 그는 누군가와 상담을 하고 싶어한다. 누군가에게 자신의 처지와 심정을 이야기하고 싶어한다.(3국면) 다음으로 그는 심각한 우울증에 빠진다.(4국면) 마지막으로 그는 자신의 죽음을 인정하고 받아들인다.(5국면) 물론 모든 사람이 이런 국면을 순차대로 경험하지는 않는다. 생략될 수도 있고 건너뛸 수도 있고 한꺼번에 올 수도 있다. 게다가 죽음을 받아들이는 다섯번째 국면이 죽음 이해를 뜻하지는 않는다. 차라리 그것은 죽음 이해의 체념에 가깝다.[*]

사실 죽음에 대한 모든 담론은 허구일 가능성이 크다. 어떤 면에서 죽음을 경험하고 인식하는 것은 불가능하기 때문이다. 다시 말해서, 죽음을 경험하는 순간 인식 자체가 불가능해지고, 죽음에 대한 실존적 인식은 죽어보기 전까지는 철저히 차단되어 있기 때문이다. 이런 점에서 우리는 죽음을 경험할 수 없다. 에피쿠로스는 그 이유에 대해 간명

---

[*] E. Kübler-Ross, *Interviews mit Sterbenden*, Stuttgart, 1969.

하게 다음과 같이 답한다. "왜냐하면 우리가 존재하는 한 죽음은 거기에 없고, 죽음이 거기에 있는 한, 우리는 더이상 존재하지 않기 때문이다." 어떤 면에서 이 말은 분명 맞는 말이다. 하지만 이런 의미에서 죽음을 경험할 수는 없다고 하더라도, 죽음에 대한 불안이나 생각을 과연 완벽하게 지워버릴 수 있을까? 아무래도 그럴 수는 없는 것 같다. 에피쿠로스처럼 죽음을 삶의 대척점이나 바깥으로만 치부해버릴 수는 없기 때문이다.

죽음에 대한 인식이 불가능하다 하더라도, 죽음은 생각보다 아주 가까이에 있다. 우리의 곁에, 우리 내부에 숨어 있다. 매일매일 우리는 살아간다고도 죽어간다고도 말할 수 있다. 하이데거가 말했듯이, "인간은 태어나자마자 죽기에는 충분히 늙어 있고"*, 그런 점에서 이미 우리는 "죽음 안으로 던져진"** 존재다. 쇼펜하우어도 이렇게 말한다. "우리는 세상에 태어났을 때부터 이미 죽음의 손에 들어가 있으며, 죽음은 잡은 것을 다 먹어버리기 전에 잠시 농간을 부리고 있는 것에 불과하다."***

이런 점에서 죽음은 저 멀리 있는 요원한 것이 아니라, 언제나 아주 가까이, 시도 때도 없이 불현듯, 갑자기, 닥쳐올 수 있는 "임박성"이 그 주요 특징이다. 죽음은 한갓 삶의 바깥이 아니라, 삶이 접하고 있는 한계·극한이며, 굳이 표현하자면 삶의 내부로 침입해 있는 바깥, 또는

---

* Martin Heidegger, *Sein und Zeit*, hrsg. von Friedrich-Wilhelm von Herrmann, Vittorio Klostermann, Frankfurt am Main, 1977. p.326. 한국어 번역본은 『존재와 시간』(이기상 옮김, 까치, 1998)이 있다.
** Martin Heidegger, 같은 책. p.334.
*** 아르투르 쇼펜하우어, 『의지와 표상으로서의 세계』, 권기철 옮김, 동서문화사, 2008. 374쪽.

자기 안의 타자다. 때문에 에피쿠로스적인 의미에서 마음 편히 죽음 문제를 방치할 수 없다. 그렇다면 마코Thomas H. Macho가 그의 책에서 주문처럼 반복해서 묻고 있는 것처럼, "우리가 죽음에 관해 말한다면, 도대체 우리는 무엇에 대해 말하는 것일까?"*라는 질문을 되풀이하지 않을 수 없다.

죽음에 관하여 사실 할 수 있는 이야기가 그다지 많지 않지만, 몇 가지 죽음이 삶에 남겨놓은 흔적들은 찾아볼 수 있을 것이다. 하이데거에 따르면, 죽음은 몇 가지 독특한 성격을 갖고 있다. 그는 죽음의 성격을 1) '가장 고유한 가능성', 2) '무연관성', 3) '추월 불가능성', 4) '확실성', 5) '비결정성'으로 세분화해 밝히고 있다.** 간단히 그 의미를 밝혀보면 다음과 같다.

죽음의 가능성은 언제나 매 순간 개개의 우리에게 임박해 있다. 죽음은 항상 '나의 죽음'이다. 우리는 자신의 죽음에 직면하여 사물 또는 타인들과의 연관에서 벗어난다. 죽음과는 홀로 고독하게 만날 수밖에 없다. 삶이 저마다 자기 자신의 삶이듯 죽음 역시 어느 누구도 대신해줄 수 없는 자신만의 죽음이며, 그래서 자기 몫의 죽음을 떠맡지 않을 수 없다. 누구도 자기 삶을 대신해줄 수 없다는 자기 삶의 '유일무이성'은 사실상 자기 죽음의 '대체 불가능성'을 통해서 분명하게 드러난다.

또한 자신이 죽는다는 사실만큼은 다른 어떤 진리보다 '확실'하지만, 동시에 죽는 순간만큼은 '비결정' 상태에 있다. 인간이면 반드시

---

* Thomas H. Macho, *Todesmetaphern*, Suhrkamp, Frankfurt a.M., 1987.
** Martin Heidegger, 같은 책. pp.349~53 참조.

죽을 수밖에 없다는 의미에서 누구나 시한부 인생이다. 그러나 대개의 경우 언제 죽음이 찾아올지는 아무도 모른다. 그래서 모든 인생을 시한부 인생이라 부르지 않고, 오직 의학적 지식을 통해 죽음 시점을 예측할 수 있는 특정인만을 그렇게 부른다. 그리고 가장 극단에 놓인 가능성으로서 죽음은 '추월할 수 없는' 가능성이다. 죽음은 삶과 동시에 던져졌기에, 미래의 가장 극단에 있는 가능성이지만 동시에 가장 선행하는 가능성이기도 하다. 따라서 삶의 그 어떤 가능성도 죽음의 가능성을 능가할 수 없으며, 도리어 그 추월 불가능한 극단의 가능성이 밝혀져야만 비로소 여타의 가능성들이 우리에게 자유롭게 주어질 수 있다.

살아가면서 우리는 자주 타인의 시신과 타인의 기약 없는 부재를 경험한다. 우리가 말하는 죽음은 대개 자신의 죽음이라기보다는, 살아남은 자로서 경험하는 타인의 죽음이다. 그런데 사실 타인의 죽음을 '대신' 혹은 '직접' 경험하는 것도 아니기 때문에, 여기에서 타인의 죽음이란 타인이 죽어가는 모습과 죽음 이후 남는 시신 그리고 그의 부재 등을 경험했다는 정도의 의미다. "진정한 의미에서 우리가 타인의 죽어감을 경험하는 것이 아니라, 기껏해야 언제나 단지 '그 곁'에 있을 따름이다."* 그래서 타인의 죽음에 대한 경험에도 일정 정도 담론의 한계가 존재한다는 사실은 부인할 수 없다.

이처럼 자신의 죽음이든 타인의 죽음이든 그것을 경험하는 데 한계가 있다. 그러나 그렇다고 하더라도 인간이 죽는다는 사실은 부정할 수 없는 엄연한 진리다. 중·고등학교 수업시간에서든 아니면 대학교

---

* Martin Heidegger, 같은 책. p.318.

교양 논리학 시간에 아리스토텔레스의 삼단논법을 배우면서, 누구나 다음과 같은 말을 들어본 적이 있을 것이다. "모든 사람은 죽는다. 소크라테스는 사람이다. 그러므로 소크라테스는 죽는다." 이것은 삼단논법의 대표적인 사례다. 삼단논법이란 두 개의 전제에서 결론을 연역해내는 논리적 추론 방식을 뜻한다. 잘 알려져 있다시피, 경험과 확률에 의존하는 귀납추리에 비해 연역추리는 논리적 완결성을 갖는 장점이 있지만, 연역적 추론의 최대 약점은 전제 자체를 논증할 수는 없다는 데에 있다. 그래서 연역적 추론이 설득력을 얻기 위해서는 대전제가 투명하고 자명한 진리로서 모든 사람들이 공유하고 인정할 수 있는 것이어야 한다. 그런데 우리의 논의 문맥에서 중요한 것은 삼단논법 자체가 아니라, 그 논법의 전형적 모델로 사용된 죽음이다. 인간이면 누구나 공유하는 보편적 진리, 그래서 대표적인 대전제로 손색없이 사용된 명제가 바로 "모든 인간은 죽는다"라는 진리다. 모든 인간은 죽는다. 그것은 어느 누구도 거역할 수 없는 보편적 진리다.

인간은 만남을 통해 한 명의 개인이 되고, 다양한 종류의 만남을 통해 특별해진다. 그래서 어떤 사람을 이해하는 데 있어, 그가 만나고 있는 주위 사람들, 즉 부모나 친구, 연인을 함께 이해하는 것이 필수적이다. 또는 이렇게 바꿔 말할 수도 있을 것이다. 만일 자신이 누구인지 잘 모르겠거든 자신이 자주 만나고 있는 친구나 연인이 누구인지를 곰곰이 살펴보라고 말이다. 어쩔 수 없이 '나'는 '친구'를 닮아 있다. 왜냐하면 '우정'이라는 관계의 그물망에 함께 걸려 있기 때문이다. 그런데 그토록 절친했던 연인 혹은 친구가 죽었다. 우리는 그 사태를 어떻게 이해할 수 있겠는가? 지금까지 나를 지탱해온 사랑의 대상이 갑자기 세상에서 사라졌다. 이런 어처구니없는 사태를 어떻게 받아들여야

하는가?

모든 만남은 이별을 전제로 한다. 만나는 순간부터 이미 이별이 시작된다고 말할 수도 있다. 만남의 끝자락이 아니라, 만남 속에 이미 이별이 스며 있다. 삶 속에 파고든 죽음처럼, "매일 이별하며 살고 있구나"라는 유행가 가사처럼 말이다. 그런데 잠재해 있던 이별이 한꺼번에 주체할 수 없을 정도로 폭발하는 사건이 죽음이다. 죽음, 곧 기약 없는 이별은 만남을 파괴한다. 당연히 우리는 그런 파괴에 저항한다. 죽음이라는 무의미의 심연을 직시하며, 인간은 아무 의미도 부여할 수 없는 죽음에 의미를 부여한다. 그럼으로써 이별을 만남의 계기이자 만남의 연속으로 탈바꿈시키기도 한다. 어떠한 의미 부여를 하더라도 기약 없는 이별, 곧 죽음이 완벽히 해명되는 것은 아니다. 그것은 다만 살아남은 자에게 상실의 상처를 치료해주고, 만남의 의미를 보존하는 데 그 의미가 있다고 하겠다.

시체와 유령

영화 속에는 여러 번 시체들이 등장한다. 심장마비로 죽은 한스의 시체, 목을 매어 죽은 화가의 시체, 〈글루미 선데이〉를 듣고 동맥을 끊은 어느 여자의 시체, 그 밖에도 〈글루미 선데이〉를 들으며 죽은 수많은 사람들의 시체들이 등장한다. 이어 영화는 권총 자살한 안드라스의 시체를 잠시 보여준다. 마지막으로 싸늘하게 식은 한스의 시체를 다시 보여주는 것으로 영화는 막을 내린다. 폭력과 공포, 스릴을 추구하는 영화가 아님에도 불구하고, 유난히 시체의 등장이 잦다. 왜냐하면 시체는 이 영화의 주된 모티프인 죽음의 은유이기 때문이다.

시체는 삶과 죽음의 경계에 놓여 있는 표지標識다. 그것은 삶의 허물이면서, 동시에 죽음의 흔적이다. 시체를 통해 죽음을 확인한다는 점에서 시체는 죽음의 적나라한 모습이다. 살아 있는 우리에게 그 모습은 당연히 공포와 구토의 대상일 수밖에 없다. 생명이 빠져나간 껍데기, 그대로 놔두면 급속히 부패하고 구더기들이 들끓는 시체. 방금 전까지도 우리와 다를 바 없던 사람이 이처럼 갑자기 전혀 다른 존재, 공포와 구토의 대상이 된다.

만일 사랑하는 사람이 죽어서 그의 시체를 앞에 두고 있다면, 연인의 주검을 새나 구더기 또는 쥐의 먹잇감으로 방치하지는 않을 것이다. 부패하는 것이야 어쩔 수 없지만, 사랑하는 이의 육체를 새나 쥐와 같은 "시체의 적"으로부터 보호하고자 할 것이다. 당연히 사랑하는 이의 시체를 그대로 방치하는 것은 가장 야만적인 행위로 간주된다(소수의 경우지만, 시체를 동식물의 먹이로 허용하는 문화도 있다고 한다. 하지만 시체를 매정하게 방치하려는 취지로 그런 문화가 만들어지지는 않았을 것이다). 이런 점에서 인류의 문명은 시체를 방치하지 않는 데에서 시작했다고도 말할 수 있다. 시체를 고이 관에 보관하고 장례를 치르면서부터 인간은 약육강식이라는 야만의 세계와 결별하고 동물의 왕국과는 다른 문명세계를 건설한다. 호메로스의 『일리아드』에 등장하는 메넬라오스나 소포클레스 작품 속의 안티고네는 시체를 방치하지 않는 것이 고대인들에게 얼마나 중요한 도덕적 덕목인지를 여실하게 보여주고 있다. 하지만 인스턴트 장례식으로 시체를 가볍게 처리하는 현대인들의 눈에 그 고대인들의 태도는 지나치게 과장되고 진지하게만 보일 것이다.

사람이 죽으면 어떻게 되는 것일까? 일단 시체로 남는다. 그 시체는 부패되어 사라진다. 죽은 다음의 세계는 존재하는 것일까? 많은 종교에서는 사후 세계를 말한다. 그들의 논의를 이해하기 위해서는 믿음이 필요하다. 그 세계는 믿어야만 알 수 있는 세계이다. 그렇다면 철학자들은 어떻게 생각했을까? 예를 들어 플라톤은 영혼의 불멸을 믿었고,

사후 세계가 있다고 믿었다. 단순히 그것을 믿었던 것만이 아니라, 그는 그것을 나름대로 해명하려고 했고 특히 스승의 죽음을 통해 그 믿음의 정당성을 확보하려 했다. 플라톤의 스승인 소크라테스는 잘 알려져 있다시피, 아테네 시민들에 의해 죽임을 당했다. 신을 모독하고 미숙한 젊은이들에게 반사회적인 교육을 시켰다는 것이 소크라테스가 독배를 마셔야 했던 이유였다. 소크라테스를 따르는 제자들은 그를 탈출시키기로 모의하고 그 사실을 소크라테스에게 알린다. 하지만 소크라테스는 제자들의 간곡한 청을 거절한다. 그렇다면 그는 왜 부당한 죽음을 받아들였을까? "악법도 법"이기 때문에? 아니다. 기록에 따르면, 소크라테스는 이런 말을 한 적이 없다. 소크라테스는 기존의 법과 제도를 존중했어도 악법을 존중하지는 않았다. 그는 악법을 준수한 사람이 아니라 악법에 불복종함으로써 희생된 사람에 가깝다.

내 생각에 그가 부당하게 보이는 죽음을 묵묵히 받아들인 이유는 지금까지 그를 존재하게 한 사람들에 대한 존경과 사랑 때문이다. 소크라테스의 입장에서 자기 존재의 근거인 이웃들의 사랑과 은혜를 무시하는 사람이 되어서는 안 된다. 자기의 부모 형제들, 이웃사람들, 아테네라는 폴리스 공동체, 아니 살아 있는 사람들뿐만 아니라 죽은 사람들까지 모두 포함해서 현재의 자기를 있게 한 모든 사람들을 무시할 수 없다. 한마디로 자기 존재의 근원을 거부할 수 없고 그래서는 안 된다. 어느 누구도 자기 존재의 근원을 떠날 수 없다. 고향을 떠날 수는 없다. 이것이 바로 플라톤이 전하고 있는 내막, 즉 소크라테스가 제자들의 탈출 계획을 따르지 않은 주된 이유이다.

아테네를 떠나지 않을 것을, 비겁하게 몰래 탈옥하지 않을 것을 천명하면서, 소크라테스는 자신이 죽음을 두려워하지 않는다고 말한다.

죽음이 두렵지 않다. 왜? 사후 세계가 있기 때문이다. 철학자 소크라테스도 사후 세계를 믿었다. 철학자도 종교를 가질 수 있고, 사후 세계를 믿을 수 있다. 하지만 성급한 해석은 일단 유보할 필요가 있다. 이렇게 다시 물어보자. 서양 철학의 아버지, 소크라테스에게 사후 세계란 도대체 어떤 의미일까? 사후 세계에서 그는 자신의 부모 친지는 물론 생전에는 만나지 못한 선배 철학자들, 현인들, 영웅들을 만날 수 있다는 들뜬 기대감을 표시한다. 사후 세계에서 그들을 만난다면, 죽은 다음의 세계는 그렇게 나쁘지 않고 죽음은 그다지 큰 두려움의 대상이 아니다.

소크라테스에게도 사후 세계란 죽은 사람들이 사는 곳, 유령들이 사는 곳이다. 그곳은 이미 과거에 지상에서 살았던 사람들의 세계다. 사후 세계의 유령들은 과거의 사람들이지만, 현재 살아 있는 사람들, 그리고 미래에 살아갈 사람들을 존재하게 한 사람들이다. 그래서 사후 세계는 자신을 낳았던 부모, 조상 들의 세계, 문화를 창립한 영웅들의 세계, 하여 자기 존재의 근원이라 칭할 수 있는 사람들의 세계이다. 이런 의미에서 사후 세계를 부정하고 거부하는 것은 자기 존재의 근원을 거부하는 것과 같은 말이다. 현재의 자신을 만든 수많은 사람들은 완전히 소멸할 수 없다. 살아 있는 내가 있는 한, 그들은 완벽히 소멸할 수 없다. 그들은 죽은 다음에 영혼으로나마, 유령으로라도 존재해야 한다. 소크라테스가 사후 세계를 믿은 까닭은 바로 여기에 있다. 그에게 있어 사후 세계에 대한 믿음은 자기 존재의 근원에 대한 믿음이다.

사랑하는 사람이 죽었다. 청천벽력과도 같은 이 믿을 수 없는 사실을 믿어야 한다. 연인의 죽음을 인정한다고 해도, 연인의 죽음은 큰 상처로 남는다. 상처가 치유되더라도 흔적은 남는다. 이런 영혼의 흔적은 유령으로 소생한다. 죽은 연인은 유령이 되어 귀환한다. 상처의 흔적은 연인의 유령이 거주하는 장소이다. 유령은 존재하지 않거나 있더라도 저세상에 존재하는 것이 아니라, 살아남은 자들의 상처에 거주한다. 살아가는 것이 결국 사랑하는 것이고 사랑이 결국 이별의 상처를 남길 수밖에 없다면, 살아남은 사람은 상처의 흔적과 함께, 연인의 유령과 함께, 살 수밖에 없다. 이렇듯 유령의 존재론적 바탕은 우리네 삶에 둥지를 틀고 있는 사랑과 죽음이다.

영화 속에서는 유령은 등장하지 않는다. 수많은 사람들의 죽음이 등장하지만, 유령은 없다. 하지만 유령과 같은 이미지 하나는 등장한다(실지로 유령은 실체가 없는 이미지로 존재한다. 이미지와 연관된 낱말들, 예컨대 시뮬라크룸simulacrum, 피구라figura, 이돌레idole, 에이돌론eidolon 등은 모두 유령이란 의미소를 가지고 있다). 일로나의 사진이 그것이다. 과거에 한스 자신이 손수 찍은 일로나의 사진. 노신사로 되돌아온 한스에게 사진 속의 일로나는 일종의 유령이었다. 사랑했던 연인, 오랫동안 만나지 못했던 연인, 아마도 전쟁의 와중에 죽었으리라 여겼던 연인, 끝내 사랑 아닌 욕정의 제물로 삼았던 연인이 사진 속에서 자신을 보고 있다. 마치 살아 있듯이 자신을 보고 있다. 일로나의 유령을 보고 한스는 놀라지 않을 수 없다. 한스의 사망 원인이 독살임이 밝혀지는 영화의 마지막 장면을 보기 전까지, 대부분의 관객은 한스의 사망 원인을 심장마비라고 여긴다. 유령을 본 자의 발작 혹은 마비 현상이라고 자연스레 추측한다. 그리고 그 사진 속 유령은 시간을 역행하며 현재와 과거를 뛰어넘는 매체 역할을 한다.

먹이살생부

죽음은 삶에 가해지는 일종의 폭력이다. 삶을 파괴하는 폭력은 언제나 그 궁극에 있어 죽음과 맞닿아 있다. 폭력은 크게 '자연적 폭력'과 '인위적 폭력'으로 구분할 수 있다. 각종 자연재해나 질병, 천적의 공격, 자연사라 불리는 것들도 생명을 파괴하는 힘인 한에서 일종의 폭력이라 할 수 있다. 다른 생명체와 마찬가지로 인간은 이런 폭력의 희생자이면서 동시에 가해자다. 다른 생명을 먹어야만, 최소한 그것의 주검이라도 먹어치워야만 살 수 있는 존재, 다른 생명에게 폭력을 가하지 않고는 살아남을 수 없는 운명, 그것이 생명을 가진 것들의 잔혹한 운명이다.

한 줌의 땅을 더 차지하기 위해, 한 뼘의 햇빛을 더 차지하기 위해, 가장 비폭력적인 것처럼 보이는 식물들도 땅 밑의 뿌리와 땅 위의 가지들을 고단하게 뻗어가며 주위의 동료들과 폭력적으로 경쟁한다. 또 가장 이성적인 방법으로 폭력을 배제하는 것 같아 보이는 인간 역시 예외는 아니다. 버틀러Judith Butler의 말처럼, 우리는 "폭력에 노출되어 있으면서 폭력과 공모"하고 있다.* 인간의 폭력성을 단적으로 보여주는 사례로는 역사가 시작된 이래로 중단된 적이 없는 전쟁을 꼽을 수 있다. 굳이 극단적인 사례인 전쟁을 꼽지 않더라도, 우리가 하루도 거르지 않는 행위, '먹는' 행위에서도 인간의 폭력성을 충분히 발견할 수 있다.

때가 되면 어김없이 찾는 밥상 위 동식물의 주검들을 볼 때면, 때때로 이것은 밥상이 아니라 나의 식욕 때문에 죽은 동식물의 묘지라는 생각을 하게 된다. 아니 묘지일 수도 없다. 이름도 없는 것들이 애도의 눈물도 없이, 매장도 없이, 너부러져 있는 시체들의 폐허, 또는 갈기갈기 찢긴 채 다른 시체들과 뒤죽박죽 뒤섞인, 소리 없는 아비규환의 아수라장이다. 맵시 있는 젓가락이나 숟가락, 아니면 포크나 나이프를 집고 깨끗하고 분위기 있게 잘 차려진 식탁에 앉아, 우리는 동료들과 함께 담소를 나누며 정갈한 접시 위에 놓인 그 시체의 한 조각을 맛있게 먹는다.

영화 속의 근사한 부다페스트 레스토랑을 떠올려보자. 아담하지만 분위기 있는 유럽식 고급 식당이다. 천장에는 장식이 화려한 전등이 걸려 있고, 벽면에는 촘촘하게 사진 액자와 거울이 걸려 있으며, 테이블 위에는 고급스러운 식기들과 촛불과 꽃, 색감을 섬세하게 고려한 식탁보 등이 놓여 있다. 정장을 차려입은 사람들이 삼삼오오 모여 이야기하며 식사를 즐긴다. 카메라는 최고급 요리법으로 만들어진 음식

---

* 주디스 버틀러, 『불확실한 삶―애도와 폭력의 권력들』, 양효실 옮김, 경성대학교출판부, 2008. 45쪽.

과 음악이 흐르는 고아한 분위기의 공간 그리고 암암리에 전승되어온 사람들의 식당예절이 합쳐진 서양 음식 문화의 한 장면을 잡아내고 있다. 서양의 음식 문화가 영화화, 심미화, 예술화된 것이다. 이런 음식 문화 속에서 화가(퇴레즈), 음악가(안드라스) 같은 예술가들과 학자들(타텔바움)과 군인, 정치가, 종교인 들이 그들 문화의 초석을 이루는 창조적인 아이디어를 떠올리기도 하고 교환하기도 한다. 이 장면에서 폭력은 보이지 않는다. 하지만 보이지 않는다고 없는 것은 아니다. 많은 경우 폭력은 감춰져 있고, 깊숙이 내장되어 있다.

한스는 라즐로의 식당을 자주 찾는 고객으로 등장한다. 그가 주문하는 음식은 "롤 플라이쉬"라는 쇠고기 음식이다. 라즐로의 설명에 따르면, 그 요리는 복잡한 공정을 거쳐 만들어진 고급 요리다. 영화 속의 한스는 식도락가이다. 마치 와인 전문가들이 포도주를 마시기 전에 손바닥으로 바람을 일으켜 포도주 향을 음미하듯이, 그는 언제나 요리를 맛보기 전에 미리 향부터 맡는다. 우아하게 손을 저어 음식의 향을 음미한다. 그리고 나이프로 고기를 조금씩 잘라 이로 잘게 씹고 혀를 굴리며 맛을 음미한다. 높은 안목의 미술비평가가 예술작품을 감상하는 것처럼, 한스는 혀를 통해 음식을 음미한다(사실 미식가의 까다로움은 비평가의 그것과 직결되어 있다). 이것 역시 문화적 도야의 산물이다. 하지만 먹는 행위의 폭력성은 위장되고 미화되었을 뿐, 제거된 것이 아니다. 그 폭력성은 한스에게, 아니 무엇인가를 먹는 우리 모두에게 잠재되어 있을 뿐이다. 나중에 폭력적인 권력자로 변모하는 한스의 모습과 식도락가로서의 한스의 모습은 양자의 필연적 연관성은 없다 하더라도, 영화 속에서 모종의 상징적 장치로 연결된다고는 말할 수 있을 것이다.

물론 어떤 사람들은 이렇게 항변할 수도 있을 것이다. "나는 내가 먹는 것들을 죽이지 않았다, 나는 죽은 것만 먹는다, 나는 채식주의자다" 기타 등등. 하지만 죽인 사람도 죽은 것만 먹는 나를 대신해서 죽였을 따름이고, 동물과 마찬가지로 식물도 엄연한 생명체다. 물론 동식물의 차이를 무시해서도 안 된다. 하지만 자기 삶을 지탱하려는 생명체라는 점만큼은 양자 모두 동일하다. 또한 본질적으로 먹는 행위 일반이 타자에게 가하는 폭력성을 내포하고 있다는 사실만큼은 외면할 수 없고, 부인할 수도 없다. 모든 것에 나름의 설명은 언제나 가능하고, 폭력 개념의 범주를 제한하는 것도 일리는 있다. 하지만 이 경우, 자기 합리화 내지 자기 미화라는 혐의를 지우기는 어렵다.

쉽게 짐작할 수 있듯이, 먹는 행위의 폭력성을 은폐하기 위해 발명해낸 문명의 산물 가운데 하나가 각종 요리법이다. 살아 꿈틀거리고, 피가 뚝뚝 떨어지는 살점을 위장하는 방법, 예컨대 원래의 형체를 알아볼 수 없는 다양한 모양으로 자르고, 다지고, 굽고, 찌고, 튀기고, 또 피와 살 냄새를 없애기 위해 향료를 바르고, 절이는 등등의 방법으로 살해당한 생명체를 위장하고 먹는 행위의 폭력성을 은폐한다. 이런 의미에서 음식 조리법의 발달은 문명화의 척도라 말할 수도 있을 것이다. 문명인은 '날것'이 아니라 '익힌 것'을 먹고, 복잡다단한 조리법을 통해 가공된 음식을 먹는다. 이런 점에서 과거 커다란 문명을 일으켰던 나라들의 음식이 여전히 많은 이들로부터 사랑을 받는 것은 단순한 우연의 일치만은 아니다. 예컨대 지구촌 어디를 가더라도 쉽게 먹어볼 수 있는 중국 음식, 프랑스 음식, 이탈리아 음식 등은 각각 그 문명의 (가식과 위장의) 역사와 깊이를 보여준다.

문명은 인간의 폭력성을 순화하고 미화하고 제거하려 한다. 미래를 예측하며 보다 안전한 삶을 구축하려는 문명의 본질에서 볼 때, 이것은 당연한 일이다. 예측불허의 폭력, 무의미한 폭력, 이유 없는 폭력, 무자비한 폭력에 대한 공포에서 벗어나려는 일련의 모든 행위와 그 결과물들을 인간 문명의 본질이라고도 말할 수 있기 때문이다. 그러나 인간은 타자에서 유래하는 폭력에는 민감한 반면 자신이 타자에게 가하는 폭력에는 둔감하다. 우리 개개인이 그렇고 우리 문명이 그러하다. 타자의 폭력에는 광분하는 우리가 자신이 타자에게 가하는 폭력에는 지나친 관용을 베푼다. 왜냐하면 문명이 폭력을 순화하고 제거하기 위해 만들어낸 제반 장치들이 역설적으로 인간 자신이 얼마만큼 폭력적일 수 있는지를 망각시키는 자기기만의 가면 역할을 하기 때문이다. 다시 말해서, 타자의 폭력으로부터 공동체 자신을 보호하기 위해 만든 각종 문화적 장치, 제도와 규범 등등은 인간 자신의 폭력성에는 무력할 뿐만 아니라 구제불능의 자기기만에 빠트린다. 논점으로 다시 돌아가서, 아무리 순화하고 미화하더라도 먹는 행위의 폭력성 자체는 제거되지 않는다. 단지 그런 문명화 과정에서 먹는 행위의 폭력성이 감춰질 뿐이다.

이런 문명의 속성을 거부하고 싶은 생각은 추호도 없다. 폭력의 불가피성을 주장한다거나 심지어 폭력을 찬미할 생각은 더더욱 없다. 다만 먹는 행위에서 잘 볼 수 있듯이, 우리는 다른 생명체들과 마찬가지로 우리 내부의 자연적 폭력성으로부터 완벽하게 자유로울 수 없다는 점을 강조하고 싶을 뿐이다. 문명에 길들여지고 교육되는 것은 당연한 일이지만, 그 문명과 문화의 교육 내용을 반성하는 것 역시 필요하기 때문이다. 생명을 가지고 태어난 모든 것들은 결국 죽음이 행사하는 폭력에는 무력할 수밖에 없다. 그런 점에서 모든 생명체는 비극적 운명의 소유자들이다. 지구상의 먹이사슬 피라미드의 마지막 꼭대기를 차지한다는 인간 역시 죽음의 폭력 반경에서 자유로울 수 없다. 인간도 먹이사슬의 살생부 목록에 들어가 있다.

먹는 행위는 타자를 섭취하고 동화시키는 신체 운동이다. 타자를 자기화하는 행위의 가장 원초적인 단계가 먹는 행위다. 그것은 타자를 자기 것으로 만들고, 자기를 확장하는 행위의 기초 단계다. 이런 점에서 먹는다는 것은 소유한다는 뜻이다. 그렇다면 소유한다는 것은 무엇인가? 내가 그것의 주인이 된다는 뜻이다. 주인이 된다는 것은 어떤 것에 나의 의지를 관철시킬 수 있음을 뜻한다. 주인이 된다는 것은 소유 대상을 지배할 수 있는 존재가 된다는 뜻이다. 그리고 소유 대상을 자신의 의지에 따라 지배한다는 것은 나의 의지를 확장하는 것이다. 그것은 내 존재의 확장이고 나의 몸뚱아리를 부풀리는 것이다. 결국 무엇인가를 소유하고자 하는 것은 지금보다 더 커지려는 욕망이고 자기를 확장하려는 욕망이다. 가진 것 없는 이들이 끊임없이 자신이 작아짐을 느끼는 것은 바로 이런 이유 때문일 것이다.

인간의 일생을 그래프로 그려보면, 처음 무無에서 출발해서 결국 무로 사라진다. 무에서, 정자/난자의 작은 점에서 몸을 부풀리기 시작했다가, 결국 다시 점점 작아져, 다시 점이 되고 무로 되돌아간다. 인간의 운명이 이럴진대, 소유한다는 것은 과연 무슨 의미가 있을까? 궁극적인 관점에서 보자면, 절대적인 소유 혹은 자기 확장은 불가능하다. 단지 제한적인 시간 안에서 제한적인 소유와 확장이 가능할 뿐이다. 생명이 자기 존속을 하려 하고, 그런 차원에서 소유하려 하는 것은 자연스런 일이다. 그렇다면 왜 소유가 문제가 될까? 나 아닌 타자가 존재하기 때문이다. 더구나 타자 없는 나는 없기 때문이다. 타자를 동화시키기 위해서라도 타자가 필요하며, 나의 성장을 위해서라도 타자가 요구된다. 그런데 타자 또한 그의 측면에서 보면, 생명을 가진 '자기'이다. 그래서 소유를 둘러싼 약육강식의 다툼이 벌어진다. 몸 부풀리기를 위한 처절한 승부가 시작된다.

자기의 성장은 타자의 희생 속에서 이루어진다. 희생은 불가피하다. 뜨거운 피가 돌고 있는 생명은 언제나 다른 생명의 피를 요구한다. 삶은 희생을 요구한다. 삶은 희생의 제단에서만 부활한다. 때문에 소유가 문제가 된다. 소유한다는 것은 나 아닌 타자를 내 것으로 만든다는 뜻이며, 결국 나를 위해 타자를 희생시킨다는 뜻이다. 타자를 자기화함으로써 타자는 희생된다. 그런데 정말 희생되는 것일까? 타자가 완벽하게 자기화될 수 있는가? 만일 타자에게 망령이 있다면, 그 망령의 복수전이 벌어질 수 있을 것이다. 여기에서 타자의 망령이란 소유할 수 없는 영역, 소유 불가능의 지점을 뜻한다. 그것은 소화불량을 일으키는 배설물들의 복수다.

생명은 왜 몸을 부풀리려고 할까? 왜 소유하고자 할까? 생명은 자기 존재를 확장시키고 자기 존재의 강도, 밀도를 높이려고 한다. 존재의 힘을 강화하고자 한다. 하지만 인간을 제외한 모든 생명은 때가 되면 소유한 것들을 모두 버릴 줄 안다. 알고서 그렇게 하는 것이 아니더라도, 인간 아닌 다른 생명체는 죽음을, 무를 저항 없이 받아들인다. 반면 인간은 죽음을 받아들이지 않는다. 도리어 죽음을 제거함으로써, '나' '아님Nicht'을 제거함으로써 자기 존재를 영속적으로 보장받으려 한다. 한마디로 말하자면 다른 생명체와는 달리 인간은 죽음을 의식할 수 있는 존재이고, 더 나아가 죽음을 회피하려는 불멸의 욕망을 가진 존재이다.

죽음을, 무無, Nichts를 제거하려는 까닭은 무엇일까? 결국 그리로 갈 수밖에 없는데도 말이다. 내가 보기에 그것은 공포 때문이다. 여기에서 공포란 무의 뒤틀린 메시지이다. 무를, 죽음을, 인생의 심연을, 인간 운명을 솔직히 받아들이지 못해 인간 존재가 뒤틀리면, 기하급수적으로 공포가 몸집을 불린다. 존재가 뒤틀리면서 판단의 균형을 잃는다. 이런 공포는 강박적으로 무를 제거하려 한다. 그런 행위는 대개가 폭력적이다. 그것은 정면으로 문제를 대면하지 못할 때 생기는 폭력성이다. 공포의 크기가 커질수록 자신의 몸집을 늘리려고 하며, 그럴수록 닥치는 대로 타자를 집어삼킨다. 미야자키 하야오 감독의 〈센과 치히로의 행방불명〉이라는 애니메이션 영화에서 외로움의 공복을 해결하지 못해, 주위의 모든 것들을 집어삼키는 검은 유령을 떠올려도 좋다. 문제는 무와의 대면이다. 소유란 어쩌면 무와의 싸움이다. 그것은 뒤틀리고 가망 없는 싸움이고 오만하고 어리석은 싸움이다. 이 싸움에서 얻을 수 있는 전리품이라고는 죽음을 재촉하는 '비만肥滿'뿐이다.

미야자키 하야오의 〈바람계곡의 나우시카〉라는 영화에는 미래 인류의 모습이 등장한다. 그리고 '부해'라는 유독성 숲이 나온다. 그 숲에는 숲을 지키는 '오무'를 비롯한 거대 기형 곤충들이 살고 있다. 부해는 인간이 자연을 파괴하고 오염시킨 결과로 발생한 인간 적대적인 자연이다. 동시에 그것은 자연이 인간의 오염으로부터 자신을 정화하기 위한 안전장치이다. 오무의 비호 속에 그리고 독가스를 내뿜고 있는 그 숲에서, 오염된 토양과 물이 정화된다고 영화는 말한다. 결국 이 영화에 따르면, 인간 적대적인 자연은 인간을 완전히 버리지 않는다.

이 작품은 자연을 한갓 보호의 대상으로 간주하지 않는다. 자연은 결코 보호의 대상이 아니다. 자연은 경탄의 대상이면 대상이었지, 한갓 관찰의 대상도 아니고, 허약한 보호의 대상도 아니며, 인간이 지배할 수 있는 대상은 더더욱 아니다. 자연은 인간을 무한히 넘어서는 존재이다. 자연이 도리어 인간을 보호한다. 그러나 서양인들은 인간의 "사유"를 통해 자연을 "초월"할 수 있다고 생각했다. 생각함으로써 자연은 생각의 대상이 되고, 생각의 포획물이 된다.

인간이 자연을 파괴할수록, 지배하려 들면 들수록, 자연은 인간을 파괴하고 인간을 지배한다. 그럼으로써 자연은 인간을 자연의 품에 감싸안는다. 안 보이는 곳에서 부해가 인간 생존의 조건인 맑은(인간의 입장에서) 물과 토양을 만들고 있듯이, 자연은 인간을 공격함으로써 인간을 보호한다. 자연이 인간을 보호하는 방식은 인간의 관점에서는 무자비하다. 하지만 폭력적인 인간을 대하는 방법 역시 무자비할 수밖에 없다. 자연은 그런 방식을 통해서만 인간을 보호할 수 있다. 단 인간이 자연의 무자비함을 야기하지 않는다면, 자연은 그렇게 무자비하게 인간을 보호하지 않을 수도 있을 것이다. 자연은 인간과 공생symbiotic하는 방식으로 인간을 보호할 수도 있다. 단 인간이 공생을 원했을 경우에만 그러하다. 인간이 자연을 지배하고자 한다면, 지금껏 충분히 경험했던 것처럼, 자연은 몇 배로 복수하고 역습한다. 인간이 자연과 더불어 살고자 하면, 자연은 그런 인간을 따른다. 역설적인 결론이지만 인간이 자연을 따르면, 자연은 인간을 따른다. 이것이 수동의 능동성이고 복종의 자유이고 하이데거가 말하는 "내맡김Gelassenheit"이다.

완장

　일로나의 생일 선물로 〈글루미 선데이〉가 초연된 직후, 한스는 덩달아 자신도 음악을 연주해보려고 피아노에 손을 댄다. 그때 안드라스는 강하게 그를 제지한다. 이 험악한 상황을 타개하기 위해 레스토랑 주인 라즐로가 끼어들면서 이렇게 말한다. "우리 식당에서 손님은 무엇이든 할 수 있지만, 금지된 것이 두 가지 있습니다. 하나가 피아노를 만지는 것이고 다른 하나가 부엌 출입입니다." 이 금지 사항은 식당 주인인 라즐로가 (상황을 보건대, 즉석에서) 만든 것이다. 라즐로는 식당의 소유주로서 식당 내의 모든 권한을 가지고 있기 때문에 금기 사항을 만들 수 있었다. 그리고 그의 식당에 출입하는 모든 사람은 그 금기 조항을 준수해야 한다. "~을 해서는 안 된다, ~을 해야만 한다"는 금지와 의무 조항의 제정 권한은 주인의 권리다.

　몇 년이 흘러 독일 장교의 제복을 입고 팔뚝에는 빨간 나치 완장을 두른 한스가 식당에 들어온다. 오자마자 그가 한 일이 있다. 과거에 이 레스토랑에서 해보고 싶었지만 할 수 없었던 일이 그것이다. 한스는 이 식당의 금기 조항을 깨고 싶었다. 그래서 한스는 서슴없이 안드라스의 피아노를 두들겨보고, 라즐로에게 주방 구경을 부탁한다. 이처럼 한스가 과거에는 할 수 없던 일을 할 수 있게 된 것은 어떤 힘, 권력 때문이다. 모든 금기는 주인이 제정한 것이고, 주인은 자신이 만든 금기 조항을 통해 타인(노예, 손님, 이방인)을 지배할 수 있는 자이다. 식당의 금기를 손쉽게 깰 수 있는 한스는 이제 이곳의 새로운 주인으로 등장한다. 그는 이전의 법을 파괴할 수 있는 자이자 동시에 또다른 법을 만들 수 있는 권력자다. 그리고 팔뚝에 두른 시뻘건 완장은 한스가 새롭게 획득한 무소불위의 권력을 상징한다.

영화에서 한스는 반동인물, 악한으로서 주인공들의 선함과 아름다움을 돋보이게 만들어주는 역할을 맡고 있다. 그런데 처음 한스는 그렇게 나쁜 사람으로 등장하지 않는다. 그저 그는 촌스럽고 순박한 청년일 뿐이었다. 그런 그가 나치 군대의 장교가 되면서 점차 권력자로, 무법자로, 비윤리적인 패륜아로 변모한다. 한스를 이렇게 만든 것은 무엇일까? 권력이다. 타인의 생사여탈권마저 거머쥐고 있는 권력이 한스를 그렇게 만들었다. 영화를 보며 우리는 한스를 쉽게 비난할 수 있다. 그러나 성급한 비난은 대개 비난의 대상과 자기 자신을 피상적으로 차별화함으로써 자신을 도덕적으로 정당화하는 자기기만에 불과하다. 누군가를 너무 쉽게 비난하는 자는 역설적으로 비난의 대상을 닮아 있다. 그래서 한스를 성토하는 일에 목소리를 높이는 대신에, 먼저 우리는 다음과 같은 질문을 진지하게 던져보아야 한다. 만일 한스가 가졌던 무소불위의 권력을 우리가 쥐고 있다면, 과연 우리는 한스처럼 변하지 않을 수 있을까?

완장은 권력을 상징한다. 그렇다면 권력은 무엇이고 그것은 어디에서 나오는가? 일단 권력은 사람들 '사이'에서 나온다. 사람들이 모이는 곳에서만 권력은 가능하다. 아무도 살지 않는 무인도에서는 권력 자체가 존립 불가능하다. 권력은 단순히 자기 멋대로 행동할 수 있는 권한이 아니다. 그것은 본질적으로 타인과 더불어 살면서 타인의 저항을 제압하고 타인을 지배할 수 있는 힘이다. 그렇다면 모든 권력은 정의롭지 못한 것일까? 아니면 권력 자체가 정의일까? 그 이전에 정의란 도대체 무엇인가? 이런 물음을 여기에서 충분히 답할 수는 없다. 다시 플라톤에게 도움을 청해, 몇 가지 암시를 얻는 것으로만 만족하기로 하자.

이 고전적인 문제를 플라톤은 『국가』에서 치밀하게 탐구한다. 여기에서 플라톤은 소크라테스와 트라시마코스라는 두 인물을 설정하고, 각각에게 이 문제에 대한 상반된 두 입장을 대변하게 한다. 플라톤의 대화편을 조금이라도 읽어본 사람이면 누구나 짐작하겠지만, 스승인 소크라테스는 플라톤 자신의 생각을 대변하는 주인공으로 등장하고, 상대편은 주인공을 부각시키는 악역으로 등장한다. 이런 맥락에서 『국가』에서의 희생양은 트라시마코스이다. 악역을 맡은 트라시마코스는 처음 등장하면서부터 소크라테스의 입을 통해 다음과 같이 묘사된다. "……그는 더이상 잠자코 있지 못하고 마치 야수처럼 혼신의 힘을 가다듬어 찢어발기기라도 할 듯이 우리한테 덤벼오더군"* 플라톤

---

* Plato, *The Republic*, trans. Paul Shorey, vol.1, B. I - V, London, William Heinemann LTD, 1969. 번역서로는 『국가』(박종현 옮김, 서광사, 1997) 참조. 본문 인용시 주로 박종현의 번역에 의존했지만, 의미가 선명치 않은 부분은 원문과 영문 번역을 참조했다. 336b.

은 시종일관 트라시마코스를 야수 같고 거만하고 조심성 없으며 매사에 냉소적인 인물로 그린다. 더구나 그렇게 묘사된 성품에 걸맞게 트라시마코스의 철학적 입장은 비윤리적 색조로 기술된다. 다시 말해 탐욕스런 강자의 이해를 대변하는 인물로 그려진다. 그리고 결국 선한 소크라테스에게 악한 트라시마코스가 무릎을 꿇는 것으로 이야기는 끝을 맺는다. 물론 못된 트라시마코스는 깨끗하게 자신의 패배를 승복하지 않는다. 마지막까지 그는 비아냥거리는 어투로 다음과 같이 말한다. "안심하시고 논의를 실컷 즐기십시오. 저로서는 여기 계신 이분들한테 미움을 사지 않기 위해서라도 선생께 더이상 반론을 펴지 않을 테니까요."*

국가 또는 도시라는 공간은 사람과 사람이 서로 어울리며 엮이는 곳이다. 우리는 홀로 살아가는 것이 아니라, 나와 같은 주체인 자유로운 타자와 어우러져 도시를 형성하며 살고 있다. 도시는 무법의 야만성을 축출한 곳이자, 나름의 합리성을 바탕으로 윤리와 법이 지배하는 장소이다. 자연적 야만을 도시 바깥으로 밀어냄으로써, 사람들은 도시를 이상적 공간, 순수한 이성적 공간으로 만들고자 했다. 고/중세 도시 외곽에 높다랗게 쌓아 올린 성벽처럼, 사람들은 자연적 야만성과 비이성적 폭력성으로부터 도시를 보호하는 장치를 만들고자 했다.

플라톤은 『국가』 첫 장면의 공간적 배경을 도시와 도시를 연결하는 '길'로 잡는다. 도시와 도시 사이에 놓인 길, 도시의 바깥에 위치하면서 동시에 도시의 내부와 연결된 길을 배경으로 이야기가 시작된다는 점은 예사롭지 않다. 여기에서 도시란 문명의 공간을 가리키며, 도시

---

* Plato, 같은 책. 352b.

의 바깥은 자연적 야만의 공간을 지시한다. 이런 점에서 도시와 도시 사이를 이어주는 길은 문명과 자연이 첨예하게 대립하는 경계 지점이라고 할 수 있다. 위험천만한 이 길에서 일어난 사건이 『국가』에 등장하는 첫번째 에피소드다. 이 에피소드는 케팔로스의 아들 폴레마르코스가 집으로 돌아가던 소크라테스 일행을 가로막고 시비를 거는 장면으로 시작한다. 이 대목은 한편으로 그리스인의 자유분방함과 쾌활함을 보여주면서도 다른 한편으로 야수적 폭력의 대변자, 트라시마코스의 출현을 예고한다.

> 폴레마르코스 : 우리가 지금 몇 사람이나 되는 줄 알기나 합니까?
>
> 소크라테스 : 내가 왜 모르겠소.
>
> 폴레마르코스 : 그렇다면 두 분께서는 우리와 싸워 이기시든가, 아니면 이곳에 머물러 계시든가 해야겠네요.
>
> 소크라테스 : 또다른 선택지가 있지 않겠소? 여러분으로 하여금 우리를 보내주게끔 설득할 수 있을 경우 말이오.
>
> 폴레마르코스 : 들으려고도 하지 않는 사람들을 설득할 수 있을까요?*

외딴 길 위에서 벌어진 이 사건은 트라시마코스의 등장을 암시한다. 다시 말해 이 사건은 '힘'을 통해 자신의 '이해'를 관철시키고 어떠한 이성적인 '설득'에도 개의치 않는 야수 같은 인간의 도래를 예고한다. 그렇지만 그것은 예고로만 그치고 곧장 장면이 전환된다. 길 위에서 벌어진 작은 실랑이 끝에 소크라테스는 못 이기는 척하면서 폴레마르

---

* Plato, 같은 책. 327c.

코스 집에 머물고, 그곳에서 트라시마코스와 논쟁을 벌인다. 장면 전환의 와중에 배경이 바뀌었다. 이제 이곳은 다시 도시 안이고 편안한 집 내부다. 이런 공간에서 야수 같은 트라시마코스가 소크라테스에 맞서 논변을 펼친다. 그런데 그의 주장은 주위 배경과 왠지 어울리지 않는다. 그의 목소리는 저급하게만 들려서 설득력을 얻지 못한다. 가벼운 배경의 전환을 통해서, 트라시마코스의 패배는 이미 암시되고 있다. 그런데 만일 인적 없는 길 위에서 트라시마코스의 논변이 진행되었더라면 어떠했을까? 그랬다면 그의 주장은 좀더 설득력 있지 않았을까?

『국가』편 대화의 테마는 '정의'이다. 도대체 정의란 무엇인가? 트라시마코스가 등장하기 이전에, 정의는 케팔로스 부자父子에 의해 두 가지로 설명된다. 하나는 "각자에게 갚을 것을 갚는 것"이고*, 다른 하나는 "친구에게는 이롭게 하고 적에게는 해롭게 하는 것"**이다. 첫번째 견해에 따르면, 개개인의 사적인 소유권을 인정하고 그것을 보호하는 것이 정의의 핵심 골자다. 쉽게 말해 정의는 다른 사람의 소유물을 빌렸다면 반드시 그것을 갚는 것에 있다. 두번째 견해에 따르면, 그런 정의의 원칙은 언제나 특정 울타리 내부에서만 성립될 수 있다. 울타리를 중심으로 안쪽의 친구(우리)와 그 밖에 있는 적(그들)이 구분될 수 있으며, 이런 분별 속에서 (내가 확장된) 우리의 친구에게만 이로움을 주는 것이 정의다. 이런 개념을 토대로, 이제 그 유명한 트라시마코스와 소크라테스의 논쟁이 시작된다.

트라시마코스는 위의 두 견해, 즉 각각의 개인은 양도할 수 없는 소유의 권리를 갖고 있으며, 타인의 이익과 자기의 이익이 충돌할 수밖

---

* Plato, 같은 책. 331a~e 참조.
** Plato, 같은 책. 332a~e 참조.

에 없는 관계로 짜여 있다는 견해를 받아들이고 그 입장을 더욱 철저히 관철시키고자 한다. 그에 따르면 "정의to dikaion란 더 강한 자의 이익"이다.* 이 개념 규정 속에는 권력의 불평등성(강자와 약자의 구분 및 비교)이 전제되고 있다. 그리고 근본적으로 인간은 더 큰 이익을 얻으려 행위한다는 견해를 함축하고 있다. 이에 반해서 소크라테스에게 정의란 "각자가 국가 내에서 자신의 본성에 가장 적합한 한 가지 일을 수행"하고, "자신의 것을 행하고 남의 일에 간섭하지 않는 것"**이다. 다시 말해 국가 내에서 맡은 역할을 잘 수행하고 타인의 권리를 침해하지 않는 것이 소크라테스가 말하는 정의다.

트라시마코스의 견해에 대한 소크라테스의 첫번째 반박은 간단하다. 트라시마코스의 주장, 곧 정의가 강자의 이익이라는 주장은 현실 속에서 언제나 관철되지 않는다는 것이다. 소크라테스는 '실수'라는 개념으로 그것을 논증한다. 강한 자가 언제나 자신의 이익을 취하지는 않으며, 자기 이익을 취하려고 해도 때론 실수할 때가 있다는 것이다. 이 실수 때문에 현실적으로 자기 이익만을 추구하는 것은 불가능하다. 세련된 관념론(이상주의)자는 현실주의자의 공격을 곧바로 관념적인 방식으로 반격하지 않는다. 도리어 하나의 입장이 현실에 대한 호소만으로 정당화될 수 없다는 점을 먼저 지적한다. "(모든) 더 강한 자는 (언제나) 자기 이익만을 추구한다"는 명제는 현실 속에서 얼마든지 그 반례를 찾을 수 있다. 때문에 아무리 현실을 말하는 트라시마코스도 이미 관념적 토대 위에서 자기주장을 펼칠 수밖에 없다는 것이다.

그러나 관념론자와 현실주의자 사이에는 간과할 수 없는 차이가 있

---

* Plato, 같은 책. 338c.
** Plato, 같은 책. 433a~b.

제2부 죽음의 흔적들 195

다. 그중 하나가 역설적이게도 지금 소크라테스가 말하고 있는 바로 이 '실수'에 대한 상이한 태도이다. 근본적으로 실수는 우연적이고 예측불허의 현실 속에서 유한자인 우리가 항상 범할 수밖에 없는 것이다. 관념론자는 이런 실수를 두려워한다. 그래서 그는 실수 없는 관념, 이념의 세계로 나아가, 그곳에서 다시 현실을 연역하고자 한다. 반면 현실주의자는 실수를 겁내지 않는다. 오히려 실수할 수밖에 없는 현실을 긍정한다. 그에게 관념적 이론이란 단지 그가 서 있는 위치에서 그때마다 현실 세계에 던지는 엉성한 그물에 불과하다.

이런 반박에 대해 트라시마코스는 '이름'이란 개념으로 대응한다. 권력을 잡고 있는 '통치자'라는 이름을 부여했을 때, 그 이름은 결코 실수하는 법이 없다는 것이다.* 사회학자 다렌도르프는 이 대목을 '권력의 지위positions of power'와 그 지위를 차지한 점유자incumbent 사이의 차이로 설명한다.** 권력의 자리를 점유하고 있는 자의 개별적 실수는 가능하지만, 권력을 행사할 수 있는 포지션, 곧 지위가 존재한다는 것은 불가피한 사실이고, 이 지위를 차지하고 있는 사람은 그곳에서 맘껏 자기 이익을 취할 수 있다. 트라시마코스에게 이름이 개개 권력의 지점을 뜻한다면, 소크라테스에게 그것은 전체 사회를 구성하고 있는 각각의 기능을 뜻한다. 소크라테스에 따르면, 통치자도 의사나 선장과 마찬가지로 전체 사회의 한 구성 부분이며, 다양한 이름을 갖는 모든 부분들이 제 기능을 충실히 수행해내는 것이 전체 사회의 선을 위해 봉사하는 길이다. 그런 이유로 개인에게 주어진 이름의 역할을 탁월하

---

* Plato, 같은 책. 340d~341c.

** Ralf Dahrendorf, *Essays in the Theory of Society*, Stanford University Press, Stanford, California, 1968. p.131.

게 해내는 것은 곧 자기 자신이 아니라 다른 이에게 이익을 주는 것이다. 의사가 환자에, 선장이 선원들에게 권력을 행사할 때, 그 권력 행사는 오직 환자와 선원 들의 이익을 위해서만 정당하다는 것이다.

반면 트라시마코스는 인간 사회를 이루고 있는 각각의 이름이 사실 개개 인간들이 자기 이익을 실현하는 권력의 공간이라고 생각한다. "너무 순진한"* 소크라테스의 논변을 반박하며 트라시마코스는 다음과 같이 말한다. "그럼 선생께선 양치기나 소를 치는 이들이 양이나 소한테 좋은 것을 생각하며 이것들을 살찌게 하고 돌보는 일 등을 하는 데 이것이 주인한테 그리고 자신들한테 좋은 것이 아닌 다른 어떤 것을 염두에 두어서라고 생각하시니까 하는 말입니다."** 트라시마코스가 보기에, 양치기는 양을 위해 그것을 돌보지 않는다. 마찬가지로 권력의 지위에 오른 통치자 역시 피지배자를 위해 일하지 않는다. 지배와 피지배를 가르는 권력의 지위가 존립하는 한, 권력은 자연히 권력의 지위를 차지한 자의 이익에 봉사할 수밖에 없다. 자신의 이익을 위해 권력을 행사할 수 있음에도 불구하고, 그렇게 행위하지 않을 인간은 없다. 인간은 자연으로부터 그렇게 멀리 떨어져 있는 존재가 아니다. 도시의 드높은 성벽도 약육강식이란 냉혹한 자연 법칙을 막을 수는 없다.

소크라테스가 쏘아올린 공격의 마지막 화살은 이렇다. 만일 사회 구성원이 모두 자기 이익만을 관철하고자 한다면, 아무리 작은 공동체도, 심지어 악의 무리조차도 존립할 수 없다. "선생은 나라나 군대, 강

---

* Plato, 같은 책. 343d.
** Plato, 같은 책. 343b.

도나 도둑의 무리 또는 다른 어떤 집단이 올바르지 못하게 뭔가를 공동으로 도모할 경우에, 만약에 그들이 자기네끼리 서로에 대해 올바르지 못한 짓을 저지른다면, 그 일을 조금이라도 수행해낼 수 있을 것으로 생각하오?"* 불의는 그 자체로 성립할 수 없다. 불의가 성립되기 위해서라도 최소한의 정의는 전제되어야 한다. 조직폭력배나 강도 집단 내부에도 그 집단이 유지되기 위해서는 규율, 의리 등이 있어야만 한다. 최소한의 정의마저 없다면, 하나의 집단은 오래 유지되기 어려울 뿐만 아니라, 어떤 일도 제대로 수행할 수 없다. 도둑질이든 강도질이든, 함께 일을 도모하고 성취할 수 있으려면, 최소한의 정의가 전제되어야 한다.

트라시마코스에 대한 소크라테스의 최후의 일격은 큰 설득력을 발휘한다. 어느 누가 이런 자명한 사실을 반박할 수 있겠는가? 이 논증의 설득력으로 말미암아 소크라테스가 승리한 것처럼 보인다. 하지만 과연 그럴까? 여전히 소크라테스의 마지막 일격에도 해소되지 않은 물음은 남는다. 물음은 소크라테스의 마지막 논변의 한 중심부에서 피어오른다. 언제/어떻게/누가 하나의 집단을 "강도 무리"라고 규정할 수 있을까? 소크라테스가 말하는 정의는 특정 공동체 내부에서만 효력을 가지는 정의다. 그것은 '우리'만의 정의다. 그렇다면 공동체 바깥에서는 어떤 정의를 말할 수 있을까? 도대체 어떤 조직이 악의 무리이고 어떤 조직이 정의의 사도인가? 도대체 이 시대에 어떤 집단이 강도이고 "악의 축"이고 "테러 집단"인가?

한 개인은 자신이 소속된 공동체에 헌신할 수 있다. 자신이 소속된

---

* Plato, 같은 책. 351c.

공동체의 이익을 도모한다는 점에서 그의 행위는 정의롭다고 어렵지 않게 말할 수 있다. 그러나 똑같은 그 행위가 다른 공동체에게는 막대한 피해를 준 불의한 행위일 수 있다. 그 경우에 소크라테스는 무엇이라 말할까? 진정 정의란 무엇인가? 우리는 다시 원점의 물음으로 돌아왔다. 우리가 직면한 문제는 생각보다 풀기 어렵다. 이럴 때에는 문제의 답을 알고 있는 척할 것이 아니라, 솔직히 자신의 무지를 인정할 줄 알아야 한다. 그래야만 문제를 문제로 인식하고 그것을 가지고 고민할 수 있으며, 그래야만 해결의 실마리라도 찾을 수 있기 때문이다. 우리가 영화 속의 한스를 쉽게 욕할 수는 있어도 근본적으로 비판하기 어려운 것은(그래서 어느 순간 한스의 모습과 닮은 나를 발견하는 것은) 아마도 수수께끼 같은 이 문제를 풀지 못한 데에서 기인할 것이다.

이방인

영화에서 한스는 이방인으로 등장한다. 그는 헝가리 수도 부다페스트에 찾아든 독일인이었다. 아마 독일에서 그는 똑똑하고 자존심과 자기주장이 강한 사람이었을지도 모른다. 하지만 고향을 떠나 이방인이 되는 순간 사람은 바보가 된다. 언어부터 시작해서 관습, 문화가 모두 이질적이기 때문에 토착민 어린아이들도 쉽게 아는 것을 모르며, 하여 모든 언행이 부자연스러워진다. 외국 생활을 해본 경험이 있는 사람은 누구나 '바보가 되어버린 이방인' 현상을 잘 알고 있을 것이다. 멀쩡한 사람도 외국에 나가면 바보가 되어버리는 현상 말이다. 그렇다면 영화에서 한스만 이방인으로 등장했던 것일까? 일로나는 세 명의 남자 사이에 끼인 '성적性的' 이방인이며, 안드라스는 음악에 무지한 친구들 가운데 끼여 있는 '문화적' 이방인이며, 라즐로는 유대인이라는 '인종적' 이방인이다. 가까이 모여 살아간다 하더라도, 우리는 모두 어떤 면에서 서로에게 이방인이다.

어머니와 연결된 탯줄이 끊어지는 순간, 우리는 모두 세상의 이방인이었다. 아니 이미 어머니의 난자와 아버지의 정자가 수정되는 순간부터, 우리는 어머니의 자궁을 숙주로 삼아 기생하는 이방인이었다. 생명의 촛불을 켜는 바로 그 순간부터, 우리는 홀로 가냘프게 흔들리는 이방인의 운명을 부여받았다. 우주의 가없는 시공간에 던져진 우리는 잠시 머물다 가는 나그네일 수밖에 없다. 탄생과 시작은 모두 이방인의 징표이다.

불교의 핵심 교리 가운데 하나는 무아無我론이다. '나'는 가상이고 환상이며 덧없는 그림자다. 영겁의 회귀 속에 잠시 머무는 자리가 '나'라는 환상의 자리다. 불교의 이런 가르침은 여전히 빛을 잃지 않고 있다. 사뭇 다른 맥락의 의미에서 논의가 전개되기는 하지만, 현대인들도 비슷한 생각을 하고 있다. 사회학자나 정신분석학자들은 타인 또는 사회의 시선이 '나'를 형성한다고 보고 있으며, 유전학자들에 따르면 '나'는 단지 유전인자들의 운반 도구일 따름이다. 이런 점에서 데카르트와 칸트로 대변되는 근대 서구인들처럼 지나치게 '나'에 집착하는 것은 더이상 이론적으로도 현실적으로도 설득력을 잃어가고 있다. 결국 '나'는 이미 스스로에게 이방인이다.

누구나 무아론을 생각 속에서 이해할 수는 있다. 하지만 엄연히 현실적으로 존재하는 '나'를 쉽게 무시할 수는 없다. 치통에 시달리고 있는 나, 타인에게 고통을 주고 있는 나, 빵 한 조각에 울며 웃는 나를 어떻게 부정할 수 있다는 말인가? 그렇다면 '나'는 한갓 가상이 아니라 부정할 수 없는 현실로 다시 규정된다. 무아론은 강고한 현실의 벽에 부딪히면 산산조각날 수밖에 없는 관념의 유리성에 불과할 수 있다. 현실의 뒤켠에서 한가롭게 노닐 수 있는 자의 공리공담空理空談에 불과할 수 있다. 이런 가능성들은 '나'의 완고한 현실성을 통해서 열린다. 여전히 '나'는 사라지지 않는다. 고매한 승려나 철학자가 자아란 존재하지 않는다고 아무리 설법해도, '나'는 언제나 무아론의 뒤통수를 향해 되돌아온다. 그래서 매번 무아론은 다시 돌아온 '나'의 현실성을 인정하고, 그것의 철학적 무게를 짊어지지 않을 수 없다.

데카르트에서 시작하여 독일 관념론에 이르기까지 서양 근대 철학들은 이처럼 현실적으로 부정하기 힘든 '나'에서 출발하는 철학체계를 구축했다. 그 철학에 따르면, 현실적 존재인 '나'가 세워지는 순간, 동시에 '타자'도 세워진다. 자自–타他가 구분된다. 이제부터 '나'는 '나' 아닌 모든 것을 '타자'로 규정한다. 자타의 경계가 그어지면서 '나'는 '나'를 지키고, 나를 중심으로 타자를 매개함으로써 나를 확장하고자 한다. 나의 순수성은 나 속에서 이질적인 요소를 배제하고 나 바깥에서 나 아닌 것과의 싸움으로 확보된다. 헤라클레이토스의 말처럼, 투쟁은 개개의 개체들을 각기 고유한 개체로 만드는 만물의 아버지다. '나'가 확립되자마자 나 아닌 이질적인 것과의 격렬한 투쟁이 시작된다. 나와 타자의 생사를 건 전쟁이 시작된다. 타자가 '나'라는 영토에 귀화되고 나의 법에 순응할 때까지 타자는 온 힘을 다해(물리적으로든 정신적으로든) 대적해야만 하는 '대상object'으로 남는다.

그런데 정말 자타 사이에 전쟁이 일어나고 있는 것일까? 지금 내 옆자리에 앉아 독서삼매에 빠진 학생과 또는 창밖에 보이는 한 그루의 나무와 내가 전쟁을 하고 있다는 말인가? 전쟁이란 표현은 한갓 수사학적인 과장에 지나지 않는 것일까? 만일 자–타의 전쟁이 한갓 논리적 비약이나 수사학적 과장이 아니라면, 왜 우리는 지금 전쟁 상태에 있다는 것을 지각하지 못하는 것일까? 아니 애초부터 '나'는 없었던 것이며 따라서 자타의 대립과 충돌도 없었던 것은 아닐까?

이런 어설픈 물음들이 뭉게구름처럼 피어오르지만, 나의 현실성이 다시 물음의 관념성을 지워낸다. '나'는 존재한다. 하지만 나는 자족적인 내가 없다고 이야기해도 무방할 정도로 허약하게 존재한다. 선천적인 조산아로 태어나는 인간은 처음부터 부모와 사회의 도움을 받지 않고서는 살아남을 수도 없다. 그들의 도움을 망각하고 고립된 주체를 운운하는 것은 도덕적 지탄의 대상이기 이전에 존재 조건의 망각, 곧 지적 치매 증상에 속한다. '나'는 타자(가장 가까이의 부모를 비롯하여)가 없이는 태어날 수도 없고 성장할 수도 없다. 이처럼 나는 이미 타자의 세계에 던져졌으며, 그 세계에 뿌리를 내려야만 '나'를 지탱할 수 있다. 다시 말해서 나는 나를 있게 해준 '우리'에 이미 던져졌다. 하이데거식으로 말하자면, 인간은 '우리-내-존재In-Uns-sein'이다. 그래서 나를 말하기 이전에 먼저, '우리'를 말하지 않을 수 없다. 요컨대 '우리'는 '나'의 존재 조건이다.

다시 상황을 재구성해보자. 내가 태어났다. 내가 태어나면서, 이어 '나'에 대한 의식을 갖게 되면서, '나' 아닌 모든 것은 타자가 된다. 하지만 나와 대립하는 타자만 있는 것이 아니라, 나의 존재 조건인 우리가 있다. 나는 대립하고 충돌하고 싸울 수밖에 없는 타자보다 나를 감싸고 돌보고 사랑하는 우리를 먼저 만난다. 우리의 그늘 아래에서 나는 한 명의 주체가 되고 동시에 우리의 구성원이 된다. 우리라는 울타리 안에 나의 적敵은 없다. 가끔씩 싸우는 친구는 있지만 죽여야만 하는 적은 없다. 왜냐하면 '우리'는 피와 우정의 끈으로 결속된 울타리이기 때문이다.

《우리》라는 울타리 안에서 나는 태어났다. 때문에 내가 처음 경험한 것은 타자와의 전쟁이 아니라 《우리》끼리의 사랑이고 우정이었다. 엄밀하게 말한다면, '나'의 입장에서 《우리》 역시 타자이다. 하지만 그들은 싸울 필요 없는 타자다. 태어날 때부터 친숙한 타자다. 《우리》라는 타자는 내 편이지 적이 아니다. 《우리》는 '나'와 동일시할 수 있는 타자이다. 그래서 《우리》는 타자이면서도 타자로 보이지 않는다. 때문에 내가 처음 만난 진정한 타자는 《우리》라는 울타리 바깥에 있는 타자이다. 《우리》라고 말할 수 없는 자, 그가 바로 진정한 의미의 타자다. 그는 《우리》의 터전에 살지 않는 이방인이다. 그런 이방인의 눈빛은 낯설고 섬뜩하다. 피비린내 나는 싸움을 예고하는 타자가 《우리》의 경계 바깥에서 어슬렁거리며 침입을 노리고 있다. 이미 몇몇은 울타리를 넘어왔다. 비로소 나는 적을 만나게 된다. 나를 나로 만들어주는 적을 만나게 된다.

인간은 선한 존재일까 악한 존재일까? 이 물음에 답하기 어려운 것은 역사와 현실 속에서 인간은 천사의 모습과 악마의 모습을 모두 보여주고 있기 때문이다. 그렇다면 언제 인간은 천사가 되고 언제 악마가 되는가? 언제 인간은 잔혹하게 돌변하는가?

어느 누구도 어머니의 품 안에서 잠든 아기의 모습을 악마 같다고 말하지는 않을 것이다. 인간은 《우리》의 울타리 안에서 기본적으로 착하다. 아니 착할 수밖에 없다. 《우리》 내부에는 적이 없기 때문이다. 그러나 일단 《우리》라는 울타리를 벗어나자마자 모든 것이 달라진다. 이제부터는 부모도 없고 친구도 없다. 《우리》 바깥에는 의리도 없고 법도 없다. 오로지 약육강식이라는 게임의 법칙과 싸워 이겨야만 하는 적만이 존재할 뿐이다. 그리하여 《우리》라는 울타리를 넘어가자마자 인간은 잔혹해지지 않을 수 없다.

《우리》라는 울타리를 벗어나 있는 대상에게 인간은 잔혹해진다. 그의 눈에 타자는 더이상 《우리》로 보이지 않는다. 《우리》처럼 따뜻한 피가 감돌고 있는 사람으로 보이지 않는다. 단지 그것은 나를 파괴하는 타자, 아니 《우리》 전체를 파괴하는 괴물, 악마로 보일 따름이다. 《우리》 밖의 타자는 전율스러운 공포의 대상이다. 《우리》 속에서 나는 한갓 나의 이익만을 추구하지 않는다. 벗들을 위해 희생할 줄도 알고 《우리》 세계를 지키는 수호자가 되기도 한다. 하지만 《우리》 바깥으로 나가면 나는 잔인해진다. 나는 《우리》 아닌 자에게 피도 눈물도 없는 짓을 서슴지 않고 행한다. 이유는 간단하다. 그는 《우리》가 아니기 때문이다.

아테네 시민들이 기소해서 소크라테스가 감옥에 갇혔다. 젊은이들을 타락시키고 신을 모독했다는 것이 그의 죄목이었다. 그의 제자들이 억울함을 호소해보지만 소용없다. 그래서 제자들은 야음을 틈타 스승을 탈옥시키기로 작정한다. 감옥의 간수를 매수해 감옥으로 침투한 제자들은 소크라테스에게 간청한다. 지금 이 길로 나가 외국으로 망명하자고. 하지만 소크라테스는 제자들의 제의를 거절한다. 소크라테스는 거절의 이유를 몇 가지 들고 있는데 그 가운데 하나가 외국에서 이방인으로 사느니 차라리 독배를 마시는 편이 낫다는 것이었다. 이방인으로 산다는 것이 얼마나 괴로운 일이었으면 탈옥 대신 죽음을 선택했을까?

《우리》라는 배타적 공간에서 이방인은 《우리》를 해칠 수 있는 괴물, 에이리언, 악마로 둔갑한다. 이렇게 무고한 한 사람을 괴물 내지 악마로 둔갑시키는 힘은 어디에서 오는 것일까? 《우리》 속에 깊이 감추어진 공포 때문이다. 파괴의 공포, 죽음의 공포. 그 공포가 환상을 만든다. 멀쩡한 사람을 기괴한 괴물로 만들고 뿔 달린 악마로 만든다. 다시 말해서 우리에게 내재된 공포가 외부의 특정인, 곧 이방인에게 투사되어 그의 이미지를 일그러뜨린다.

생명을 가진 모든 것은 죽을 수밖에 없다. 그런데 다른 동물과는 달리 인간은 그 죽음을 적극적으로 마주할 수 있다. 죽음을 예측하고 준비하는 사람은 두 가지 반응을 보인다. 한 부류는 죽을 수밖에 없는 인간의 운명을 받아들이며, 다른 부류는 커다란 공포와 불안에 떨면서 그 운명을 제거하고 망각하고 싶어한다. 그러나 의식의 차원에서 그것을 제거하고 망각할 수는 있지만, 잠재의식에서는 그것이 불가능하다. 잠재의식은 그것을 제거하고 억압하고 망각하려 할수록 더 큰 공포를 내장한다. 그런 공포가 비등점에 다다르면 공포를 분출할 수 있는 기회를 찾기 마련이다. 다시 말해서 《우리》 내부의 공포는 이방인을 기다리고 있다. 그것은 공포를 폭력적으로 터트릴 수 있는 괴물과 악마를 기다리고 있다. 괴물과 악마가 없다면, 그것을 억지로 만들기라도 해야 한다. 이방인은 더할 나위 없이 좋은 표적이다. 요컨대 우리의 공포가 이방인을 괴물과 악마로 만든다. 악마가 된 이방인에게 《우리》는 명분 있는 폭력을 잔혹하게 휘두른다.

《우리》라는 공동체는 한 명으로 구성될 수 없다. 이질적인 사람들이 모여 《우리》가 된다. 그런데 서로 다른 사람들이 어떻게 단일한 공동체에 소속될 수 있을까? 공동체를 묶는 끈에는 혈연, 지연, 정치적 이해관계, 경제적 이해관계 등등이 있을 것이다. 그런데 아무리 질긴 끈으로 단단히 묶는다 하더라도 공동체의 결속은 쉽게 흐트러진다. 그래서 때가 되면 공동체의 정체성과 단합을 지속시켜줄 수 있는 사건이 필요하다. 공동체의 단합을 위해 종종 사용되는 방법이 이방인의 희생

제의다. 이방인을 희생양으로 만들어 공동체는 결속을 강화한다. 이방인이 수적으로 많을 경우 그것은 전쟁이 될 것이고, 이방인이 소수인 경우에는 이방인을 희생양으로 만드는 희생 제의가 될 것이다. 전자를 통해서 《우리》는 '운명 공동체 의식'을 공유하고, 후자를 통해서는 '공범의식'을 조성한다. 《우리》라는 폐쇄적 공동체는 이방인의 피를 먹고 자라난다.

대학 시절에 낭만적 기질의 친구가 한 명 있었다. 그는 당시 학생운동을 하고 있었다. 거의 날마다 전투 경찰과 대치하고 화염병을 던져야 했던 그가 어느 날 술잔을 기울이며 내게 말했다. "저들(독재자, 경찰)이 인간이 아닌 외계인이라면 얼마나 좋을까? 그럼 아무런 죄책감 없이 맘 놓고 미워하고 싸울 수 있을 텐데." 그날 그 친구의 눈에는 자신이 던진 화염병의 타깃이 사람으로 비쳤고, 그는 자신의 행동에 괴로워했다. 얼마 후 그는 학생운동을 그만두었다. 적이 사람으로 보이면서 그에게 적개심이 사라져버린 것이다. 적이 사람으로 보이면, 적이 《우리》로 보이면, 더이상 잔인하게 싸울 수 없다.

200년 전에 이미 칸트는 세계정부를 꿈꾸었다. 계몽된 세계라면, 인간이라는 같은 종 사이에서 전쟁은 막아야 한다는 것이 그의 생각이었다. 그러기 위해서는 《우리》라는 공동체의 범위를 지구 전역으로 넓혀야 한다. 그것이 칸트가 생각했던 세계정부의 이념이다. 그 점에서 나의 옛 친구도 칸트의 이념을 가지고 있었던 것 같다. 그 역시 "같은" 인간끼리의 싸움이 아니라, 차라리 지구 바깥에 살고 있는 외계인과의 싸움을 원했던 것이다. 전 세계적 공동체가 수립되고 나면, 세계인 모두가 《우리》가 되면, 지상에 전쟁은 사라질 것이다. 은하계 어딘가에서 침입하는 외계인이 아니라면, 지상에서 전쟁은 사라질 것이다.

그런데 과연 전 지구적 정부가 들어선다고 해서 전쟁이 종식될 수 있을까? 일단 그 물음에 앞서 세계정부가 현실적으로 가능한지를 물을 수 있다. 칸트의 이념에 따라 만들어진 국제연합은 전 지구적 인류 전체의 정부라고 하기에는 턱없이 부족한 기구다. 전쟁 억지력을 갖추지 못한 것은 물론이고, 그것이 미국과 같은 강대국 중심의 패권 기구임은 삼척동자도 알고 있다. 그러나 현재 만족스러운 세계정부의 모습을 갖추고 있지 않다고 해서, 그 고매한 이념을 버릴 필요도 없으며 끊임없이 그런 조직을 만들어가야 한다고 누군가 주장할 수도 있을 것이다. 그런 이상주의를 애써 비난할 필요도 없고 악의적으로 매도해서는 안 된다. 하지만 현실성을 따지는 맥락에서 문제는 다른 곳에 있다.

여기에는 보다 근본적이고 원칙적인 문제가 감추어져 있다. 다시 '우리'에 대해 생각해보자. '우리'는 '나'와 '너'를 아우르는 관계의 울타리이자 동시에 '나'와 '너'의 친밀도를 뜻한다. 즉 관계의 폭과 깊이, 양적 외연과 질적 밀도를 모두 아우르는 말이다. 그런데 울타리 폭의 지나친 확장은 친밀도를 떨어뜨린다. 비유컨대 연대의 끈은 탄력 있는 고무줄처럼 늘어날 수 있지만, 무한정 늘이기만 하면 결국 끊어질 수밖에 없다. 소속감이 떨어진 울타리는 외부의 압력이 없이도 저절로 무너지는 것이 필연의 법칙이다. 역사상 수많은 거대제국의 몰락은 이것을 잘 보여주고 있다. 그렇다면 친밀도를 떨어뜨리지 않고서 울타리의 외연을 전 지구적으로 확장하는 것이 과연 가능할까? 여기에 또다른 근본적인 문제가 함께 걸려 있다. 이번에는 울타리를 확장하여 바깥을 지우려는 시도가 문제로 떠오른다. 울타리는 개념상 안과 밖을 나누는 경계이다. 그래서 바깥을 제거하려는 시도는 울타리 자체의 존립 근거를 무너트리는 일이 되고 만다. 만일 하나의 공동체가 정체성을 가지고 존립하기 위해서 불가피하게 타자를 설정할 수밖에 없다면, 적이 없는 공동체가 가능할 수 있을까? 없는 외계인이라도 만들어야 되지 않을까? 우리의 경계 '바깥'이 없으면, 《우리》도 사라진다. 그래서 《우리》가 존립하기 위해서라도 타자를 찾고 그를 적대시해야 한다.

그런데 과연 은하계 저 멀리에 외계인이 존재할까? 아니다. 외계인을 만나기 위해 우주로 시선을 고정시킬 필요는 없다. 《우리》가 있는 곳에서는 어디에나 외계인이 존재한다. 외계인은 아주 먼 곳에 있는 이방인이 아니다. 물론 은하계 저편에서 살고 있는 외계인도 있겠지만, 대개의 경우 그는 《우리》의 공포가 만든 허상일 뿐이다. 외계인은 바깥에만 있는 것이 아니라, 《우리》의 내부에도 있다. 우리라는 울타리의 외연이 확장될수록 울타리 안에 또다른 울타리가 만들어지며 어둠을 만든다. 이렇게 괴물 같은 외계인은 《우리》 내부의 어둠 속에도 똬리를 틀고 있다. 우리가 먼저 주목해야 하는 외계인은 바로 《우리》 내부에 잠복하고 있는 어둠이다.

사람들은 모두 다르다. 세상에 똑같은 사람은 없다. 유전자가 같은 일란성 쌍둥이도 사유 방식과 생활 방식이 다르고 감정의 색깔이 다르다. 여기에서 다름은 자연스러운 것이다. 다름이 차별이 될 이유도 없고 지배의 명목이 될 필요도 없다. 그저 다를 뿐이다. 그렇지만 현실에서 다름은 차별을 두는 이유가 되고 지배의 명목이 된다. 지금까지 인종, 성별, 학연, 지연, 국적, 계급 등등에서 다름은 차별의 근거, 지배의 정당화로 작동했다. 여기에서 다름은 타자를 배제하고 지배하는 원리를 뜻했다. 그 속에서 타자는 《우리》와는 다른 존재이고, 그처럼 다르기 때문에 지배해도 무방한 존재였다.

물론 지배 이전에 타자를 정복해야 한다. 타자를 제압해야 한다. 아니 타자를 제압하고 정복하기 이전에 타자를 적대시해야 한다. 《우리》를 파괴시킬 수 있는 적으로 타자를 볼 수 있어야 한다. 아니 그 이전에, 즉 타자를 적으로 바라보기 이전에 《우리》에게 타자는 공포의 대상이어야 한다. 공포와 전율을 일으키는 대상으로 타자가 등장해야만, 그를 적대시할 수 있기 때문이다. 아니다. 타자가 공포의 대상으로 현상하기 이전에 《우리》는 먼저 공포를 가지고 있었다. 나 또는 《우리》가 파괴될 것 같은 공포, (나 또는 《우리》의) 죽음에서 오는 원초적인 불안을 가지고 있었다. 그리고 그와 함께. (나와 우리의) 파괴와 죽음을 저지하고자 하는 욕망이 있었다. 자연의 순리(필멸)를 거스르고자 하는 욕망이 있었다. 그 욕망 때문에 자기라는 의식과 관념이 생겨났고 그것을 지키기 위해 노심초사하게 되고 그리하여 자그마한 낯섦에도 과민반응하게 된다. 그래서 무고한 이방인을 괴물이나 악마로 둔갑시켜 희생양으로 삼는 잔혹한 짓을 아무렇지도 않게 자행할 수 있다.

어느 생명체이든지 생명을 가지고 있는 것들은 모두 살고자 하는 의지를 가지고 있다. 인간도 마찬가지이다. 하지만 인간은 자신이 죽는다는 것마저도 알고 있다. 여타의 생명체에게도 죽음 의식이 있는지 확인할 길은 없다. 그러나 인간이 다른 어떤 생명체보다 죽음을 또렷하게 의식하고 있다는 점은 분명해 보인다. 선사시대부터 있었던 매장 풍습과 종교만을 보아도 이것을 확인할 수 있다. 인간은 죽음을 의식한다. 그리고 죽음에 대한 의식은 죽음을 회피하고자 하는 욕망을 증폭시킨다. 죽음을 운명으로 받아들이지 못하고 그것과 싸우고자 한다. 그들은 삶에서 완벽하게 죽음을 제거하고자 한다. 죽음이 삶에 이질적이듯이, 《우리》는 죽음과 닮은 이질적인 것들, 대표적으로 이방인을 괴물이나 악마로 만들어 그를 제거하고자 한다.

앞서 말했던 《우리》 내부에 도사리고 있는 어둠이 바로 죽음이다. 그 죽음을 인정하고 받아들이지 못할 때, 죽음은 주체할 수 없는 공포를 불러일으킨다. 터질 듯 부푼 공포는 투사의 대상을 찾는다. 내면의 공포는 외부에서 죽음처럼 낯선 것을 찾는다. 낯선 자, 즉 이방인을 찾는다. 발견되는 즉시 나와 다른 이방인은 두렵고 기괴한 괴물과 악마의 형상으로 일그러진다.

다시 처음으로 돌아가자. 탯줄이 끊어지는 순간부터 우리는 모두 세상의 이방인이다. 살아 있는 모든 것은 죽을 수밖에 없다. 다시 말해 나는 언젠가 반드시 비아非我로 돌아간다. 만물이 무기물과 생명체 사이를 왕복하듯, 죽음은 내가 떠나왔던 곳으로 귀환하는 운동에 다름 아니다. 우리 스스로가 이 세상에 잠시 머물다 가는 이방인일 뿐이다. 여타의 생명체보다 비교할 수 없을 만큼 커다란 생존 의지와 죽음 회피 능력을 가지고 있는 인간은 이 점을 명심해야 한다. 스스로가 이방인인 사람은 이방인을 괴물이나 악마로 둔갑시키지 않는다. 스스로를 이방인이라 생각하는 사람은 이방인에 대해 관대하지 않을 수 없다.

외계인은 은하계 저편에 없다. 외계인이 존재한다 하더라도 그들이 우리에게 외계인이기도 하지만, 반대로 우리도 역시 그들에게 외계인이다. 더구나 우리 스스로가 자신에게 외계인이다. 우리는 자신이 누구인지 모른다. 우리 내면을 응시하면 할수록, '나' 또는 '우리'라고 믿었던 것들은 사라져버린다. 사라진 폐허 위에 남은 것은 낯선 외계인의 모습뿐이다. 안과 밖을 모두 고려하더라도, 우리가 외계인이다. 만일 피 묻지 않은 연대의 끈이 존재한다면, 그것은 아마도 외계인끼리의 연대가 될 것이고, 그 끈은 스스로가 외계인이라는 뼈에 사무친 자각이 될 것이다.*

* 이 글은 원래 독일에서 활동중인 예술가 그룹 '글로벌 에이리언(Global Alien)'의 도록에
수록된 글을 수정·보완한 것이다. *Global Alien*, Traktor Verlag, 2008. 77~92쪽.

질투

삼거리 교차로에 선 세 사람. 이 삼거리에서 한 남자와 한 여자의 양
자관계는 한 여자와 두 남자의 삼자관계로 변한다. 그 유명한 사랑의
삼각관계가 시작된다. 이 영화가 센세이션을 일으켰다면, 그것은 아마
도 이 특이한 사랑의 트라이앵글 때문일 것이다. 보통 삼각관계는 한
명의 연인(대개 여성)을 두고 두 명이 동시에 사랑하는 관계를 뜻한다.
그리고 이 경우 보통 연인은 한 사람에게만 마음을 준다. 하지만 우리
의 영화는 일로나가 동시에 두 남자를 사랑하는 것으로 그려지고 있
다. 일로나의 품 좌우에 두 남자가 안겨 있는 장면이 그것을 단적으로
표현해주고 있다. 이렇듯 영화는 우리에게 평범하지 않은 삼각관계를
보여주었으며, 때문에 많은 관객들의 호기심을 자극했다. 그런데 이
삼각관계는 이 영화의 모태가 된 소설*에는 등장하지 않는다. 그 소설
에는 아예 영화 속의 일로나 같은 인물이 등장하지도 않는다. 아마도

이것은 상업적 센세이션이 훨씬 요구되는 영화 매체의 한계 때문에 마련된 장치일 것이다.

이런 특이한 관계가 가능했던 것은 먼저 라즐로의 힘이 크다. 그가 자기 이외의 남자에게 향한 일로나의 사랑을 묵인할 수 있었기 때문에, 애초에 그와 같은 특이한 삼각관계가 유지될 수 있었던 것이다. 그러나 이 관계는 언제나 휘청거릴 수밖에 없다. 사랑의 삼각형에 갇힌 이들은 행복하지만 동시에 모두 사무치게 괴롭다. 대표적으로 그 삼거리에서 텅 빈 거리를 허망한 눈으로 바라보는 라즐로의 일그러진 얼굴을 떠올려보라. 안드라스 역시 마찬가지다. 그는 일로나가 들어간 라즐로의 방을 바라보며 괴로운 심정으로 꼬박 밤을 지새운다. 라즐로와 일로나가 행복한 표정으로 집을 함께 나서는 아침까지. 영화는 길바닥에 흐트러진 숱한 담배꽁초를 통해 안드라스의 괴로운 심정을 잘 표현하고 있다. 일로나 역시 괴롭기는 마찬가지다. 사랑하는 두 남자 사이에서 그들의 괴로워하는 모습을 지켜보며 전전긍긍하는 것 자체가 그녀에게는 크나큰 고통이 아닐 수 없다. 서로를 완전히 그리고 영원히 상실하지 않기 위해서 그때마다 관계의 균열을 봉합해보지만 여전히 사랑의 삼각대는 균형을 잡기 어렵다. 그렇다면 이런 불균형은 어디에서 오는 것일까? 질투, 바로 그것이 사랑의 삼각대를 거세게 뒤흔드는 정념의 돌풍이다.

사랑이 먼저일까 질투가 먼저일까? 누군가를 사랑하고 난 다음에 질투하는 것일까? 아니면 질투하고 난 다음에야 비로소 사랑하는 것일까? 다시 말해서 사랑이 질투의 가능조건일까 아니면 질투가 사랑의

---

* Nick Barkow, *Das Lied vom traurigen Sonntag*, Rowohlt Taschenbuch Verlag, 2003.

가능조건일까? 통상 사람들은 사랑이 질투의 조건이라고 말한다. 어떤 사람을 사랑하기 때문에 연적을 질투한다고 말이다. 그런데 거꾸로 질투가 사랑의 조건이라고도 볼 수 있다. 삼각관계가 형성되기 전까지는 단지 호감 수준에만 머물던 감정이 사랑의 삼각형이 그려지면서야 비로소 사랑이라 부를 만한 격한 감정으로 변모된다고 말이다. 그 이전까지는 모호하던 감정이 연적의 출현으로 말미암아 사랑이란 형태로 또렷하게 새겨진다고 말이다. 이런 각도에서 본다면, 질투는 사랑의 조건이자 사랑의 원동력이다. (영화 제목이기도 하지만) 기형도의 시 제목처럼 사랑하는 이에게 "질투는 나의 힘"*이다. 그러나 물론 질투 역시 사랑이 없으면 성립 불가능하다. 일말의 사랑도 없는 상태에서 어떻게 질투심이 일어나겠는가? 결국 질투는 때때로 사랑을 확인하고 사랑을 강화해주는 계기일 수 있을 뿐이다. 그렇다면 라즐로는 안드라스의 출현으로 일로나에게 이전보다 강한 사랑을 느꼈을지도 모른다. 어쨌거나 질투가 사랑하는 이들을 괴롭게 한다는 점은 분명한 사실이다.

　질투를 사랑의 조건 혹은 사랑을 확인시키는 긍정적 계기라고 볼 수 있다. 하지만 그렇게만 보기에 질투는 너무 위험스럽다. 질투jealousy, 嫉妬란 사전적으로 폭넓게 "우월한 사람을 시기하고 증오하고 깎아내리려 함"을 뜻하며, 사랑의 왕국에서는 연인의 환심을 사는 연적에 대한 증오심이라고 정의된다. 보통 질투의 화살은 표면적으로 연적에게 향해 있는 것처럼 보인다. 그런데 사실 연적에게 호의를 보이고 있는 연인에 대한 서운함이 질투의 핵심을 이룬다. 관계가 깨질까 두려워 감히 연인에게 내보일 수 없는 서운함이 연적에 대한 공격성으로 이전된

---

* 기형도, 『기형도 전집』, 문학과지성사, 2000. 68쪽.

다고 볼 수 있다.

질투에 빠진 사람은 행여 연인의 마음이 내가 아닌 타인에게 향하는 것은 아닌지를 항상 가슴 졸이며 지켜본다. 질투에 해당하는 프랑스어 jalousie(독일어 Jalousie)는 창문에 거는 블라인드를 뜻하기도 한다. 이 어원에서는 남(연인)몰래 블라인드를 살짝 걷고 연인을 주시하고 있는 질투의 화신이 연상된다. 물론 내가 보는 앞에서 버젓이 다른 이에게 연인의 시선이 옮겨지는 경우도 있을 것이다. 그때에도 당연히 질투심이 일어난다. 하지만 그 경우 연인은 즉석에서 해명할 수 있다. 나의 눈을 바라보며 자기 행위를 나름대로 정당화할 수 있다. 또한 내 시선을 의식하기 때문에 연인이 욕망을 표출할 수 있는 행동반경은 그다지 넓을 수 없다. 질투하는 나도 질투심을 연인에게 쉽게 하소연할 수 있다. 그래서 그 경우 질투는 큰 문제를 일으키지 않는다.

하지만 문제를 일으키는 질투는 내가 없는 곳에서, 곧 나의 감시망과 통제권에서 벗어난 연인이 어떻게 행동할지를 몰라 생기는 불안감이다(연인 곁에서 경험하는 질투심의 경우도 실은 연인의 무의식적 행위, 곧 나를 의식하지 못한 상태에서 발생하는 연인의 타인에 대한 욕망이 질투를 유발한 것이다). 궁극적으로 질투란 연인의 마음을 믿지 못하는 데에서 유래한다. 연인의 갈대 같은 마음 때문에 또는 연인에 대한 내 사랑의 허약함 때문에, 결국 둘 '사이'에 대한 불신 때문에 질투는 발생한다. '우리' 사랑에 불신과 의혹이 자라나기 시작하면, 그것을 검증하고픈 욕망이 생긴다. 내가 없는 곳에서 연인의 지조 높은 사랑을 확인받고 싶어한다. 이처럼 불신과 그것을 확인하고픈 불안 가득한 욕망이 질투의 내용을 이룬다.

블라인드를 조금 젖히고 연인을 감시하는 질투. 그것은 푸코가 『감시와 처벌』에서 밝힌 바 있는 판옵티콘을 연상시킨다. 그 원형감옥에서 간수는 죄수를 볼 수 있지만 죄수는 간수를 볼 수 없다. 때문에 죄수는 한시도 마음을 놓을 수 없다. 자연히 죄수는 어느 때에도 감시의 눈길을 느낄 수밖에 없다. 마찬가지로 질투하는 자는 몰래 연인을 감시하고 그것을 눈치챈 연인은 항시 보이지 않는 감시망에 속박된다. 이런 점에서 질투는 철두철미 연인을 자기의 통제와 지배 속에 두려는 욕망이다. 그 욕망은 연적이 될 만한 모든 사람들로부터 연인을 격리시키는 것은 물론이고 연인이 내면화된 감시체계 속에서 살기를 요구한다. 자발적으로 연인이 자기에게만 시선 두기를 강요한다. "항상 나만을 생각해"라는 말은 더이상 사랑의 달콤한 속삭임으로 들리지 않는다. 차라리 집요하고 병적인 집착으로 들린다. 왜냐하면 그것은 따뜻한 사랑관계가 아니라 살벌한 권력관계에서 유래하는 말이기 때문이다. 사랑의 관계는 이제 지배와 피지배, 주인과 노예, 감시자와 죄수의 관계로 변질된다. 그것은 더이상 사랑이 아니라, 사랑의 대상을 자기 세력권 안에서 영구히 지배하고 통제하고 소유하고자 하는 권력욕이다.

때때로 사람들은 사랑의 관계마저 권력관계라고 쉽게 단언한다. 사실 사랑도 사람과 사람 '사이'의 일이고 그런 사이에서 힘들의 충돌과 위계가 보이는 것은 당연한 일이다. 하지만 사랑의 힘이 온전히 권력으로 환원된다면, 그것은 더이상 사랑이 아닐 것이다. 사랑이라 부를 필요도 없을 것이다. 질투가 보여주는 것처럼 철저히 연인을 정복하고 지배하려는 의지는 말할 나위도 없거니와, 사랑하는 '사이'에서 자기 권리를 주장하고 확보하려는 의지 또한 엄밀한 의미에서 사랑이라 부르기 어렵다. 그것은 기껏해야 자기 권력 강화에 불과하기 때문이다.

권력의 잣대로만 보면, 사랑은 겨우 권력의 암투가 벌어지는 투기장 arena일 뿐이다. 비록 지상의 사랑은 권력에서 완벽히 자유로울 수 없으나, 그렇다고 권력으로 완벽하게 수렴되지도 않는다. 권력의 논리를 위반하고 초월하는 사랑도 있기 때문이다. 이런 위반과 초월이 존재하기 위해서는 권력만이 아니라 사랑 역시 존재해야만 한다. 이미 언급했듯이 조건부 환대가 있기 위해서라도 무조건적인 환대가 존재해야 하는 것처럼 말이다.

질투는 연인의 일거수일투족을 통제하려는 소유욕이고 타인을 철저히 지배하려는 권력욕이다. 그렇다면 이런 욕망은 어디에서 유래한 것일까? 일단 불안이다. 연인이 나를 버리고 떠날 것만 같은 불안에서 질투는 시작된다. 그러나 그것만으로는 질투를 설명할 수 없다. 그런 불안감은 누구라도 느낄 수 있기 때문이다. 다음으로 무능력한 자기에 대한 열등의식이 끼어든다. 나보다 매력적이고 잘난 사람들은 세상에 무수히 존재한다. 연인은 나를 버리고 그들에게 언제든지 달려갈 수 있다. 불안이 더욱 증폭된다. 불안감을 덜기 위해서, 또 자신의 열등함을 감추기 위해서 부도덕한 연인의 판타지를 만들어내고 질타한다. 그렇다면 이와 같은 열등감은 어떻게 생겨나는가?

이 경우 열등감이란 다른 사람과의 비교 속에서 자신이 못하다는 의미의 단순한 열등감이 아니다. 생명을 가진 모든 것은 죽을 수밖에 없고 연약해서 쉽게 상처받을 수밖에 없으며, 그래서 언제나 자기보다 뛰어난 존재를 만날 수밖에 없고, 하여 다른 이보다 못하다는 느낌을 가질 수밖에 없다. 이런 의미의 열등감은 누구나 가질 수 있는 소박한 차원의 열등감이다. 이런 느낌은 큰 문제를 일으키지 않는다.

그런데 위에서 말한 문제의 열등감은 이런 소박하고 보편적인 열등감이 아니다. 차라리 그것은 자신의 열등한 모습을 트라우마로 경험하여 열등한 자기 모습을 애써 감추려는 열등감이다. 그런 사람은 몇 가지 비교의 잣대로 우월감을 맛보다가 같은 잣대로 열등감을 느낄 때, 그것을 숨기려고 전전긍긍한다. 다양한 이유로 트라우마가 생겨날 수 있지만, 기본적으로 지나치게 부풀려진 자기 우월감이 열등의 경험을 쓰라린 상처로 만든다. 이런 경우는 결코 열등할 수 없다는 드높은 자기 우월감에 빠지면서 필연적으로 나락과 같은 열패감을 맛보게 된다.

그렇다면 이런 열등감은 근본적으로 어디에서 유래하는가? 나르시시즘이다. 역설적으로 나르시시스트만이 지독한 열등감을 느낄 수 있다. 나르시시스트인 그는 무슨 수를 쓰더라도 자기의 부족함을 인정하지 않고 감추려 한다. 나르시시스트는 자신이 완벽한 아름다움을 가졌다는 기만 위에서, 그런 기만을 유지하려는 자기 집착을 포기하지 못한다. 결국 질투란 이런 자기 집착이 연인에 대한 무시무시한 집착으로 변모된 모습이다.

내가 보기에, 질투를 가장 잘 형상화한 작품은 셰익스피어의 『오셀로』다.* 그것은 질투의 바이블이라 칭할 만한 작품이다. 피부 빛이 검은 무어인이라는 사실에 열등의식을 가지고 있던 주인공 오셀로는 끓어오르는 질투심을 참지 못하고 자신의 아내 데스데모나를 죽인다. 사실 그 살인의 배후에는 오셀로에게 앙심을 품은 이아고가 있었다. 이아고가 복수를 위해 준비한 것은 질투라는 "녹색 눈빛을 가진 괴물 green eyed monster"이다. 역설적으로 질투를 경계하라고 조언함으로써 이아고는 오셀로의 마음 깊숙이 질투의 씨앗을 심어놓는다. 이아고는

---

* 이후 『오셀로』의 대사 인용은 다음의 번역 판본을 사용하였다. 윌리엄 셰익스피어, 『셰익스피어 4대 비극집』, 신정옥 옮김, 전예원, 2000.

이렇게 말한다. "예, 장군님. 질투를 경계하셔야 합니다! 자고로 질투란 놈은 녹색 눈빛을 가진 괴물이죠. 사람의 마음을 먹이로 하여 진탕 즐기는 놈이죠. 아내의 부정을 알면서도 자기의 운명으로 체념하고 아내에게 미련을 갖지 않는 남자는 행복한 사람입니다. 그러나 사랑하면서도 의심하고—의심하면서도 열렬히 사랑하는 남자는 정말 일분일초가 얼마나 저주스럽겠습니까?"

질투라는 불같은 격정은 '의혹'이라는 작은 불씨에서 시작된다. 질투를 일으키기 위해 이아고가 처음 마련한 계책은 오셀로의 굳건한 사랑에 의혹을 불러오는 것이다. 의혹의 작은 씨앗이 사랑의 마음 깊숙이 침투하기만 하면, 의혹은 사랑을 숙주 삼아 기생하면서 빠른 속도로 자란다. 사랑 전체를 송두리째 집어삼킬 때까지. 질투가 성장하면, 이제 질투는 없던 사실도 만들어낸다. 특별한 이유가 있어 질투하기보다는 질투하기 때문에 질투의 이유를 만든다. 그것이 질투의 자기 증식 메커니즘이다. 이아고의 아내이자 데스데모나의 시녀인 이밀리어는 그런 사실을 잘 알고 있었다. 그녀에 따르면, "질투가 많은 사람은 그것으로 만족하지 않을 거예요. 꼬투리가 있어서 질투하는 게 아니거든요. 의처증이 있기 때문에 질투하는 거예요. 의처증이란 저절로 잉태되고 태어나는 괴물이거든요."

질투는 사랑의 왕국을 조금씩 잠식한다. 질투가 결국 사랑 증폭의 원동력인 상상력마저 접수하면, 그것은 더이상 걷잡을 수 없을 만큼 강대해진다. 사랑의 광기는 이제 질투의 광기로 돌변한다. 이아고는 의심이 꼬리에 꼬리를 무는 판타지를 만들고 증폭시킨다는 사실을 너무나 잘 알고 있는 사람이다. 의심이 불러오는 환상을 최고조로 극대화하는 동시에 그 환상에 현실적인 힘을 부여하기 위해서, 이아고는 오셀로가 자기 아내에게 준 손수건을 (가상의) 연적의 손에 쥐여준다. 결국 질투에 무릎을 꿇은 오셀로는 통제 불가능한 판타지의 홍수 속에서 판단력을 잃고 만다. 연인이 타인에게 몸과 마음을 주고 있다는 참기 힘든 환상이 그를 지배하고 만다.

"내 아내와 같이 자? 올라탔다구?―올라탔다는 건 날 속이고 내 머리에 올라탔다는 말이 돼―살을 섞었다! 에잇, 더러운. 손수건―자백―손수건! 먼저 자백시키고 그 죗값으로 목을 졸라주자. 먼저 목을 조른 다음 자백시켜야 해! 치가 떨리는군. 이렇게 암담한 상념에 사로잡히는 건 반드시 무슨 예감이 있어서야. 말만 듣고 이처럼 마음이 산란할 수는 없지.―흥! 코와 코를, 귀와 귀를, 입술과 입술을 마구 비벼댔겠지? 그럴 수가?―자백?―손수건!―아, 악마!(실신하여 쓰러진다)"

사랑은 부재하는 연인을 그리기 위해 상상력을 최대한 가동시킨다. 사랑의 왕국에서 상상력은 연인과의 거리를 좁히는 탁월한 수단이었다. 그런데 그런 상상력을 질투에게 빼앗기면 상상력은 변심한 연인의 모습을 생생하게 재현하는 기능으로 작동한다. 이제 상상력은 참기 힘든 고통의 원천이 되고 만다. 상상력이 질투에 봉사하게 되면서 끔찍한 장면이 떠나지 않게 되고, 결국 질투의 화신 오셀로처럼 미쳐버린다.

그렇다면 질투라는 괴물을 완벽히 근절할 수 있는 방법은 없을까? 나는 없다고 본다. 사랑이 존재하는 한, 우리의 사랑이 처음부터 그다지 강건한 것이 아닌 한, 질투는 언제라도 사랑에 깃들 수 있다. 어쩌면 질투는 사랑이 자신을 강화하고 증대하기 위해 마련한 괴물일 수 있다. 괴물과 싸우면서 사랑은 자신의 힘을 과시하고 증명하고 증대시킬 수 있기 때문이다. 하지만 니체도 말한 바 있지만, 괴물과 싸울 때에는 괴물과 닮지 않도록 항상 주의해야 한다. 싸우는 도중 부지불식간에 괴물과 닮은 자신을 발견하는 경우가 많기 때문이다. 맞장구치며 끈질기게 싸우는 사람들은 대개 싸우는 대상과 같은 족속이다.

질투라는 괴물을 이길 수 있는 무쇠같이 강건한 사랑, 어떠한 의혹도 용해시킬 수 있는 용암처럼 뜨거운 사랑, 사실 그런 사랑은 드물다. 그래서 어쩌면 질투의 어두운 힘을 솔직히 인정하고 그것을 사랑의 힘으로 전환하려는 간절한 노력만이 질투와 닮지 않을 수 있는 유일한 방법일지 모른다. 마지막으로 강조해서 말하건대, 너무 쉽게 질투를 사랑과 동일시하지 말자. 질투와는 격이 다른 사랑을 부인하지는 말자. 그런 사랑의 유무有無는 결코 경험 차원의 문제가 아니다. 알고 모르고의 문제도 아니다. 왜냐하면 사람은 평생 그런 사랑을 경험하지도 깨닫지도 못하고 죽을 수 있기 때문이다. 차라리 그것은 자기 삶을 지탱하는 믿음의 문제이고 실천의 문제다. 그것은 결국 번번이 질투에 굴복하더라도 사랑을 믿고 소망하고 실천하는 삶을 영위할 것인지, 아니면 사랑을 불신하면서 척박한 삶을 자기 운명으로 여길지를 '선택'하는 삶에 대한 태도의 문제다.

선택

어떤 행위를 할 때면 언제나 햄릿의 유명한 대사 한 토막에 부딪힌다. "To be or not to be, that is the question!"(직역을 하면, '있느냐 없느냐', '이냐 아니냐'이지만 보통 '사느냐 죽느냐'로 의역된다.) 행위의 영역에서는 결국 이것이 문제다. 이 대사에서 우리의 시선에서 빠트리지 말아야 할 것이 있다. 행위의 갈림길 사이에 놓여 있는 작은 글자, "또는 or"이 그것이다. 이 단어는 또다른 행위 가능성을 강렬하게 부각시킨다. 또다른 가능성은 우리에게 선택을 요구한다. 선택의 가능성은 자유를 뜻하지만, 동시에 망설임을 뜻한다. 사르트르가 말한 것처럼, 전지전능한 신이 아닌 이상, 인간은 주어진 선택 상황에 빠질 수밖에 없고, 매번 선택해야만 하는 자유를 선고宣告받았다. 인간은 예측불허의 미래를 감수하면서 무엇인가를 선택해야만 한다. 따라서 인간은 누구나 선택의 기로에서 망설이지 않을 수 없다. 아무리 과감하게 행동하는 것처럼 보여도, 본성상 우리는 우유부단한 햄릿형 인간일 수밖에 없다.

선택의 갈림길, 영화에서는 안드라스의 사랑을 확인한 일로나에게 주어진 길이다. 기존의 연인 라즐로와 새롭게 사랑을 느끼게 된 안드라스 사이에서 일로나는 갈등을 겪는다. 한꺼번에 둘 모두를 선택할 수 없다. 사회 통념이 허락하지 않기도 하지만, 무엇보다 사랑의 배타성 혹은 사랑 대상의 유일무이성에 위배되기 때문이다. 라즐로는 자상하고 후덕한 매력을 가진 남자임에 반해서, 안드라스는 섬세하고 로맨틱한 매력을 지닌 남자다. 일로나는 두 남자 사이에서 망설인다. 동시에 두 남자를 얻으려다가는 한 사람도 얻을 수 없는 위험을 알면서도 그녀는 갈등한다. 결국 라즐로의 양보를 통해 한 여자와 두 남자의 사랑이라는 파격적인 방식으로 이야기는 전개된다. 이 세 사람의 관계에서 결정적인 역할을 한 사람은 라즐로다. 그는 시종일관 "인간은 자유롭게 결정할 수 있어야만 한다"는 신념을 포기하지 않는다. 그의 신념 때문에, 한 여자와 두 남자라는 특이한 사랑법이 가능하게 된 것이다.

"인간은 자유롭게 결정할 수 있어야만 해sollen." 이 말은 자유의 이념을 좇고 있는 현대인들에게 당연한 말처럼 들린다. 하지만 자유와 당위가 연결되어 있다는 점에서 기묘하게 들리기도 한다. "인간은 자유로워야만 한다." 이 말은 일단 어떤 윤리적 당위의 명제로 들리기보다는 소중한 것에 대한 애착의 목소리로 들린다. 어떤 점에서 자유에 집착하지 않고서는 자유로울 수 없다. 왜냐하면 인간은 '자연스럽게' '자유롭기'는 어렵기 때문이다. 그래서 자유롭기 위해서 노력해야 하고, 의지적으로 자유로워야 한다고 스스로에게 명령을 해야 한다. 자유의 원칙에서 출발한 칸트의 정언명법은 이런 취지에서 나온 말일 것이다. 가라타니 고진도 칸트를 이와 같이 해석한다. 그는 프로이트나 뒤르켐이나 아도르노가 칸트의 정언명법이나 의무를 공동체의 규범이 내면화된 것으로 해석하는 것에 반대하면서 다음과 같이 말한다. "그것은 국가나 공동체가 강요하는 의무와는 다르다. 그리고 '자유로워지라'는 명령에 따르는 것은 '자유다'라는 것이니까 특별히 모순이 발생하지 않는다. '자유로워지라'는 명령, 그리고 '타자를 수단(자연)으로서만이 아니라 동시에 목적(자유)으로 대하라'는 명령, 이것들은 '자연'으로부터는 나오지 않는다. 칸트는 그것이 당위Sollen이기 때문에 가능하다고 말했다."* 때문에 자유롭기 위해서 처음에는 자연적인 성향을 거스르며 자유에 집착하는 과정이 필요할지도 모른다.

자유는 자유에의 집착에서 출발한다. 무엇인가를 손으로 꼭 붙잡으려는 집착執着은 사랑의 소박한 형태이다. 모든 종류의 초발심初發心은 이런 최초의 욕망을 뜻한다. 마치 오리 새끼가 처음 만나는 것을 자기 어미처럼 따르듯이 말이다. 이 단계를 지나면 자유에의 집착마저 버릴 수 있어야 한다. 집착이 사라지는 모습은 아름답다. 그것이 바로 사라짐의 미학이다. 담담하게 이별을 긍정할 수 있는 성숙한 사랑이다. 하지만 도달하기 쉽지 않은 단계이고 경지다. 그렇다고 없다고 부정할 수도 없는 경지다. 알 수 없는 경지이지만 누구나 집착의 한계를 알기 때문에 그 가능성을 열어두지 않을 수 없는 그런 경지이다.

하이데거에 따르면, 서양에서 자유는 다섯 가지 정도의 의미로 이해되어왔다. 첫번째는 다른 것에 영향을 받지 않는 자발성Spontaneität으로서의 자유이고, 두번째는 억압과 강제에서 벗어나는 '~로부터의 자

---

* 가라타니 고진, 『윤리 21』, 송태욱 옮김, 사회평론, 2008. 60~61쪽 참조.

유', 곧 소극적인 자유Negative Freiheit이고, 세번째는 보다 나은 상태를 '향해' 나아가는 '~을 향한 자유' 곧 적극적인 자유Positive Freiheit이며, 네번째는 스스로가 만든 법을 따른다는 자율Autonomie로서의 자유이며, 마지막으로 감성을 지배하는 능력으로서의 자유Freiheit als Herrschaft über die Sinnlichkeit라고 이해되어왔다.* 서양인들은 이런 자유를 다른 무엇보다도 소중하게 여겨왔다.

자유로워야 한다. 기막힌 역설이다. 자유와 당위가 공존하는 역설이다. 인간이 인간이기 위해서는 자유로워야만 하고, 인간의 모든 당위는 이 자유에서 유래한다. 얽매임 없이 자유롭게 행위하고 자유롭게 생각하고 자유롭게 느끼는 것이 인간에게 주어진 당위다. 인간에게 당위라는 것이 있다면, 그것의 궁극적인 근거는 바로 자유이다. 이렇듯 자유는 인간의 당위이고 목표이다. 그런데 자유가 목표라는 말은 결국 목표가 없는 것과 마찬가지다. 칸트도 말한 바 있지만, 인간의 궁극 목표, 목적은 "자유"다. 수없이 다양하고 많은 인간의 목적들은 모두 자유로 수렴된다. 그런데 어떤 점에서 목표에 얽매이는 것 자체가 자유에 위반된다. 목표와 수단이라는 도식을 자유는 초월하기 때문이다.

또한 자유를 목표로 따라가다보면 결국 만나는 것은 자유에 내포된 '없음'이다(영어의 free, 독일어 frei라는 말은 모두 '없음'이라는 의미소를 내포하고 있다). 자유에서 우리는 '무無'를 만난다. 목표나 목적은 그저 자유롭기 위해 잠시 세워두는 사다리에 불과하다. 자유가 당위라는 말의 궁극적인 의미는 자유로워야 할 이유와 근거를 더이상 밝힐 수 '없다'는 점에 있다. 그래서 중요한 것은 목표 자체에 있다기보다는, 자유를

---

* Martin Heidegger, *Die Metaphysik des Deutschen Idealismus—Zur Erneuten Auslegung von Schelling*, hrsg. von Günter Seubold, Vittorio Klostermann, Frankfurt a.M. 1991. p.142.

추구하는 과정 자체이다. 요컨대 처음 자유는 우리에게 궁극 목적으로 하나의 당위로 인식되지만, 결국 자유는 어떤 당위나 목적으로도 설명될 수 없으며, 심지어 그런 것마저 얽매이지 않는 것이다.

자유로운 자는 무엇에도 얽매여서는 안 된다. 어느 것 하나에도 얽매임이 없이 초연히 떠날 수 있는 여행자의 모습과 유사하다. 쾌락에 얽매이고 편안함에 얽매이고 나태에 사로잡혀서는 안 된다. 때문에 자유는 언제나 우선은 자신을 얽매고 있는 것과의 투쟁을 뜻한다. 자유는 그저 주어지는 것도 아니고 아무 일도 하지 않는 것이 아니라, 자신을 얽매는 사슬을 파괴하는 행위에서 비롯한다. 자유가 처음 시작하는 곳은 자유를 제지하는 장애를 만나서 고통을 받는 곳이다. 그러나 자유의 장애물을 정확하게 인식하는 것은 쉬운 일이 아니다. 왜냐하면 대다수의 장애물이 그것 나름의 쾌락을 주고 그런 쾌락 속에서 상황을 망각하도록 만들기 때문이다. 자유를 방해하는 장애물은 대부분 우리 욕망의 대상이기도 하다. 그래서 우리는 그 장애물을 장애물로 인식하기가 어렵다. 어떤 시점에서야 비로소 그것이 고통스러워지기 시작하고, 그럼으로써 그것을 장애물로 여기게 된다. 그 장애 지점을 인식하고 나서 그것과 맞서 투쟁할 때, 드디어 자유가 자신의 모습을 드러내기 시작한다.

자유는 '욕망의 자유'를 뜻하는 것일까? 욕망의 자유 역시 일종의 자유이기는 하다. 하지만 인간을 욕망의 단일한 주체로만 보기에는 욕망의 종류가 너무 다양하다. 욕망이란 유개념으로 포섭하기 힘든 다양한 욕망들이 존재한다. 예컨대 살아남으려는 욕망과 죽으려는 욕망을 어떻게 하나의 욕망으로 말할 수 있겠는가? 인간의 욕망은 너무나 다양한 결을 가지고 있다. 어떤 성직자는 그가 믿는 신과 하나가 되려는 욕망을 강렬하게 느낀다. 어떤 학자는 세상의 모든 지식을 자신의 머릿속에 집어넣으려는 욕망을 가지고 있다. 돈주앙 같은 이는 성적인 욕망이 인간의 욕망의 전부라고 생각할 것이다. 식도락가는 음식에 대한 욕망이 전부라고 할 것이다. 이 모든 것들을 하나의 욕망이라는 명칭으로 부르기도 어렵다. 욕망의 색깔이 너무도 다르기 때문이다. 그런데 왜 사람들은 자신의 욕망을 추구하는 것일까? 자기 욕망에 사로잡힌 모습도 자유라고 할 수 있을까? 욕망을 추구하는 것이 자유일까? 자유에 사로잡힌 사람을 자유롭다고 말할 수 있을까?

인간의 자유는 욕망의 자유이면서, 동시에 욕망으로부터의 자유다. 거기에 인간 자유의 핵심이 놓여 있다. 문제는 '욕망으로부터의 자유'를 어떻게 해석하느냐에 있다. 그것은 욕망의 제거를 의미할까? 아니다. 살아 있는 인간은 욕망을 제거할 수 없다. 욕망의 제거는 곧 삶의 제거를 뜻하기 때문이다. 하지만 특정 욕망의 경계 지점에 설 수는 있다. 그 말이 의미하는 바는 이렇다. 인간이 살아 있는 한 결국 모든 욕망을 제거한다거나 욕망으로부터 완전히 떠날 수 없다. 그렇지만 하나의 욕망체계에서 벗어날 수는 있다. 벗어난다 하더라도 또다른 욕망의 체계 속으로 들어가는 것이지만, 어쨌든 지금과는 전혀 다른 욕망 시스템으로 들어가는 것이다. 그 이동은 쉽지 않으며 더욱이 수많은 위험 요소와 엄청난 에너지의 소모를 동반한다. 그러나 그것을 통해 인간은 존재의 진리에 한층 더 가까이 다가설 수 있다. 보다 "객관적인" 세계에 다가설 수 있다. 보다 풍부하게 욕망할 수 있고 느낄 수 있다. 요컨대 인간은 특정 욕망체계를 떠나 또다른 욕망체계를 선택하고 진입할 수 있는 자유를 가지고 있다. 결국 '욕망으로부터의 자유'란 특정 욕망으로부터의 자유, 정확히 말해서, 욕망체계들 '사이'에서 유랑할 수 있는 자유를 뜻한다.

자기에게 주어진 틀을 파괴하는 자유, 거기에 인간 자유의 본질이 있다. 파괴하고 또 파괴해도 틀은 만들어지고 한계가 그어지지만 그렇게 끊임없이 자기가 맞닥뜨린 경계를 돌파하는 데에 인간 자유의 본질이 있는 것이다. 자유는 처음에는 투쟁하여 쟁취하는 것이지만, 결국에는 끊임없이 놓칠 수밖에 없고 다시 쟁취할 수밖에 없는 것이다. 인간은 자유로운 존재다. 자유로워야만 하는 존재다. 아니 자유로워질 수 있는 존재다. 인간은 자유로울 수 있는 '가능성'의 존재이고, 자유는 모든 가능성을 가능하게 하는 가능성의 원천이며, 그런 의미에서 모든 선택의 원천이기도 하다. 자유로 향한 끊임없는 선택의 길 위를 걷는 인간, 그에게는 그 길 자체가 자유다. 마지막으로 평생 자유를 갈구했던 시인 횔덜린의 말을 들어보기로 하자.

"사랑하는 벗이여, 나는 가장 높은 의미로 자유이며 자기를 시작이 없는 자로 느끼기에 나에게는 끝도 없어. …… 비천한 노예의 경우에도 항상 자유일세. 가령 철저하게 분석해보아도 그것은 하나의 전체이며, 골수까지 잘게 잘라보아도 그 본질은 그대로여서 개가를 올리며 그대로부터 날아가버리겠지."*

---

* 프리드리히 횔덜린, 『히페리온』, 홍경호 옮김, 범우사, 1990. 188~89쪽.

존엄성

〈글루미 선데이〉가 처음 연주된 일로나의 생일날, 라즐로는 일로나가 안드라스 집으로 향해 가는 것을 처량하게 바라보아야 했다. 마찬가지로 그날 한스는 일로나에게 청혼을 했다가 정중하게 거절당했다. 두 남자는 모두 실연의 아픔을 달래려고 도나우 강변으로 나온다. 강변의 오래된 다리에서 만난 두 남자는 이런 대화를 나눈다. 한스가 먼저 침묵을 깨고 말한다. "그것은 기이한 노래였어요. 마치 우리가 듣고 싶지 않은 어떤 것을 우리에게 말하는 듯했어요." 이 말에 라즐로는 다음과 같이 답한다. "하지만 우리 내면에서 그 노래가 진실이라는 것을 잘 알고 있지요." 〈글루미 선데이〉는 듣고 싶지 않지만 진실인 것을 노래한다. 그것이 무엇일까? 두 남자는 음악의 메시지를 흐릿하게 감지하고 있다. 하지만 그 느낌의 정체는 쉽게 언어로 번역되지 않는다. 노래를 작곡한 안드라스도 자기 음악의 정체를 알 수 없다. 어떤 메시지가 있는 것 같은데 그 메시지를 뭐라 잘라 말하기 어렵다.

안드라스의 장례식장에서 라즐로는 일로나에게 〈글루미 선데이〉의 메시지를 알 것 같다고 말한다. 라즐로는 처음부터 〈글루미 선데이〉를 주의 깊게 들었던 사람이다. 안드라스가 죽고 영화가 후반부로 치달으면서, 이제 라즐로의 입에서 그 노래의 메시지가 언어로 번역된다. 라즐로의 울먹이는 목소리로, 눈물로 뒤범벅된 목소리로, 〈글루미 선데이〉의 선율은 언어로 번역된다. 라즐로에게 떠오른 그 노래의 메시지는 "인간의 존엄성"이다. 그것은 죽는 한이 있더라도 반드시 지켜야만 하는 인간의 마지막 보루다.

〈글루미 선데이〉는 망각하고 있던 인간의 존엄성을 일깨운다. "그 노래는 사람은 누구나 존엄성을 가지고 있다는 것을 말하려는 것 같아. 우리는 상처입고, 모욕당하지. 마지막 남은 존엄성을 지킬 수 있는 한, 우리는 그 모든 것을 견뎌내겠지. 그러나 우리의 머리 위로 잇달아 똥오줌만 쏟아진다면, 이 세상과 작별하는 것이 정말 나아. 떠나야지. 존엄하게 말야." 라즐로에 따르면, 음악은 이렇게 말한다. 인간의 존엄성을 지키지 못할 바에야 차라리 죽는 것이 낫다고 말이다. 인간의 품위를 지키며 살아가기 어려운 세상에서 이 말은 듣기 불편하다. 하지만 그 말이 참되다는 사실을 우리는 내면 깊숙이에서 잘 알고 있다.

우리는 인간이 존엄하다는 것을 당연하게 생각한다. 나 자신은 물론이고 인간이라는 범주에 속하는 모든 타인들 역시 존엄하다고 말한다. 대부분의 사람들은 "인권"을 어떤 이유로도 침해될 수 없는 불가침의 영역으로 간주한다. 그런데 인간의 존엄성이 무엇인지를 되묻는다면, 속 시원히 말해주는 사람은 별로 없다. 이것을 두고 너무도 자명한 테제이기에 반성의 여지없이 받아들였다고 말할 수 있다. 그렇지만 다른 편에서 인간의 존엄성이 우리에게 중요한 문제임에도 불구하고 그것에 대해 깊이 생각해보지 않는다고도 말할 수 있다. "나는 존엄하다", "나는 타인으로부터 존중받을 만한 존재다", "나뿐 아니라 인간은 모두 존엄하다" 등등의 말은 쉽게 하면서도, 대체 어떤 점에서 존엄한지를 누군가 묻는다면, 누구라도 쉽게 대답할 수 없다.

"인간의 존엄성"이란 말을 하면 곧바로 "천부인권天賦人權" 사상을 떠올린다. 이것은 인간으로 태어난 이상 누구나 존중받을 권리를 가지고 있다는 말이다. 여기에서 하늘은 종교적 함의를 가질 수도 있고, 생물학(유전학)적인 의미를 담고 있을 수도 있고, 그도 저도 아니라면 무지에 대한 또다른 표현일 수도 있다. 어떤 의미에서든 천부인권이란 말을 통해서는 왜 인간이 존엄한지에 대한 물음에 충분한 답변은 되지못한다. "인간은 존엄하다. 왜? 하늘로부터 그 존엄의 권리를 보장받았으니까"라는 설명 방식은 인간의 존엄성에 대한 일말의 해명도 하지 않은 것과 같기 때문이다.

그렇다면 도대체 어떤 의미에서 인간은 존엄한 것일까? 영화 속에서 라즐로의 말처럼, 〈글루미 선데이〉가 인간의 존엄에 관한 노래라면, 어떤 의미에서 그렇다는 말인가? 인간은 어떤 점에서 존엄한가? 영화 속에서 라즐로가 했던 말들을 거듭 회상해보면, 인간은 자유롭기 때문에 존엄하다고 할 수 있다. 인간이 자유롭기 때문에 존엄하다는 말은 서양의 지성사에서 그다지 생소한 견해가 아니다. 이미 칸트로부터 시작해서 하이데거, 사르트르 등에 이르는 긴 역사를 가지고 있는 말이다. 그리고 라즐로는 인간 존엄성의 바탕이 되는 자유를 죽음과 연결시킨다. 자유는 죽음을 만나면서 지고의 형식으로 승격되며 그 속에서 자유의 굳건한 기반을 얻는다. 죽음에 의연한 자유의 모습에서 인간의 존엄성도 한층 고양된다. "죽음의 자유"에 관한 사유는 2,500년 동안 줄기차게 서양 지성계를 움직인 서양 철학의 심장부에 해당된다. "죽음의 연습"으로 철학을 규정했던 플라톤부터 시작하여 "죽음을 향한 자유Freiheit zum Tode"*에서 인간의 본질을 보았던 하이데거에 이르기까지 자유는 언제나 죽음 속에서 최고의 형식을 얻었다. 그리고 그것의 정치적인 표현 방식이 바로 "자유가 아니면 죽음을 달라"이다.

하이데거는 진리를 밝히는 인간의 본질의 핵심부를 "죽음을 향한 자유"라고 간명하게 규정했다. 하지만 그 말의 의미는 어둠 속에 남아 있다. 도대체 이 말이 의미하는 바는 무엇일까? 서양 지성사를 간결하게 요약 정리해서, 전통을 날카롭게 비판하는 데 달인이라 평가되는 하이데거가 직접적으로 자유를 죽음과 연결시킨 이유는 무엇일까? 이미 언급했다시피 하이데거는 기존의 자유 개념을 크게 다섯 가지로 정리한다. 1) 자발성, 2) 소극적 자유, 3) 적극적 자유, 4) 자기입법(자율), 5) 감성의 지배로서의 자유가 그것이다. 하이데거는 이런 전통 자유론을 비판적으로 요약하면서 자신의 독특한 자유론을 제시한다. 다양하게 그의 자유론을 표현할 수 있겠지만, "죽음을 향한 자유"라는 말로 그의 자유론은 압축될 수 있을 것이다. 복잡한 하이데거의 논의를 살펴보기 전에 먼저 어렸을 적의 경험 한 가지를 이야기해볼까 한다.

영어를 배우기 시작한 지 얼마 되지 않을 무렵, 당시로서는 이해할 수 없는 이상한 단어 하나를 발견했다. "mortal/immortal"이라는 영어 단어였는데 번역은 "가사적인/불사적인"으로 되어 있었다. 가사可死라는 한자 조어도 생소했거니와, 그것의 명사 형태가 인간을 지칭하는

---

* Martin Heidegger, *Sein und Zeit*, hrsg. von Friedrich-Wilhelm von Herrmann, Vittorio Klostermann, Frankfurt am Main, 1977. p.353.

말이라는 점을 당시로서는 도저히 이해할 수 없었다. 죽을 수 있는 것이 어떻게 인간에게만 한정된다는 말인가? 수많은 동물도 있고 그보다 더 많은 식물도 있을 터인데, 왜 유독 인간만을 가사자the mortal라고 지칭하는 것일까? 그 궁금증은 대학에서 서양 철학을 공부하고서도 한참 뒤에서야 풀 수 있었다. 그 말의 배후에는 고대부터 내려온 서양인들의 인간관이 고스란히 담겨 있다. 때문에 어렸을 당시로서는 이해하기 어려웠던 것이다.

고대 그리스인에게 인간의 본질은 무엇보다 가사자였다. 인간이란 명칭 안트로포스anthropos와 함께 인간을 지칭하는 말로 타나토이thana-toi가 사용되었다는 점을 진지하게 생각할 필요가 있다. 죽지 않는 신과는 달리 죽는 자, 그러면서도 죽음을 모르는 동식물과는 달리 죽음을 의식할 수 있고 죽음을 통해 자기 삶을 새롭게 주조할 수 있는 자가 바로 인간이다. 이런 그리스적 사유 전통은 어휘의 변천을 동반하며 (thanatos→mors→mortal) 지금에까지 이르렀다. 그리스적 전통을 소급해서 올라가면, 인간은 이성적 동물이기 이전에 가사자였던 것이다.

"죽음을 향한 자유Freiheit zum Tode." 처음 이 말을 들으면 고개가 갸우뚱해지지 않을 수 없다. 자유와 죽음이라는 말의 조합이 "향한zum"으로 연결되어 있기 때문이다. 자유가 죽음을 향해 있다니! 만일 누군가 "죽음으로부터의 자유"를 말한다면, 이 말은 큰 어려움 없이 이해될 수 있다. 죽음에서 벗어나는 자유로 쉽게 해석되기 때문이다. 그렇다면 "죽음을 향한 자유"는 어떤 의미일까? 이 말의 해석의 뇌관은 "향한"이다. 이 "향한"에 초점을 맞추고 이 말을 해석해보기로 하자.

먼저 "죽음을 향한"이란 말에서 하이데거의 자유는 죽음으로부터의 도피성 자유는 아님을 확인할 수 있다. 또한 죽음 저편의 또다른 세계로 여행할 수 있는 자유도 아님을 확인할 수 있다. 죽음으로부터의 도피와 피안彼岸으로의 여행, 이 둘은 서로 구분될 수 있는 것이지만 동시에 서로 긴밀하게 연결되어 있다. 많은 경우 피안으로의 여행은 결국 도피성 여행으로 확인되기 때문이다. 이런 도피성 여행의 자유와 비교한다면, 하이데거의 자유는 죽음을 대면하는 자유이고 자신이 몸담고 있는 이 세계에서의 자유라고 규정할 수 있다.

다음으로 "**죽음**을 향한 자유"란 말에서 자유가 향하고 있는 지점, 장소가 어디인지를 확인해야 한다. 자유가 향하고 있는 곳, 그곳은 죽음이다. 그런데 하이데거에게 죽음은 어떤 생물학적인 "끝남"을 의미한다기보다는 삶의 경계, 한계, 끝을 의미한다. 차안의 자유는 그 자체의 한계와 끝을 향해 있다. 이 점에서 하이데거의 자유는 무한한 신적인 자유가 아니다. 그것은 절대적인 자유도 아니고 무소불위의 권력을 휘두를 수 있는 자유도 아니다. 그의 자유는 유한한 인간의 자유다. 한계를 지향하는 자유다. 자신의 한계와 끝을 알고 있는 자유, 아니 정확히 말해 자기 한계를 향해 육박하는 자유다. 자기에게는 불가능한 지점까지 몰고 가는 자유, 그것이 하이데거의 자유다.

경계, 한계, 끝 등으로 죽음을 간주할 때, 그것들을 실체화해 생각해서는 안 된다. 실체화하는 순간 사유는 언어의 함정에 빠질 수밖에 없다. 죽음은 어떤 사물적인 존재가 아니다. 만질 수 있고, 볼 수 있고, 인식할 수 있는 그런 어떤 것이 아니다. 이런 점에서 경계, 한계, 끝은 삶의 외딴 곳 저 멀리에 있는 것들이 아니다. 나는 지금 이 순간 죽을 수 있다. 죽음은 언제나 임박해 있고 우리 가까이에서 맴돌고 있다. 죽음은 '지금 당장일 수 있는 미래'다.

"**죽음**을 **향한**"이란 말은 미래의 끝을 향한다는 말이고 유한한 미래를 선취先取한다는 말이다. 유한한 미래, 곧 죽음의 선취를 통해 인간은 자기 삶의 전체를 조망할 수 있으며, 그 전체에 대한 조망 속에서 자기 정체성을 확립할 수 있고, 그렇게 확립된 자기 이해 속에서 흔들림 없는 결단을 내릴 수 있고, 그 결단에 따라 행위할 수 있다. 그리하여 자유롭게 행위할 수 있다. 한마디로 자유로울 수 있다. 만일 이처럼 생각할 수 있다면, 모든 자유로운 행위는 죽음을 향한 미래의 선취에 근거를 두고 있다. 다르게 표현하자면, 죽음을 향한 자유는 모든 자유로운 행위의 가능 조건이다.

이번에는 "죽음을 향한 **자유**"에 초점을 맞춰보자. 여기에서 자유는 어떤 의미일까? 일단 다음과 같이 생각해볼 수 있다. 인간은 죽음을 향할 수도 있고, 외면할 수도 있다. 죽음의 선취를 통해 자유로울 수도 있고, 죽음을 외면함으로써 자유롭지 않을 수도 있다. 선택의 갈림길이다. 이럴 수도 있고, 저럴 수도 있는 가능성이다. 인간에게는 이럴 수도 있고 저럴 수도 있는 가능성, 곧 그럴 수 있는 자유가 주어졌다. 심지어 자유롭지 않을 수 있는 자유도 주어졌다. 이 점에서 인간의 자유는 미리부터 정해진 바가 전혀 없는 가능성으로서의 자유이다.

마지막으로 다시 "죽음을 **향한** 자유"에서 "향한"에 주목해보자. 죽음과 자유 '사이'에 존재하는 이 단어, "향한"에 시선이 끌리는 이유는 간단하다. 자기 존재의 불가능성인 죽음, 그리고 가능성으로서의 자유 사이에서, 불가능성과 가능성을 연결해주고 있는 가교 역할을 하고 있기 때문이다. 이 말이 없었다면, 불가능성과 가능성은 그저 어긋나는 모순으로 남을 뿐, 하나의 관계로 연결되지 못했을 것이다. "불가능성의 가능성"이란 역설적 관계는 "향한"이란 말을 통해 가능하다. "향한"이란 말 자체에 어떤 운반, 운동, 움직임, 행위 등의 의미가 함축되어 있다. 인간은 자기 존재가 불가능해지는 지점까지 자신을 운반할 수 있는 가능성을 가지고 있다. 그리고 그 운반 과정 속에서만 "나"를 말할 수 있다. "향한"은 이런 운반의 과정, 수행, 또는 그런 길을 뜻한다. 그리고 인간은 오직 이 길 위에서만 존재한다.

죽음과의 대면, 만남 속에서 인간은 이전까지는 불가능하다고 여겼던 일들을 가능하게 만든다. 불가능성을 선취할 수 있는 가능성, 그런 자유가 이전과는 전혀 다른 나로 다시 태어날 수 있게 한다. 인간은 죽음과의 만남에서 또다른 나를, 또다른 세계를 창조할 수 있다. 요컨대 하이데거의 자유는 이런 "자기" 창작의 자유다. 자기 존재를 매 순간 새롭게 조형할 수 있는 자유이다. 이런 점에서 자유가 향해 있는 죽음은 빈 캔버스와 같은 무無다. 죽음을 향해 있는 자유 역시 하나의 텅 빈 가능성일 뿐이다. 인간은 죽음을 향하는 그 '사이'에서 삶의 물감을 운반해서 자유롭게 색칠할 수 있는 창작하는 자유인이다.

하이데거의 "죽음을 향한 자유"는 결국 창조를 위해 '죽을 수 있는 자유'를 뜻한다. 자기와 세계의 창조(물론 하이데거에게는 어떤 실체적인 주체가 있어 그것이 창조한다고 말하기보다는, 존재 자체가 창조적인 사건으로 일어나고 인간이 그 사건에 조응하는 한에서 인간은 자신과 세계를 창조한다고 말할 수 있다)를 위한 파괴와 해체의 자유를 뜻한다. 이 말은 일단 오해의 소지가 많다. 예를 들어 자살의 권리를 옹호하는 뜻으로 이 말을 오해해서는 곤란하다. 도리어 대부분의 자살은 우리의 삶과 죽음과 인간의 자유를 거부하는 행위라고 할 수 있다. 마치 안드라스나 라즐로가 자살을 기도했던 것처럼 말이다. 두 남자에 비해 일로나는 비겁하지도 나약하지도 않다. 인간의 존엄성을 빙자하며 자살을 정당화하는 라즐로에게 일로나는 다음과 같이 말한다. "떠나야 한다고 누가 그래요? 머무르면서 행운을 위해 싸울 수도 있어요."

'죽을 수 있는 자유'란 거듭 고정된 자신의 틀을 죽임으로써 획득되는 자유를 뜻한다. 자기 정체성으로 확립되자마자 거기에 안주하고 집착하고 지속시키려고 하는 것이 아니라, 그것을 깨트리는 자유, 파괴의 폐허 속에서 언제나 새로운 존재 사건이 등장할 수 있는 장소를 마련할 수 있는 자유이다. 인간에게는 이런 자유가 있어 존재를 포용할 수 있고, 시시각각 변화무쌍하게 전개되는 존재를 드러낼 수 있다. 자신의 목숨을 끊는 자살이란 의미가 아니라, '죽을 수 있는 자유'란 타자적 존재를 드러낼 수 있는 여지 마련을 위한 자기 파괴의 자유다. 이런 자유, 즉 타자적 존재가 창조적으로 등장할 수 있는 장소를 마련하는 자유가 인간의 존엄성의 근거다.

진정한 인간의 자긍심은 자유에서, 그것도 죽음을 향한 자유, 무를 향한 자유, 그래서 변화를 두려워하지 않는 자유, 기존의 자기에서 벗어날 수 있는 자유, 자기를 새롭게 창작할 수 있는 자유, 자유여야만 하는 자유, 타자적 존재에 복종할 수 있는 자유 등등, 그런 자유에서 유래한다. 그런 자긍심에서 나온 품위만이 인간의 존엄함과 품격을 보장해 준다. 이것이 빠져 있는 나머지는 허위의식이고 가식이고 체면치레일 가능성이 크다. 그것은 고착된 자기를 고수하고자 하는 욕망에서 나온 것일 따름이다.

마지막으로 몽테뉴의 잠언을 감상하기로 한다. 이것은 자유와 죽음을, 그리고 인간의 존엄성을 간명하게 연결시킨 명구이다. "죽음이 어디서 우리들을 기다리고 있는지 확실치가 않다. 어디서든 그것을 기다리자. 죽음의 예상은 자유의 예상이다. 죽기를 배운 자는 노예의 마음씨를 씻어 없앤 자이다. 죽음을 알면 우리는 모든 굴종과 강제에서 해방된다."*

_____

* 미셸 드 몽테뉴, 『몽테뉴 수상록』, 손우성 옮김, 동서문화사, 2007. 95쪽.

숭고

인간의 존엄성은 미학의 영역에서 "숭고"라는 테마로 다루어진다. 다분히 윤리학적 개념인 인간의 존엄성은 미학적 변용을 거치면서 "숭고"라는 개념으로 탈바꿈한다. 숭고를 느낄 수 있는 대상은 단지 인간에만 국한된 것은 아니다. 전통적으로 그것은 초자연적 현상, 초인간적인 현상, 즉 신적인 현상을 지칭하는 개념으로 사용되었다. 하지만 그런 현상에 열광하는 것 역시 인간의 존엄성을 뒷받침해주는 역할을 했다는 점에서는 이론의 여지가 없다. 여기에서는 인간의 존엄성의 바탕인 자유를 미학적인 숭고로 변용시킨 칸트의 숭고론에 대해 간략히 살펴보기로 한다.

영화에서는 숭고하다고 부를 만한 장면은 크게 눈에 띄지 않는다. 굳이 숭고를 이야기할 수 있는 장면은 안드라스가 한스의 명령을 거역하면서 꼿꼿하게 허리를 세우고 앉아 있는 장면과 일로나가 라즐로의 생명을 구하기 위해 한스에게 자기 몸을 허락하지만 꿋꿋이 살아남아 결국 한스에게 복수하는 장면을 들 수 있겠다. 두 사람은 보통사람은 하기 힘든, 인간의 숭고한 면면을 보여주고 있다. 안드라스는 자신의 자긍심을 지키기 위해, 일로나는 사랑하는 연인을 위해 숭고한 행위를 한다는 점에서 다를 뿐이다.

물론 이 두 차이점은 간과될 수 없는 큰 차이점이다. 그것은 남성적 자유와 여성적 자유의 차이다. 전자는 한스에게 저항하지만 이내 자살하고 마는 안드라스처럼 활활 타올랐다가 급격히 사위는 자유라면 후자는 일로나가 보여주고 있는 끈질긴 사랑의 자유다. 자기만을 사랑하는 사람은 타인을 사랑하는 사람보다 나약하지 않을 수 없다. 자유의 힘이 미약할 수밖에 없다. 왜냐하면 자기 사랑에서는 타자 사랑이 불러일으키는 힘의 시너지 효과를 기대할 수 없기 때문이다. 그래서 자기 사랑을 굳건하게 관철시키기 위해서라도 타자 사랑이라는 핑계를 대야 한다. 예컨대 부양 식구를 핑계로 불의에 영합하면서 자기 이익을 관철시키는 사람들이 그런 경우다. 또다른 타자를 잉태할 수 있는 희생적 사랑은 불모의 자기 사랑보다 강력하고 질기다.

하지만 누구나 부딪힐 수 있는 역경에 굴하지 않고 저항할 때, 남성적 자유이든 여성적 자유이든 자유가 숨 쉬는 곳에서 우리는 숭고를 느낄 수 있다. 자유의 압도적인 힘과 거대한 크기가 느껴지는 곳에서 숭고가 자란다. 원래 숭고τὸ ὕψος/sublime/Erhabene라는 말은 "높이, 치솟은 높음"이란 뜻이다. 그 말은 원래부터 미학의 영역뿐 아니라 종교, 윤리의 영역에서도 사용되었던 용어다. 그래서 지금도 숭고라는 말은 미학적 문맥에서 사용되기보다는 윤리적 문맥에서 더 자주 사용된다. 예컨대 부모님의 헌신적인 자식 사랑이라든지, 아니면 타인을 위해 희생한 사람들의 행위를 일컬어 숭고하다고 말한다. 서양의 역사에서 그 용어를 처음 미학적 영역에 도입한 사람은 롱기누스Longinus이고, 칸트는 숭고 개념을 미학적 중심 개념으로 확립시킨 사람이다.

칸트는 『판단력비판』이란 책에서 아름다움과 숭고를 다룬다. 그는 일차적으로 자기 철학의 체계적 완전성을 위해서 이 책을 썼다. 물론 미학적인 관심이 없었던 것은 아니지만, 이 책의 위상은 본래 분열된 양대 체계를 결합하는 데 있다. 다시 말해 이 저작은 이론과 실천, 필연과 자유를 연결하기 위해 쓴 책이다. 필연의 법칙을 통해 설명되는 자연의 세계와 윤리적 실천을 가능케 하는 자유의 세계는 완전히 다른 세계이다. 예를 들면, 동일한 반사회적 행위를 두고 자연과학자는 그 행위가 발생한 필연적 원인을 추적하고자 한다면(예컨대 정신병력/유전자 추적), 윤리학자는 행위 주체가 자유인임을 고려하면서 책임의 정도를 저울질할 것이다. 이처럼 이 둘은 양립 불가능한 이율배반Antinomie의 관계다. 때로 세계는 필연의 연쇄로 보이다가도, 때로 자유의 공간으로 보인다. 이런 모순을 해결하는 방편으로 칸트는 아름다움과 숭고를 제시한다.

『판단력비판』은 이론과 실천의 양립 불가능한 관계를, 다르게 표현하면, 필연과 자유의 원리를 통해서는 설명할 수 없는 부분, 그 잉여의 부분을 다루고 있다. 그 잉여 지대는 이론 이성과 실천 이성으로 포착되지 않는 심연의 사각지대다. 칸트가 보기에, 오직 아름다움과 숭고를 느낄 수 있는 심미적 이성만이 이 심연을 비출 수 있다. 그리고 결론부터 말하자면 아름다움은 필연과 자유 양자를 이어주는 가상의 무지개다리인 반면, 숭고는 양자의 심연에 걸린 그 다리가 종국에는 붕괴될 수밖에 없음을 비극적으로 확인하는 자유인의 멜랑콜리다.[*]

심연의 사각지대에서 단연 그 위력을 발휘하는 우리의 인식 능력은 상상력이다. 상상력이 풍부한 예술가는 아름다운 가상을 창조함으로써 이론과 실천 사이의 심연 위에 다리를 놓는다. 이처럼 심연 사이에 걸린 가상의 이미지는 그것을 보는 이의 지성과 상상력을 대립시킨다. 그 가상의 표상은 규정적 개념이 충분히 감당할 수 없는 것이어서 우리의 상상력을 촉진시킨다. 그러나 이때 부여된 상상력의 자유는 우리 앞에 주어진 아름다운 표상을 이해하기 위해 허용된 것이다. 그래서 상상력은 지성적 이해를 넘어서는 상을 계속 만들어내고, 지성은 상상력을 자신에게 순응시키고자 한다. 이런 두 인식 능력 사이의 상호 대립과 충돌 가운데에서 어떤 절묘한 조화가 생겨나며, 이때 생겨난 조화는 상상력과 지성의 경계 주위를 자유롭게 유희하면서, 심미적인 이해와 즐거움을 산출한다. 칸트에게 아름다움이란 이와 같이 상상력과 지성 사이의 절묘한 조화에서 느껴지는 감정이다.

칸트의 논의가 인식 능력을 중심으로 이루어져 있기 때문에 지나치게 추상적으로 들릴 수 있다. 그렇다면 은유와 그것의 메커니즘을 생각해보자. 형용하기 힘든 어떤 경탄스런 대상을 표현하고자 할 때, 우리는 은유를 사용한다. 은유는 기본적으로 〔A is B〕라는 구조로 이루어진다. 여기에서 주어와 연결되는 술어는 낯설지만 유의미한 단어가 선택되어야 한다. '낯섦'과 '의미 적절성' 모두를 만족시킬 수 있는 단어는 찾기 힘들다. 낯섦을 추구하다보면 아무도 이해할 수 없는 난센스가 되기 쉽고, 유의미성을 찾다보면 표현이 진부해진다. 이 둘 사이

---

* 칸트 철학(특히 숭고론)과 멜랑콜리의 연관성에 관해서는 필자의 다음 논문을 참조하시오. 김동규, 「서양이성의 멜랑콜리―칸트의 경우」, 『이성의 다양한 목소리』, 현대철학연구소편, 철학과현실사, 2009.

에서 아슬아슬한 균형을 잡을 수 있어야 아름다운 은유가 탄생한다. 여기에서 낯설고 새로운 이미지를 만드는 능력이 상상력이라면 의미를 관장하는 능력이 지성이라 할 수 있을 것이다. 아름다움은 이 두 능력의 자유로운 유희에서 발생하는 절묘한 느낌이다.

그런데 우리의 상상력과 지성을 완전히 뛰어넘는 사태도 있다. 이때 발생하는 것이 숭고의 감정이다. 숭고는 아름다움과 몇 가지 점에서 공통점을 갖고 있다. 즉, 1) 다른 무엇 때문에 즐거움을 느끼는 것이 아니라 '그 자체로' 즐거움을 주고, 2) 개념에 의존하지 않으면서도 모든 사람에게 보편타당성을 요구하며, 3) 구체적이고 감각적인 것에 대한 단칭 판단이며(예컨대 장미가 아름다운 것이 아니라, '이' 장미가 아름답다), 4) 보편자를 통해 특수자를 규정하는 규정적 판단이 아니라 부재하는 보편자를 찾는 반성적 판단이라는 점에서 숭고는 아름다움과 일치한다.*(「맛과 멋」 참조) 그러나 아름다움과 숭고 사이에는 간과할 수 없는 차이점이 존재한다. 먼저 양자의 차이점에 대한 간단한 도표를 보기로 하자.

---

* 임마누엘 칸트, 『판단력비판』, 백종현 옮김, 아카넷, 2009. 248쪽 참조.

	아름다움	숭고
차이점	대상의 형태가 있다	대상의 형태가 없다
	생명을 촉진하는 감정을 통해서 직접적인 즐거움을 준다	고통이 반전되는 즐거움, 간접적인 즐거움이다
	자연의 아름다움에 대해 그 근거를 우리 외부에서도 찾을 수 있다	숭고는 그 근거를 우리 내부에서만 찾아야 한다
	평정한 관조, 사랑, 그리고 여성과 연관된다	마음의 큰 일렁임, 존중의 감정, 남성과 연관된다

　먼저 아름다움의 대상이 형태를 가지고 있는 반면, 숭고는 크기가 너무 커서 형태를 가늠할 수 없는 대상에 직면하여 느끼는 감정이다. 숭고의 대상은 "단적으로 큰 것, 절대적으로 큰 것, 비교할 수 없을 정도로 큰 것"*이다. 그것은 크기가 너무 커서 형태를 헤아릴 수 없다. 상상력이 만들어낸 어떤 이미지도 그 크기를 감당하지 못한다. 그래서 그것은 순수지성 개념에도, 감관의 직관에도, 심지어는 우리의 상상력에도 적합하지 않다. 대부분의 인식 능력들이 이 대상 앞에서 좌절을 맛본다. 때문에 숭고는 아름다움과는 달리 처음에는 즐거움으로 느껴지지 않는다. 처음 숭고의 대상은 두렵고 거북하고 고통스러운 것으로 다가온다. 하지만 이내 이런 불쾌감은 강렬한 쾌감으로 반전된다.

　상상력은 이미지를 제작하는 우리 마음의 능력이다. 지금 여기에 없는 것을 마음속에 그려볼 수 있는 능력이 바로 상상력이다. 다시 말해서 그것은 **"대상의 현전 없이도 그것을 직관에 표상하는 능력"****이

* 임마누엘 칸트, 같은 책. 253쪽.
** 임마누엘 칸트, 『순수이성비판』, 백종현 옮김, 아카넷, 2009. 360쪽 이하.

며, 그런 능력 가운데에는 단순히 이전 기억을 되살리거나 개념의 도식을 만드는 '재생적 상상력'과 이전에는 없던 이미지를 창작하는 '생산적 상상력'이 있다. 그런데 "취미 판단에서 상상력이 그것의 자유에서 고찰되어야 한다면, 상상력은 첫째로 연합의 법칙들에 예속되어 있는 재생적인 것으로서가 아니라, 생산적이고 자기 활동적인 것으로서 (가능한 직관들의 임의적 형식들의 창시자로서) 받아들여지는 것이다".* 재생적 상상력이 과거에 경험했던 이미지를 재생하는 상상력인 반면, 생산적 상상력은 이전에는 없던 이미지를 창작하는 상상력이다. 전자가 이미지를 재생하는 능력에 머물고 있다면, 후자는 새롭게 이미지를 조합하여 없던 이미지를 창조하는 능력까지 가지고 있다. 당연히 아름다움과 숭고의 감정은 후자의 상상력이 주축이 되어 생성된다. 그런데 이런 창조적인 상상력의 능력마저 하염없이 초과하는 것이 바로 숭고의 대상이다. 아무리 이미지를 조립하고 창작해내어도 숭고한 대상에 적합한 이미지는 만들 수 없다.

숭고의 대상은 절대적으로 크고 강력하다는 느낌을 불러일으키는 대상이다. 그런데 감각의 차원에서 경험되는 이런 대상은 이성적으로 조금만 생각해보면 결코 성립할 수 없다. 숭고 감정을 환기시키는 대상, 예컨대 아무리 거대하고 강력한 폭풍우라도 우주를 고려하며 생각해본다면, 그것은 찻잔의 입김에도 미치지 못할 것이다. 다만 '감각의 세계'에서 '절대적인 크기와 위력을 가진 것'으로 '느껴질 뿐'이다. 따라서 이런 숭고의 감정은 그 근거를 우리의 외부에서 찾을 수 없다. 즉 숭고의 대상에서 숭고 감정의 원천을 찾을 수 없다. "우리는 자연의 미

---

* 임마누엘 칸트, 『판단력비판』, 백종현 옮김, 아카넷, 2009. 243~44쪽.

적인 것을 위해서는 우리 밖에서 하나의 근거를 찾아야 하지만, 숭고한 것을 위해서는 한낱 우리 안에서, 그리고 자연의 표상에 숭고성을 집어넣는 사유방식〔성정〕 안에서 하나의 근거를 찾지 않으면 안 된다."*

물론 칸트는 아름다움의 경우에도 원칙적으로 그 근거를 우리 밖에서 찾을 수는 없다고 본다. 다시 말해서 아름다운 대상이 객관적으로 존재하는 것이 아니라, 우리가 아름답다고 느끼기 때문에 특정 대상을 아름답다고 부른다는 것이다. 그렇지만 아름다움의 경우에는 일정한 형태를 갖고 있는 외부 대상과의 관계 속에서 우리의 감정을 설명할 수 있다. 반면 숭고의 경우, 파악될 수 있는 그런 형태마저 없다. 너무 큰 이미지는 형체가 없다. 무정형의 이미지도 일종의 이미지라고 할 수 있을지 모르겠지만, 숭고의 경우 중요한 사실은 상상력이 그 이미지의 윤곽을 또렷하게 그려내지 못한다는 점에 있다.

물론 아름다움의 경우에도 상상력이 만들어낸 이미지는 '경험을 넘어선' 이미지다.** 과거 경험을 단순히 재생하기만 하는 상상력이 아니라 창조적 상상력이 작동하기 때문이다. 그런데 아름다운 이미지는 어쨌든 감각적 형상화가 가능하다. 그러나 숭고에 있어서는 그런 이미지마저 그릴 수 없다. 어떠한 형태로도 그려지지 않는 절대적 크기의 표상이 숭고와 함께한다. 따라서 이런 표상은 자연에서는 도저히 찾아볼 수 없는 표상이다. 오직 개별자이면서도 동시에 세계를 총체적으로 바라볼 수 있는 정신, **자유로운 정신**, 어떤 자연적 경향성에 굴복하지

---

* 임마누엘 칸트, 같은 책. 251쪽.
** 임마누엘 칸트, 같은 책. 348쪽 참조.

않는 우리 내면의 실천 이성만이 이 표상에 어울리는 것이다. 그래서 칸트에게 있어서도 롱기누스와 마찬가지로 숭고는 "정신의 위대함의 반향이다".* 이런 이유로 칸트는 숭고는 아무나 느낄 수 있는 것이 아니라 위대한 정신, 자유의 실천가만이 느낄 수 있다고 생각한다. 일상의 소소한 자유에만 얽매여 있는 속물들은 압도적인 대상 앞에서 숭고를 느끼기보다는 오직 두려움만을 느낀다는 것이다.

아름다움이 자연 사물의 형식, 이미지를 창조적으로 변형시켜 주조된 것이라면, 숭고는 그 모든 것의 덧없음과 허구성을 폭로하는 초월적 영역에 의해 성립된 것이다. 아름다운 형식의 구조물을 붕괴시키는 거대하고 강력한 초월의 힘, 그것이 바로 숭고의 모태이다. 그런데 마치 비극이 성립하기 위해서는 자유로운 주체(영웅)가 반드시 있어야 하는 것처럼, 아름다움이 몰락한 그 폐허의 자리에서 우리는 도리어 자유의 존재를 확인할 수 있다. 왜냐하면 칸트의 자유는 감각적 현상계의 덧없는 붕괴를 통해서만 자신의 이질성을 알릴 수 있기 때문이다. 칸트에게 자유는 감각 및 욕구의 자연 법칙을 위반할 수 있는 근거다. 그러나 동시에 자유가 그것을 위반·극복·초월하기 위해서라도 자유는 위반할 대상을 필요로 하며, 위반하는 과정 속에서만 자기 존재를 입증할 수 있다.

여기에서 간과될 수 없는 칸트의 숭고론의 맹점이 보인다. 그것은 칸트의 자유가 사랑이 없는(또는 특정한 종류의 사랑—남성적 자기 사랑—에 뿌리내린) 자유라는 점이다. 그의 자유는 아름다운 사랑이 무너지는 것을 초연하게 바라볼 수 있는 자유다. 이전에 제시된 도표에서 확인

---

* Longinus, "On the Sublime", in *Classical Literary Criticism,* trans. T.S. Dorsch, Penguin Books, 1965. 제9장 p.109.

할 수 있듯이, 칸트는 아름다움을 "여성", "사랑"의 계열에 소속시키고, 숭고를 "남성", "존중"의 계열에 소속시킨다. 결국 칸트의 숭고는 상호 존중하는 자유로운 남성들의 전유물에 불과하다. 그렇다면 (여성적) 사랑에 뿌리내린 자유와 숭고는 없는 것일까? 있다면, 그것은 어떤 모습을 하고 있을까?

남성적 자유

플라톤은 육체를 "영혼의 감옥"이라고까지 표현했다. 도대체 그는 얼마나 '영혼의 자유'를 동경했던 사람인가? 칸트는 자신이 따라야 할 모든 도덕법칙을 자유의 원리 위에 세우고자 했다. 그는 얼마나 '실천의 자유'를 동경했던가? 하이데거는 자기가 불가능해지는 지점, 곧 죽음의 경계에까지 도달해서, 그곳에서 (자기) 존재의 진리, 곧 존재의 자유를 보고자 했다. 그는 얼마나 '존재의 자유'를 동경했던가? 자유에 대한 각각의 생각은 달랐지만, 그들은 모두 인간의 존엄성을 자유에서 찾았다. 영화 속의 라즐로는 이처럼 서양 지성사에 면면히 흐르고 있는 자유론을 대변하는 인물이다.

서양인들이 보기에, 인간의 존엄성은 인간이 자유롭다는 점에서 유래한다. 그런데 이런 자유에 바탕을 둔 인간 존엄성이 훼손되는 상황이라면, 서양인들은 자살하는 편이 낫다고 생각한다. 영화 속의 라즐로도 그렇게 생각하고 있다. 라즐로는 자신이 나약해서 자살을 선택한 다고 인정한다. 그는 끈질기게 암울한 현실에 맞설 힘이 없다. 살아오면서 그는 "투쟁하는 법"을 배우지 못했다. 그래서 그는 비인간적인 현실과 싸우면서 굳건하게 견뎌내지 못한다. 일로나의 말처럼, "머무르면서 행운을 위해 싸울 수도" 있지만, 그는 그러지 못한다. 도리어 인간 존엄성을 핑계로 그는 자살을 결심한다. 더이상 자신의 존엄성을 훼손하지 않으려고 자살을 선택한다. 자유인으로서의 자긍심을 지키지 못할 바에야 자살을 선택하는 편이 낫다고 생각한다. 그의 이런 자살 선택에는 사랑하는 연인 일로나가 고려되고 있지 않다. 자기의 존엄성과 그것의 무자비한 파괴만 눈에 들어올 뿐, 사랑하는 타자의 존엄성은 부차적인 것으로만 받아들여진다. 미수에 그치지만, 결국 라즐로는 자살을 기도한다.

왜일까? 서양의 전통 자유론을 가장 섬세하게 정련한 하이데거 식 "죽음을 향한 자유"가 자꾸만 나약한 자살로 귀착되는 이유는 무엇일까? 원칙적으로 "죽음을 향한 자유"가 자살을 뜻하는 말이 아님은 분명하다. 그 말은 죽음과의 대면 속에서 자유가 극대화된다는 것을 의미할 뿐, 자살과는 아무런 관련이 없다. 그렇다 하더라도 자꾸만 '죽을 자유'라는 해석으로 기울어가는 경향성이 존재하는 까닭은 무엇일까? 서양식 자유론에 바탕을 둔 인간의 존엄성이 한갓 자살의 구실이 되고야 마는 이유는 무엇일까?

나는 그 이유를 '사랑의 부재'에서 찾고 싶다. 서양의 자유 개념에는 사랑이 빠져 있다. 끈질긴 사랑의 생명력이 결핍되어 있다. 굳이 거기에도 사랑이 있다고 말한다면, '자기 사랑'만 있을 뿐이다. 서양의 자유론에는 타자를 향한 사랑은 빠져 있다. 이런 자유는 유아론적인 자유로 귀착될 수밖에 없다. 그리고 이런 자유에 기초한 인간의 존엄성은 자살을 정당화하는 구실로 전락한다. 자기네 서양 전통을 가장 날카롭게 비판한 하이데거의 자유론 역시 결국 이 전통에 다시 귀속된다. 그에게 자유는 결국 '자기' 존재의 자유이고, 죽음은 '자기'의 죽음이다. "죽음을 향한 자유"가 암시하듯이, (타자적인) 존재가 고착된 자기의 죽음과 희생을 요구한다고는 말할 수 있다. 하지만 '자기 존재의 새로운 부활과 재림'을 약속하고 있는 한에서만 그런 요구가 정당화된다. '자기 존재의 부활과 재림'이 보장되지 않는다면, 자기의 죽음과 희생은 무의미해져버린다. 의미의 세계에서 자기 존재만이 중심을 차지하고 있기 때문이다. 또한 그가 말하는 '타자적인' '존재'는 언제나 신비의 베일에 가려 있어, 자살로 귀착되는 것을 막을 수 있는 힘을 주지 못한다. 타자의 사랑의 손길을 기대할 수 없다는 말이다.

남성은 자유를 자랑스레 말할 수는 있을지언정, 사랑을 말하지는 못한다. 그는 사랑을 말하는 행위 자체가 자신의 남성성을 심각하게 위협한다고 생각한다. 남성에게 사랑은 허약함의 증표일 뿐이다. '남성'이라는 기호는 '사랑의 무능력'을 뜻한다. 이미 보았듯이, 사랑이 간절한 그리움이고 기다림이라면, 결국 연인의 부재를 채우는 꿈이라면, 이런 사랑의 꿈은 지금까지 여성의 전유물로 간주되었다. 롤랑 바르트는 이렇게 말한 바 있다. "역사적으로 부재의 담론은 여자가 담당해왔다. 여자는 칩거자, 남자는 사냥꾼·나그네이다. 여자는 충실하며(그녀는 기다린다), 남자는 나돌아 다닌다(항해를 하거나 바람을 피운다). 여자는 시간이 있기에 물레를 잣고 노래를 부른다. 그러므로 부재에 형태를 주고 이야기를 꾸며내는 것은 여자이다. …… 따라서 그 사람의 부재를 말하는 남자에게는 모두 여성적인 것이 있음을 표명하는 결과가 된다. 기다리고 있고 또 그로 인해 괴로워하는 남자는 놀랍게도 여성화되어 있다. 성도착자여서가 아니라 사랑하기 때문에 여성적인 것이다(신화와 유토피아―그 기원도 미래도 여성적인 주체에 속해왔고 또 속할 것이다)."*

성적 차이의 시각에서 보자면, 하이데거 자유론을 정점으로 하는 서양의 자유론은 남성 중심적 자유론이다. 결론부터 말하자면, 그런 자유론은 타자를 잉태할 수 없는 불모의 존재가 만든 이데올로기다. 안드라스와 라즐로는 일로나를 사랑했다. 누구도 그들 사랑의 진정성을 부정하지 않는다. 그러나 종국에 두 남자는 일로나를 위해 죽을 수는 없었다. 자기 자신을 위해, 자신의 자긍심을 위해, 남성적 자유의 이념을 위해, 결국 자신의 존엄성을 위해 죽을 수는 있었지만, 사랑하는 연인 일로나를 위해 죽을 수는 없는 남자들이었다. 그들의 사랑은 일로나를 위해 끝까지 투쟁하며 살아갈 수 없었던 나약한 사랑이었다. 타자 사랑의 힘을 원용하지 못하고 자기 사랑의 힘만으로 버텨보려던 나약한 사랑이었다. 결국 나르시시즘에 기초한 불모적인 남성적 사랑이었다.

시인 이성복이 다음처럼 말하고 있는 사랑은 바로 이런 남성적 사랑이다. 비록 시인이 한국인이기는 하지만, 현재를 살고 있는 대부분의 한국인들처럼 이미 머리부터 발끝까지 서양의 사랑론에 물든 사람이다. "사랑은 자기반영과 자기복제. 입은 삐뚤어져도 바로 말하자. 내가 너를 통해 사랑하는 건 내가 이미 알았고, 사랑했던 것들이다. 내가 너를 사랑한다 해서, 시든 꽃과 딱딱한 빵과 더럽혀진 눈ᵂ을 사랑할

---

* 롤랑 바르트, 『사랑의 단상』, 김희영 옮김, 문학과지성사, 1999. 28쪽.

제 2 부 죽음의 흔적들 253

수 없다. 내가 너를 사랑한다 해서, 썩어가는 생선 비린내와 섬뜩한 청
거북의 모가지를 사랑할 수는 없다. 사랑은 사랑스러운 것을 사랑할
뿐, 사랑은 사랑만을 사랑할 뿐, 아장거리는 애기 청거북의 모가지가
제 어미에게 얼마나 예쁜지를 너는 알지 못한다."*

자기 반영과 자기 복제의 의미만을 가지고 있는 사랑, 플라톤 식 불
멸의 사랑은 타자를 위해 자신을 희생하지 않는다. 타자의 아름다움을
먹고 소화시켜 자기 아름다움으로 가공하는 사랑은 불멸을 위해 자기
복제품만을 산출할 수 있다. 그런 사랑에서 자기를 위해 죽는 일은 있
어도 타자를 위해 죽을 수는 없다. 겉보기에 타자를 위해 죽는 희생도
결국 이런 사랑의 담론 틀 내에서는 타자를 위해 죽는 것이 아니다. 왜
냐하면 이런 사랑 담론에서 타자는 기껏해야 자기의 복제이자 반영에
불과하기 때문이다. 이런 남성적 사랑 담론에서(이미 언급했듯이, 플라
토닉 러브의 요체는 '불멸에의 욕망'이고, 그것의 구체적 모습은 '남성들 사
이의 사랑'이다) 애기 청거북을 위해 죽음을 불사하는 어미 청거북은 결
국 자기 복제물을 위해, 자기 불멸을 위해 죽은 것으로 간주된다. 삐뚤
어진 것은 입이 아니라 시인이 생각하고 있는 사랑관이다. 시인의 말
처럼, 모든 것이 삐뚤어졌어도 말은 바로 해야 한다.

플라톤적 사랑 담론은 이제 더이상 서양에만 국한된 이야기가 아니
다. 세계화가 서양화를 뜻하는 지금 그리고 이곳 역시 이런 사랑 담론
은 전혀 낯설지 않다. 그들의 사랑 이야기가 어느새 우리의 사랑 이야
기가 되어버렸다. 우리의 젊은이들은 플라토닉 러브라는 말을 다만 오
해하고 있을 뿐이지, 그것의 본질을 거리낌 없이 실천하고 있다. 시와

---

* 이성복, 「사랑은 사랑만을 사랑할 뿐」, 『달의 이마에는 물결무늬 자국』, 열림원, 2003. 71쪽.

소설, 영화나 연극, 텔레비전의 드라마나 인터넷 글들을 보면, 거의 모든 사랑 이야기들이 이 담론에 물들어 있다. 그런 사랑이 아니면 곰팡이 슨 구닥다리 사랑타령 혹은 희생을 강요하는 전근대적 사랑처럼 여겨진다.

그나마 다행스러운 것은 이런 사랑 담론의 맹점을 심미적으로 통찰한 몇몇 아티스트들이 등장하고 있다는 점이다. 더구나 그들은 그런 통찰을 참신하고 세련된 방식으로 표현하고 있다. 물론 아직은 플라톤적 자기 사랑에 대한 감성적 비판에만 머물 뿐 미래의 또다른 사랑 담론에 대한 풍성한 이야기들을 쏟아내지는 못한 상태다. 그러나 고통스런 자기비판 속에서 그들은 또다른 사랑 이야기를 조금씩 이어갈 것이다. 인디 가수 오지은이 부른 노래, 〈날 사랑하는 게 아니고〉(2009)는 그런 가능성을 조심스럽게 보여주고 있는 한 가지 사례다. 그녀가 읊조리는 노래 가사의 한 구절은 이렇다. "날 사랑하는 게 아니고 날 사랑하고 있단 / 너의 마음을 사랑하고 있는 건 아닌지 / 날 바라보는 게 아니고 날 바라보고 있단 / 너의 눈을 바라보고 있는 건 아닌지." 이 노래에서 그녀는 상대의 사랑을 의심하고 있다. 그녀가 이렇게 연인의 사랑을 의심하는 까닭은 연인을 향한 자기의 사랑이 의심스럽기 때문이다. 그렇다면 그녀가 의심하는 궁극적인 대상은 특정한 사람이라기보다는 특정한 사랑 방식이다. 여기서 눈여겨봐야 할 부분은 "아닌지"라는 종결어미다. 애잔한 이 한마디에는 의심과 고민이 담겨 있다. 의심의 대상은 분명하다. 플라톤적 자기 사랑이다. 그런 사랑을 의심하면서 그녀는 "블랙홀처럼 커지는 불안"과 함께 사랑을 고민한다. 깊어만 가는 그녀의 고민 속에서 어떤 새로운 사랑이 싹틀지는 알 수 없지만, 이런 고민 속에서만 미래의 희망을 볼 수 있으리라는 점은 분명하다.

남성적 사랑의 비호 아래에서는 자기 자신만을 위해 죽을 수 있는 반면, 여성적 사랑을 실천하고 있는 일로나는 사랑하는 타자를 위해 죽을 수 있다. 안드라스를 구하기 위해 일로나는 자기만의 소중한 규율, 즉 혼자 있을 때에만 노래한다는 작은 삶의 준칙을 깨트린다. 라즐로를 위해서는 사랑하지 않는 남자에게는 한 번도 허락하지 않았던 자신의 몸을 한스에게 허락한다. 일로나는 사랑하는 사람을 위해서라면 자신의 모든 것을 버릴 수 있는 여자다. 이런 여자의 사랑은 자기의 자긍심도 자기의 목숨도 서슴지 않고 내놓을 수 있는 사랑이다. 그런 사랑만이 미래의 타자(태아)를 잉태할 수 있다. 태아에게 자신의 피와 살을 건네줄 수 있는 사랑, 그것이 여성적 사랑이다. 남성적 사랑 담론에 빠지면 여성도 남성적으로 사랑하며(이성복의 시에 등장하는 어미 청거북처럼), 여성적 사랑 담론에 진입하면 남성도 여성적 사랑을 할 수 있다.

남성적 사랑에 뿌리내린 자유는 복종을 금기시한다. 복종은 자유의 반대이고 자유의 적대자이자 자유의 포기이며, 치욕이고 굴종이다. 복종하는 것은 노예의 증표인 반면, 복종시키는 것이 자유인의 표지標識다. 헤겔의 '주인과 노예의 변증법'에 따르더라도, 타자에게 복종하는 것이 아니라, 타자를 복종시킬 수 있는 주인으로서의 권능이 자유인의 필수 조건이다. 하지만 우리가 사랑에 빠지면, 사랑하는 연인에게 자발적으로 복종하고 싶어한다. 자신을 무한히 낮추고 연인을 따르고자 한다. 말 그대로 복服-종從하고자 한다. 그래서 남성적 자유의 관점에서 볼 때, 사랑은 위험천만하고 미친 짓이다.

누군가 사랑에 빠지면, 자기가 지금까지 입고 있던 모든 옷들, 자기 존재를 과시할 수 있는 권위와 권력과 명예 등등의 옷들을 모두 버리고 아무것도 걸치지 않은 몸으로 사랑하는 이를 따르려 한다. 지금까지 자기로 간주된 옷가지들을 과감히 벗고, 발가벗은 채로, 가난해진 몸만으로 연인을 따르기 때문에, 이런 사랑은 언제나 자기自己에 기초한 (남성적) 자유自由를 치명적으로 위협한다. 그렇다고 사랑을 완전히 금기시할 수도 없다. 왜냐하면 아무리 자긍심이 강한 자유인이라도 사랑 없이는 살 수 없기 때문이다. 그래서 남성적 자유는 자유를 해치지 않는다는 엄격한 조건하에서만 사랑을 허용한다. 데리다 식으로 말하자면 그런 자유는 사랑을 조건부로만 환대한다. 그러나 사랑이 자기중심적 자유를 침해하는 순간, 더이상 사랑은 허락되지 않는다. 사랑이 복종을 원하는 순간, 자유를 위해 사랑은 차갑게 거부된다.

유명한 만해의「복종服從」이란 시를 떠올려보자. "남들은 自由를 사랑한다지마는 나는 服從을 좋아하야요. 自由를 모르는 것은 아니지만 당신에게는 服從만 하고 싶어요. 服從하고 싶은데 服從하는 것은 아름다운 自由보다도 달금합니다. 그것이 나의 幸福입니다. // 그러나 당신이 나더러 다른 사람을 服從하라면 그것만을 服從할 수가 없습니다. 다른 사람을 服從하랴면 당신에게 服從할 수가 없는 까닭입니다."* 만해의 시에서 시적 화자는 여성적인 목소리를 내고 있다. 자기애적 사랑에서 유래하는 남성적 자유가 아니라, 타자 사랑에 기초한 여성적 자유를 말하고자 하기 때문이다. 서양적 남성적 자유의 틀 내에서 "아름다운 자유보다 달금한" 복종은 상상할 수 없다. 그 틀 내에서 복종은 자유의 포기이거나 자유를 위한 일시적 전략일 뿐이다.

하지만 만해의 복종은 또다른 자유를 보여주고 있다. 여기에서 자유란 타자를 향한, 정확히 말해 사랑하는 타자를 향한 복종의 모습으로

---

* 한용운,『당신을 보았습니다』, 문학과비평사, 1988. 26쪽.

등장한다. 자신의 자유에 복종하는 것이 아니라 사랑하는 타자에게 복종하는 자유가 만해가 말하고자 하는 자유다. 여기에서의 복종이란 (자기) 자유에의 복종이 아니라, (타자) 사랑에의 복종이다. "당신이 나더러 다른 사람을 服從하라면 그것만을 服從할 수가 없습니다. 다른 사람을 服從하랴면 당신에게 服從할 수가 없는 까닭입니다." 이것은 철저히 '사랑에 복종하는 자유'를 표현한 노래다. 시인은 '자기 자유'에 사랑을 복종시키는 것이 아니라, '타자 사랑'에 자유를 복종시킨다. 이런 사랑에 뿌리내리고 있는 자유를 여성적 자유라고 명명할 수도 있을 것이다. 서구의 남성 중심적 자유와 대비해서 말이다. 여기에서 언급되고 있는 여성이란 타자성의 다른 이름에 지나지 않는다. 다시 말해서 내가 말하고 있는 여성이란 생물학적 의미의 암컷 또는 남성 중심적 사회에 길들여진 여성이 아니라, '사랑 자체의 타자적 성격'을 뜻한다.

검은 담즙

생일 하나의 생명이 세상에 머리를 내민 특별한 날. 에로스의 가호加
護를 받으며 어두운 자궁 속에서 빛의 세계로 밀려나온 날. 죽
음이라는 시한폭탄의 버튼이 처음 눌린 날. 근원으로 회귀하고
픈 욕망이 해마다 반복해서 불붙는 날.

영화에서 일로나의 생일은 무척 중요한 날로 설정된다(이날은 동시
에 한스의 생일이기도 하다). 태어남에서 한 사람의 인생 이야기가 시작
되듯이, 영화의 뼈대를 이루는 사건 전체가 이날부터 시작된다. 한스
의 청혼과 실연, 라즐로의 질투, 음악 〈글루미 선데이〉의 초연, 안드라
스와 일로나의 첫날밤이 처음 그 생일날 일어난다. 〈글루미 선데이〉가
연주되고 생일파티가 끝난 뒤, 라즐로는 안드라스에게 그 노래 제목을
묻는다. 안드라스는 〈슬픈 일요일의 노래Das Lied vom traurigen Sonntag〉라

고 답하고, 이번에는 라즐로에게 노래 제목이 어떤지를 묻는다. 라즐로는 짧고 분명하게 자신의 견해를 이렇게 밝힌다. "약간 **멜랑콜리하지만 아름답군요.**"

영화 속에서 작곡가 안드라스가 붙인 노래 제목은 〈슬픈 일요일의 노래〉이고, 영어 버전의 제목은 〈글루미 선데이〉이다. 〈글루미 선데이〉는 이 영화의 영어 제목이기도 하다. 이 영화는 1999년에 독일과 헝가리 합작으로 만들어졌으며, 감독은 롤프 슈벨Rolf Schubel이 맡았다. 원작은 닉 바르코프의 소설 『슬픈 일요일의 노래』이며, 소설의 주요 소재는 헝가리 작곡가 세레스 레조Seress Rezso가 작곡한 음악, 〈글루미 선데이〉가 100여 명에 가까운 자살을 초래한 실제 사건에 있다. 그런데 영화의 독일어 제목은 〈사랑과 죽음의 노래〉이다. 노래 제목이자 영화 제목인 〈글루미 선데이〉는 독일어 원 제목을 축약한 형태이며, "글루미gloomy" 또는 "슬픈traurig"이라는 말이 "사랑과 죽음"으로 바뀐 사실에 주목할 필요가 있다.

영어 Gloomy Sunday는 독일어 Der traurige Sonntag으로 번역된다. gloomy, melancholic(melancholisch), traurig라는 형용사는 영어와 독일어에서 '우울한, 슬픈'이란 의미를 함축하고 있는 의미상의 동계열어들이다. 그래서 라즐로는 안드라스 음악의 제목을 듣고 멜랑콜리하다고 쉽게 말했던 것이다. 그런데 안드라스는 왜 이런 제목을 달았을까? 〈슬픈 일요일의 노래〉는 어떤 의미일까? 아무런 의미 없이 멋대로 안드라스가 만들어낸 것일까? 물론 그럴 수도 있다. 영화에도 이런 장면이 등장한다. 어느 날 라즐로의 레스토랑 손님으로 빈에서 음반 제작자들이 온다. 일로나와 라즐로는 안드라스를 음반 제작자들에게 소개해줄 목적에서 작은 음모를 꾸민다. 커피 타임에 맞춰 안드라스의 음악을 연주하도록 연출한 것이다. 음악이 끝난 뒤, 라즐로는 자연스럽게 그들에게 다가가 이렇게 묻는다. "원하시는 것이 있다면, 말씀만 하시지요." 커피를 마시면서 구슬프고 강렬한 음악에 젖어 있던 음반 제작자들은 자연히 처음 듣는 곡에 대해 호기심을 표명하고 곡의 제목을 묻는다. 라즐로가 안드라스에게 들었던 노래 제목을 말하자, 제작자 중 한 사람이 농담조로 이렇게 반문한다. "아하, 당신들은 일요일엔 가게 문을 닫는군요?" 라즐로는 정색을 하며 일요일에도 식당 문을 닫지 않는다고 말할 뿐, 그 제목의 의미를 설명해주지는 못한다.

노래의 제목을 지은 안드라스 역시 자기 음악의 메시지를 이해하지 못한다. 음악뿐만 아니라 그 음악에 붙인 노래 제목도 역시 이해하지 못한다. 비록 자신이 명명했지만 그 노래 제목의 의미를 말할 수 없다. 마치 시인이 자기 작품에 대해 설명할 수 없는 것처럼, 안드라스는 그저 어떤 영감을 통해서 음악을 작곡하고 그 음악에 제목을 달았을 뿐이다. 한편에서 예술가는 작품을 창작한 작품의 주인이지만, 다른 편에서 예술가 역시 작품을 제대로 장악하기는커녕 작품의 노예처럼 작품에 매여 사는 무력한 감상자로 남는다. 현대 해석학과 해체주의 이론에 따르면, 작가는 작품 해석의 결정권을 가질 수 없다. 작품에 대한 작가의 이해는 작품 해석의 한 가지 고려 사항일 뿐이다. 왜냐하면 대부분의 예술가는 자기 피조물에 대한 불명료한 이해 속에서 작품을 창작하기 때문이다. 이런 이유에서 영화 속의 예술가 안드라스도 죽기 전까지 자기 작품의 메시지를 찾아내려고 노력한다.

우울한 '**일요일**' ; 일요일日曜日은 한자로 태양日이 두 번이나 반복된 태양의 날이다. 태양은 빛을 상징한다. 태양은 지상에 존재하는 빛의 근원이다. 그래서 플라톤은 일자一者인 "좋음(최고선)의 이데아"를 태양에 빗대기도 했다. 그에게 이데아는 존재하는 모든 것들을 드러나도록 하는 것인데, 그 가운데 이데아들의 이데아인 "선의 이데아"는 모든 빛의 원천인 태양과 같은 존재이다. 많은 현대 철학자들이 이미 지적했듯이, 전통 서양 철학은 "빛의 형이상학"이고 태양 중심의 철학이다. 비단 철학만 그러한 것이 아니다. 서양 고전 예술작품에서 우리는 빛과 (빛의) 그림자의 선명한 대비를 통한 사물의 '윤곽'이 중시되는 것을, 그리고 태양 중심적 논리에 입각해서 엄격한 윤곽의 '질서'가 관철되는 것을 쉽게 확인할 수 있다. 청명한 하늘을 자랑하는 지중해 주변의 이집트, 그리스, 그리고 중동의 사막에서 서양 문명이 시작했다면, 그 문명은 태양신을 유일신으로 삼았던 태양의 문명이라 호칭해도 큰 무리는 없을 것이다.

그런데 구름도 없는 한낮인데도 태양이 빛을 발하지 못하는 때가 있다. 일순간 총체적으로 빛을 상실하는 사건, 일식eclipse, 日蝕이 바로 그런 시간이다. 지금은 일개 구경거리로 전락했지만, 과거 태양을 숭배하는 문화에서 일식은 엄청난 사건이었다. 태양이 빛을 발하지 못하는 사건은 임박한 대재앙의 전조였다. 밝은 태양을 조금씩 갉아먹는 어둠, 검은 태양의 출현은 사람들에게 엄청난 불안과 공포를 야기했다. 마찬가지로 영혼의 태양, 곧 이성을 좀먹는 멜랑콜리는 불가해한 어둠 속에서 광기와 불안을 낳았다. 멜랑콜리는 빛을 잠식하는 어둠으로 등장한다. 이런 맥락에서 크리스테바는 네르발의 시에서 따온 "검은 태양"이란 시어를 멜랑콜리에 관한 자기 저서의 제목으로 달았다.* 한낮인데도 번잡하거나 분주하지 않은 일요일에는 나른한 권태가 서식할

---

* Julia Kristeva, *Soleil Noir : Dépression et Mélancolie*, Gallimard, 1987.

수 있는 시간이다. 빛을 조금씩 갉아먹는 우울함이 만개할 수 있는 시간이다.

　'우울한' 일요일; 멜랑콜리는 그 말 자체가 "검은 담즙"(고대 그리스어 mélancholía = mélas^{검은} + cholé^{담즙})이라는 뜻이다. 이 용어는 원래 의학적인 용어이다. 마치 한의학(사상의학)에서 인간의 체질을 태양인·소음인·소양인·태음인으로 나누듯이, 고대 그리스인들은 인간의 몸속에 흐르는 체액Humour을 통해 인간을 네 가지 부류로 구분했다. 소수의 의사가 다수의 환자들을 효율적으로 치료하고 처방하기 위해서는 이러한 분류체계가 반드시 요구되었을 것이다. 체액에는 혈액, 노란 담즙, 검은 담즙, 점액이라는 네 가지 체액이 있고, 그것들은 각기 서로 다른 네 가지 기질을 형성한다. 이 네 가지 기질 가운데 하나가 멜랑콜리이다. 몸속에 검은 담즙의 체액이 과도하게 넘쳐흐르고 있는 사람이 멜랑콜리 기질을 가진 사람이다.

　서양 의학의 아버지, 히포크라테스에 따르면, "우리를 미치게 하고, 공포에 젖게 하고, 밤이나 낮이나 불면증에 시달리게 하고, 실수를 저지르게 하고, 쓸데없는 불안에 떨게 하고, 멍하게 만들고, 평소 습관과는 다른 행동을 하게 하는 것은 바로 우리의 뇌다. 이 모든 현상들은 뇌가 건강하지 못하고 비정상적으로 뜨겁거나 차갑거나 습하거나 건조할 때 일어난다". 멜랑콜리는 검은 담즙이 과도하게 흘러넘쳐 뇌에 영향을 줄 때 나타나는 병으로서, "슬픔, 불안감, 낙담, 자살 성향, 그리고 장기적인 공포에 수반되는 음식 혐오, 의기소침, 불면증, 짜증, 불안정" 등의 증세로 나타난다.[*] 히포크라테스 이후 1,500년 동안 검은

* 앤드류 솔로몬, 『한낮의 우울』, 민승남 옮김, 민음사, 2004. 424쪽.

담즙에 관한 복잡하고 다양한 담론이 전개되었지만, 사실 현대 의학의 관점에서 보면, 검은 담즙은 존재하지 않는다고 한다. 그러나 멜랑콜리가 우리의 신체에는 존재하지도 않는 허구적인 개념이라고 하더라도, 멜랑콜리에 귀속된 병의 징후들은 여전히 유효하며, 엄연히 존재한다. 지금도 하나의 질병으로서 멜랑콜리, 즉 우울증(Melancholy와 Depression은 대부분 동일시된다)은 물리적인 약물 투여와 정신분석학적(또는 심리학적) 치료가 요구되는 병으로 존재한다. 또한 히포크라테스와 아리스토텔레스 이래로 끊임없이 전개된 멜랑콜리에 관한 담론은 서양인들의 인간에 대한 이해와 예술에 대한 이해를 살펴보는 데 있어 결정적인 담론이기 때문에, 설사 그것이 현대 의학적 관점에서 허구적인 것으로 판명되었다 하더라도, 과거의 담론을 일거에 폐기처분한다거나 무시하는 실수를 범해서는 안 된다.

어원에 따르자면, 멜랑콜리의 색깔은 검은색이다. 사실 검은색은 색깔이 없다는 뜻이다. 정확히는 빛이 없다는 말이다. 색깔은 빛의 조명 아래에서만 자신을 드러내는데, 빛이 없어 색깔이 드러나지 않은 상태, 그것이 검은색이다. 멜랑콜리는 인간 영혼의 어두운 그림자, 암흑의 세계이다. 갈렌Galenos von Pergamon은 히포크라테스 이후 가장 중요한 의사로 평가받는 인물인데, 그에 따르면 "체액은 어둠처럼 이성이 위치한 영혼의 자리까지 침범한다. 아이들이 어둠을 두려워하는 것처럼 어른들도 공포를 일으키는 검은 담즙의 제물이 되면 뇌 속에서 밤이 지속되고 중단 없는 공포 상태에 놓인다. 바로 그런 이유로 우울증 환자는 죽음을 두려워하면서 동시에 그것을 소망하게 된다. 그들은 빛을 피하고 어둠을 사랑한다". 그의 견해에 따르면 멜랑콜리는 검은 어둠이고 밤이고 이성을 잃은 상태이며, 죽음에 대한 공포이자 소망이다.

멜랑콜리의 이런 어둡고 비이성적인 성격 때문에 고대 의사들은 사람과 빛을 피하고 어두운 밤에만 활동하는 야성적인 '늑대인간'을 멜랑콜리커Melancholiker(멜랑콜리 기질을 가진 자)로 간주하기도 했다. 영어로 베어울프(werewolf, 독일어로는 Werwolf. 영어의 'were'나 독일어의 'Wer'는 모두 라틴어의 'vir'에서 유래한 말이다. vir는 남자 또는 인간을 뜻한다)라고 불리는 늑대인간이라는 질병은 고대 그리스어 늑대lykos와 인간anthropos을 합쳐 만든 리칸트로피Lykanthropie라 부른다. 이 명칭에서도 알 수 있듯이, 이 병은 인간 속에 잠재된 길들여지지 않은 야성이 걷잡을 수 없이 분출되는 것에 그 원인이 있다고 간주되었다. 이런 점에서 멜랑콜리는 우리 내부의 어두운 힘이 야기한 견딜 수 없는 고통의 반복적인 타격으로 영혼 전체에 어둡게 번져버린 영혼의 검은 멍이라 할 수 있을 것이다.

우선 멜랑콜리라는 정조를 가능하면 정확히 기술해보기로 하자. 멜랑콜리의 원인을 찾기 이전에, 멜랑콜리가 어떤 정신 상태인지를 선명하게 보여줄 필요가 있다. 물론 위에서 잠시 언급했던 고대 의사들의 멜랑콜리 기술도 틀린 것은 아니지만, 그것들은 의사의 관찰자적 시점에서 기술된 것들이다. 반면 스스로 우울증 환자였던 앤드류 솔로몬은 멜랑콜리를 다음과 같이 잘 묘사하고 있다.

"늘 무언가를 하고 싶은 기분, 자신에게는 불가한 어떤 감정이 있는 듯한 기분, 위장에서는 계속 토하는데 입이 없는 것처럼 해소 불가능한, 절박하고 불편한 육체적 욕구를 안고 있는 듯한 기분을 느낀다. 우울증 상태에서는 시야가 좁아지다가 닫히기 시작하는데, 전파 방해를 받아 화면이 심하게 흔들리는 텔레비전을 보는 것처럼 영상을 보고 있긴 하지만 진짜 보는 것이 아니고 사람들의 얼굴도 클로즈업되지 않으면 알아볼 수 없으며 그 어느 것도 테두리가 없다. 공기는 마치 빵 죽을 들이부은 듯 탁하고 저항적이다. 우울증에 걸리는 건 눈이 머는 것과 같아서 처음엔 서서히 어둠이 시작되다가 결국 온통 캄캄해지며, 귀먹는 것과 같아서 조금씩 안 들리다가 끔찍한 침묵이 주위를 에워싸서 마침내 자신의 소리마저도 그 정적을 뚫을 수 없게 된다. 또한 입고 있는 옷이 서서히 나무로 변하는 것과 같아서 처음엔 팔꿈치와 무릎이 뻣뻣해져오다가 종내는 꼼짝없이 채 끔찍한 무게에 짓눌리다가 쇠약해져서 조만간 죽음을 맞이하게 된다."[*]

이렇게 기술된 증상들을 간략히 정리해보면, 1) 욕구불만, 2) 무관심, 3) 고립감, 4) 죽음의 불안 등의 과정을 겪는다. 여기에서 가장 중요한 증상은 첫번째 욕구불만이다. 정확히 알 수 없는 욕망, 그 욕망의 계속되는 좌절이 주위 사람들과 세계에 무관심하게 만들고, 자신을 고립시키고, 죽음을 생각하도록 만든다. 그렇다면 "욕구불만", 이 상투적인 표현이 함축하고 있는 의미는 무엇일까? 이 물음에 답하기 위해, 멜랑콜리의 주요 특징들을 간략히 나열해보기로 한다.

첫째, 멜랑콜리에 빠진 사람에게 멜랑콜리를 일으킨 대상, 원인은 불분명하다. 멜랑콜리커는 이유 없이 슬프다. "이유 없는 슬픔", 이것이 히포크라테스 이래로 멜랑콜리를 규정짓는 첫번째 특징이다. 그를 우울하게 만든 원인이 있다면, 무의식 깊숙이 어딘가에 숨겨져 있다. 의식의 차원에서 그 원인을 밝혀내기는 어렵다. 슬픔의 원인을 아는 것만으로도 슬픔에서 조금은 자유로울 수 있을 것이다. 하지만 멜랑콜리커는 자기 고뇌의 뿌리가 너무 깊숙이 감추어져 있어, 까닭 모를 슬

---

[*] 앤드류 솔로몬, 같은 책. 77~78쪽.

품에 잠길 수밖에 없다.

둘째, 멜랑콜리를 묘사하기 어렵다. 사실 모든 감정이 형용하기 어렵지만, 정체불명의 미묘한 멜랑콜리는 더더욱 잘라 말하기 어렵다. 멜랑콜리커의 언어는 간접적인 묘사에 의존할 수밖에 없다. 멜랑콜리커는 많은 시간을 침묵에 잠겨 있으며, 어쩌다 이따금씩 던지는 그의 말은 수수께끼처럼 들린다. 그의 말에서 논리적 일관성을 기대할 수 없는 것은 말할 나위도 없으며, 그의 어법은 일상적인 어법에서도 크게 벗어난다. 그래서 그의 말을 자구字句 그대로 믿어서는 안 된다. 말의 행간을 읽고, 미묘한 뉘앙스를 고려하고, 말에 묻어 있는 감정을 느껴야만, 겨우 그의 말을 이해할 수 있다. 또한 이해하기 힘들더라도 그의 말 속에 어떤 진실이 담겨 있다는 사실을 잊어서는 안 된다.

셋째, 멜랑콜리는 막연하지만 검질긴 불안감이다. 특히 미래의 죽음에 대한 불안감이 멜랑콜리의 주된 정조다. 불가해한 죽음, 언제 닥칠지 모르는 죽음 앞에서 멜랑콜리커는 불안에 진저리를 친다. 그리고 그 불안이 현재의 삶 전체를 뒤덮는다. "우울증이 지나치게 깊어지면 미래의 고통에 대한 예견 속에서만 현재를 살게 된다. 우울증이 지나치게 깊어지면 안전한 영역에 서 있어도 더이상 균형을 잡을 수가 없다. 우울증 상태에서는 현재에도 미래의 고통에 대한 예견만 하게 되며 현재로서의 현재는 아예 존재하지도 않게 된다."* 미래의 불안은 불안의 원천이다. 막상 고통이 닥치면 고통스러워하느라, 그것을 피하려 하느라 분주하고 정신없다. 불안해할 여유가 없다. 오로지 가까이 다가왔지만 아직 당도하지 않은 파국, 어김없이 다가오는 어둠, 임박

---

* 앤드류 솔로몬, 같은 책. 44쪽.

한 미래의 고통이 불안을 낳고 기른다. 우리 속담에 "매도 먼저 맞는 편이 낫다"는 말이 있다. 매를 맞는 고통보다 자기 차례를 기다릴 때까지 겪어야 하는 불안의 고통이 더 크다는 말이다. 정작 닥치고 부딪히면 별것 아닌데 그러기 전까지 스스로 상상해낸 고통에 대한 환상이 더욱 고통스럽다.

멜랑콜리는 도래하는 어둠 직전에 형성되는 불안감이다. 다가오는 파국을 예감하며 현재가 아니라 미래를 사는 사람의 정조다. 이런 이유로 옛날 사람들은 멜랑콜리의 기질을 황혼 또는 가을과 연결 지었다. 인간을 하나의 소우주로 본다는 것은 모든 것이 유사성·유비성의 원칙에 입각해 있다는 뜻이고, 결국 모든 것이 비슷비슷한 구조로 짜여 있다는 뜻이다. 그래서 인간의 기질을 넷으로 분류할 수 있다면, 시간도 넷으로 분류할 수 있고, 멜랑콜리가 도래하는 어둠을 예감하며 불안해하는 정조라면, 그것은 밤이 되기 전의 황혼 또는 겨울이 오기 전의 가을에 해당한다고 보았던 것이다. 이와 연관된 고대 그리스인들의 유비적 사유는 다음과 같은 도표로 간명하게 살펴볼 수 있다.*

---

* Roland Lambrecht, *Melancholie: Vom Leiden an der Welt und den Schmerzen der Reflexion*, Rowohlt Taschenbuch Verlag, Hamburg, 1994, p.31.

원소	공기	불	땅	물
체액	피	노란 담즙	검은 담즙	점액
성질	따뜻함/축축함	따뜻함/건조함	차가움/건조함	차가움/축축함
계절	봄	여름	가을	겨울
연령	유아기	청년기	장년기	노년기
하루	아침	점심	저녁	밤
색깔	붉은색	노란색	검은색	흰색
맛	달콤한 맛	쓴맛	매운(신)맛	짠맛
기분	쾌활하다	대담하다	반항적이다	비활동적이다
행성	금성(또는 목성)	화성	토성	달(물을 가진 별)
기질	Sanguiniker: 밝고 쾌활하고 낙천적인 기질	Choleriker: 정열적이며 흥분하기 쉬운 기질	Melancholiker: 우울과 슬픔에 젖은 기질	Phlegmatiker: 조용하고 냉담한 기질

넷째, 멜랑콜리는 극적 반전, 즉 극단적인 감정들의 급격한 전환을 특징으로 한다. 극도의 긴장 상태에서 극도의 권태감으로 이행되는가 하면, 터질 듯한 충일감과 끝없는 공허감 사이를 오락가락 반복한다. 종잡을 수 없는 감정의 변덕, 극단으로 치닫는 감정의 큰 기복이 멜랑콜리를 특징짓는다. 멜랑콜리의 이런 성격은 그것의 수용사에서도 그대로 나타난다. 어떤 시대에는 멜랑콜리가 과도하게 멸시되다가도 이후 급격하게 찬미되는 모습을 보여준다. 예컨대 중세와 르네상스 시대에 멜랑콜리에 대한 평가는 지옥에서 천국으로 직행하는 모습을 연상케 한다. 멜랑콜리는 중세에 커다란 죄악으로 경멸되었다. 이 시기에 멜랑콜리는 "acedia"("관심cedos"이라는 그리스어에서 유래한 acedia 는 "관심이 없는 무력한 상태"를 뜻함, "나태"로 번역됨)라고 불렸다. 기독교의 영향 속에서 멜랑콜리는 인간의 죄이자, 그 죄에 대한 신의 저

주로 여겨진다. 심지어 어떤 이들은 그것을 원죄와 동일시했으며 힐데 가르트 수녀(12세기 독일의 신비주의자)는 이렇게 썼다고 한다. "아담이 신의 말씀을 어긴 바로 그 순간에 멜랑콜리가 그의 피 속에서 응고되 었다."* 그러던 멜랑콜리가 르네상스에 이르러 피치노Marsilio Ficino와 같은 인문주의자들로부터 과도하게 칭송되었던 것이다.

멜랑콜리는 천재의 징표이면서 동시에 가망 없는 정신병이고, 천사의 축복이면서 동시에 악마의 저주이며, 최고의 지성이면서 동시에 무시무시한 야수성이다. 여기에서 빠트리지 말고 강조되어야 할 점은 야누스적인 두 얼굴의 교차이고, 대립하는 양 극점의 변전變轉이다. 이런 변신과 전환의 특성 때문에, 멜랑콜리는 뭇 금속들의 화학적 변용을 거쳐 황금을 만들려고 했던 연금술이나 신의 메시지를 인간에게 전해 주는 전령, 메르쿠르Merkur(그리스 신화의 헤르메스)와 연결될 수 있었다.

다섯째, 멜랑콜리는 어떤 상실감, 종국에는 자기 상실감이다. 갈망하는 어떤 것을 잃어버렸다는 상실감에서 시작해서, 멜랑콜리는 결국 자기 상실감으로 이어진다. "부식을 체험하는 것, 거의 날마다 내리는 비의 파괴에 노출된 자신을 발견하는 것, 자신이 연약한 존재로 변모하고 있고 자신의 점점 더 많은 부분들이 강풍에 날려가서 점점 더 작아지고 있는 것을 아는 건 유쾌한 일이 아니다. 어떤 사람들은 상대적으로 감정의 녹이 더 많이 슨다. 우울증은 생기를 빼앗고 하루하루를 뿌연 안개로 덮고 일상적인 행동들을 힘겹게 만든다."** 깊이 사랑했던 대상을 상실하는 사건은 단순히 대상 상실만으로 끝나지 않는다.

---

* 앤드류 솔로몬, 같은 책. 436쪽.
** 앤드류 솔로몬, 같은 책. 26~27쪽.

그것은 도미노 연쇄반응처럼 주위의 모든 의미망들을 무너뜨리고 종국에는 자기 자신마저 무너져버리는 사건으로 비화된다.

마지막으로, 멜랑콜리는 강한 자의식을 전제한다. 자기의식이 없는 멜랑콜리커는 없다. 세상사에 무관심해지고 고립된 자기에 침잠하는 자가 전형적인 멜랑콜리커다. 아니 어쩌면 세계, 타인과 분리되고 고립된 자아에게, 또는 보는 나와 보여진 나로 분열될 수밖에 없는 자아에게 멜랑콜리는 불가피한 정조일 것이다. 자기의식이 멜랑콜리의 전제조건이기는 하지만, 그렇다고 자기의식을 가진 자가 모두 멜랑콜리커가 되는 것은 아니다. 타자로 향하는 길을 스스로 봉쇄하고, 타자에 무관심하도록 만들 만큼 비대한 자의식을 가지고 있는 자만이 멜랑콜리커가 될 수 있다. 이런 점에서 멜랑콜리는 나르시시스트의 정조다. 타인을 사랑하는 줄 알았지만, 결국 자기 자신의 아름다움에 매혹된 나르시시스트의 사랑처럼, 자기 집착과 자기 연민으로 귀결되는 사랑은 결국 타인을 사랑했던 것이 아니라 스스로를 사랑한 셈이다. 멜랑콜리는 자기만을 사랑할 수밖에 없는 사람의 파국적인 정조다.

이런 멜랑콜리 현상을 종합해보건대, 우선 멜랑콜리는 기복이 심한 슬픈 감정의 일종이라고 말할 수 있다. 그런데 슬픔은 왜 생겨나는 것일까? 지금까지의 이야기 속에서 우리가 찾을 수 있는 가장 설득력 있는 대답은 사랑의 상실, 이별이다. 사람은 사랑의 대상을 상실했을 때, 자신의 수족이 잘려나가는 고통과 슬픔을 느낀다. 그런데 어떤 경우는 한동안 슬픔을 느끼는 것으로 끝나지 않는다. 상실의 고통과 그 고통에 대한 불안 때문에, 사랑의 대상에 대한 애착은 커져가고, 애착은 집착이 되고, 집착은 자기 집착으로 연민은 자기 연민으로 변하여, 결국 사랑에서 시작된 멜랑콜리는 끝없이 커져만 가는 자기 연민으로 끝을 맺는다. 초라한 자기 자신에 대한 연민은 자기혐오와 증오로 돌변하고, 이렇게 자신의 가슴을 할퀴고 상처를 낸 다음, 다시 피투성이가 된 자신을 동정한다. 그리고 이 과정이 강도를 더해가며 반복된다. 사랑의 상실과 상처에 슬퍼하는 자기 스스로에게 연민을 느끼면서, 슬픔은 슬픔을 배가시킨다. 사랑의 공복감에 제 살점을 스스로 뜯어 먹는 자기 연민에 빠지면, 헤어나올 수 없는 멜랑콜리의 수렁에 빠진 것이다.

연인의 상실은 누구에게나 견디기 힘든 큰 슬픔을 안겨준다. 그런데 왜 사랑의 슬픔이 종종 끝 모를 자기 연민(과 혐오)으로 빠지는 것일까? 혹시 그 사랑이 실은 자기 사랑이었음을 암시하는 것은 아닐까? 자기 연민으로 귀착되는 사랑은 타자를 타자로서 사랑한 것이 아니라, 자신의 분신으로, 또다른 반쪽으로서 사랑한 것이라 말할 수 있다. 때문에 그는 상실된 자기를 동정하며 자기 연민에 빠질 수밖에 없고, 연인의 상실(죽음)이 아니라 실은 자기 상실(죽음)에 불안해하고, 그렇듯 자기 속에 갇힌 초라한 자신을 자책하며 죽고 싶어하는 멜랑콜리커로 서서히 변모한다. 요컨대 하나의 질병으로서 멜랑콜리는 사랑의 한 가지 방식, 곧 자기애적인 사랑(과 죽음)에서 유래한 것이라고 규정할 수 있다.

한스가 찍은 일로나의 사진은 시간을 역행하며 현재와 과거를 뛰어넘는 매체 역할을 한다. 하나의 장면이 이야기가 되고, 정지된 순간이 움직이는 시간이 되고, 사진이 영화가 된다.

여성 육체의 아름다움은 남성에게 매료와 위협의 대상으로 여겨졌다. 왜냐하면 사랑은 육체의 아름다움에 자리잡고 있으며 사랑 자체가 이미 독이자 해독제라는 이중성을 가지고 있기 때문이다.

두 시선이 충돌하고, 뒤엉키고, 이내 서로에게 빠지고 침몰한다. 애인 라즐로의 시선에도 아랑곳하지 않고, 일로나는 안드라스의 시선에 붙잡혀 꼼짝할 수 없다.

늦은 밤, 세 남녀는 삼거리에서 멈춰 선다. "날 신경 쓸 필요는 없어. 인간은 자유롭게 결정할 수 있어야 한다고 내가 항상 말했잖아." 라즐로는 아량 있는 남자의 품위를 뽐내려 한다. 이것은 위험천만한 내기다.

———
라즐로가 일로나의 한 부분에 대한 권리를 주장하면서 일로나는 두 명의 연인을 갖게 되고, 또는 두 명의 연인에 의해 공유된다. 영화는 이 것을 라즐로와 안드라스가 나란히 감자자루를 들고 가는 장면으로 잡아낸다.

———
팔뚝에 두른 시뻘건 완장은 한스가 새롭게 획득한 무소불위의 권력을 상징한다. 한스는 주인공들의 선함과 아름다움을 돋보이게 만들어주는 역할을 맡고 있다.

—
우아하게 손을 저어 음식의 냄새를 음미하는 한스. 마치 예술작품을 감
상하듯, 그는 음식을 감상하며 즐긴다.

—
일로나는 뱃속에 잉태된 미래를 품고 있다. 그것마저 없었다면, 무덤에
서 그녀는 떠날 수 없었을 것이다.

코데, 〈파이프 담배를 피우는 젊은 남자〉, 1630

프리드리히, 〈해변의 수도승〉, 1808~10

티슈바인, 〈긴 그림자〉, 1805

푸젤리, 〈침묵〉, 1788/1801

드 라 투르, 〈등불 곁의 막달레나〉, 1640~45

뒤러, 〈멜랑콜리아 I 〉, 1514

자살

〈글루미 선데이〉라는 음악이 유명해진 것은 그 음악에 담긴 미묘한 멜랑콜리 때문이기도 하지만, 그 음악에 따라붙는 특이한 유명세 때문이기도 하다. 이 음악이 처음 작곡되었을 당시, 〈글루미 선데이〉를 들으면서 자살했던 사람이 많았고, 이것은 세간의 호기심을 부추기는 소문이 되어 회자되었다. 굴리면 굴릴수록 기하급수적으로 불어나는 눈덩이처럼 소문은 돌고 돌면서 커져만 갔고 소문의 크기만큼 모방 자살의 규모도 커져갔으며, 그와 함께 〈글루미 선데이〉는 어느 날 갑자기 유명해졌다. 영화 속에서도 이 음악을 들으며 많은 젊은이들이 자살하는 장면이 등장한다. 〈글루미 선데이〉의 작곡가로 등장하는 안드라스는 이런 사실을 듣고 무척이나 괴로워하는데, 결국 자신도 자살로 생을 마감한다. 〈글루미 선데이〉라는 영화가 상업적으로 성공한 배경에는 그 음악과 결부되어 있는 자살에 대한 세간의 호기심도 작용했을 것이다.

　그런데 정말 사람들은 〈글루미 선데이〉라는 곡 하나 때문에 자살했을까? 그럴 수도 있다. 하지만 그것만으로는 신빙성이 떨어진다. 자살은, 더욱이 영화에 등장하는 연쇄 자살은 당시의 사회·정치·경제적인 측면을 통해 조망해보아야 한다. 자본주의의 암울한 사회상, 경제공황, 실업, 전쟁, 니힐리즘, 부르주아의 부패 등등. 다시 말해서 〈글루미 선데이〉를 들은 사람들의 잇따른 자살은 음악 자체의 영향력뿐만 아니라, 암울했던 당시 사회 구조적 문제와 깊은 연관을 맺고 있을 것이다. 이처럼 자살에 대해 논의할 때는 특정한 역사적 시점에서, 각기 다른 사회, 문화, 경제, 정치적 상황을 고려해서 살펴볼 필요가 있다.

　물론 거기에만 머물러서도 안 된다. 어떤 단계에 이르면 좀더 다각적이고 심층적인 접근, 곧 철학적인 접근이 필요해지기 때문이다. 어느 심급에 이르면, 그런 분과 학문적 접근 방식만을 통해서는 설명되지 않는 부분이 남기 때문이다. 예를 들어 경제적인 상황이 좋지 않으면 자살하는 사람들이 많아지는 것이 사실이지만, 사실 〈글루미 선데이〉를 듣고 자살하는 사람들은 극빈층이 아니다. 영화 속에서 자살하는 사람들은 적어도 〈글루미 선데이〉를 축음기로 들을 수 있는 부르주아였음을 확인할 수 있다. 또한 2,500년 전에 살았던 아리스토텔레스가 증언하는 바에 따르면, 당시에도 멜랑콜리로 자살하는 사람은 많았다고 한다. 지금과는 전혀 딴판이었던 고대 그리스 사회에서도 "젊은 이들 사이에서 그리고 때때로 나이 든 사람들 사이에서도 목을 매어 자살하는 유행"*이 있었다고 한다.

---

* Aristotle, *Problems II*, Book ⅩⅩⅩ, trans. W. S. Hett, London and Cambridge, 1957. p.954b.

지금도 자살은 커다란 사회적인 문제가 되고 있다. 특히 언론의 주목을 받았던 연예인, 정치가 들의 자살은 센세이션을 일으키는 이슈가 되기도 한다. 자살의 동기에는 여러 가지 것들이 나열된다. 예를 들어 갑작스런 실직 및 금전상의 손실, 가망 없는 빈곤, 가정불화, 연인과의 이별 또는 질투, 정신질환, 중독, 신체적 고통, 삶에 대한 혐오 및 좌절 등등을 열거할 수 있다. 그러나 열거된 동기 가운데 어느 하나도 결정적이고 필연적인 자살의 동기는 되지 못한다. 왜냐하면 그런 상황 속에서도 꿋꿋하게 살아가는 사람들이 더 많기 때문이다. 그리고 어떤 점에서 자살의 동기는 충분히 밝힐 수 있는 것이 아니다. 다만 추정할 수 있을 뿐이다. 유서를 써서 자살 동기를 밝힌 사람이라 하더라도, 그를 자살로 몰고 간 다른 이유가 존재할 수 있기 때문이다. 그렇기는 하지만 여러 자료를 통해 자살의 원인을 대충 그려볼 수는 있을 것이다.

먼저 사회학적 관점에서 자살을 분류했던 에밀 뒤르켐의 말을 경청하기로 하자.* 그는 사회학자로서 가족·정치·종교와 같은 '사회'의 '응집력' '부재'를 자살의 주요 동기로 파악한다. 뒤르켐은 풍부한 통계자료를 사용하여 국가별·연도별·인종별·신장별·연령별·계절별·하루 시간대별·종교별·성별·교육수준별·결혼 지위별·직업별 등등으로 그 변동사항을 밝힌다. 이런 통계 분석이 지적 흥미를 유발하는 것은 분명한 사실이지만, 통계 방법 자체의 한계는 차치하고라도, 그것이 자살의 근본 원인을 밝힐 수 없다는 점은 분명하다. 하지만 뒤르켐이 제시했던 자살의 분류 범주만은 나름대로 설득력이 있다. 그에 따르면, 자살은 사회 집단의 성향에 따라 크게 세 가지로 분류될 수 있

---

* 에밀 뒤르켐, 특히 「제2부 사회적 원인과 사회적 유형」, 『에밀 뒤르켐의 자살론』, 황보종우 옮김, 이시형 감수, 청아출판사, 2008 참조.

다. '이기적 자살', '이타적 자살', '아노미적 자살'이 그것이다. 1) 이기적인 자살이란 사회 응집력이 떨어진 상태에서 자기 자신만을 위해 사는 사람들이 권태와 무의미 때문에 자살하는 경우이며, 2) 이타적인 자살이란 과도하게 정력적이고 열정적이고 결연한 사람들이 희생이란 이름으로 행하는 자살이며, 3) 아노미적 자살은 과도한 경쟁상황에서 발생하는 짜증과 혐오감의 결과이다. 분류는 이렇게 세 가지로 할 수 있지만, 실제 한 사람의 자살 원인은 이들 요인이 복합된 것이라고 할 수 있을 것이다.

　인간은 결국 누구나 죽는다. 이미 언급했다시피, 고대 그리스인들은 인간을 가사자라 칭했고, 이 명제를 보편적인 진리 가운데 하나로 여겼다. 지금도 여전히 이 점은 누구나 수긍할 수 있는 보편타당성을 가지고 있다. 인간은 죽는다! 그런데 자신의 죽음에 대한 인식을 가진 인간에게는 타살만이 아닌 자살의 가능성도 주어져 있다. 인간은 죽음을 알고 있고, 스스로를 죽일 수 있는 능력을 가지고 있다. 우리가 여타의 생명체와 대화를 한다거나 그것들이 되어본 경험을 갖지 못하기 때문에 쉽게 다른 존재자들과 인간을 비교하는 일은 삼가기로 하자. 하지만 인간의 죽음 경험은 다른 것들과 다른 양태를 가지고 있는 것은 분명해 보인다. 특히 자살의 경우가 그러하다. 물론 자살하는 것처럼 보이는 동물들도 없는 것은 아니지만, 인간의 자살과는 그 이유와 배경이 다르다고 해야 할 것이다. 생물학적이고 유전학적인 방식으로 인간의 자살을 설명하는 것은 단지 한 가지 설명방식일 뿐이다.

　자살하는 대부분의 경우, 죽음은 삶의 간편한 방편으로 이해된다. 자살은 죽음에 대한 인식이 아니라 삶에 대한 특정 태도에서 나온다. 예를 들어, 어떤 사람들은 죽음을 하나의 해결책, 즉 고통을 제거하거나 모든 불편한 관계를 해소해버리는 편리한 방책으로 이해한다. 이 경우 그들의 죽음 이해는 진정한 죽음 이해라기보다는 "죽음을 해답으로 선택한 삶의 태도" 또는 "죽음을 통해 현실화한 삶에 대한 희구"이다.* 자살이 문제해결의 출구로 이해될 경우, 그것은 삶의 고단함에서 벗어나려는 욕구일 뿐이다. 삶의 문제 해결책으로만 죽음을 생각한다는 점에서, 자살은 타인 살해와 본질적으로 동일한 죽음 이해를 전제하고 있다. 다시 말해서 자기 살해든 타인 살해든 둘 모두는 죽음을 문제 해결의 간편한 방법으로 간주한다.

우리는 누구나 삶의 고단함에서 벗어나고자 한다. 불운이 계속되고, 맺고 있는 관계가 틀어지고 왜곡될 때, 죽고 싶어한다. 우리의 일상 언어 사용에서 종종 "죽고 싶어"라는 말을 들을 수 있는데, 이 말의 정확한 의미는 "현재 자신이 처해 있는 고통의 가시밭길에서 벗어나고 싶다"는 뜻이다. 모든 고통을 잊고 편히 잠을 자고 싶은 욕망이다. 팽팽한 긴장 상태를 벗어나 고요한 안정을 찾고픈 욕망이다. "죽고 싶다"는 말은 일차적으로 삶의 고단함에서 벗어나고픈 욕망을 표현한 말이지, 결코 자기 존재 전체를 완벽하게 제거하고픈 욕망을 표현한 말은 아니다. 때문에 "죽고 싶어"라는 말은 "이건 사는 게 아냐. 난 다르게 살고 싶어"라는 말로 번역 가능하다.

삶은 죽음의 반면反面이고, 죽음 역시 마찬가지이다. 가령 에로틱한 사랑인 섹스에서 궁극적으로 도달하려는 지점은 오르가슴인데, 그것은 모든 욕망이 주체의 통제를 벗어나 흥건히 분출되는 망아忘我적 현상을 뜻한다. 성적 자극과 긴장의 고조는 통제 불가능한 성적 에너지

---

* 정진홍, 『만남, 죽음과의 만남』, 궁리, 2008. 152쪽.

의 표출을 지향한다. 그런데 미칠 것 같은 정신착란적인 성적 에너지의 분출은 다름 아닌 에로스적 욕망의 죽음을 뜻한다. 오르가슴 이후에는 더이상 자극이나 긴장도, 성적 에너지의 분출이나 에너지의 지향도 남아 있지 않기 때문이다. 이런 맥락에서 바타유는 그런 오르가슴을 "작은 죽음petite mort"이라 부른다. 그것은 에로스적 주체가 경험하는 순간의 파멸이다. "관능의 욕망은 스스로를 파멸시키고 싶은 욕망 또는 적어도 스스로를 남김없이 잃어버리고 싶은 욕망이다."*

성적 자극과 긴장 상태는 긴장의 해소, 즉 죽음과 같은 오르가슴을 지향한다. 반대로 살아 있는 것의 고요한 안정 상태는 자극과 긴장을 지향한다. 우리가 말할 수 있고 생각할 수 있는 삶과 죽음은 이런 야누스적 통일체로서의 삶과 죽음이다. 죽음이 빠진 삶, 삶이 빠진 죽음은 상상해볼 수 있을지언정, 불가능하며 무의미하다. 그려볼 수 있다 하더라도, 그런 그림을 우리는 결코 이해할 수 없다. 자살을 포함한 살인은 이런 삶과 죽음을 모두 제거하는 행위이다. 또한 그것은 삶에서 죽음이 빠져나가고 죽음에서 삶이 빠져나갈 때 일어나는 현상이다. 그것은 삶을 죽이고 죽음마저 죽이는 행위다.

자살을 이해하기 위해서는 '자기'에 대한 이해가 선행 조건이다. 자살이 이루어지려면, 누군가를 죽이고 싶고, 누군가로부터 죽임을 당하고 싶고, 결국 살해와 피살의 주체를 제거하고 싶은 욕구가 동시에 만족되어야 한다. 자살은 '스스로를 스스로가 죽이는 행위'라고 규정될 수 있다. 그렇다면 여기에서 반복되는 '스스로'는 누구인가? 자살에서는 누가 누구를 죽인다는 말인가? 누군가를 죽인다는 점에서 자살은

---

* 조르주 바타유, 『에로티즘의 역사』, 조한경 옮김, 민음사, 1998. 156쪽.

일종의 살인 행위다. 살인자와 피살자가 '누구'인지가 명확히 해명되지 않는다면, 자살은 단순히 스스로 목숨을 끊는 일이 아니라, 일종의 살인 또는 타살일 수도 있다. 그래서 자살의 문제는 궁극적으로 자기에 대한 성찰을 요구하지 않을 수 없다.

나는 누구인가? 상투적으로 들릴 정도로 지나치게 고답적인 철학적 물음이다. 이 물음에 답하기 전에 먼저 나의 허구적인 모습을 밝힐 필요가 있다. 다시 말하면, 내가 누구라고 긍정적으로 답하기 이전에, 먼저 '나는 누구누구가 아니다'라며 부정적으로 말할 필요가 있다. 대개의 경우 내가 알고 있는 나는 내가 아니기 때문이다. 많은 경우, 나는 부모의 시선을 통해 형성된 나다. 부모의 욕망과 기대를 통해 만들어진 나다. 나는 부모의 칭찬에 웃고 꾸지람에 울던 나이며, 자연스레 그런 칭찬과 꾸지람에 길들여진 나이다. 나의 육체뿐만이 아니라 영혼 자체도 부모를 통해 만들어졌고 길들여졌다. 내 주변의 부모와 사회로부터 말이다.

그렇지만 나는 그처럼 형성되기만 하는 존재는 아니다. 나를 무엇인가로 만들려는 외부의 힘에 나는 반항하고 저항할 수 있다(대개 사춘기에 이런 모습을 보인다). 그러기 위해서는 먼저 외부의 힘으로 만들어진 나의 모습을 바라볼 수 있어야 한다. 스스로를 볼 수 있는 또다른 나로 분열되어야 한다. 이처럼 나는 보고 보이는 능동과 수동의 관계 속에서 자기 분열된다. '보는 나'가 '보이는 나'에 만족하지 못할 수 있다. 그래서 이제 나는 스스로에게 반항하면서 새롭게 나를 창조한다. 나는 형성되는 존재이자 형성하는 존재이다. 나는 형성의 '과정' 속에 있으며, 창조하고 창조되는 '사이'에 존재한다. 고정된 실체처럼 존재하는 나는 이미 내가 아니다. 진행중인 자기, 과정중의 자기, 되어가는 자기, 형성하는(되는) 자기, 미완결의 자기가 나의 본모습에 가깝다. 이런 점에서 '나'는 언제나 '가능성'으로 존재한다. 즉 나는 누구라기보다는 차라리 누구**일 수 있는**('일 수 있는') 존재다. 그런데 모든 살인은 이런 가능성 자체를 말살한다. 변화 가능성 자체를 제거하는 것이 살인이다.

자살은 스스로가 스스로를 죽이는 행위다. 자살에서는 살인자와 피살자가 동일 인물이다. 자살은 '보는 나'가 '보여진 나'를 살해하는 행위다. 여러 가지 이유 때문에 '보여진 나'가 보기 싫다. 또는 타인에 대한 살인충동이 '보여진 나'에게 전이될 수도 있다. 그래서 우울해지고 자살충동을 느낀다. 자살충동에 시달리는 사람은 자신의 우울한 심경을 다음과 같이 토로한다. "나는 자기 살해자인 동시에 희생자였으며, 고독한 배우인 동시에 외로운 관객이었다."* 그런데 '보는 나'가 '보여진 나'를 죽일 수 있는 권리가 있을까? 보이는 나는 보는 나의 쌍생아이고 도플갱어Doppelgänger이며 상호 공속적인 관계에 있는 존재들이다. 다시 말해서 하나가 없으면 다른 하나도 존재할 수 없는 관계다. 하나를 죽이면 다른 것도 죽을 수밖에 없는 관계다. 언제나 '보는 나'는 또다시 '보여진 나'로 뒤바뀔 수 있다. 그래서 보는 나가 보여진 나를 실제로 죽이면, 자기의 모든 가능성 자체가 사라진다.

자살은 생각이 몸을 살해하는 행위다. 앤드류 솔로몬에 따르면, "자살은 정신의 자기 반란이며 우울의 극에 이른 정신이 이해할 수 없는 복잡성을 지닌 이중적인 환멸이다. 그것은 자신을 저절로 해방시키기 위한 고의적인 행동이다. 날카로운 자기 인식이 있어야 그 인식의 대

---

* 윌리엄 스타이런, 『보이는 어둠─우울증에 대한 회고』, 임옥희 옮김, 문학동네, 2002. 78쪽.

상을 파괴할 수 있으므로 온순한 우울증 상태에서는 자살을 상상하기도 힘들다. 자살은 지극히 약하거나 비겁한 행동이라기보다는 그릇된 용기와 불행한 힘에 의한 행동이다."* 나약한 사람은 자살할 수도 없다. 오직 지독한 자기 의식과 자기 환멸을 가진 사람만이 자살할 수 있다. (자기)의식이 지나치게 비대해져서 자기 몸을 살해하는 행위가 바로 자살이다.

전통적인 철학적 도식에 따르자면, 자살은 생각이 몸을, 영혼이 육체를, 정신이 자연을 제거하는 살해 행위다. 이런 살해는 자기의 분열을 전제한다. 즉 의식과 몸, 가해자와 피해자, 살해 주체와 살해 객체의 분리를 전제한다. 그런 주체-객체 도식의 전제 속에서 주체는 객체를 자기와는 무관한 대상으로 사물화시킨다. 이 틀 속에서 인간의 몸과 자연은 제어와 통제가 가능하고 심지어 죽일 수 있는 대상으로 남는다. 그러나 과연 몸이 이런 것일까? 플라톤에 따르면, 몸은 영혼의 감옥이다. 그런데 도리어 영혼이 몸의 감옥은 아닐까? 자살은 의식이 우리 육체의 감옥이 될 수 있음을 잘 보여주는 사례다.

몸은 부정할 수 없는 영혼의 거주 공간이고 모태이다. 영혼의 가능 근거이자 존립 근거이다. 몸을 부정하는 영혼은 자기 가능성의 근원을 송두리째 부정하는 셈이며, 때문에 그런 부정의 정당성은 어디에서도 마련될 수 없다. 또한 부정한다고 해서 부정되는 것도 아니다. 분열된 자아(의식 내부의 분열 이전에 육체와 정신의 분열이 앞선 자아 분열이다)가 인간에게 어쩔 수 없는 운명이라면, 그래서 분열된 자아의 화해를 희구하는 것이 인간의 필연적 욕망이라면, 그런 욕망 실현을 위해 자살

* 앤드류 솔로몬, 같은 책. 420쪽.

은 아무런 도움을 주지 못한다. 분열된 한쪽이 다른 한쪽을 제거하는 방법은 통일도 아니고, 화해는 더더욱 아니며, 문제를 미결의 상태로 영원히 방치하는 것 이외에는 아무것도 아니다.

　생각은 몸을 통제한다. 생각하는 바에 따라 몸이 움직여주길 강요한다. 생각을 통한 몸의 완벽한 지배, 이것은 관념론자들의 오랜 꿈이었다. 플라톤은 어린아이에게 처음 가르쳐야 할 것으로 음악과 체육을 꼽았던 적이 있다. 음악은 영혼의 분열을 막기 위해, 체육은 영혼의 육체 지배를 위해 가장 필요한 교육이라고 보았기 때문이다. 하지만 플라톤의 생각과는 달리, 육체는 영혼의 집이고 거주 공간이며 영혼의 가능성의 조건이다. 육체를 떠난 영혼은 존속할 수 없다. 더이상 그것은 인간의 '살아 있는' 영혼은 아니다. 기껏해야 그것은 자기를 기억하는 타자의 또다른 육체에서 기생하는 귀신이고 유령일 뿐이다.

　영화 속의 안드라스는 왜 자살했을까? 그의 자살 동기는 불분명하다. 이야기의 전후 문맥 속에서 두 가지 동기 정도를 추정할 수 있을 뿐이다. 첫번째 동기는 일로나에 대한 배신감이다. 안드라스는 일로나가 무소불위의 권력을 잡은 한스를 좋아한다고 오해한다. 그래서 안드라스는 일로나의 사랑을 의심하고, 사랑을 의심하면서부터 그는 자기의 존재 이유를 찾지 못한다. 두번째 동기로는 자존심의 급격한 추락을 들 수 있을 것이다. 라즐로와는 달리 안드라스는 한스의 요구(피아노 연주)를 거절한다. 꼿꼿하게 등을 곧추세운 채 의연히 불의와 맞선다. 그때 일로나가 안드라스의 목숨을 살리려고 노래를 부른다. 그녀는 혼자 있을 때만 부른다던 노래를 부르며 안드라스에게 피아노 반주를 부탁한다. 그런데 도리어 안드라스는 연인을 굴욕적인 상황으로 몰고 간 자기 자신을 더이상 참을 수 없다. 또한 죽음의 위협 앞에서 자존심을 한껏 부풀렸던 안드라스에게 일로나의 행위는 달갑지 않다. 안드라스를 살리려는 그녀의 행동은 도리어 안드라스의 자존심에 크나큰 상처를 남겼고 그 수치심에 자살했던 것이다.

영화 속의 피아니스트 안드라스처럼, 자살로 생을 마감한 예술가들이 많다는 속설이 있다. 특히 할복의 나라, 일본의 작가들은 자살을 미화하고 스스로 실천한 것처럼 보인다. 『설국』의 작가 가와바타 야스나리川端康成, 그의 제자인 미시마 유키오三島由紀夫, 다자이 오사무太宰治 등등이 그러하다. 다른 나라의 자살한 작가로는 소설가 츠바이크Stefan Zweig, 시인 네르발Gérard de Nerval, 클라이스트Bernd Heinrich Wilhelm von Kleist, 울프Virginia Woolf, 런던Jack London, 전혜린 등등이 있다. 그러나 예술가의 자살은 연예인의 자살처럼 센세이션의 먹잇감이지, 예술의 본질과는 아무런 관련이 없다. 예술가들이 세인의 주목을 받는 사람들이기 때문에 유독 많아 보일 뿐, 자살한 예술가들의 숫자는 생각만큼 많지 않다.

숱한 자살 원인이 있을 것이다. 그러나 그 어떤 원인도 자살의 필연적인 이유는 될 수 없다. 왜냐하면 인간은 전적으로 필연의 법칙에 종속된 존재가 아니라 자유로운 존재이기 때문이다. 원칙적으로는 그렇다 치더라도, 우리의 논의 문맥에서 자살의 근본 원인 하나쯤은 말할 수 있을 것이다. 그것은 '사랑의 전면적인 상실'이다. 사랑을 잃으면 모든 것이 무의미해진다. 프로이트가 지적한 것처럼, 사랑 상실의 초기 증상은 무의미의 나락에 떨어진다는 점이다. 뒤르켐의 사회 '응집력'이란 것도 기실 사랑과 다른 것이 아닌데, 왜냐하면 사랑이란 사람과 사람 '사이'에서 서로의 마음을 이어주는 보이지 않는 끈이기 때문이다. 이런 유대의 끈이 하나둘씩 끊어져 종국에는 전면적으로 '사이-

끈'들이 싹둑 잘려나가면, 사람은 고립되고 그래서 왜소하고 초라해진다. 동시에 자신의 존재 이유가 사라져버린다. 그런데 깊이 사랑했던 단 한 사람의 상실만으로도 이런 '사이-그물망'의 전면적인 파괴가 초래될 수 있다.

사랑을 잃었다. 작은 부재가 블랙홀처럼 모든 것을 무화시킨다. 우주의 질서와 의미의 세계를 떠받치던 기둥들이 모두 무너져버린다. 자기를 떠받치던 기둥도 도미노 연쇄 반응으로 쓰러진다. 그래서 모든 것이 폐허가 되고 만다. 이런 파국의 연쇄 고리를 차단하는 것이 애도 작업이고 지인들의 사랑의 손길이다. 때문에 사랑의 애도 작업이 중요하다. 자살은 애도 작업에 실패한 극단적인 경우다. 물론 애도 작업에 성공하지 못한 사람들이 모두 자살하는 것은 아니다. 그러나 애도 작업의 실패는 자살은 아니더라도 깊은 상처를 남긴다. 그래서 사람들은 이렇게 말한다. 모든 사랑을 잃고 다시 사랑할 가망마저 전혀 없는 삶은 "살아도 사는 것이 아니라고", "죽지 못해 사는 것이라고", "이미 죽은 목숨이나 다름없다고" 말이다. 하지만 삶(생명) 자체가 사랑할 수 있는 가능성이고 생명은 모질게 이어져온 사랑의 역사이기 때문에, 그것은 결코 소홀히 여겨져서는 안 된다. 마지막으로 죽음은 삶과 사랑 또는 윤리와 한패이지만, '죽임'은 그것들의 반역이라는 사실을 잊지 말기로 하자.

애도

목련은 화사하게 피어나지만, 질 때는 처참하다. 하얀 꽃잎에 한 점 한 점 죽음의 검버섯이 피어난다. 목련꽃이 질 때는 슬픔과 애도의 여유도 없다. 처연한 망연자실만 있을 뿐이다. 떨어지는 목련처럼 처참한 죽음을 만들지 않으려고 인간은 애도의 의식을 마련한다.

뒤를 돌아보지 말 것. 안드라스의 무덤을 방문한 일로나는 뒤를 돌아보지 않고 걸을 수 있다. 뱃속에 잉태된 미래를 품고 있기 때문이다. 그것마저 없었다면, 무덤에서 그녀는 떠날 수 없었을 것이다. 미래가 없었다면, 사무쳤던 과거에서 풀려나지 못했을 것이다. 슬픔의 무게 때문에 옛 사랑의 흔적 앞에서 발걸음이 떨어지지 않았을 것이다. 망자亡者에 묶여 자신도 모르는 사이에 망부석望夫石이 되었을 것이다.

오르페우스의 실수. 뒤를 돌아보면 영영 그 어둠의 세계로부터 빠져나갈 수 없다. 하나의 세계를 빠져나갈 때는 뒤를 돌아보면 안 된다.

눈물이 흘러내리고 가슴이 찢어질지언정 뒤를 보아서는 안 된다. 자기 자신은 물론 연인 역시 그곳에서 탈출할 수 없다. "돌아보지 말라", 이 것은 수없이 많은 신화와 전설에서 반복되는 계명이다. 모든 돌파와 모든 탈출은 이렇게 어렵다. 뒤돌아보는 순간, 빠져나오려고 그동안 공들였던 모든 노력들이 수포로 돌아간다. 돌아보는 순간 다리는 돌처 럼 굳어버리고 집착의 동아줄이 뱀의 똬리처럼 온몸을 휘감는다. 이전 세계에서 완전히 빠져나와 새로운 세계로 진입하고 나면, 이전에 빠져 있던 세계는 단지 기억 속 영상으로만 재현될 뿐 더이상 구속력을 가 지지 못한다. 돌파의 시간에는 뒤를 돌아보아서는 안 된다. 떠나야만 할 시간에는 눈물이 앞을 가려도 앞만 보고 달려야 한다.

인생이 바람 같다는 말을 자주 듣는다. 어딘가에서 우연히 일어나 정처 없이 떠돌다가 또다른 어딘가에서 흔적 없이 사라져버리는 바람 에 우리네 인생을 비유한다. 이렇게 바람은 '사라짐'을 빗대는 대표적 인 은유다. "바람처럼 '결국' 우리는 우연히 생겨났다가 우연히 사라 지는 것에 불과하다." 여기에서 '결국'이 암시하는 것은 인생의 시작 과 끝을 아울렀다는, 그래서 총체적으로 인생을 바라보고 있다는 점이 다. 이런 맥락에서 '결국'을 말하는 사유는 삶을 초월한다. 삶을 떠나 삶을 전체적으로 조망한다는 점에서 그러하다. 그러나 위의 구절에서 의미상의 초점은 "우연"에 맞춰져 있다. 여기에서 우연은 '알 수 없고 통제 불가능하지만 어떤 필연적 사태'를 뜻하며, 사람들은 그것을 '운 명'이라 말하기도 한다.

그런데 다시 논의의 초점을 '결국'으로 이동시켜보자. 이 문장은 '결국' 운명을, 알 수 없는 운명을 안다는 이야기 아닌가? 어떻든 사유 를 통해서 또다시 초월 작용이 일어난다. 사유는 계속 "결국"을 만들어낸다. "결국"을 통해 사태를 정리하고 마무리 짓고 요약하고 끝을 맺는다. 사태를 초월함으로써 사태에서 자유로워진다. 우연과 운명을 간접적으로나마 지배한다. 이런 생각의 초월 작용은 운명의 강압으로 부터 우리를 조금 자유롭게 해준다. 사유가 사태 너머로 운동한다는 점에서 사유도 바람을 닮았다. 바람이 어느 한 곳에 정주하지 않고 공간상의 경계를 자유롭게 넘나드는 것처럼, 가볍고 강한 사유는 경계의 안팎을 넘나든다.

사랑하는 이의 죽음은 그이의 존재가 바람처럼 허망하게 사라졌다는 것을 뜻한다. 죽음은 (재회의) 기약 없는 사라짐이다. 다시 돌이킬 수 없는 사라짐이다. 때문에 연인의 죽음은 당연히 살아남은 자에게 커다란 상처를 남긴다. 사랑의 크기만큼 상실의 상처도 클 수밖에 없다. 그래서 때로 상실의 상처는 거의 치유할 수 없는 상처가 되기도 하고, 치명적인 상처가 되기도 한다. 살아서 세상에 홀로 남은 이는 어떻게 해서든 상실의 슬픔을, 슬픔의 상처를 치유해야 한다. 그래서 인간은 애도 작업을 수행한다. 여기에서 애도 작업이란 슬픔을 통해서 슬픔을 치유하는 일을 뜻한다. 우리는 단지 슬퍼서가 아니라 슬픔을 치유하기 위해서라도 슬퍼해야 한다. 상실의 슬픔은 오직 슬퍼함을 통해서만 치유될 수 있다. 다른 방법은 없다. 슬퍼하며 슬픔이 잦아들기만을 기다리는 수밖에는 없다. 왜냐하면 사랑하는 대상은 대체 불가능한 존재이며 그 대상이 사라진 자리는 다른 무엇으로도 메울 수 없기 때문이다.

애도 작업에서는 '때'와 '장소'가 중요하다. 슬퍼할 때 슬퍼하지 못하고 슬퍼해야 할 곳에서 슬퍼하지 못한다면, 애도 작업은 실패할 가능성이 높다. 예컨대 부모님의 임종을 지키지 못하여 슬퍼할 타이밍과 장소를 놓쳐버린 사람은 평생 무거운 회한을 품고 살아가기 쉽다. 사랑하는 이의 떠나감을 배웅하지 못한 죄책감이 애도 작업을 포기하도록 하기 때문이다. 그런데 아무리 효과적인 애도 작업의 기술을 터득한다 하더라도, 애초부터 완벽한 애도 작업은 불가능한 일이다. 애도 작업에서 완벽한 성공은 있을 수 없으며, 애도 작업을 통해 상실의 상처가 치유되더라도 상처 자국은 남을 수밖에 없다. 한 점의 슬픔 자국도 남기지 않는 완벽한 애도 작업은 불가능하다. 게다가 그것이 바람직한 것도 아니다. 왜냐하면 사랑하기 이전의 상처 없는 상태를 추구하는 것은 사랑의 진정성을 훼손시킬 수 있기 때문이다. 애도 작업은 다만 살아남은 자들이 여생을 살아가는 동안 그 사랑을 기억하며 이어가기 위해서 그리고 더욱 성숙한 사랑을 새로이 하기 위해서 필요할 뿐이다.

헤겔이 절대 정신의 영역으로 언명했던 바 있는 예술, 종교, 철학은 인간이 할 수 있는 가장 고차원의 애도 작업을 수행하는 영역이다. 그 각각은 자기 죽음에 대한 무시무시한 불안, 사랑하는 연인의 죽음에 대한 공포, 죽음 자체의 무의미와 허무 등등에 대처하는 문화적 장치·애도의 내러티브다. 그것들은 죽음, 특히 사랑하는 대상의 사라짐에 직면한 인간이 취할 수 있는 가장 탁월한 대응 방식이다. 문화의 꽃이라 할 수 있는 예술·종교·철학은 죽을 수밖에 없는 인간의 죽음 대응 방식에 다름 아니다. 시대와 공간마다 각기 대응 방식이 다르지만, 필멸의 인간이 죽음에 응대하여 만들어낸 것이라는 점은 동일하며, 그래서 각기 다른 문화의 대응 방식도 나름의 존재 이유를 갖는다. 죽음에 대처하는 방식은 단순한 허구나 기만은 아니다. 그것이 본시 죽음의 현실성에서 유래하는 것이기 때문이다. 얼마나 죽음에 정면으로 대응하느냐에 따라 문화의 현실성이 다른 수준으로 판가름 날 뿐이다.

예술은 섬세한 감성의 차원에서 자연스럽게 이별의 고통을 치유하는 애도 작업이다. 예컨대 미당 서정주는 이별의 아픔을 다음과 같이 담담하게 노래한다. "섭섭하게, / 그러나 / 아조 섭섭지는 말고 / 좀 섭섭한듯만 하게, // 이별이게, / 그러나 / 아주 영 이별은 말고 / 어디 내생에서라도 / 다시 만나기로하는 이별이게, // 蓮꽃 만나러 가는 / 바람 아니라 / 만나고 가는 바람같이…. // 엊그제 / 만나고 가는 바람 아니라 / 한 두 철 전 / 만나고 가는 바람같이…."* 이 노래를 듣고 있노라면, 울컥 치밀어 오르던 슬픔과 설움이 정갈하게 정제되는 것 같은 느낌이 들지 않는가? 이처럼 예술은 참기 힘든 슬픔의 고통을 조용히 갈무리하는 애도 작업에 속한다.

아마도 종교는 죽음에 대한 담론을 가장 많이 산출하는 영역일 것이다. 죽음 담론을 가지고 있지 않은 종교는 없다. 어쩌면 종교라는 것이 죽음 때문에 존립 가능한 것처럼 보일 정도로, 종교는 현세에 관한 담론 말고도 죽음과 내세에 관한 담론을 끊임없이 지어낸다. 종교의 이런 죽음 담론 산출의 힘은 평범한 지식에서 나온 것이 아니다. 차라리 그것은 초자연적·신적인 앎 그리고 그런 앎에 대한 믿음에서 유래한다. 믿음체계로 정교하게 짜여 있는 종교는 회의와 불가지론에 빠진 연약한 인간에게 어떤 확신을, 그리고 마음의 평안을 가져다준다. 이와 같이 종교는 죽음과 사후세계에 관한 담론을 수없이 엮어낼 뿐 아니라, 장례예식, 제사의례 등등을 통해 죽음을 형식화하고, 제도화하고, 사회화하여 결국에는 하나의 거대한 문화로 승화한다. 종교를 통

---

* 서정주, 「蓮꽃 만나고 가는 바람같이」, 『미당 시 전집 1』, 민음사, 2002. 186~87쪽.

해 도저히 감당할 수 없는 가혹한 죽음이 순화되고 길들여진다. 종교적 예식으로 말미암아, 인간의 죽음이 고귀하게 승화된다. 요컨대 종교는 죽음이 불러일으키는 무시무시한 공포와 불안을 믿음으로 진정시키고, 다양한 종교 문화적 제례를 통해 인간이 죽음을 받아들을 수 있을 만큼 그것을 순화시키고 길들인다.

이에 비해 철학은 신적인 앎에서 죽음을 연역하지 않는다. 철학은 믿음체계를 쉽게 받아들이지 않는다. 하이데거의 말처럼, 신은 철학할 수 없고 오직 인간만이 철학할 수 있다. 철학은 전지전능한 존재에게 속하는 것이 아니라, 앎을 욕망하는 인간에게 속한다. 완전하지 않기 때문에 무엇인가를 욕망할 수 있는 인간만이 철학할 수 있다. 때문에 철학은 근본적으로 인간 실존에서 출발하고 그 안에서 움직이며, 마지막까지 인간 실존의 한계에 머무른다. 그 한계 바깥으로 나가자마자, 더이상 철학이라 부르기는 어렵다. 하이데거의 제자인 핑크Eugen Fink 의 말에 따르면, "철학은 종교가 아니고 종교의 초자연적 원천을 가지고 있지 않다. 철학은 단지 가사적인 인간이 유한하게 사유하는 자기 이해일 뿐이다".* 기독교를 본격적으로 수용했던 중세의 서양 철학마저 철학적 사변과 신적 계시와의 양립 가능성을 타진했을 뿐, 그것을 혼동하거나 뒤섞지는 않았다.

때문에 철학은 종교가 선사하는 것과 같은 큰 위로를 인간에게 줄 수 없다. 철학은 종교처럼 죽음이 야기하는 공포와 불안을 진정시킬 수도 없고, 죽음을 사회화·제도화할 수도 없다. 물론 철학이 어느 정도 그런 종교적 기능을 가지고 있는 것도 부인할 수 없지만, 종교와 비

---

* Eugen Fink, *Metaphysik und Tod*, Kohlhammer, Stuttgart·Berlin·Köln·Mainz, 1969. p.120.

교할 때 상대적으로 미미한 수준에 그친다고 말할 수 있다. 대신 철학은 인간적인 수준에서 자신의 죽음을 대면할 수 있게 한다. 신적인 존재나 사후세계로부터 인간의 죽음을 연역하는 것이 아니라, 삶과의 연관 속에서 죽음을 이해하고자 한다. 또한 철학은 실존하는 죽음의 어둠, 심연, 무의미를 온전히 긍정한다. 반면에 예술은 종교적 믿음과 철학적 앎 사이에서 자유롭게 '놀이'하는 인간의 문화영역이라 할 수 있을 것이다. 믿음도 아니고 앎도 아닌, 또는 그 둘 모두인 심미적 가상세계를 구축함으로써 예술은 자신의 방식대로 죽음에 대처한다.

한갓 동물이기만 했던 인간이 죽음에 대처하는 문화를 형성하면서, 비로소 지금의 인간이 되었다. 인류학에서는 동물과 인간을 나누는 결정적인 계기를 매장 풍습의 유무有無라고 말하기도 한다. 사랑하는 자의 시체를 방치하지 않는 행위, 죽음을 인식하고 그것에 대응하는 행위가 가장 뿌리 깊은 '인간적인' 행위이다. 왜냐하면 삶은 사랑으로 엮여 있어서 삶이 죽음으로 변용될 때 사랑은 슬픔으로 변하고, 그래서 그 사랑을 애도하는 것은 인간의 인간다움을 형성하는 핵심이기 때문이다. "삶이 애도할 만한 것이 아니라면 그것은 삶이 전혀 아니며", "삶으로서의 자격을 부여받지 못할 것이고 주목할 가치가 없는 것"이라는 버틀러의 이야기는 이런 맥락에서 이해할 수 있다.* 결국 한 개인의 애도 의식뿐만 아니라 공동체 전체의 애도 의식에서 모든 인간적인 문명이 시작된다. 소포클레스의 『안티고네』에서 안티고네가 국법을 어기면서까지 혈육의 시신을 매장하려고 했던 행위는 그보다 훨씬 이

---

* 주디스 버틀러, 『불확실한 삶—애도와 폭력의 권력들』, 양효실 옮김, 경성대학교출판부, 2008. 65쪽.

전부터 내려오던 가장 인간적인 행위, 가장 근원적인 문명적 행위를 계승한 것일 따름이다.

사랑하는 이가 죽었다. 연인의 사라짐을 도저히 받아들일 수 없다. 해일 같은 슬픔이 걷잡을 수 없이 밀려온다. 이럴 땐 어떻게 할 것인가? 해일처럼 밀려드는 슬픔을 거부할 수는 없다. 그럴 수도 없을 뿐더러 그래서도 안 된다. 왜냐하면 이 경우 슬픔의 크기는 사랑의 크기에 비례하며, 사랑의 크기는 결국 인간성의 궁극적인 척도이기 때문이다. 또한 슬픔을 거부한다고 슬픔이 사라지는 것이 아니라, 잡히지 않고 보이지 않는 깊은 곳으로 숨어버리기 때문이다. 이렇게 잠복한 슬픔은 반드시 되돌아온다. 그리고 이렇게 귀환한 슬픔은 몇 배의 무게로 살아남은 자의 삶을 짓누른다. 때문에 슬퍼하되, 슬픔이 치유되는 애도가 요구된다. 사라지는 연인을 고이 보낼 수 있는 슬픔.

애도는 그런 것이다. 슬픔을 통해 슬픔을 이겨내기. 슬픔을 통해 슬픔을 이겨내기 위해서는 뒤를 돌아보지 말아야 한다. 연인의 사라짐을 붙잡지 말아야 한다. 뒤를 돌아봄으로써 슬픔을 진정시키려 해서는 안 된다. 뒤를 돌아보지 않음으로써 쏟아지는 슬픔을 그대로 견뎌내야 한다. 슬픔이 짓무르고 곪아 터질 때까지. 슬픔의 상처에서 새살이 돋아날 때까지. 상처의 아문 흔적이 사랑의 훈장처럼 빛날 때까지.

뒤를 돌아보며 사라지는 것을 붙잡으려는 순간, 슬픔은 더 큰 슬픔을 부른다. 그렇게 되면 더이상 슬픔에서 헤어나올 수 없다. 그럴 때 사랑은 애착의 수준을 넘어선다. 애착이 집착이 되고 집착이 고착된다. 사랑이 집착으로 고착되면, 더이상 그 사랑은 타자 사랑이 아니다. 외관상으로나 명목상으로 그것이 연인에 대한 사랑 표현처럼 보일지언정, 그런 사랑은 자기 사랑일 뿐이지 타자에 대한 사랑이 아니다. 연인의 상실 때문에 고통스러워하는 비운의 주인공으로 스스로를 미화하면서 그런 자기 모습에 사랑과 연민을 느끼는 것이다. 이처럼 사랑이 자기 사랑이 되어버리고, 그런 사랑에서 유래한 슬픔에 사로잡히면, 모든 애도 작업은 수포로 돌아간다. 슬픔의 원천이 타자가 아닌 자기 자신이 되기 때문이다. 이 경우 더이상 슬픔은 사라진 연인에 대한 슬픔이 아니다. 자기만의 방에 갇힌 나르시시스트의 자기 연민일 뿐이다. 이런 점에서 애도 작업의 핵심 내용은 더이상 붙잡으려 하지 않고 연인의 떠나감을 긍정하는 것이다.

가장 대표적으로 제도화된 애도 작업은 장례와 제사다. 아무리 핵가족화되었다지만, 아직까지도 우리네 집안 일 가운데 가장 큰 일은 역시 이 두 가지 행사다. 과거 장례식에서 눈물이 나오지 않더라도 곡哭을 하며 우는 흉내라도 내었던 것은 그것이 슬픔을 슬픔으로 이겨내는 애도 작업의 제도적 장치였기 때문이다. 제사 역시 일상의 생활에서 벗어나 그날만큼은 애도 분위기 속에서 떠나갔던 사람을 추모하려는 제도적 장치다. 이런 애도 작업은 살아남은 가족들의 결속과 단합을 만들어내기도 한다. 프로이트가 말했던 근원아버지와 그의 자식들의 관계처럼, 죽은 자를 추모하면서 가족은 사랑의(어쩌면 공모共謀의) 연대감을 느낄 수 있다.

현대인들이 생각하듯이, 제사는 한갓 만나기 힘든 가족 구성원 간의 파티가 아니라(가족파티를 위한 빌미가 아니라), 나를 사랑해주었고 내가 사랑했던 사람을 그리는 마음에서 출발한다. 동시에 그것은 살아남은 자들의 슬픔을 어루만지는 애도 장치로 기능한다. 어쩌면 그것은 죽은 자를 위한 것이라기보다는 살아남은 자들을 위한 것일 수도 있다. 가라타니 고진의 냉정한 사회학적 판단에 따르면, "죽은 자를 애도하는 것은 특별히 그 죽은 자를 생각하는 것이 아니라 그 사람의 부재 때문에 불안정해진 공동체를 재확립하기 위해서고, 그 사람을 잊고 추방하기 위한 것이다".* 모든 것이 사회 제도화되면서 그 본래의 취지를 잃기는 하지만, 제사는 근본적으로 죽음을 만나는 사랑의 애도 의식이다. 종교학자 정진홍에 따르면, 제사란 "죽음 때문에 슬픈, 죽음으로 인한 별리 때문에 가슴 아픈, 죽음으로 인한 단절 때문에 절망을 살 수밖에 없는 회한에 가득 찬 사람에게 주어진 유일한 위안이고 온전한 축복"**이다.

요컨대 장례와 제사라는 애도 의식은 죽음을 만나는 사랑의 표현 형식이다. 그리고 죽음에 맞서 사랑을 실천한다는 점에서, 그것은 인간 존엄성을 측정하는 중요 지표다. 동시에 그것은 죽음의 세계로 사라진 연인을 기억하는 추모의 향연이다. 그리고 그런 향연에는 언제나 사랑과 죽음이 어우러진 음악이 연주되기 마련이다. 예나 지금이나 우리는 이와 같은 향연 속에서나 감동적인 예술을 만날 수 있다. 왜냐하면 사랑과 죽음이 어우러진 한 편의 노래, 그것이 바로 예술이기 때문이다.

---

* 가라타니 고진, 『윤리 21』, 송태욱 옮김, 사회평론, 2008. 123쪽.
** 정진홍, 『만남, 죽음과의 만남』, 궁리, 2008. 202쪽.

제3부

멜랑콜리의 노래

우리는 세상이라는 거대한 무대 위에서 어떤 배역을 맡고 있는 배우다. 하지만 많은 경우 배역에 빠져들어 그곳에서 빠져나올 줄 모른다. 관객의 시선을 갖지 못하면, 자신이 배우라는 사실조차 파악하지 못하고, 이런 몰이해가 훌륭한 연기자가 되는 것을 가로막는다. 자신의 삶을 돌아보고 성찰하는 것, 바로 이 속에서 새로운 삶을 창조할 수 있다. 그리고 이렇듯 삶을 비판적 관객으로서 성찰하는 것이 바로 철학이다.

_「비극」

노래

음악을 듣던 노신사가 갑자기 쓰러지고, 급박하게 레스토랑의 지배인은 의사를 부른다. 그리고 그는 다음과 같이 중얼거린다. "이것은 저주받은 노래야. 지금까지도 저주받은 노래. 그때는 사랑으로 작곡되었는데…… 그녀를 위해, 60년 전에." 수많은 사람의 목숨을 앗아간 저주받은 노래, 〈글루미 선데이〉. 영화 전체는 이 노래에 얽힌 이야기와 선율과 정조로 물들어 있다. 노래는 영화의 내용과 분위기 전체를 지배하고 있다.

영화 속에서 〈글루미 선데이〉는 일로나의 생일날 그녀를 위해 헌정된 노래로 등장한다. 그 노래는 사랑을 위해서 작곡되었다. 하지만 무슨 이유 때문인지 그 음악을 듣는 많은 사람들이 자살을 한다. 한 편의 노래가 죽음을 부른다. 사랑으로 만들어진 노래가 죽음을 불러들인다. 물론 영화 시나리오상의 극적인 장치에 불과할 수도 있지만, 우리는 여기에서 심상치 않은 모티프를 발견할 수도 있다. 사랑과 죽음 '사이'의 노래. 노래를 '사이'에 두고 사랑과 죽음이 만난다. 노래는 사랑과 죽음의 접점이다. 사랑은 노래를 남기고 죽음을 만난다.

아쉽지만 책의 활자에서는 음악을 들을 수는 없다. 음악의 메시지를 찾던 안드라스가 결국 찾아낸 가사만을 옮겨놓을 수 있다. 안드라스가 작사한 가사는 제법 〈글루미 선데이〉의 선율과 부합한다. 옮겨놓을 수 없는 음악의 선율은 라즐로의 말대로 멜랑콜리하면서 헝가리 집시 선율과 독일 낭만주의의 분위기가 섞여 있는 노래다. 활자를 통해서 선율을 다시 기억해내거나, 음악을 들어보지 못한 사람은 선율을 상상해보는 것도 괜찮을 것 같다.

슬픈 일요일의 노래

슬픈 일요일, 너의 저녁이 멀지 않았어
검은 그림자들과 난 나의 고독을 함께하지
눈을 감으면, 그것들의 모습이 수없이 보여
난 잠들 수 없고 그것들은 더이상 깨어나지 않아
담배 연기 속에서 형상들이 움직이는 모습이 보여
이곳에 나를 내버려두지 마, 천사들에게 나도 간다 말해줘
슬픈 일요일

일요일을 난 너무 많이 외롭게 보냈어
오늘 난 긴 밤 속으로 길을 떠날 거야
곧 양초가 타오르고 연기가 눈을 촉촉이 젖게 하겠지

하지만 울지는 마, 친구들아, 드디어 난 홀가분하기 때문이지

마지막 숨이 나를 영원히 고향으로 데려가겠지

그림자들의 나라, 거기에서 난 안식을 찾을 거야

슬픈 일요일*

   노래 속에서 화자인 "나"는 죽음을 앞둔 사람이다. 임박한 죽음 앞에서 그는 어렴풋이 홀로 죽음을 감지한다. 시간적 배경은 일요일 오후, 어둠이 깔리기 시작할 무렵이다. "나"의 눈에는 그림자, 환영, 유령들이 보이기 시작한다. 그것들은 이 세상에 거주하는 것들이 아니다. 그들은 죽음 너머의 곳에서 건너와서 "나"를 그곳으로 인도한다. "검은 그림자들", 그들이 나의 죽음과 함께한다. 하지만 "검은 그림자"들만 있는 것이 아니다. 내가 사랑하고 나를 사랑하는 "친구들"도 있다.

---

* Das Lied vom traurigen Sonntag

Trauriger Sonntag, dein Abend ist nicht mehr weit

Mit schwarzen Schatten teil ich meine Einsamkeit

Schliess ich die Augen, dann seh ich sie hundertfach

Ich kann nicht schlafen, und sie werden nie mehr wach

Ich seh' Gestalten ziehn im Zigarettenrauch

Lasst mich nicht hier, sagt den Engeln ich komme auch

Trauriger Sonntag

Einsame Sonntage hab ich zuviel verbracht

Heut mach ich mich auf den Weg in die lange Nacht

Bald brennen Kerzen und Rauch macht die Augen feucht

Weint doch nicht, Freunde, denn endlich fuehl ich mich leicht

Der letzte Atemzug bringt mich fuer immer heim

Im Lande der Schatten da werd ich geborgen sein

Trauriger Sonntag

아니 죽어가는 "내"가 마지막으로 염려되는 것은 나의 친구들이다. 양초의 촛농이 떨어지듯, 친구들의 눈에서 눈물이 흐를 것을 염려하는 "나"는 친구들에게 너무 슬퍼하지 말 것을 부탁한다. 왜냐하면 "나"는 완벽히 소멸하는 것이 아니라 그래서 영원히 이별하는 것이 아니라, 단지 검은 그림자의 세계로, 영혼(유령)의 고향으로 옮겨가는 것뿐이기 때문이다.

좁은 의미에서, 노래란 "가사에 곡조를 붙인 것"을 뜻한다. 여기에서 우리는 이 낱말을 이런 좁은 뜻으로만이 아니라 넓은 의미의 노래, 즉 예술 일반을 총칭하는 말로 사용하고자 한다. 원래 우리말 어원에 따르더라도 이 말의 의미는 처음부터 "가사에 곡조를 붙인 것"으로만 국한되지 않았다고 한다. 노래는 시와 음악을 넘어 예술로, 아니 예술을 넘어 '놀이' 일반을 뜻하는 말이었다. 백문식에 따르면, "15세기 문헌 표기는 '놀애'이다. 노래ⁿ는 동사 '놀다ⁿ(연주하다)'의 어근에 명사 형성 접미사 '-애'가 붙어 명사가 되었다(놀+애→놀애〉놀래〉노래)".*
이런 점에서, 노래는 자유로운 놀이의 일종이자, 동시에 최고의 놀이로서 예술을 뜻하는 말이다. (놀이와 예술의 연관성에 관해서는 '내기'를 언급할 때 이미 말한 바 있다. 그런데 내기와 같은 '노름', 어떤 역할을 뜻하는 '노릇' 역시 노래와 마찬가지로 놀이에서 파생된 말들이다.)

노래는 자기 스스로에게 불러주는 노래이면서 동시에 자신이 사랑하는 이들에게 불러주는 노래다. 노래는 자기 자신이든 타인이든 누군가를 부른다. 놀기 위해서는 누군가와 함께하는 것이 필요하듯이(혼자 노는 경우, 또다른 자기와 함께 노는 것이다), 노래는 누군가를 부름으로써

---

* 백문식, 『우리말의 뿌리를 찾아서』, 삼광출판사, 1998. 91쪽. 김민수·최호철·김무림 편찬, 『우리말 어원사전』, 태학사, 1997. 201쪽 참조.

그에게 들려주는 노래이며, 결국 그 누군가를 '위한' 노래다. 이런 점에서 노래는 기본적으로 찬미함이다. 노래는 찬미의 언어에 속한다. 라틴어로 찬미함은 라우다레laudare이고, 그것의 명사 라우데스laudes는 노래라는 뜻이다.

누군가를 위한 노래는 그 누군가에 대한 사랑을 전제한다. 영화 속 〈글루미 선데이〉가 일로나를 위해 작곡된 것처럼 말이다. 사랑이 전제되지 않은 노래는 없다. 모든 노래는 사랑(과 그것의 상실)을 근간으로 작곡된다. 더구나 시인 정현종에 따르면, "사랑의 가장 잘 된 표현이 노래"이다.* 이러한 노래는 예술을 상징한다. 예술이 숱한 장르로 분화되기 이전, 언어와 음악이 분화되기 이전의 까마득한 과거에, 시와 음악은 하나였고 노래였다. 이것이 모든 예술적 영감의 원천이라 일컫는 뮤즈에서 뮤직Music이란 말이 유래한 이유다.

프랑스인들은 처음 만나서 반갑다는 표현으로 "앙샹떼enchanté"라고 말한다. 원래 이 말은 "앙샹떼enchanter"라는 동사에서 유래한 말로서 "마법을 걸다, 매혹하다"라는 의미를 가지고 있다. 그렇다면 프랑스 인사말은 "첫눈에 당신의 아름다움에 홀렸어요" 내지는 "당신의 마법에 걸렸어요" 정도의 낭만적인 의미를 포함하고 있다. 그런데 "앙샹떼"라는 말의 라틴어 어원은 인칸타레incantare로서 그것은 노래 속에 빠지는 것을 뜻한다. 이 어원에 따르자면, 노래는 누군가를 불러내며 유혹한다. 노래는 듣는 이들에게 마법을 건다. 한마디로 노래는 사람의 마음을 송두리째 빼앗고 움직이는 힘이다.

---

* 정현종, 「사랑 사설 하나―자기 자신에게」. 시의 전문은 이러하다. "사물을 가장 잘 아는 법이 방법적 사랑이고 사랑의 가장 잘 된 표현이 노래이고 그 노래가 신나게 흘러 다닐 수 있는 세상이 가장 좋은 세상이라면, 그렇다면 형은 어떤 사랑을 숨겨 지니고 있습니까?"

노래, 곧 예술은 사랑에서 유래한다. 사랑하는 이를 부르고 그를 위해 불러주는 것이 노래의 근원이다. 그러나 지상의 사랑은 결국 이별을 만나고 죽음을 만난다. 사랑의 내부에는 이미 이별이, 죽음이 자라고 있다. 그래서 진솔한 사랑의 노래는 구슬플 수밖에 없고, 멜랑콜리할 수밖에 없다. 그 구슬픈 가락을 통해 노래는 사랑과 죽음을, 그리고 양자의 친근성을 들려주고 있다. 때문에 사랑에서 태어난 노래는 동시에 죽음을 부른다. 사랑을 위한 노래는 치명적인 파멸의 전주前奏다. 뱃사공을 홀리는 세이렌의 노래처럼, 로렐라이의 노래처럼.

이미지

영화 첫 장면에서 카메라는 부다페스트 전경을 느리게 잡아낸다. 고풍스러운 가옥들과 조각품, 그리고 도도하게 흐르는 도나우 강이 화면 속에 펼쳐진다. 이렇게 도시와 자연이 어우러진 한 폭의 풍경이 영화적 서사 전체의 배경 이미지로 깔린다. 이 위에 다양한 인물 군상과 꽃들, 도심의 어두운 골목과 왁자지껄한 시장과 거리 그리고 교외의 강변 등등의 이미지들이 얽혀 한 편의 영화 이미지가 직조된다. 그런데 이미지란 무엇일까? 우리가 사는 시대를 이미지 범람의 시대라고들 하고, 그래서인지 오늘날 가장 널리 빈번하게 사용되는 말 중 하나가 이미지이지만 막상 이미지가 무엇인지를 자문해보면, 또렷한 개념 정의가 어렵다는 것을 확인할 수 있다. 그런 어려움에도 불구하고, 예술의 왕국에 이르는 길에서 이미지의 본질에 대한 물음 역시 피해 갈 수 없다.

영화 속에서 이미지 제작자로 등장하는 사람으로는 〈글루미 선데이〉를 들고 처음 자살한 퇴레즈Törresz라는 화가를 꼽을 수 있다. 그는 캐리커처를 그리는 화가이고(영화에서는 그가 그린 라즐로와 안드라스의 캐리커처를 볼 수 있다) 라즐로의 식당에서 외상으로 술을 마시며 심각한 표정을 짓고 있는 남자다. 그는 〈글루미 선데이〉를 들으며 무엇인가를 그린다. 어떤 이미지를 그린다.

이미지라는 말은 어원학적으로 라틴어 imago, imitari에서 온 말이라고 한다. 이 라틴어들은 모두 '모방하다'라는 의미를 담고 있으며, 이때 모방은 주로 '시각적' 모방을 뜻한다. 이미지라는 라틴적 어원이 이렇듯 "모방하다"라는 의미가 지나치게 강하기 때문에, 철학자 하이데거는 예술을 해명하는 말로서 부적당하다고 판단한다. 그가 보기에, 예술의 본질은 모방에 있지 않기 때문이다. 그래서 이미지라는 용어 대신 빌트Bild라는 독일어를 사용한다. 그에 따르면, 이미지와 구분되는 빌트는 옛 독일어 필론pilon과 희랍어 에이코εἴκω의 의미와 접속되어 있다. 하이데거의 해석에 따르면, 고고 독일어로 필론은 "부딪히다, 찌르다, 구멍을 뚫다, 밖으로 내몰다" 등의 의미를 가지고 있으며, 희랍어 에이코는 "어떤 것 앞에서 물러서지만 그래서 이것 앞으로 다가서게 함"을 뜻한다.* 다른 곳에서 하이데거는 "이미지의 본질은 어떤 것을 보게 함이다"**라고 말한다. 이런 규정에 따르면, 이미지는 한낱 보이는 어떤 것이 아니라, 도리어 어떤 것을 보게 해주는 것이다. 보게 해주는 그것은 찔러 구멍을 뚫는 활동 또는 그 구멍으로 상상된다. 즉

---

* Martin Heidegger, *Aus der Erfahrung des Denkens*, 4. Auflage, Neske, Pfullingen, 1977. p.103.
** Martin Heidegger, *Vorträge und Aufsätze*, 4. Auflage, Neske, Pfullingen, 1978. p.194.

이미지는 그 자체로 보이는 어떤 것이 아니라, 그것을 통해 무엇인가를 볼 수 있게 하는 작은 구멍인 셈이다.

이미지는 그 속에서 등장하는 것들이 이차원의 평면에서 나올 수 있게 해주는 것, 즉 살아 움직이게 해주는 것이다. 존재하는 것들을 현상하게 하는 것, 그래서 보이게 하는 것이 이미지의 본질이다. 여기에서 이미지는 어두운 공간에 빛이 침투하는 작은 구멍, 카메라 옵스쿠라의 구멍 또는 극장 스크린에 빛을 투사하는 영사기가 연상된다. 또는 어떤 사건이 일어나는 연극 무대나 극장의 스크린을 연상케 한다. 하지만 모든 연상적·유비적 이해에는 한계가 있다. 특히 이런 이해는 이미지의 운동성을 빠트리고 있다. 하이데거는 이미지를 역동적인 개념으로 파악한다. 다시 말해 이미지는 운동한다. 그리고 이미지의 운동은 양방향으로 동시에 진행된다. 말하자면 어떤 것을 앞으로 현상하게 하는 이미지의 전진 운동은 뒤로 빠지고 물러서는 이미지의 후진 운동을 동반한다. 이런 이미지의 피스톤 운동에서 구멍이 생겨나고 그것을 통해 무엇인가를 볼 수 있게 하는 것이 이미지다.

심오하지만, 지나치게 난해한 하이데거의 이미지론[*]은 이 정도로 마무리하기로 하자. 지금까지 어원적으로 살펴본 바에 따르면, 이미지는 그림, 그림 그리는 행위, 눈의 움직임, 시각적 활동 등과 긴밀히 연결되어 있다. 어원적으로만 보자면, 이미지는 원래부터 시각적 이미지다. 아니 "시각적 이미지"라는 말 자체가 하나의 동어반복일 수 있다. 왜냐하면 이미지라는 말 속에 이미 시각적 요소가 포함되어 있기 때문이다. 그렇다면 우리가 중고등학교를 다니며 배웠던 청각적 이미지,

---

[*] 하이데거의 이미지론에 관해 좀더 관심을 가진 독자는 글쓴이의 다음 책을 참고하기 바란다. 김동규, 『하이데거의 사이-예술론』, 그린비, 2009.

촉각적 이미지 등은 그 자체가 하나의 비유적인 표현일 수 있다.

중고등학교 국어시간에 이미지에 대해 배웠던 또다른 하나는 공감각적 이미지이다. 이 이미지는 두 가지 이미지가 합쳐져서 만들어낸 이미지다. 예컨대 "소리 없는 아우성"처럼 깃발의 시각적 이미지를 청각적 이미지로 포개놓은 이미지를 공감각적 이미지라 한다. 공감각적 이미지에 대한 이런 설명은 우리의 감각기관을 몇 개로 분류하고, 각각에 독립성을 부여한 다음, 그것들의 종합으로 공감각적 이미지를 설명하는 방식이다. 다시 말해, 이 설명 방식은 우리 주요 감각기관인 눈, 귀, 혀, 코, 살갗을 구분하고, 그 구분법에 맞추어 시각, 청각, 미각, 후각, 촉각을 구분하고, 그 감각들에 상응하는 이미지들을 구분한다.

그런데 사실 이렇게 말하기 어려운 측면들이 많다. 예를 들어 시각, 청각, 미각, 후각은 모두 촉각적인 측면을 가지고 있다. 시각은 빛의 망막 자극으로 가능한 것이며, 청각은 공기 파동의 고막 자극이며, 미각은 혀, 후각은 코의 살갗을 자극하는 것이기 때문에 모두 촉각적 측면을 가지고 있다. 그렇다면 무엇인가를 감각하고, 특히 어떤 이미지를 형성하는 것은 특정 부위의 신체기관의 힘만으로 가능한 것이 아니라는 말이 된다. 이런 식으로 생각해본다면, 우리는 원래 온몸으로 무엇인가를 느끼고, 처음부터 공감각적으로 이미지를 형성한다. 이미지는 특정 감관에 소속된 것이 아니라, 우리의 몸 전체에 소속되어 있는 것이다. 따라서 공감각적 이미지가 먼저 있고, 그것의 사후적 분석을 통해 시각적, 청각적, 촉각적 이미지 등등이 구분된다고 볼 수 있다.

그렇다고 한다면, 말없는 회화가 말을 하고, 음악이 보이고, 눈으로 감촉하고 맛본다는 말은 단순한 비유가 아닌 것이 된다. "시는 회화같이", "회화는 시같이"라는 전통적인 미학의 경구 역시 단순한 비유는 아니며, 상업광고에 등장하는 눈으로 맥주를 마시는 한 장면도 한낱 과장만은 아닐 것이다. 이 모든 것은 공감각적 이미지, 온몸으로 한꺼번에 받아들인 이미지, 육체와 영혼이 구분되기 이전에 포착한 이미지가 있기 때문에 가능한 사례라 할 수 있다.

위의 내용을 정리해보면 두 개의 테제로 요약될 수 있을 것이다. 1) 어원적으로 볼 때, 이미지는 시각적 이미지다. 2) 이미지는 처음부터 공감각적 이미지다. 언뜻 보면, 두 명제가 서로 모순되는 것처럼 보인다. 그러나 이처럼 보이는 것은 논리적 모순 때문이 아니라, 이미지를 감관에 따라 분류하고 그 가운데 시각에 우위를 두는 전통적인 선입견의 힘 때문이라고 설명하는 것이 타당하다. 상이한 내용을 담고는 있지만, 동서양을 막론하고 전통적으로 시각은 가장 으뜸가는 감각이었다. 좀더 정확히 말하면, 시각과 청각은 미각이나 후각, 촉각에 비해서 우월한 위치를 점하고 있었다. 잘 알려졌다시피, 이 점을 데리다와 같은 현대 철학자들은 비판적으로 성찰하고 있다. 요컨대 두 테제가 모순 없이 말하려는 것은 다음과 같다. 전통의 언어에 따르면 이미지는 시각 이미지이지만, 이미지는 처음부터 공감각적 이미지이다.

서양말의 어원을 통해 살펴본 이미지의 의미도 심원하지만 우리말의 어원에서 본 그것의 의미는 더욱 심원한 것 같다. 우리말의 어원에서 생각해보면, '그림', '글文', '그리다畵', '그리다慕', '그립다'라는 말은 모두 밀접한 관계에 있다. "그림과 글文은 '긁다搔·刮'에 어원을 둔 동사 '그리다畵'에서 갈라져 나왔다. '그림을 그리다'라는 행동은 글을 쓴다는 행동보다 먼저 있었던 것으로 보인다. '그리다'는 선사시대 벽화를 그릴 때 손톱이나 날카로운 쇠붙이 끝으로 바닥 또는 벽면을 긁어 파는 원초적인 동작과 관련이 있다. …… '그리다'는 형용사 '그립다'로 발전했으며, 그립다에서 '그리움'(그리는 마음이 간절함)이 전성되었다. '그리움'의 어원적 의미는 '마음에 그림으로 떠오르는 것'이다. 결국 '그리다畵'는 연모戀慕·思慕의 대상을 상상하여 그리워하는 행위와 연결된다."* 다시 정리해보면, 이미지는 일종의 그림인데, 근본적으로 그림은 그리움에서 유래한 것이다. 이미지는 그리움이 그려낸 그림이다. 이미지는 연인이 부재한 자리에 들어서는 사랑의 대체 환영이다. 결국 이미지는 사랑과 이별이 주조해낸 연인의 그림자다.

이미지의 원천은 사랑에 있다. 또한 사랑하는 사람의 부재, 그 부재의 극단인 죽음에 있다. 사랑하는 이가 가까이 있을 때에는 그리워할 필요가 없다. 가까이 현존하는 연인은 가슴 벅찬 황홀함의 대상이지, 그리움의 대상은 아니다. 물론 여기에서 가까움은 물리적인 거리만을 뜻하는 말은 아니다. 물리적으로 아무리 가까이 있더라도 연인이 사랑의 허깨비로만 보일 때에는 충족되지 않은 그리움의 갈증을 느낄 것임에 분명하기 때문이다. 사랑하는 연인이 마음에 그림으로 떠오르기 위해서는 거리가 필요하고 연인의 부재가 필수적으로 요구된다. 그 거리를, 부재를, 이별의 고통을 감내하기 위해 연인의 현존을 부르는 그림이 마음에 떠오르는 것이다. 아니 이미지는 "무엇을 하기 위해서"라는 목적이 설정되기 이전에 자연히 "떠오르는" 사랑 부력浮力의 부산물이다.

회화적 이미지의 시원이라고 불리는 라스코 동굴벽화에는 동물을 사냥하는 사람의 모습이 그려져 있다. 풍성한 사냥을 기원하는 그림으

---

* 김민수·최호철·김무림 편찬, 『우리말 어원사전』, 태학사, 1997. 140쪽; 백문식, 『우리말의 뿌리를 찾아서』, 삼광출판사, 1998. 56~57쪽.

로 보통 해석되는 이미지다. 그런데 바타유가 지적한 것처럼,* 그렇게만 해석할 수 없는 부분이 그 이미지 속에 등장한다. 동물 앞에 성기가 발기된 남자가 드러누워 있는 부분이 바로 그것이다. 이것을 어떻게 해석할 것인가? 바타유는 이 이미지를 에로스와 타나토스를 연결 짓는 모티프로 삼는다. 그에 따르면 에로스와 죽음은 서로 상반되는 것처럼 보이지만, 결국 하나로 연결되어 있다. 에로스가 지향하는 것은 상호 간의 합일이고, 그것은 다른 말로 하면 한 개체의 죽음을 뜻한다. 섹스에서 완전한 합일은 성적 긴장의 해소, 곧 오르가슴이다. 달리 말하자면, 성적 욕망은 욕망이 더이상 불가능해지는 지점인 오르가슴을 지향한다는 말이다. 그것은 결국 에로스가 타나토스를 지향한다는 것을 의미한다. 대립과 긴장의 에로스는 그것의 완전한 해소, 곧 죽음을 향해 간다. 이런 의미에서 그는 성적 오르가슴을 "작은 죽음la petite mort"이라 부른다. 만일 그렇다면, 라스코 동굴벽화는 인간이 만든 현존하는 가장 오래된 이미지일 뿐만 아니라, 처음으로 이미지의 기원을 에로스와 타나토스로 밝힌 그림이라고 평가할 수 있을 것이다.

　　라스코 벽화가 회화적 이미지의 기원을 이해하기 위한 실증적·과학적 자료라면, 신화나 전설은 그것의 인문학적 자료이다. 모든 기원에 대한 이야기는 전설일 수밖에 없다. 인간은 어느 누구도 기원을 직접 보거나 경험할 수 없기 때문이다. 하지만 기원에 대한 앎이 철저히 차단되어 있는 것은 아니어서, 기원에 대한 전설이 입에서 입으로 전승된다. 사람들의 기원에 대한 호기심을 충족시켜주면서 말이다. 이렇게 끊임없이 내려온 전설 속에는 거짓과 대리만족만 있는 것은 아니다.

---

* 조르주 바타유, 『에로스의 눈물』, 유기환 옮김, 문학과의식, 2002, 30~34쪽 참조.

그 속에는 어떤 진실이 숨겨져 있다. 적어도 오랜 시간의 부식을 견뎌낼 정도의 진실은 담겨 있는 것이다.

이제 회화와 시(또는 음악—고대에는 시와 음악이 분리되지 않았다. 둘은 노래로 통합되어 있었다는 것이 정설이다)의 기원에 대한 전설을 두 가지만 살펴보기로 하자. 먼저 회화의 기원을 말해주는 전설들 가운데(언제나 전설은 복수로 존재한다) 하나는 애틋한 연인들의 이별 이야기를 담고 있다. 먼 옛날 사랑하는 한 쌍의 남녀가 있었는데, 전쟁이 일어나 남자가 전쟁터에 갈 수밖에 없는 상황이 벌어진다. 여자의 아버지는 너무 슬퍼하는 딸을 위해 한 가지 묘안을 짜낸다. 어두운 밤에 남자를 앉혀두고 그 옆에 촛불을 놓은 다음에 흰 천을 걸어두어, 그 천 위로 비치는 남자의 그림자를 따라, 남자의 실루엣을 따내자는 것이었다. 이렇게 해서 만들어진 떠나가는 연인의 실루엣이 이 전설이 말하는 회화의 시초다.*

시와 음악의 기원을 알려주는 전설은 유명한 오르페우스 신화이다.** 까마득한 옛날에 오르페우스라는 가인과 그의 애인 에우리디케가 살고 있었는데, 하루는 에우리디케가 독사에 물려 어이없이 죽는 사건이 벌어진다. 연인의 죽음을 슬퍼한 나머지 오르페우스는 죽은 자가 가게 된다는 지하세계, 하데스로 연인을 데리러 간다. 하데스에서 오르페우스는 죽음의 신마저 감동시키는 음악을 연주하여, 결국 연인 에우리디케를 데리고 지상으로 가도 된다는 승낙을 받아낸다. 지상으로 가는 도중 뒤를 돌아보지 말아야 한다는 조건을 붙이기는 하지만 말이다. 잘 알려진 바대로 오르페우스는 애인의 얼굴을 보고 싶은 욕망을 참지

---

* 에른스트 크리스·오토 쿠르츠, 『예술가의 전설』, 노성두 옮김, 사계절, 1999. 124~25쪽.
** 오비디우스, 『오비드 신화집—변신이야기』, 김명복 옮김, 솔, 1993 참조.

못하고 뒤를 돌아보고 만다. 홀로 지상에 돌아온 오르페우스는 슬픈 음악을 연주하게 되는데, 그의 음악이 흐르면 사람들은 물론 주위의 동물들과 식물들마저 귀를 기울였다고 한다.

이 두 전설의 골격을 이루는 공통의 모티프는 세 가지이다. 1) 사랑하는 연인―사랑, 2) 이별, 상실―죽음, 3) 회화, 음악―이미지, 유령, 예술이 그것이다. 이 전설들이 말하는 이미지의 기원은 사랑과 죽음이다. 사랑하는 사람, 님의 죽음이 이미지를 만들게 한다는 것이다. 사랑의 힘으로, 사랑을 구성하는 죽음의 힘으로 이미지가 탄생한다는 것이다. 결국 무엇인가를, 누군가를 그리워하며 그려보는 그리움이 이미지, 곧 그림의 기원이다.

안드라스는 일로나를 그리워하며 〈글루미 선데이〉를 작곡하고, 그 음악을 듣고 알 수 없는 무엇인가를 그리워하며 화가 퇴레즈는 그림을 그린다. 일로나는 안드라스의 무덤에서 그를 그리워하며 마치 그가 곁에 있는 듯, 그와 대화를 나눈다. 지금까지의 논의에 일말의 진실이 담겨 있다면, 이미지에 대해 이렇게 말할 수 있을 것이다. 안드라스의 무덤에 가져간 일로나의 꽃처럼, 이미지는 사랑하는 이의 무덤에서 피어난 꽃 혹은 그 무덤에 바쳐진 한 송이의 꽃이다.

진트플루트

진트플루트Sintflut(대홍수, 노아의 홍수)라는 말이 영화에 간간이 등장한다. 옛날 독일어로 sin은 "거대한"이란 뜻이고 Flut는 "밀물"이란 뜻이다. 어원적으로 이 말은 거대한 규모의 밀물, 즉 대홍수를 뜻하는 말로서 성경에 연원을 두고 있다. 보통 진트플루트는 인간에게 닥친 대참사를 뜻하는 말로 사용된다. 영화에서는 세 번 정도 이 말이 나온다. 한 번은 안드라스가 라즐로의 집 앞에서 뜬눈으로 밤을 지새우던 다음날이다. 안드라스는 음반 녹음을 하러 빈에 함께 가자고 라즐로와 일로나에게 제안한다. 일로나는 환호성을 지르며 기뻐하지만, 라즐로는 다음과 같이 말하면서 그 제안을 단호히 거부한다. "내 식당을 닫기 위해서는 뭔가 큰일이 일어나야 해. 최소한 대홍수Sintflut와 같은 일이 말야." 또다른 한 번은 라즐로가 독일 장교에게 이유 없이 구타를 당한 다음날이다. 라즐로는 재산을 몰수당하지 않고 유대인 수용소로 끌려

가지 않으려고 일로나에게 식당의 법적 소유권을 넘기겠다고 말한다. 그리고 나서 일로나와 라즐로는 마치 둘만 아는 주문을 외우듯이 다음과 같이 읊조린다. "대홍수가 지나간 다음 우리." 미래가 어두운 상황이지만, 둘은 이 말을 되뇌며 희망을 잃지 않으려 한다.

진트플루트라는 말이 등장하는 마지막 장면은 일로나가 무덤 속의 안드라스에게 무엇인가를 당부하는 장면이다. 봉긋한 무덤처럼 부풀어 오른 자신의 배를 어루만지며 일로나는 죽은 안드라스에게 다음과 같이 말한다. "당신은 우리에게 행운을 빌어줘야 해요. 대홍수가 지난 뒤 너희들이라고." 이처럼 영화에서는 전쟁과 같은 참혹한 상황을 두고 이 말을 사용한다. 우리는 조금 다른 시각에서 이 용어를 사용해볼까 한다. 즉 현대 테크놀로지 시대에서 발생한 이미지의 대홍수에 대해서 말해보고자 한다. 이미지의 진트플루트.

매일 경험하는 것이면서도 늘 스쳐 지나가는 물음 하나를 가지고 이야기를 시작해보기로 하자. 도시의 밤하늘에서는 별을 볼 수 없다. 왜일까? 먼저 떠오르는 답은 도시의 대기를 뿌옇게 만든 스모그 현상이다. 그렇다면 비 온 뒤의 청명한 가을 하늘에서도 소수의 별만을 볼 수 있는 이유는 무엇일까? 이런 의문은 도시 외곽의 전망 좋은 산으로 야간 산행을 떠날 때 비로소 해소된다. 도시의 야경은 화려하고 강렬하고 찬란하다. 밤의 도시는 휘황찬란한 이미지 그 자체이다. 도시의 야경은 그 자체가 현대적 이미지의 총아이자 결정판이다. 셀 수 없이 많은 이미지들이 한곳에 운집해 있는 곳이 현대의 도시이며, 수많은 이미지들이 모여 형성된 단일한 이미지의 빛이 도시 주위를 감싸고 있다. 마치 달무리처럼 도시 역시 빛의 띠를 두르고 있다. 도시 상공에까지 뻗쳐 있는 이미지 무리, 그것은 현대 도시문명이 쉴 새 없이 제작해낸 이미지들이 하늘 위로 범람하며 새겨놓은 자국이다. 도시 안에 있을 때, 인간의 시력은 도시 상공에 형성된 빛의 장막을 뚫을 수 없다. 우주 저 멀리서 건너온 별빛 역시 그 장막을 뚫을 수는 없다. 결국 인간이 만든 이미지의 강렬한 빛 덕분에, 별은 도시의 하늘에서 자취를 감추고 말았다.

우리는 이미 이미지의 기원을 사랑과 죽음에서 찾았다. 사랑의 힘을 통해 그리고 사랑하는 사람을 기억하기 위해, 이미지가 제작된다고 말했다. 그렇지만 정말로 이미지가 사랑과 죽음에서 유래한다고 말할 수 있을까? 지금처럼 이미지가 대량으로 생산/재생산되는 현대 사회에서 이런 이야기가 어느 정도 설득력을 지닐지는 의문이다. 이미지가 사랑과 죽음에서 유래한다는 테제를 만일 우리가 포기하지 않는다면, 우리는 이미지 범람의 시대를 어떻게 해석할 수 있을까? 사랑이 온 세상에 범람하고 있다고? 누가 보더라도 이런 식의 귀결은 우스꽝스럽다. 그렇다면 왜 사람들은 누군가(타자)를 사랑하지도 않으면서 이미지를 대량으로 생산하고 복제하는 것일까?

현대 사회에서 이미지의 대량 생산과 복제는 자본주의 경제체제 내에서 이해될 수 있다. 이미지는 더이상 사랑과 죽음의 원천에서 유래한 것이 아니라, 단순한 소비의 대상이 되었다. 우리는 이미지를 욕망한다. 그 대상을 사랑하지도 않으면서 이미지를 얻고자 한다. 왜냐하면 현대 사회의 범람하는 이미지가 단순한 '자기 욕망 충족'의 대상이기 때문이다. 오늘날의 이미지는 욕망을 끊임없이 자극하고 그런 욕망을 부단히 재생산하는 구조에서 탄생한다. 그런 대표적인 이미지가 광고 이미지이다. 광고는 기본적으로 상품을 팔기 위해 고안된 것이다. 상품을 팔기 위해서는 소비자의 욕망체계를 작동시킬 수 있는 자극을 주어야 하고, 그래서 상품을 구매하도록 그들의 욕망을 움직여야 한다. 욕망의 자극제와 방향타로서 광고 이미지는 기능한다. 이런 광고 이미지에서 사랑과 죽음이 무슨 소용이란 말인가?

분명 광고 이미지도 소비자의 기억을 공략한다. 그것은 소비자가 상품을 기억할 수 있도록 그의 깊은 욕망에 찍어넣은 낙인이다. 즉 소비자로 하여금 상품을 사랑하게 만들고 그래서 그것을 기억하게끔 하는 것이다. 광고 이미지는 상품의 부재를 참지 못하게 하며, 그 상품 없이는 살 수 없게 만드는 중독성이 강한 마약과 같다. 욕망 대상의 부재를 메우고 대체함으로써 욕망의 강도를 상승시킨다는 점에서, 그런 이미지도 사랑에서 유래한 이미지와 유사한 구조를 가지고 있다. 하지만 지금껏 우리가 다루었던 사랑과 욕망은 똑같을 수 없다.

사랑은 단순한 욕망이 아니다. 사랑은 자기 욕망 실현의 과정만을 통해서 설명될 수 없는 부분을 가지고 있다. 도리어 사랑에는 자기 욕망을 희생할 수밖에 없는 국면이 있다. 이미 언급한 대로 사랑은 타자의 침입 사건이지, 자기 충족적인 나르시시즘이 아니다. 나르시시즘, 곧 자기 사랑도 일종의 사랑이라 말할 수 있다면, 그리고 나르키소스가 처음 물 위에 비친 자신의 모습을 타자로 오해한 시점에서는, 두 구조(사랑과 욕망)가 유사하게 보일 수 있다. 하지만 사랑과 욕망이 똑같은 것이 아니라면, 다시 말해서 자신이 사랑한 타자가 나르키소스 자신임이 확인되는 순간부터는, 두 구조를 동일시할 수 없다. (고착된) 자기를 버리는 사랑과 끝끝내 버릴 수 없는 욕망은 근본적으로 다른 것일 수밖에 없다.

범람하고 있는 현대의 이미지는 또 어떤 특징을 가지고 있을까? 한마디로 그것은 기술적 이미지다. 기술에 의해 가공된 이미지. 과학 기술이 뒷받침된 이미지. 전기적 속도로 확산되고 거의 완벽하게 재생산되는 이미지다. 현대인들은 과거 고대인들이 상상도 할 수 없던 이미지에 둘러싸여 살고 있다. 하지만 지금의 (서양의 과학적) 기술적 이미지는 단순히 몇몇 현대의 천재들에 의해 주조된 것이 아니다. 로마가 하루아침에 지어진 것이 아니듯이, 현대의 기술적 이미지는 2,500년의 서양 지성계가 끊임없이 만들어온 산물이다. 이런 사실은 하이데거가 잘 증언해주고 있다.

하이데거가 보기에 현대의 기술적 이미지의 범람에는 역사적 배경이 있다. 그는 서양의 역사를 이미지 제작 욕구의 역사로 이해한다. 이미 고대 희랍 철학자 플라톤의 이데아가 이런 맥락의 이미지이다. 플라톤에 따르면, 지상에 존재하는 것들은 모두 제작된 것이다. 그렇다면 제작자가 있을 것이고 제작자는 인간이든 신이든 간에 제작된 것을 있도록 만드는 어떤 설계도를 필요로 한다. 그 그림은 제작 이전에 존재해야 할 것이며, 제작자의 (이성의) 눈이 앞서 포착해야 될 이미지이며, 제작자가 모범으로 삼아야 할 가장 완벽한 이미지이다. 제작된 것들, 즉 지상에 존재하는 것들은 모두 이성의 눈을 통해 보여진 이미지, 즉 이데아를 모방한 파생적 이미지들에 불과하다. 유전자 지도를 만들어 유전자 조작을 가능하게 하려는 것도 이런 일련의 역사적 흐름에서 나온 것이다. 설계 도면을 그리려는 욕망, 세계에 대한 이미지를 움켜쥐려는 형이상학적 욕망에서 서양의 과학기술문명이 탄생했고 그런 문명이 현대 이미지 홍수를 일으킨 장본인이다(이 대목에서도 우리는 플라토닉 러브, 곧 자기중심적 사랑의 힘을 확인한다).

이미지는 과학기술의 발전에 따라 변화한다. 다시 말하면 매체의 변화에 따라 이미지는 다양한 변신을 꾀할 수밖에 없다는 것이다. 그 옛날의 라스코 벽화 이미지와 오늘날의 컴퓨터 동영상은 같은 이미지라

고 부르기조차 어렵다. 이러한 이미지의 발전 과정을 드브레는 다음의
도표를 통해 잘 보여주고 있다.* 우리는 이 도표에서 이미지가 어떤 식
으로 변모해왔는지를 확인할 수 있다. 물론 하루가 다르게 변화하는
과학기술에 따라 이미지가 변모하는 속도를 감안하면, 드브레의 도표
는 이미 낡은 것이 되었지만 말이다. 그렇다 하더라도 그의 도표는 이
미지 변천 과정을 한눈에 조감하는 데 큰 도움을 준다. 지나치게 번잡
한 그의 도표를 중요한 요소만 간추리면 다음과 같다.

※ 이미지의 파노라마

	Logosphere (문자 이후)	Graphosphere (인쇄술 이후)	Videosphere (시청각기기 이후)
이미지의 상징체계, 효력의 원리 (존재 근거)	우상체재 현전(초월적) 이미지가 우리를 본다	예술체재 재현(환영적) 우리가 이미지를 본다	영상적 시각체재 가상(數적) 이미지는 파인더를 통해 보여진다
존재 방식	생리적 이미지는 존재이다	물리적 이미지는 사물이다	허상적 이미지는 지각이다
광원(光源)	영적(내부로부터)	가시광선적(외부)	전기적(내부)
목적과 기대	보호(구원) 사로잡는 이미지	쾌락(위신) 매혹하는 이미지	정보(놀이) 포착된 이미지
이상과 근로원칙	나는 문자(규범)에 따라 (권능을) 찬양한다	나는 고전(전범)에 따라 (작품을) 창조한다	나는 내 맘대로 (수법) (사건을) 생산한다
귀속 방식	집단적 = 익명성 (마법사에서 직인)	개인적 = 서명 (예술가에서 천재)	구경거리=상표로고 (업주에서 기업)
작가의 소속 기관	성직자→조합	아카데미→학교	망상조직→전문직
경배 대상	성스러운 것 (나는 당신을 수호한다)	아름다운 것 (나는 당신이 좋다)	새로운 것 (나는 당신에게 놀란다)

---

* 레지스 드브레, 『이미지의 삶과 죽음─서구적 시선의 역사』, 정진국 옮김, 시각과언어,
1994. 252~53쪽.

지배 위상	1) 주임사제=황제 2) 성직=수도원과 성당 3) 영주권=왕궁	1) 군주=아카데미 1500~1750 2) 부르주아지=살롱 +비평+화랑→1968	미디어/미술/시장 (조형예술) 광고 (시청각)
발상지와 중심지	아시아·비잔틴 (고대와 기독교 세계)	유럽-피렌체 (기독교 세계와 현대)	아메리카-뉴욕 (현대와 그 후기)
축적 방식	공공적; 보물	개별적; 컬렉션	사적/대중적; 복제
정신의학적 성향	과대망상적	강박적	정신 분열적

벤야민이 말한 바처럼, 현대의 영상은 무한 복제, 완전 복제가 가능하다는 전제 위에서 창작된 이미지다. 과거의 영상이 원본을 전제하고 그 원본과의 불일치를 전제하고 있었다면, 현재의 영상은 원본을 거의 전제할 필요도 없고 그것과의 완벽한 일치가 가능하다. 이미지가 전기와 비트로 분해/재조합되는 과정에서 이미지 송신과 수신이 이루어지며, 이 과정에서 전달되는 정보는 원칙적으로 동일하다. 컴퓨터상에서 이미지 복사를 떠올려보라. 이송의 과정에서 이미지의 디지털 정보량은 그대로 완벽하게 복사되고 전송된다. 이처럼 기술적 이미지는 무한한 다산성과 완벽한 자기 복제성이라는 특징을 가지고 있다. 때문에 현대에 이미지가 기하급수적으로 증가할 수 있었고, 끝내 범람Sintflut했다고 말할 수 있는 것이다.

널리 유포된 오해에 따르면, 하이데거는 현대 과학기술문명의 적대자로 규정된다. 물론 하이데거에게 반기술적·반과학적·반근대적 요소가 전혀 없는 것은 아니다. 그렇지만 동시에 그는 누구보다도 낭만주의 기획의 실패와 문제점을 잘 알고 있던 철학자이다. 그래서 그를 현대 문명의 적대자, 소박한 낭만주의자로만 규정할 수는 없다. 하이데거에게 최고치의 위험 수위를 알리고 있는 테크놀로지는 우리가 외면할 수도 회피할 수도 없는 현실이다. 도리어 하이데거는 그 위험의 한복판에 감추어진 또다른 가능성을 찾아내고자 한다. 테크놀로지의 어원인 테크네techne의 또다른 해석 가능성, 바로 그것이 그가 관심에 두고 있는 예술이다. 하이데거에 따르면, "기술의 본질이 전혀 기술적인 것이 아니기에, 기술에 대한 본질적인 자각과 기술과의 결정적인 대결은, 한편으로는 기술의 본질과 가깝게 관련되어 있고 다른 편으로는 그것과는 근본적으로 다른, 그런 어떤 영역에서 일어날 수밖에 없다. 그런 영역이 곧 예술이다".*

현대의 기술적 이미지에 대립하여, 하이데거가 말하고 싶어하는 이미지는 "얼굴Ant-litz" (어원상 '응시, 마주 봄'이라는 의미를 내포)과 같은 이미지다. 이런 이미지는 사랑이 담긴 눈의 "응시"다. 그가 말하려는 이미지는 눈이 있는 이미지, 즉 우리를 바라보는 타자의 사랑의 시선이다. 그런데 도시의 범람하는 이미지에는 얼굴이 없다. 눈이 없다. 인간의 제작 욕구가 빚어낸 수많은 이미지들에는 우리가 조용히 눈을 맞추며 그 낯섦에 휘말릴 수 있는 깊은 눈동자가 없다. 그래서 이미지는 많지만, 어느 이미지에도 우리는 안주할 수 없다. 그래서 이미지의 풍요 속에서도 떠돌 수밖에 없고, 빈곤할 수밖에 없고, 외로울 수밖에 없다. 진정 우리에게 필요한 것은 우리를 보아주고 우리와 대화를 나눌 수 있는 이미지이다. 사랑과 이별 그리고 죽음에서 유래한 이미지다. 그것이 곧 예술적 이미지다. 만일 그렇다면 이미지의 대홍수가 지나간 뒤, 미래의 도시에서 우리가 희망하는 별빛은 아마도 이미지의 얼굴, 그 가운데 깜박이는 이미지의 눈빛일지도 모른다. 어쩌면 그것은 구멍

---

* Martin Heidegger, *Vorträge und Aufsätz*, 4. Auflage, Neske, Pfullingen, 1978. p.39.

뚫린 이미지, 그 동공의 '어두운 빛'일지도 모른다.[*]

* 이 글은 연세대학교 대학원 신문에 게재된 부분을 바탕으로 작성된 것임을 밝힌다.

사진

일로나의 사진 한 장이 피아노 위에 놓여 있다. 그 사진을 통해 영화의 시간은 현재에서 과거로 역류하고, 다시 현재로 되돌아온다. 한 장의 흑백 사진이 보여주는 것은 다시 돌이킬 수 없는 과거의 어느 한순간뿐이지만, 그 순간이 환기되면서 망각 속에 묻혀 있던 과거 전체가 실타래 풀리듯 이야기로 쏟아져 나온다. 마치 수많은 시간이 한 장의 사진에 압축파일로 저장되어 있다가 사진을 바라보는 사람의 기억을 통해 그 파일이 풀리는 것처럼, 사진 한 장에서 과거에 있었던 사건들이 영화의 이야기로 풀려 나온다. 마법이 풀리듯 압축된 시간이 풀리면서 정지된 이미지가 살아 움직이기 시작한다. 이런 맥락에서 롤랑 바르트는 다음과 같이 말한 적이 있다. "……갑자기 어떤 사진이 나에게 다다른다. 그것은 나에게 생기를 불어넣고 나는 그것을 좋아한다."*
하나의 장면이 이야기가 되고, 정지된 순간이 움직이는 시간이 되고,

사진이 영화가 된다.

처음 사진이 발명되었을 때, 사진은 화가들을 비롯한 많은 예술가들로부터 비난을 받았다. 비난을 받은 이유로는 여러 가지를 들 수 있다. 정치적이고 경제적인 이유로는 사진이 화가들을 실직자로 만들었다는 점을 꼽을 수 있다. 근대 이후 화가들은 종교로부터의 독립을 선언했는데, 그것은 곧바로 경제적 독립을 뜻하는 것이었다. 다시 말해서 대부분 교회의 주문 제작으로 생계를 이어가던 화가들이 종교의 간섭을 받지 않는 대가로 생계 위협을 감수해야 했다. 하지만 그들은 힘을 잃어가는 종교(로마 가톨릭) 대신에 근대에 발흥하기 시작한 국민 국가의 권력자들 그리고 신흥 부르주아 상인을 자기 작품의 주 고객으로 삼는다. 교회를 떠나 화가들은 권력자들과 돈 많은 상인들의 초상화를 그려주는 것으로 경제생활을 할 수 있었다. 그런데 사진의 등장으로 말미암아 이 일을 잃게 된 것이다. 발 빠른 변신에 능한 화가는 사진사로 전업을 했지만, 많은 화가들은 거리의 예술가로 내몰렸다.

발터 벤야민은 이런 상황을 다음과 같이 기술한다. "암실의 영상을 고정시키는 데 다게르가 성공한 순간, 화가들은 기술에 의해 추방되었다. 그러나 정작 사진의 제물이 된 것은 풍경화가 아니라 미니 초상화였다. 사정이 너무나도 급속하게 진전함에 따라 이미 1840년경에는 수많은 초상화가의 대부분이 직업 사진사가 되었다."** 예술가로서 자존심의 문제가 아니라면, 화가가 사진사로 전업하는 것은 그다지 어려운 일은 아니었다. 왜냐하면 사진의 기원이 화학을 비롯한 과학기술에도

---

* 롤랑 바르트. 『밝은 방』, 김웅권 옮김, 동문선, 2006. 34쪽.
** 발터 벤야민, 「사진의 작은 역사」, 『발터 벤야민의 문예이론』, 반성완 옮김, 민음사, 1996. 241쪽.

있지만, 미술에도 있기 때문이다. 즉 사진기의 모체는 영상을 잡아 고정하려는 화가의 보조장치, 카메라 옵스쿠라camera obscura이기 때문이다. 영화, 〈진주 귀걸이를 한 소녀〉를 보면, 화가 베르메르가 카메라 옵스쿠라를 사용하는 장면이 등장한다.

사진이 등장했던 초창기에 예술가들이 사진을 비난한 보다 중요한 이유, 즉 미학적 이유도 있다. 그것은 당시의 시인, 보들레르가 강력하게 피력하고 있다. 그에 따르면, 정밀한 모사를 할 수 있는 사진은 창조적인 예술의 '도구'가 될 수 있을 뿐, 그 이상의 월권을 주장해서는 안 된다. 정밀한 실재 모사만으로는 예술성을 확보할 수 없다는 것이 그의 주장의 요체다. "만약 사진이 예술가의 몇몇 기능적인 측면을 대신할 수 있게 된다면, 곧 피할 수 없는 어리석은 복제의 천성 때문에 예술을 밀어내거나 완전히 타락시킬 것이다. 그래서 사진은 문학을 창조하지도 대신하지도 않는 속기술이나 인쇄술과 같이 예술과 과학의 시녀, 그러나 아주 겸허한 시녀가 되어야 하는 본원적인 임무로 돌아가야 한다. 물론 사진은 여행객의 앨범을 풍부하게 해주고, 그가 기억할 수 없는 정확한 것들을 보여주고, 자연 도서관을 만들어주고, 아주 작은 동물들을 확대시키며, 천문학의 가설들에 대해 몇몇 확실한 정보를 제공해준다. 사진은 결국 물질적이고 절대적인 정확성을 필요로 하는 직업과 관련된 사람들에게 이때까지 전혀 보지 못했던, 비서나 공증인 역할을 한다. 사진은 시간이 지남에 따라 사라지는 유적, 책, 판화, 손으로 쓴 원고, 그리고 형태가 곧 사라져 우리의 기억 한구석에 자리잡을 소중한 대상들을 망각으로부터 구현한다. 이러한 이유에서 사진은 감사와 찬양의 대상이 될 것이다. 그러나 사진이 상상의 영역과 감각 밖의 영역, 그리고 인간이 영혼을 부여하는 모든 것을 침범하게 된다면, 그것은 우리에게 얼마나 불행한 일인가!"

피아노 위에 놓여 있던 일로나의 사진은 일로나와 한스 자신의 생일날 찍은 사진이다. 한스는 사업가이면서 취미로 사진을 찍는다. 그가 일로나를 찍은 사진기는 카메라의 역사에 획을 그은 라이카 카메라였다. 필름의 크기를 최소화한 것이 코닥 필름이라면, 그런 필름을 장착하고 피사체와의 거리를 조정할 수 있는 사진기가 라이카 카메라이다. "이것은 라이카에서 새로 만든 소형 카메라입니다. 독일의 세계적인 신상품이지요. 보세요. 필름의 폭은 35밀리미터이고 이 작은 통에 들어갑니다. 가장 놀라운 것은 이미지를 맞추는 거리 측정기예요. 나는 지금 일로나 양의 이미지 두 개를 봅니다. 자, 이제 그 이미지가 천천히 서로 겹쳐집니다. 그래서 단 하나의 이미지가 되었을 때, 일로나 양은 가장 선명하게 보이는 것이지요. 이것은 독일이 만들어낸 고도의 정밀 제품입니다." 이렇듯 귀한 사진기였기 때문인지, 아니면 사랑하는 일로나의 이미지를 담고 있는 사진기였기 때문이었는지는 불분명하지만, 한스가 부다페스트를 가로질러 흐르는 도나우 강에 뛰어들어 자살을 시도할 때, 그는 자신의 사진기를 다리 난간에 남겨두고 강물로 뛰어든다.

빛의 그림, 빛으로 그리기. 어원적으로 사진photographie이란 말은 그리스어로 '빛'이라는 의미의 포스phos와 '그리다, 쓰다'라는 의미의 그라페인graphein의 합성어이다. 사진기는 빛을 통해 이미지를 조작하는 장치다. 이미지를 저장하는 장치이고, 이미지를 변형하는 장치다. 이미지를 정착시킬 때, 무엇보다도 빛의 조절이 중요하다. 원하는 사진을 찍기 위해서는 적당한 빛의 양과 노출 시간을 조절하는 것이 필요하다. 사진기는 알몸뚱이 인간이 조절할 수 없는 것들을 조절하고 통제한다. 사진기는 고도의 테크놀로지를 통해 그 불가능하게 보이는 일을 완수한다.

인간이 만들어낸 도구는 근본적으로 우리의 신체를 대신하는 것이다. 도구는 몸의 연장延長이자 대체물이라 말할 수 있다. 카메라의 렌즈는 우리 눈의 대체물이고, 망치나 포크레인은 손의 대체물이고, 자동차는 발의 대체물이며, 컴퓨터는 두뇌의 대체물이다. 〈매트릭스〉와 같은 공상과학영화에서 자주 등장하는 소재이기도 하지만, 때로 도구는 우리를 배반한다. 때때로 우리의 몸이 말을 듣지 않는 것처럼, 도구도 우리 뜻대로 움직여지지 않는다. 하지만 그렇다고 처음부터 도구를 사용하지 않을 수도 없는 일이다.

플루서는 『사진의 철학을 위하여』*라는 책에서 인간 문화의 대전환점을 이렇게 말하고 있다. "그 첫번째 전환점은 기원전 2000년대 중반 무렵 완성된 '선형문자'의 발명이고, 두번째는 현재 우리 자신이 그 중인인 '기술적 영상'의 발명이라는 말로 요약될 수 있다." 플루서는 기술적 영상의 시대가 초래하는 여러 가지 변화들을 언급하면서, 사진을 "최초의 기술적 영상"으로 규정한다. 그에게 사진은 기술적 영상의 시발점이자, 모든 기술적 영상의 기초이다. 문자의 시대에는 문학이 여타 예술 장르들을 주도했다면, 영상의 시대에는 영상예술이 예술의 주축이 될 것이다. 그리고 문학 가운데 간결하고 밀도 높은 언어로 세계를 드러내는 '시'와 내러티브로 엮인 '소설'이 있는 것처럼, 영상예술 가운데에는 순간의 한 장면을 통해 모든 것을 보여주는 '사진'과 장면과 장면을 일정한 시나리오에 따라 편집하는 '영화'가 있다. 이런 점에

---

* 빌렘 플루서, 『사진의 철학을 위하여』, 윤종석 옮김, 커뮤니케이션북스, 1999 참조.

서 영화를 비롯한 모든 영상매체의 시적 영감은 사진이 제공한다고 말할 수 있을 것이다.

플루서는 "이미지·장치·프로그램·정보"라는 개념으로 사진을 설명한다. 특히 그의 논의 가운데 주목할 만한 것은 사진사가 장치를 이용하여 마음껏 이미지를 만드는 것처럼 보일지 모르지만, 사실 사진사는 장치 프로그램의 테두리 내에서만 작업을 할 수 있다는 점이다. 이것은 인간이 기계를 만들었지만 기계를 통해 인간 역시 프로그래밍된다는 점을 암시한다. 그래서 사진사(기술영상 시대의 인간)에게 진정한 자유는 "장치에 대항해서 유희하는 것"이다. 정치하게 논증하지 못하고 있지만, 그의 다음과 같은 결론은 음미할 만하다. "사진의 철학은 자유의 이와 같은 가능성을 …… 장치에 의해서 지배되는 세계 속에서 메타적으로 사유해야 하는 의무를 지니고 있다. 즉 인간이 장치에 의해 지배당하면서도 죽음이라는 우연적 필연성에 직면해서 자신의 삶에 의미를 부여하는 것이 어떻게 가능하냐는 것에 대해 메타적으로 숙고하는 것이 의무이다."

사진 이론의 담론사를 간명하게 세 단계로 서술하는 뒤봐의 견해는 현재 사진 이론의 동향을 한눈에 파악할 수 있도록 도와준다는 점에서 특히 주목할 만하다.[*] 그에 따르면, 사진 담론은 세 단계로 전개되었다. 사진의 출현 이후 초창기에는 실재의 거울로서 사진을 파악하는 '모방의 담론'이 우세했다. 즉 사진은 오직 실재의 객관적 '유비analogon'로만 지각되었다. 두번째 담론은 20세기 초에 일어난 담론인데, 그에 따르면 사진은 더이상 실재의 모방이 아니라 실재의 '변형'으로 파

---

[*] 필립 뒤봐, 『사진적 행위』, 이경률 옮김, 마실가, 2004 참조.

악된다. 사진이 하나의 예술이 되기 위해서라도 변형이 요구된다. 그래서 이 시기 사진 이미지는 더이상 거울 이미지가 아니라, 일종의 언어로, 즉 해석이 필요한 실재의 변형으로 이해되었다.

마지막 단계는 1970년대 이후의 담론이다. 이 담론에 따르면, 사진은 실재의 '자국'으로서 이해된다. 그것은 인덱스index와 지시의 담론으로 사진을 해명하려는 시도이다. 다시 말해서 두번째 담론처럼 해석되어야 할 코드로만 사진이 읽히지는 않으며, 그렇다고 첫번째 담론처럼 실재를 그저 모사하는 것이 전부가 아니기 때문에, 실재의 자국 내지 인덱스로서 사진을 파악하려는 시도이다. 사진이 코드에 의해 구상된 것이지만, 사진에서 떨쳐버릴 수 없는 실재성을 하나의 흔적, 인덱스(유사 관계가 아닌)로 설명하는 것이다.

뒤봐의 이런 시대 구분과 해석을 통해, 그동안 진행되어온 사진 담론사(정확히는 프랑스 중심의 사진 이론사)를 간명하게 이해하는 데 큰 도움이 되는 것은 사실이다. 그러나 그는 바르트의 사진론을 퍼스Charles Sanders Peirce의 "인덱스론"으로만 해석함으로써 바르트 텍스트의 존재론적 해석의 여지를 놓치고 있다. 우리가 '현대 이미지' 범람을 논할 때 언급했던 하이데거적 존재 역사, 곧 서양 특유의 제작 중심의 역사 지평에서 사진을 바라보아야 한다. 또한 바르트가 말한 바대로, 사진은 "사랑과 죽음"이라는 멜랑콜리 미학의 지평 속에서 보다 풍부하게 해석될 수 있다.

사진은 영상 시대에 이미지 독법을 연구하기 위한, 그리고 테크놀로지와 예술의 관계를 살펴보기 위한 최적의 공간이다. 최근 컴퓨터와 디지털카메라, 휴대폰 카메라 등의 비약적인 발전으로 말미암아 누구나 쉽게 사진을 찍을 수 있고, 또 그만큼 사진에 많은 관심을 갖게 되었다. 그러나 정작 사진 미학(사진에 관한 철학적 성찰)이 그런 폭발적인 관심을 제대로 떠받쳐주지 못하고 있다. 단순히 하나의 여가 활용으로 사진을 찍고, 사진을 잘 찍기 위해 몇 가지 테크닉 정도를 배우는 것에 그치고 있는 실정이다. 다시 말해서 대중적 잠재력을 가진 사진이 아직 하나의 고급문화·예술로 정착되지 못한 것이 우리의 현실이다. 이런 척박한 상황 속에서 사진이 삶의 질을 높이는 하나의 고급문화로 정착하기 위해서는 사진에 대한 철학적 성찰이 요구된다. 더 나아가 만일 사진이 하나의 예술일 수 있다면, 하이데거 식으로 말해서 테크놀로지 속에 감추어진 예술적 잠재력을 확인해볼 수 있는 영역이라면, 사진은 미래 예술의 모태일 수 있다. 마치 문자의 시대에는 호메로스의 시가 고대 그리스인의 삶의 지표였듯이, 영상 시대에는 사진이 현대인의 삶의 형식을 주조할 수 있는 예술의 모범이 될 수 있다.

사진은 단 한 번 일어난 사건, 과거의 사건, 부인할 수 없는 사건을 포착한다. 그것이 제대로 완벽하게 포착하는지는 둘째 문제이다. 무엇보다 중요한 것은 그것이 사진인 한, '존재했던 무엇'인가를 포착했다는 점이다. 뒤봐는 사진에서 지표적 신호와 지시 대상과의 관계가 가지는 네 가지 원리를 다음과 같이 정리하고 있다. 1) 실재의 낙인이라는 의미에서의 "물리적 연결connexion physique", 2) 단 하나의 결정적인 지시 대상을 가진다는 점에서의 "특이성singularité", 3) 손가락으로 가리키는 것과 같은 사진의 "지칭성designation", 4) 과거에 있었던 실재의 증거라는 점에서 사진의 "증명성attestation"이 그것이다.

사진에 포착되는 것은 우연적인 사건이다. 미리 예측할 수 있는 사건이 아니라, 예측 불가능한 순간을 포착한 것이다. 물론 사진 한 장을 찍을 때에는 언제나 찍고 싶은 장면이 있고 예측 가능한 상황이 존재한다. 자의적으로 피사체를 고정, 배치하기도 하고, 인물 사진의 경우 어떤 포즈를 요구하기도 한다. 그러나 궁극적으로 셔터를 누르는 그 순간만큼은 절대적으로 우연의 지배를 받는다. 하나의 사진이 탄생하는 데에는 우연적 계기가 삽입되지 않을 수 없다. 그래서 셔터를 누르는 손가락은 언제나 떨릴 수밖에 없다. 그 미세한 떨림은 아무리 좋은 카메라의 손 떨림 보정 기능도 막을 수 없다. 어떤 점에서 셔터 위의 손가락을 떨리게 하는 매 순간은 신성한 우연의 시간이다. 영화, 〈신과 함께 가라〉에 등장하는 주인공은 어릴 때부터 수도원에서만 생활한 젊은 수도사다. 세속적인 삶을 거의 접하지 못한 그가 사진기를 처음 만지며 사진을 찍으려 할 때, 그는 셔터를 누르지 못한다. 그러면서 말하기를, "순간순간이 다 좋은걸요. 주님은 끊임없이 기적을 행하시니까요".

여든 살 노인이 된 한스가 처음 피아노 위에 놓인 일로나의 사진을 발견했을 때, 그는 커다란 충격에 빠져든다. 젊은 시절 자살을 기도할 만큼 커다란 실연의 아픔을 안겨주었던 여인, 그 여인의 사진이 눈앞에 있다. 게다가 그 사진은 자신이 손수 찍었던 사진이다. 예기치 않은 옛 연인과의 조우에 반갑기도 하지만 충격과 당혹감이 엄습한다. 잠시 후 마치 사진을 보고 받은 충격 때문에 심장마비가 일어난 것처럼, 그는 가슴을 움켜쥐며 쓰러진다. 관객은 한스가 사진에서 받은 충격 때문에 죽었다고, 즉 과거에 있었던 트라우마가 사진을 통해 다시금 환기되어서 쓰러졌다고 추측한다. 그러나 영화의 마지막 장면에서 한스의 사망 원인이 일로나의 독살임을 영화는 넌지시 보여준다. 영화 속 한스는 끝까지 용서할 수 없는 인간이다. 참회의 반성도 없이 뻔뻔스럽게 범행 장소를 다시 찾을 수 있는 사람은 사진 한 장으로 죽을 위인은 아니라는 것이 영화감독의 판단인 것 같다. 그렇다 하더라도 영화 전반부에서 한스의 사망 원인으로 짐작할 수 있는 것은 음악과 사진밖에 없다. 영화는 〈글루미 선데이〉 음악과 일로나의 사진이 그를 죽음으로 이끌고 가는 것처럼 그리고 있다.

영화에서 보여주는 것과 같은 사진과 죽음의 밀월관계가 아니더라도, 사진은 죽음과 밀접한 관계를 가지고 있다. 심지어 바르트는 "사진의 본질이 죽음"이라고까지 단언한다.* 사진이 죽음과 연관된다는 사실은 현대 과학기술문명에서 소외된 사람들의 반응에서 확연히 살펴볼 수 있다. 예컨대 인디언들에게 자신이 찍힌 사진을 처음 보여주었을 때 그들은 사진 속에서 자신의 죽음을 보고 질겁했다고 한다. 그들에게 사진 속의 자기 모습은 자신의 몸속에서 빠져나가 지면紙面에 고착된 자기 영혼이다. 사진기의 원리를 알고 있는 현대인들에게도 이런 불안의 느낌은 지워지지 않는다. 시선(카메라 렌즈)의 객체(피사체)로 등장하는 나의 모습은 나도, 그렇다고 남도 아닌, 또는 있지도 그렇다고 없지도 않은 묘한 존재다. 예로부터 사람들은 그런 존재를 "유령" 같은 존재라고 말해왔다. 사진 속의 나는 죽음을 통과하고 죽음의 흔적이 남아 있는 유령으로 현상한다.

사진 속에는 미소 짓고 있는 일로나가 있다. 그 미소는 사진 찍을 때 사람들이 보통 짓는 관습적인 미소다. 사진 속 일로나는 눈을 약간 치켜뜨고, 카메라 렌즈를 정확하게 응시하지 않는다. 카메라 렌즈, 즉 한스의 인공 눈을 보고 있지 않다. 일로나의 시선은 이미 안드라스에게 향해 있다. 사진을 찍기 전 안드라스는 음악을 통해 이미 일로나의 시

---

* 롤랑 바르트, 『밝은 방』, 김웅권 옮김, 동문선, 2006. 29쪽.

선을 사로잡았다. 한스는 시선을 방해하는 인물일 뿐이다. 한스는 카메라 파인더를 통해 다른 남자를 향하고 있는 일로나의 시선을 보았을까? 보았든 못 보았든, 한스는 이미 시선을 빼앗긴 일로나를 찍은 셈이다. 이미 언급했듯이 눈이 타인의 정체성을 확인하는 핵심부라면, 일로나의 눈을 찍지 못한 한스의 사진은 일로나를 제대로 담지 못한 셈이다. "영혼의 창"인 눈을 통해 일로나의 영혼은 안드라스를 향해 갔고, 그 뒤에 영혼 없는 육체, 즉 일로나의 시체만 사진에 남아 있다.

아우라

　모든 것들의 기원은 아무도 모른다. 모든 탄생에는 비밀이 있기 마련이다. 기원이 무와 존재의 접경지대에 위치해 있는 것이라면, 기원의 정확한 위치를 지정한다는 것은 불가능하다. 단지 갑작스러운 나타남의 유래를 대충 헤아려볼 수 있을 뿐이다. 더욱이 인간 자신의 기원은 알 수 없다. 앎이 인간의 앎이고, 그 앎이라는 것이 인간의 유한성으로 얼룩져 있는 한에서, 기원에 대해 알 수 있는 길은 없다. 그렇지만 알 수 없다고 해서 기원이 없다고 단정 지을 수는 없다. 그래서 사람들은 기원을 믿는다. 알 수 없는 것을 믿는다. 이처럼 우리가 믿는 미지의 기원이 모든 것들을 신비롭게 만드는 원천이다.

　오래된 고서적이라든지, 고고학적 유물은 시간의 흔적을 보여줌으로써 기원에 가까이 접근한 듯 보인다. 반면, 지금 내가 두드리고 있는 컴퓨터나 책상은 시간적 간격이 거의 없기 때문에, 또는 유용성의 색깔이 너무 강한 나머지 기원을 드러낼 출구가 막힌 상태이기 때문에, 기원을 떠올리기조차 어렵다. 그리스에서 출토된 물병도 당시에는 한갓 도구에 불과했을 터이지만, 시간적 차이가 벌어지면서, 일종의 기원에 대한 환상이 생기게 된 것이라고 말할 수 있다.

기원은 일종의 환상이다. 하지만 거부할 수 없는 환상이다. 종교적인 믿음이 아니더라도 믿음 없이 살아가는 것이 불가능하다면, 인간에게 환상은 불가피한 현상이다. 이런 기원에 대한 환상은 도처에 널려있다. 그리고 기원에 대한 그 환상에 의거해서 진짜와 가짜를 구분한다. 또한 환상은 우리를 잡아끄는 신비스러운 매력을 지니고 있다. 사람들은 그런 환상의 힘을 "아우라Aura"라고 부른다.

아우라에 대해 처음 진지하게 말했던 사람은 발터 벤야민이다. 그는 과학기술이 고도로 발전한 현대에 이르러, 예술작품이 가지고 있던 사회적 기능과 미학적 효과가 이전과 다를 수밖에 없음을 처음으로 제기했던 사람이다. 벤야민은 「기술복제시대의 예술작품」에서 테크놀로지 시대에 변모한 예술의 지위와 기능을 다룬다. 즉 그는 여기에서 무한하고 정확한 복제가 기술적으로 가능한 환경 속에서 예술에는 어떤 새로운 현상이 일어나는지, 예술은 어떻게 변모할 수밖에 없는지를 다루고 있다. 사실 서양 예술은 언제나 과학기술의 발전, 특히 매체의 변천에 크게 의존해왔다. 그가 보기에, 기술복제 시대에 전통적인 예술작품은 아우라의 붕괴라고 총칭되는 커다란 변화를 겪게 된다.

전통적인 예술작품은 "제의적 가치Kultwert"를 가지고 있었다. 그것에 비해, 근대 이후 예술작품은 "전시 가치Ausstellungswert"를 갖게 된다. 제의적 가치란 예술이 종교에 봉사하면서 얻는 가치이다. 과거 예술은 종교의 시녀 역할을 했다. 예술가는 사원에 고용된 일꾼에 불과했다.

하지만 서양 근대에 이르러 예술가는 종교로부터 독립하기 시작한다. 그리고 여기에서 독립은 일차적으로 경제적 독립을 뜻한다. 종교로부터 받는 경제적 지원을 포기하면서 예술가가 찾은 길은 자기 작품을 구매할 수 있는 일반 고객을 확보하는 일이다. 자기 작품의 애호가를 확보하기 위해서는 일단, 가능한 한 많은 사람들에게 작품을 알릴 수 있는 전시가 필요하다. 따라서 예술작품은 더이상 "제의적 가치"가 아니라, 타인들에게 잘 보일 수 있는 "전시 가치"가 요구되었던 것이다.[*]

과거 예술작품은 많은 사람들이 볼 수 있는 것이 아니었다. 소수의 종교인과 귀족 들만이 작품을 향유할 수 있었다. 일본 애니메이션, 〈플란다스의 개〉(1997)를 보면, 네로가 죽기 전까지 보고 싶어했던 작품, 즉 루벤스의 작품은 교회 깊숙이 감춰져 있었으며, 누구나 쉽게 그 작품을 볼 수 없었다. 예술작품의 전시 가치와 함께 복제 기술의 발전은 예술작품을 더 많은 사람들에게 보일 수 있는 더 많은 기회를 제공했다. 그런데 "제의적 가치"가 사라지고, 복제 기술을 통해 많은 사람들에게 작품을 전시할 수 있는 "전시 가치"가 구현되면서, 기존에 예술작품에 서려 있던 아우라가 사라지기 시작한다.

벤야민에 따르면, 아우라는 전통적 예술작품의 일회성·원본성·진품성에서 유래한다. 그것은 작품의 진품성에서 우러나오는 신비로운 분위기를 뜻한다. 과거의 예술작품은 대체할 수 없는 단 하나의 진품으로 존재했다. 이렇게 특정 예술가를 통해 단 한 점 창작되었던 진본 작품에서 사람들은 신비스러운 분위기, 곧 아우라를 느낄 수 있었다. 옛날에는 작품의 원본을 보기 위해 사람들은 오랜 시간을 기다리며 작

[*] 발터 벤야민, 『발터 벤야민의 문예이론』. 205쪽 이하 참조.

품이 있는 곳을 순례해야 했다. 지금도 화집에서만 보던 작품을 직접 어느 박물관에서 볼 때, 우리는 작품에서 아우라의 자취를 느낄 수 있다. 그런데 복제 기술의 발전으로 말미암아 작품의 무한 복제가 가능해지고 복제 기술이라는 작업환경에서 작품이 창작되면서, 아우라는 사라질 수밖에 없다는 것이 벤야민의 진단이다. 한마디로 전통적인 의미의 예술, 아우라의 예술은 더이상 불가능해졌다. 사진은 예술 감상의 광역화를 이룬 대가로 아우라 파괴를 초래한 최초의 매체다. 사진은 더이상 아우라의 예술이 아니다. 만일 그것이 예술이라 불린다 하더라도 사진은 이제 아우라가 서린 예술작품일 수 없다.

벤야민은 아우라를 다음과 같이 묘사하기도 한다. "가까이 있더라도, 먼 곳의 일회적인 현상", 또는 "어느 여름날 오후, 조용히 휴식을 취하고 있는 사람에게 자신의 그림자를 던지고 있는 지평선의 산맥이나 또는 나뭇가지를 조용히 보고 있으면, 이 나뭇가지가 숨을 쉬고 있다는 것을 느낀다. 이것이 바로 이 산들의 아우라이다".* 첫번째 규정은 아우라의 제의적 성격을 나타낸 말이다. 무엇인가 분명 내 눈앞 가까이에서 보이고 있는데, 그것은 이 세상에 존재하는 것이 아니다. 하늘 저 너머 먼 곳에 존재하는 초자연적이고 신적인 힘이 갑자기 일회적으로 나타날 때, 신비스런 아우라를 느낄 수 있다는 뜻이다. 예를 들어 누군가 그리스 신전에서 아테네 신상을 보고 있다. 대리석으로 조각된 그 신상은 어떤 면에서 그저 손으로 만질 수 있는 하나의 돌덩어리에 불과하다. 그렇지만 돌연 그것이 단순한 돌덩어리가 아니라, 아테네 신의 현현으로 느껴질 때가 있다. 그때 작품에 아우라가 감돈다

---

* 발터 벤야민, 같은 책. 204, 245쪽 참조(독일어 원본과 대조하여 인용된 번역문을 약간 수정했다).

고 말할 수 있다는 것이다.

두번째 규정은 아우라의 애니미즘적 성격을 나타낸 말이다. 죽은 듯서 있는 바위나 산이 갑자기 살아 있는 듯 숨을 쉬고 있는 듯 느껴진다. 맑고 쾌청한 날, 해가 뉘엿뉘엿 넘어가고 난 뒤, 짙은 푸른빛 어둠이 잠시 깔릴 때가 있다. 만물이 아직 깜깜한 어둠에 휘감겨 있지는 않다. 하지만 빛은 부족해서 사물들의 윤곽만 선명하게 드러난다. 짙은 푸른빛 어둠에서 선명하게 드러나는 사물들, 나뭇가지들을 볼 때, 어떤 신비스러운 분위기가 감지된다. 모든 것들이 숨 쉬고 살아서 수런거리는 듯한 느낌이 든다. 이런 분위기가 아우라이다. 예술작품뿐만아니라 자연사물들이 갑자기 숨을 쉬는 듯, 살아 있는 듯, 말을 걸고 있는 듯 느껴질 때, 우리는 거기에서 어떤 아우라를 감지한다.

기술복제 시대에는 이런 아우라가 상실될 수밖에 없다고 벤야민은 결론짓는다. 아우라의 원천인 작품의 종교적 가치와 유일무이성이 사라졌기 때문이다. 그의 주장이 큰 설득력을 지녔음은 부인할 수 없는 사실이다. 그렇지만 계몽의 시대, 과학기술의 시대라고 해서 인간의 삶에서 신비의 차원, 예컨대 주술·신화·종교 등등이 완전히 사라질 수 있는 것은 아니다. 일단 이런 맥락에서 우리는 아우라의 몰락을 속단하는 벤야민의 견해와는 거리를 두기로 하자. 인간의 유한성, 탄생과 죽음의 불가해함만으로도 인간은 세계와 삶의 신비를 긍정할 수 있으며, 그런 존재의 심연에서 유래하는 아우라를 생각해볼 수도 있을 것이다.

근대적 계몽의 패러다임에 여전히 묶여 있던 벤야민은 예술작품에서 풍기는 아우라가 파괴될 수밖에 없다고 보았다. 그러나 아우라는 몰락하거나 상실될 수 있는 것이 아니다. 아우라는 벤야민이 생각했던 것과는 다른 근원적인 원천에서 유래한다. 그런데 벤야민의 날카로운 안목은 아우라의 또다른 원천을 포착했다. 하지만 유감스럽게도 그것을 스쳐 지나쳤다. 벤야민이 살았던 당시, 기술복제 시대의 총아는 사진과 영화였다. 특히 사진은 작품의 아우라를 파괴한 결정적인 장본인이다. 그런데 벤야민은 초창기 사진에 아우라가 남아 있었다는 사실을 부인하지 않는다. 벤야민의 섬세하고 정직한 관찰에 따르면, 초창기 초상사진, 특히 "멀리 떨어져 있거나 죽은 애인die fernen oder die abgestorbenen Lieben"*의 사진 속에는 여전히 아우라가 배어 있다. 매일 볼 수 있는 가까이 있는 애인이 아니라, 멀리 떨어져 있거나 죽은 애인, 즉 부재하는 연인의 사진을 바라볼 때, 그 사진은 단순한 이미지가 아니라 자신에게 말을 걸고 자신을 바라보는 살아 있는 이미지로 다가온다. 그렇지만 벤야민은 사진 속에 남아 있던 이 아우라 역시 앗제Eugène Atget의 풍경사진을 시작으로 사라진다고 보았다.

앞서 언급한 것처럼, 근대적 계몽 패러다임 속에 갇혀 있던 벤야민은 되돌이킬 수 없는 아우라의 숙명적인 소멸을 말한다. 그가 이렇게 판단한 것은 아우라의 원천을 작품의 종교적 기능, 또는 작품 자체의 물리적 특성(일회성, 원본성, 진품성) 내지 감상자의 주관적 체험에서만 찾고 있기 때문이다. 그러나 아우라의 원천이 사랑하는 가까운 사람의 부재, 결국 '사랑'과 '죽음'에서 유래하는 것이라고 본다면, 인간에게 있어 아우라는 궁극적으로 파괴되거나 사라질 수 있는 것이 아니다. 도리어 그것은 부재로 현존하는 유령과 같은 방식으로 존재한다. 아우라는 사랑하는 이의 죽음이 만들어낸 환영이다. 그 환영은 기술복제

---

* 발터 벤야민, 같은 책. 209쪽.

시대에도 소멸하지 않고 살아남는다. 인생이 사랑하다 죽는 것인 한, 아우라는 결코 사라지지 않는다.

사랑에 빠진 사람에게 연인은 유일무이한 존재다. 사랑에 빠지기 전까지만 해도, 뭇 사람들과 다를 바 없는 사람이었는데, 사랑이 찾아온 순간부터 그 사람은 세상에 단 하나밖에 없는 사람으로 변모한다. 어느 누구도 연인을 대신할 수 없다. 대체 불가능한 유일무이한 존재로 바꾸는 것이 사랑의 힘이다. 대체 불가능한 존재로 만드는 또다른 힘은 죽음이다. 하이데거가 잘 보여주고 있듯이, 죽음은 나의 죽음이고, 나의 죽음은 어느 누구도 대신해줄 수 없으며, 죽음을 사유하는 것은 나의 본래성을 찾는 길이다. 아무리 돈이 많고 수많은 사람을 움직이는 권력이 있더라도, 나의 죽음만은 남에게 맡길 수 없다. 잠시 나의 죽음을 연장시킬 수는 있을지라도, 결국 어느 누구도 죽음만은 자신이 떠맡을 수밖에 없다. 이런 점에서 죽음은 가장 공평하게 인간에게 주어진 운명이다. 모든 인간이 자신의 죽음을 갖는다는 점에서, 죽음만은 철두철미 평등의 원칙에 입각해 있다. 이런 죽음이 자기 삶의 대체 불가능성을 확보해준다. 요컨대 사랑과 죽음은 유일무이성 현시의 가능 조건이다.

이렇듯 사랑과 죽음은 인간의 유일무이성과 본래성을 확인해준다. 인간의 유일무이성과 본래성은 벤야민이 고전적인 예술작품에서 발견한 아우라의 원천, 즉 일회성·원본성·진품성에 해당하는 것이다. 어떤 면에서 존재하는 모든 것은 동일할 수 없으며, 제각각 유일무이성을 갖지 않을 수 없다. 단지 그것은 인간의 둔감한 지성 덕분에 은폐되고 망각될 뿐이다. 거친 기준으로 사물을 분류하고 추상화해 사유하면서, 개개 사물들의 고유한 유일무이성이 상실된 것처럼 보일 뿐이다. 하지만 존재하는 모든 것은 원칙적으로 분류/비교 불가능한 아토

포스atopos(특정 장소에 고정될 수 없음)의 존재다. 그렇다면 우리는 인간에게서도, 아니 존재하는 모든 것에서도 아우라를 느낄 수 있어야만 한다. 그런데 인간마저 복제하는 현대에 사람에게서 그런 신비스런 아우라를 찾아보기는 힘들다. 인간이 복잡한 기계의 부품 하나 정도로 이해되는 사회에서 그런 아우라를 기대하기는 힘들다. 인간이 그러할진대 하물며 관찰과 실험의 대상으로 전락한 자연사물에서 아우라를 감지하는 것은 엄두도 낼 수 없다. 그럼에도 우리가 사랑할 때와 죽음과 조우할 때, 적어도 그때만은 사람의 아우라를 느낄 수 있다. 사물들의 미세한 아우라를 감지할 수 있다. 아우라의 상실을 긍정했던 벤야민마저 "죽은 애인"의 사진에서 아우라를 감지했던 것처럼 말이다.

영화 속 인물들에게, 그리고 영화 밖에서 영화를 보는 관객들에게 아우라를 느끼게 해주는 이미지는 어떤 것일까? 일로나의 이미지, 일로나를 찍은 흑백 사진이다. 노신사 한스가 그 사진을 본다. 시간과 공간의 간극을 넘어 한 장의 사진 이미지가 그 앞에 놓여 있다. 젊은 시절 자신이 사랑했던 연인, 일로나가 사진 속에서 웃고 있다. 그 아름다운 모습에 한스의 시선이 고정된다. 한스는 일로나의 사진에서 눈을 뗄 수 없다. 사진이 내뿜는 아우라에 숨이 막힌다. 일순간 사진 속 일로나가 숨을 쉬고 말을 건넨다. 왜 라즐로를 배신했느냐고 책망한다. 사랑했던 일로나의 저주에 한스는 가슴이 조여옴을 느낀다. 그는 더이상 숨을 쉴 수 없다. 영화에서는 일로나가 독살한 것으로 그리고 있지만 그렇게 영화를 마무리 짓지 않았다 하더라도, 관객은 한스의 죽음을 이해할 수 있다. 그는 일로나의 환영이 내뿜는 아우라에 질식되어 죽은 것이다. 사랑했던 연인의 저주가 사진에서 되살아나 그의 심장을 멎게 했던 것이다.

푼크툼

극히 제한된 범위 내에서만 벤야민이 말한 아우라의 몰락은 인정될 수 있다. 아우라는 또다른 원천, 더 깊은 근원에서 유래한 것이다. 이런 원천 때문에 기술복제시대의 사진에도 아우라는 여전히 남을 수 있다. 바르트는 그 또다른 원천의 가능성을 심도 있게 다루고 있다. 직접 벤야민의 아우라를 언급하지는 않지만, 그의 논의의 초점은 아우라와 같은 사태를 향해 있다.

벤야민의 지적처럼, 기술복제시대에 예술의 아우라를 처음으로 파괴한 장르는 사진이었다. 그런데 바르트는 바로 그 사진 속에서 아우라의 또다른 원천을 찾는다. 아우라를 파괴한 영역에서 아우라의 또다른 가능성을 찾을 수 있다면, 아우라는 어느 곳에서든 살아남을 수 있는 것이 되는 셈이다. 바르트에 따르면, 사진의 본질은 "죽음"이다.*
바르트의 이 말은 다양하게 해석될 수 있다. 일단 바르트가 해명하는 바에 따르면, 사진 속의 나는 "주체도 아니고 대상도 아니고 그보다는 대상이 되어간다고 느끼는 주체이다. 그때 나는 죽음(괄호의) 미시-경험을 체험한다. 그러니까 나는 진짜로 유령이 된다".** 내가 마주하는 나의 이미지는 방금 전의 "나"이자 더이상 내가 아니라 이미 대상화된 죽은 "나"일 뿐이다. 그것은 나의 분신, 도플갱어, 유령일 뿐이다.

이런 이유에서 사진이 처음 나왔을 무렵 사람들은 사진 찍기를 두려워했다고 한다. 그들은 자신의 영혼이 빠져나가 인화지에 착상된다고 생각했다. 그들은 분열된 자아를 두려워했다. 분열된 한쪽이 죽은 시체처럼 대상화되는 것을 두려워했다. 또한 타인이 찍힌 사진을 볼 때에도 그들은 찍힌 사람의 유령을 보는 것이라고 여겼다. 특히 나와 무관한 사람의 사진이 아니라, 내가 사랑하는 연인의 사진을 보았을 때, 나는 연인의 유령과 마주해 있다. 그런 맥락에서 벤야민이 초상사진에서 보았던 아우라는 바로 "사랑하는 이의 죽음"에서 유래한 것이다. (바르트 역시 사진에 다가서는 키워드가 "사랑과 죽음이라 낭만적으로 부를 수 있을 그 무엇"이라고 말한다.)*** 인간 실존에서 사랑과 죽음이 빠질 수는 없다. 때문에 여기에서 유래하는 아우라는 사라질 수도 파괴될 수도 없다. 바르트는 사라질 수 없는 아우라를 "푼크툼punctum"이라는 용어로 설명한다. 바르트의 푼크툼을 좀더 쉽게 이해하기 위해서 먼저 그 개념과 연관된 두 가지 이야기를 해보기로 한다.

화룡점정畵龍點睛. 잘 알려져 있다시피, 이 고사에 얽힌 이야기는 다음과 같다. 옛날 중국에 아주 유명한 화가가 살고 있었다. 어느 날 그는

---

* 롤랑 바르트, 『밝은 방』, 김웅권 옮김, 동문선, 2006. 29쪽.
** 롤랑 바르트, 같은 책. 28쪽.
*** 롤랑 바르트, 같은 책. 94쪽.

승천하는 용의 그림을 그리고 있었다. 다른 모든 부분은 모두 완성되었다. 기운생동氣韻生動하는 용 그림이 거의 완성되었다. 그러나 그는 다른 부분을 모두 그렸지만, 용의 눈을 그리지 못했다. 마지막 작은 한 점을 그리지 못해, 그는 몇날 며칠을 고민했다. 그러다 결국 그는 붓을 들어 마지막 한 점을 찍는다. 용의 눈이 그려지는 순간, 그림 속의 용이 꿈틀거리기 시작한다. 죽었던 이미지가 살아 움직인다. 그렇게 화가가 화폭에 그려넣은 용은 눈을 그리자마자 살아서 하늘로 승천했다고 한다. 중국인들의 전형적인 과장법이기는 하지만 이 이야기 속에는 예술의 핵심을 암시하는 중요 모티프가 담겨 있다.

환상적 이미지를 살아 움직이게 한 것은 작은 점 하나의 위력이자, 눈의 위력이다. 여기에서 눈은 작품에서 가장 중요한 포인트를 가리키는 말이다. 눈은 작품을 살아 움직이게 하는 작은 점이다. 작품을 볼 때, 용의 눈과 같은 지점이 없으면 안 된다. 눈을 그리지 못하면, 작품은 살아 움직이지 못한다. 작품이 살아 움직이지 않으면, 보는 사람으로 하여금 커다란 감정을 환기시키지 못하며, 그래서 감동을 일으키지 못한다. 잘 보이지 않는 작은 부분이지만, 모든 훌륭한 작품에는 이런 용의 눈과 같은 부분이 있다. 나머지 다른 부분이 볼품없다 하더라도 눈이 존재하는 한, 작품은 훌륭하다고 평가될 수 있다. 사실 아무리 훌륭한 작가의 작품이라 하더라도 많은 부분은 습작의 수준에 머무른다. 예컨대 시집 한 권 가운데 볼 만한 작품은 몇 작품 안 된다. 하지만 그 한두 작품 때문에 우리는 시집을 구입하고 그 시집을 좋아한다. 마찬가지로 한 작품 내에서도 용의 눈과 같은 부분을 제외한 다른 부분들은 각기 그 부분만을 보면 그다지 훌륭하지 않다. 하지만 눈과 같은 존재로 말미암아, 작품 전체가 빛을 발한다. 그래서 뛰어난 작품으로 남느냐 그렇지 않느냐는 중국 전설 속의 화가처럼 작품에 용의 눈을 그려넣을 수 있느냐, 없느냐에 달려 있다.

비슷한 맥락의 이야기를 칸트도 하고 있다. 칸트에게 용의 눈은 "정신Geist"(유령으로도 번역될 수 있음)이라는 말로 표현된다. 칸트가 영국인이었다면 소울soul이라 했을 것이고 프랑스인이었더라면 에스프리 esprit라고 칭했을 것이다. 작가가 아무리 공을 들이고 노력한다 하더라도 작품에 "정신"이 들어가 있지 않는 이상, 작품은 훌륭하다는 평가를 받을 수 없다. "적어도 부분적으로는 예술로 분명히 입증될 것으로 기대하는 어떤 산물들에 대해서 사람들은, 그것들에서 취미와 관련해서는 아무런 비난할 점을 발견하지 못함에도 불구하고, 그것들에는 *정신*이 결여되어 있다고 말한다. 어떤 시는 정말로 산뜻하고 우아할 수 있으나, 정신이 결여되어 있을 수 있다. 어떤 이야기는 정확하고 정연하나, 정신이 결여되어 있다. 어떤 축하 연설은 철저하고 동시에 엄숙하지만, 정신이 결여되어 있다. 회화도 즐거움은 없지 않지만, 정신은 결여되어 있는 것이 많다. 심지어 어떤 귀부인에 대해서도 사람들은, 그녀는 예쁘고 사근사근하고 얌전하지만, 정신을 결여하고 있다고 말하는 수가 있다."*

칸트에게도 정신은 작품에서 가장 중요한 부분이다. 정신이 빠져 있으면, 나머지 모든 부분이 뛰어나다 하더라도 작품은 실패한 셈이다. 무엇인가 가장 중요한 것이 빠져 있을 때, 칸트의 어법으로 말하자면, 그 작품에는 "정신"이 결여되어 있다고 말할 수 있다. 누구나 훌륭한 작품을 만들고 싶어한다. 하지만 누구나 훌륭한 작품을 매번 창작할

---

* 임마누엘 칸트, 『판단력비판』, 백종현 옮김, 아카넷, 2009. 347쪽.

수는 없다. 왜냐하면 칸트의 "정신"을 작품에 불어넣기는 매우 어렵기 때문이다. 칸트가 보기에 "정신"은 파악 가능한 법칙도 아니고 숙련된 기술도 아니다. 때문에 그것은 노력하고 공들인다고 성취될 수 있는 것이 아니다. 아무리 노력해도 안 되는 것이 있다. 원한다고 해서 모든 것이 성취되는 것은 아니다. 그래서 칸트는 자연의 총아이자 선물인 천재만이 작품에 정신을 불어넣을 수 있다고 보았다. 다시 말해서 자기도 알 수 없는 어떤 힘에 이끌려 천재는 작품에 정신을 불어넣는다. 정신이 무엇인지도 모르는 상황에서, 달리 말해서 용의 눈을 어떻게 그려야 할지 전혀 알 수 없는 상황에서 작가는 우연히 작품을 완성한다. 자연의 총애를 받는 천재는 운 좋게도 용의 눈을 기막히게 완성한다. 자연의 총애를 받지 못한 다른 이들은 불운하게도 작품의 눈을 제대로 그리지 못해 살아 움직이는 작품을 창작하지 못한다.

작품의 핵심부를 지칭하는 화룡점정, 그리고 칸트의 "정신". 이 두 개념은 곧바로 바르트의 푼크툼과 연결된다.* 그런데 푼크툼을 이해하기 위해서는 먼저 그 개념과 쌍을 이루는 다른 개념을 이해할 필요가 있다. 바르트는 푼크툼을 스투디움과의 연관 속에서 설명하기 때문이다. 사진에 관한 책, 『밝은 방』에서 바르트는 스투디움studium과 푼크툼punctum이란 개념을 가지고 사진을 설명한다. 스투디움이란 사진 속에서 우리가 쉽게 파악할 수 있는 문화적·교양적·윤리적·정치적·교육적 지식(정보)을 뜻한다. 한 장의 사진에서 선지식을 가지고 이해할 수 있는 모든 것은 스투디움에 속한다. 그리고 거기에서 우리는 평범

---

* 칸트의 '정신'과 바르트의 '푼크툼'의 연관성에 관해서는 김상환 교수의 다음 글을 참조하기 바란다. 김상환, 『예술가를 위한 형이상학―해체론 시대의 철학과 문화』, 민음사, 1999. 363~64쪽 참조.

하고 평균적인 정서, 길들여진 감정을 느낄 수 있다.* 이 감정은 이미 알고 있는 교양적 지식을 새롭게 확인하는 즐거움이라고 말할 수 있을 것이다. 예컨대 베를린의 운터 덴 린덴Unter den Linden 거리를 찍은 사진을 보면서, 과거 여행했던 경험을 회상하고 그 거리에 관한 사전 지식을 떠올리면서 사진 속에서 그것을 하나하나 확인하는 기쁨을 들 수 있겠다. 요컨대 스투디움은 기지旣知를 통해 새로운 현상을 포섭·재연역·확인·규정할 수 있는 부분이다.

이런 스투디움에 반해 푼크툼은 스투디움을 분산·파괴하면서 발생하는 것이다. 원래 푼크툼은 라틴어로 뾰족한 도구에 의한 상처, 찌름, 상흔, 작은 구멍, 점 등을 뜻하는 말이다(이미지의 어원 가운데 필론 역시 구멍을 뚫는 것과 연관된다). 이런 의미군을 거느리고 있는 푼크툼이란 단어를 통해 바르트는 이미 언급한 화룡점정과 칸트의 "정신"에 해당하는 사태를 보다 정치하게 서술한다. 푼크툼은 바르트의 비유에 따르면, "화살처럼"** 사진에서 떠나와 나를 관통할 수 있는 뾰족한 부분이며, 그런 푼크툼은 사진을 보는 사람에게 깊은 상처와 흔적을 남긴다. 날카롭고 예리하고 뾰족한 푼크툼은 우리 깊숙이 침투해서 존재 전체를 뒤흔들어놓는다. 하지만 이런 푼크툼이 있는 사진은 드물다. 푼크툼이 있는 사진의 경우에도 푼크툼은 눈에 잘 띄지 않는 작은 점으로 존재한다.

대부분의 경우 새롭고 낯선 현상을 만나더라도 우리는 크게 놀라지 않는다. 왜냐하면 이미 우리가 가지고 있는 지식체계를 통해 그 현상을 어렵지 않게 해석해내기 때문이다. 그렇게 해석할 수 있는 부분이

---

* 롤랑 바르트, 같은 책. 41쪽.
** 롤랑 바르트, 같은 책. 42쪽.

스투디움이다. 마치 면역체계가 낯선 병원체로부터 우리를 보호하듯이, 우리는 낯선 타자로부터 스스로를 보호한다. 그런 보호막을 뚫고 들어오는 것이 푼크툼이다. 보호막을 뚫고 들어가기 위해서 당연히 푼크툼은 날카롭고 세밀한 것, 눈에 잘 안 보이는 미묘한 것, 뜻밖에 출몰하는 유령처럼 실체를 확인하기는 어려운 것이어야 한다. 푼크툼은 우리의 마음속에 침투하고 파고드는 것이다. 이런 면에서 푼크툼은 폭력적인 위력을 발휘한다. 물론 푼크툼의 위력은 두려움과 공포만 남기는 폭력이 아니라, 지나치게 비대해진 보호막에 작은 구멍을 뚫는 폭력이고 불감증을 치유하는 폭력이며, 타자와의 직접적인 만남을 가능하게 하는 폭력이다. 요컨대 사진에서 충격과 놀라움 그리고 감동을 줄 수 있는 부분, 그것이 푼크툼이다.

푼크툼은 갑자기 다가온다. 우리가 사진에서의 스투디움을 '찾고' 그것에 '다가간다'면, 그와는 반대로 푼크툼은 우리에게 불현듯 '다가온다'. 선지식과 교양을 가지고 찾을 수 있는 스투디움은 예측 가능한 부분이다. 하지만 불현듯 우리에게 다가오는 푼크툼은 예측할 수 없다. 그것은 예측 불가능하며, 그래서 우연적인 것이다. 이렇듯 푼크툼은 사진에서 만나는 예측할 수 없는 우연적인 실재를 뜻한다. 그것은 인식의 대상이기에 앞서, 강렬한 감동으로 다가오는 것이기 때문에, 무엇이라 설명할 수 없고, 형용하기도 어렵다. 푼크툼은 작은 점과 같이 쉽게 포착되지 않지만, 그로 말미암아 "나의 시각은 변화되는 것을 느끼며, 내 눈에는 그 사진이 탁월한 가치를 지니게 되고 새롭게 보여지는 것이다". 비록 작은 점에 불과한 푼크툼이지만, 그것은 곧 커다란 파문을 일으키며 작품 전체로, 그것을 보는 사람에게로 확장된다(또한 푼크툼은 화살처럼 순식간에 스쳐 지나가는 것이다).

바르트는 이 푼크툼에서 사진 예술의 가능성을 바라보고 있다. 그에 따르면, "여기서 사진은 진정으로 그것(지시 대상) 자체를 넘어선다. 이것이 사진예술에 대한 유일한 증거가 아니겠는가? 사진은 **매체로서** 스스로를 폐기시키고, 더이상 기호가 아니고 사물 자체가 되는 것이 아니겠는가?"* 사진의 푼크툼은 직접적으로 드러나지 않는 실재의 흔적이다. 그 흔적의 시공간이 바로 초월적인(마술적인) 예술의 공간이다. 이곳이 바로 아우라의 또다른 원천이며, 하이데거가 말하는 예술의 공간이기도 하다.

스투디움과 푼크툼이란 용어를 비단 사진에만 한정할 필요가 없다면, 우리의 영화에서는 어떤 장면을 스투디움과 푼크툼이라 말할 수 있을까? 보는 사람들마다 아마 다양하게 말할 수 있을 것이다. 그렇다고 그것이 완전히 주관적이고 자의적인 성격을 가진다고 성급히 결론지을 필요는 없다. 사람마다 각기 고유한 삶의 문맥에서 나름의 일리ㅡ를 가지고 있는 것이라 할 수 있기 때문이다. 내가 생각하기에 우리 영화의 스투디움과 푼크툼은 이런 부분이다. 독일군 사령관으로 돌아온 한스가 라즐로 식당의 주방으로 이동할 때, 피아노 앞에 앉은 안드라스는 어떤 음악을 연주한다. 일순간 한스의 얼굴이 굳어진다. 그리고 피아노가 있는 쪽을 바라본다. 일순간 긴장이 고조된다. 하지만 때마침 안드라스는 다른 곡을 연주하고 한스와 라즐로는 중단된 이야기를 다시 이어가며 주방으로 향한다. 이 장면에서 안드라스가 도대체 어떤 음악을 연주했기에, 한스의 얼굴이 굳어졌을까? 그것을 이해하기 위해서는 음악에 대한 사전 지식이 요구된다. 그 음악은 코믹하게 변

---

* 롤랑 바르트, 같은 책. 62쪽.

주한 독일 국가였다. 이런 부분이 영화의 스투디움이다.

반면 영화의 푼크툼이라고 할 수 있는 부분은 말하기 무척 어렵다. 섬세하고 세밀한 작은 점과도 같은 한 부분을 딱히 지정하기는 쉽지 않다. 이미 언급한 것처럼, 푼크툼은 확장의 힘을 가지고 있어, 어떤 작품에 감동을 받을 때, 작품 전체가 감동의 원천으로 보인다. 그래서 푼크툼을 찾기도 어려울 뿐만 아니라, 그것을 형용하기도 어렵다. 그렇지만 굳이 영화의 푼크툼을 말하라면, 나는 영상의 푼크툼으로 일로나 어깨의 발랄하고 경쾌한 율동을 꼽고 싶다.

일로나는 세 남자의 사랑을 받는 매혹적인 여자다. 영화 내에서만이 아니라, 그녀의 아름다움은 많은 (남성) 관객들의 시선을 고정시킨다. 특히 관능적인 그녀의 육체가 그러하다. 푼크툼을 '보는 자의 시선을 잡아두는 매력 포인트'라고 조금 통속적으로 정의 내릴 수 있다면, 영화에서 그런 푼크툼은 일로나의 몸이다. 바르트가 메프로프의 사진을 보고 그 사진의 푼크툼을 "가벼운 에로티시즘"이라고 했던 것처럼, 나에게 일로나의 몸은 천하거나 무겁거나 진부하지 않은 몸, 생기발랄하고 경쾌한 몸으로 다가온다. 일로나의 몸 가운데 특히 그녀의 가슴은 매력적이다. 영화의 처음 부분에서 한스나 안드라스는 민망스러울 정도로 일로나의 가슴에서 눈을 떼지 못한다. 하지만 나의 시선을 계속 끌었던 일로나의 몸은 그녀의 어깨다. 걸을 때마다 살랑살랑 가볍게 흔들리는 어깨가 나의 시선을 사로잡는다. 일로나의 그 어깨와 독일군이 된 한스의 어깨를 비교해보라. 군인 특유의 절도 있는 어깨이지만, 그것은 무겁고 폭력적인 어깨다. 이런 한스의 어깨에 비해 일로나의 어깨는 부드럽고 경쾌하고 생기발랄하다. 내가 보기에 그녀의 몸의 매력 포인트, 더 나아가 이 영화의 푼크툼은 그녀의 작은 두 어깨다.

서양예술의 멜랑콜리

멜랑콜리한 음악, 〈글루미 선데이〉는 일로나에 대한 안드라스의 비밀스런 사랑으로 작곡된다. 그런데 그 음악은 수많은 젊은이들을 자살로 이끈다. 안드라스의 음악은 현대 문명의 고독, 소외, 전쟁 등등의 적나라한 현실을 일깨운다. 삶의 의미와 방향을 상실한 사람들은 문제 해결의 출구로 자살을 선택한다. 결코 해결책이 될 수 없는 길로 접어든다. 곡을 작곡한 안드라스 역시 마찬가지다. 일로나에 대한 그의 사랑은 결국 자기애적인 사랑임이 확인된다. 그는 일로나를 위해, 사랑을 위해 죽기보다는 자기의 자긍심을 위해 죽는다. 이 점에 있어서는 라즐로 역시 마찬가지다. 그들은 모두 타인을 사랑하기보다는 죽음에서 완성되는 자기의 자유를 사랑한다. 결국 영화의 멜랑콜리는 비극적인 자기애적 사랑, 곧 서양 문화에 뿌리 깊이 새겨진 자기 사랑에서 유래한 것이다.

이 글에서 우리는 '멜랑콜리'라는 말을 네 가지 의미층을 담고 있는 용어로 사용하고 있다. 첫째는 정신질환, 즉 우울증과 광기로서의 멜랑콜리이고, 두번째는 예술가의 천재를 해명하는(곧 예술을 해명하는) 멜랑콜리이며, 세번째는 사랑과 이별을 겪는 사람이면 누구나 느낄 수 있는 보편적 감정으로서의 멜랑콜리이자, 마지막으로 서양 문화를 규정하고 있는 핵심어로서 이해되는 멜랑콜리이다. 2,500년가량 서양에서 이어져온 멜랑콜리 담론을 살펴보면, 대체적으로 앞선 세 가지 의미로 멜랑콜리가 언급되고 있다. 우리는 이 용어에 문화비교철학적인 마지막 관점도 추가한다.

나르시시즘과 멜랑콜리 담론을 이야기하면서 프로이트를 빼놓을 수는 없다. 「슬픔과 멜랑콜리」(1917)*라는 글에서 그는 멜랑콜리를 나르시시즘과 긴밀하게 연결시킨다. 여기에서 프로이트는 정상적인 슬픔의 상태와 마음의 질병인 멜랑콜리를 구분하고 양자의 차이점을 밝힌다. 양자의 공통적인 기반은 '사랑'과 사랑 대상의 '상실'이다. 슬퍼하며 상실을 긍정하는 '애도 작업'에 성공하면 정상적인 슬픔의 상태로 남게 되지만, 애도 작업에 실패하면 멜랑콜리라는 심각한 질병에 걸린다. 여기에서 애도 작업이란 슬픔을 통해 슬픔을 치유하는 마음의 과정을 뜻한다. 프로이트에 따르면, 슬픔에는 없는 멜랑콜리만의 두 가지 특징이 있다. 하나는 '이유 없는 슬픔'이고 다른 하나는 '부끄러움 없는 자기 비난'이다. 전자는 해일처럼 큰 슬픔이 밀려오지만 그것이 어디에서 오는지를 알 수 없는 증상이며, 후자는 자기 자신을 가혹하게 비난함에도 불구하고 마치 남 욕하듯 부끄러운 기색 하나 없이

---

* 지그문트 프로이트, 「슬픔과 멜랑콜리」, 『무의식에 관하여』, 윤희기 옮김, 열린책들, 1997.

스스로를 비난하는 증상이다. 사실 이런 증상은 이전 사람들도 알고 있었지만, 그것의 원인을 정확히 밝히지 못했다.

프로이트는 정신분석학적 용어를 동원해서 그 원인을 규명한다. 그에 따르면, 원인을 알 수 없는 슬픔은 '무의식'이란 개념을 통해 해명된다. 무의식적으로 사랑했지만 그것을 의식할 수 없는 경우, 예컨대 근친관계, 혹은 사회적으로 사랑이 금기시된 관계에서 (무의식적) 연인이 떠나갈 경우, 슬프기는 하지만 그 까닭을 의식할 수 없는 일이 발생할 수 있다. 프로이트는 또다른 증상인 '부끄러움 없는 자기 비난'을 '동일시', '애증병존', '나르시시즘'이라는 개념으로 설명한다. 사랑하는 대상이 다시는 돌아올 수 없는 곳으로 떠났다. 애도 작업이란 한마디로 그 상실을 받아들이는 것인데 나르시시스트는 그럴 수 없다. 그래서 그는 더이상 상실할 수 없는 곳에 연인을 안치시킨다. 곧 자기 마음 한 귀퉁이에 연인을 내면화하고 자기와 동일시한다. 연인을 떠나보낼 수 없는 마음이 연인을 자기 가슴에 묻는 결과를 초래한 것이다.

한편 연인의 상실은 그동안 억눌러온 감정이 폭발할 수 있는 좋은 기회다. 사랑의 반대말은 증오가 아니라 무관심이라는 말도 있듯이, 사랑과 증오는 동전의 앞뒷면이고 야누스의 두 얼굴이다. 이것이 사랑과 증오의 양가감정이다. 이미 언급한 것처럼 사랑이 타자의 침입 사건이고 기존의 자신을 부정하고 새롭게 변하도록 하는 힘이라면, 사랑의 대상은 매혹적인 대상인 동시에 위협적인 존재다. 때문에 사랑의 밝은 이면에는 사랑의 어두운 그림자, 곧 증오의 감정이 드리워져 있기 마련이다. 연인과 함께 있을 때 이 그림자는 보이지 않는다. 증오가 솟구쳐 올라 사랑의 밝은 표면을 검게 물들이면 연인과의 관계가 깨질 수밖에 없기 때문이다. 때문에 관계가 유지되고 있는 도중에 증오는 언제나 억압되고 은폐된다. 그러나 연인이 떠나가면 억눌려 있던 그 증오의 감정이 아무런 제약 없이 쏟아져 나온다. 그래서 실연당한 친구를 위로할 때 우리가 그로부터 듣게 되는 레퍼토리는 항상 동일하다. "그동안 말은 안 했지만 사실은 말야, 그애(헤어진 연인)는 밉살맞고 까다롭고 괴팍하고 이기적이고 찌질하고 …… 기타 등등." 결국 멜랑콜리의 부끄럼 없는 자기 비난에서 비난의 화살은 자기 자신이 과녁인 것처럼 보이나 실은 동일시된 연인이 과녁이며(그래서 부끄러움을 느끼지 않는다), 가혹한 증오감은 그동안 억눌려왔던 증오의 분출이자 애증병존의 감정에서 비롯된 것이다.

그렇다면 연인의 떠나감을 긍정하는 사람은 누구이고 긍정하지 못하는 사람은 누구인가? 다시 말해서 애도 작업에 성공하는 사람은 누구이고 실패한 자는 누구인가? 프로이트는 플라톤과는 다른 과학적 사랑 담론을 전개했지만, 그 역시 사랑의 핵심에 나르시시즘이 놓여 있다고 주장하는 점에서는 플라톤에서 한 발자국도 나아가지 못한다. 프로이트가 보기에, 인간은 태어날 때부터 기본적으로 나르시시스트다. 자기애에 빠져 있는 인간은 타자를 동일시하는 방법을 통해 자기를 확장하고 변화시킨다. 그가 그리는 정신의 발달과 성숙의 과정에 따르면, 인간은 저급한 수준의 나르시시즘에서 벗어나야만 타인과 사회를 고려하는 고차원의 나르시시즘으로 나아갈 수 있다. 하지만 불행하게도 유아기의 트라우마가 컸던 사람은 저급한 수준의 나르시시즘에 고착되고 정체된다. 그래서 성인이 되어서도 실연과 같은 충격적인 사건에 부딪히면 다시 저차원의 나르시시즘으로 퇴행한다. 프로이트가 보기에 멜랑콜리와 같은 정신질환은 이런 퇴행성 나르시시즘에서 유래한 것이다.

이미 사랑 대상을 선택할 때부터 나르시시스트는 자기가 동일시한 이상理想에 따라 연인을 선택한다. 여기에서 연인의 타자성은 사라진다. 연인은 자기의 이상이라는 등불에 비추어보았을 때 단지 자기를 채워줄 한 부분에 불과하다. 그이는 잠재적인 '자기'다. 때문에 연인이 떠나간 것을 프로이트는 자연스럽게 "상실"이라고 부를 수 있었다. 이별은 자기 한 부분의 상실로 표현된다. 연인의 상실이라는 말은 자기애를 전제로 깔고 있을 때에만 가능한 표현이다. 나르시시스트는 연인의 상실을 받아들일 수 없다. 연인은 자기에게 꼭 필요한 존재일 뿐만 아니라 자기의 분신이기 때문이다. 상실을 받아들일 수 없는 나르시시스트는 연인을 자기 안으로 끌고 들어온다. 이런 내면화가 쉽게 일어나는 까닭은 원래부터 연인은 자기 자신의 투영에 불과했기 때문이다. 내면화된 연인에게서 자기 확장의 승리감과 자기 분열의 이질감이 사랑과 증오의 양가감정으로 느껴진다. 이것이 조증과 울증의 교체적 증상으로 나타난다. 결국 프로이트가 설명하고 있는 멜랑콜리란 자기애적 사랑론에 입각한 멜랑콜리임이 밝혀진다.

앞서 여러 차례 언급한 바 있지만, 서양 문명은 (남성적) 자기애적인 성격을 농후하게 띠고 있다.* 현대 서양 철학자들이 자기 문명을 반성하고 비판하는 일련의 모든 이야기들이 그것의 자기애적인 성격으로 요약될 수 있다. 예컨대 하이데거의 "존재 망각", 데리다의 "로고스 중심주의, 남근 중심주의, 음성 중심주의" 등은 모두 서양 철학이 타자를 포섭하고, 자기화하는 "동일성 철학"이고, "인간(좀더 정확히 말하자면,

---

* 이 입장을 지지하는 국내 선행 연구자로는 김상봉 교수를 꼽을 수 있다. 이 견해에 대해 좀더 치밀하고 상세한 논의를 살펴보고픈 독자는 그의 저서를 참조하기 바란다. 김상봉, 『나르시스의 꿈』, 한길사, 2002; 『서로 주체성의 이념─철학의 혁신을 위한 서론』, 길, 2007.

남성, 백인, 유럽 문화인, 성인—칸트적인 의미에서 자립적으로 이성을 사용할 수 있는 사람) 중심적인 철학"임을 드러내기 위해 고안된 개념들이다. 이런 경향을 사랑의 문맥에서 재조명하면, 서양 문명을 자기애적인 사랑에 기초한 문명이라 말할 수 있다. 물론 어떻게 보면 누구나 나르시시스트이고, 어느 사랑에나 자기애적인 요소가 가미되어 있으며, 어느 문명이나 자기애적인 성향이 없는 것은 아니지만, 다른 문명과의 비교 속에서 서양 문명에 대한 이런 비판적인 규정은 충분한 의미가 있을 것이다. 요컨대 니체의 "허무주의"에 대한 지적에서부터 아도르노나 하이데거의 "기술문명 비판"에 이르기까지, 현대 서양 문명은 극도의 자기애적 자기 연민과 자기 증오의 교착 상태에 빠져 있다고 단언할 수 있다.

여기에서 언급되고 있는 나르시시즘은 에고이즘과는 다르다. 간명하게 구분해보면, 전자는 타인을 위해 자신을 희생할 수 있지만, 후자는 그럴 수 없다. 통상 알려져 있는 나르시시즘은 에고이즘과 동일시된다. 그러나 우리의 논의 문맥에서 양자를 선명하게 구분할 필요가 있다. 이미 나르시시즘을 중요 학술 용어로 안착시킨 프로이트에 따르면, 나르시시즘은 이상화, 동일시 개념과 긴밀한 연관 속에서 이해된다. 다시 말해서 어린아이가 아버지를 자기의 이상적 모델로 동일시함으로써 오이디푸스 콤플렉스로부터 벗어나 사회화 과정에 진입하듯이, 또는 자기를 희생하여 공동체의 존속에 기여한 사람을 영웅시함으로써 그를 이상적 모델로 삼듯이, 나르시시즘은 대아大我에 기초해 소아小我를 통제하려는 메커니즘을 가지고 있다. 이런 점에서 나르시시스트는 단순히 자기 이익만을 관철시키는 에고이스트와는 철저히 구분된다. 따라서 좁은 의미의 윤리적 차원에서 나르시시즘을 해석해서는 안 되며, 철학적이고 존재론적인 하나의 근본 틀로서 이 개념을 이해해야 한다. 에고이즘과 구분되는 나르시시즘이 문제가 되는 것은 공동체들 사이, 문화들 사이의 관계 담론에서다. 단순한 자타自他의 문제가 아니라, '우리'와 '그들'의 관계에서 나르시시즘은 한계에 부딪힌다. 이 글에서 우리가 비판하는 나르시시즘은 가족 중심주의, 집단 중심주의, 민족 중심주의, 국가 중심주의, 종족 중심주의, 문화 중심주의 등등을 포함하는 모든 종류의 '중심주의'에 대한 사랑 담론의 번역어일 뿐이다.

　서양의 멜랑콜리 담론사에서 멜랑콜리는 한편으로 질병, 광기 또는 종교적 죄악으로 인식되면서도 다른 한편으로 문화를 창조하는 천재의 증표로 간주되었다. 이것은 나르시시즘에 토대를 두고 있는 멜랑콜리의 두 얼굴이다. 나르시시즘에 입각한 서양 문명은 자기에 대한 광적인 사랑(플라토닉 러브)이라는 어두운 힘을 사용하여 빛나는 문화, 제도, 예술 및 철학을 만들어냈다. 플라톤이 증언하고 있듯이, 불멸에의 욕망을 충족시키는 일환으로 서양인들은 육체를 희생하면서까지 내구성이 강한 문화를 창조했던 것이다. 마치 진흙 속에서 흰 연꽃이 빛을 발하듯, 혹은 마치 나르키소스가 죽은 자리에서 피었다는 순백의 아름다운 수선화처럼, 서구 문명은 사랑의 어두운 힘을 사용하여 휘황찬란한 문명의 꽃을 피웠다. 여기에서 광적인 자기 사랑이라는 검은 힘을 한갓 광기로 전락하도록 내버려두지 않고 문화 창조의 원동력으로 변용시킨 사건은 주목할 만하다. 서구 문화의 한계가 바로 멜랑콜리 담론의 한계, 곧 나르시시즘이라고 비판하더라도, 어둠의 힘을 정련하여 찬란한 문화의 빛으로 만든 것은 경이로운 일이 아닐 수 없다. 이제부터 간략하게나마 서양인들이 어떻게 자기 사랑의 광기를 문화 창조의 원동력으로 삼았는지에 대해 살펴보기로 하자.

멜랑콜리의 검은색은 부정적인 의미만을 담고 있지 않다. 그 어둡고 음울한 색조에서 창조의 원천을 발견할 수도 있다. 스타로빈스키Jean Starobinski의 뛰어난 해석에 따르면, 검은 담즙은 영혼의 검은 멍이다. 곧 인간이 겪는 고통의 농축물은 검은 담즙으로 전치될 수 있고 다시 그것은 "검은 잉크"로 전치될 수 있다.* 뛰어난 작가는 멜랑콜리, 곧 인간의 고통스런 파토스를 창작의 재료, 또는 기폭제와 원동력으로 사용한다. 다시 말해서 작가는 흰 종이 위에 자신의 검은 담즙을 잉크 삼아 선명한 글자를 적어넣을 수 있다. 농도가 짙은 검은 잉크일수록 선명한 글을 쓸 수 있듯이, 작가가 창작활동을 하는 데 있어 멜랑콜리는 필수 조건이며, 멜랑콜리의 색깔이 검으면 검을수록 눈에 띄는 작품을 창작할 수 있다.

이와 관련해서 고대 철학자, 아리스토텔레스는 멜랑콜리에 관한 중요한 지적을 한 적이 있다.** "철학과 정치, 시 또는 예술 방면의 비범한 사람들이 왜 모두 명백히 멜랑콜리커였을까? 더구나 헤라클레스의 영웅 이야기가 보여주는 것처럼, 왜 몇몇 사람은 검은 담즙으로 야기된 질병 속에서 고통스러워했을 정도로 멜랑콜리커였을까?"*** 여기에서 아리스토텔레스는 철학과 정치, 시 또는 예술 방면의 비범한 사

---

* Jean Starobinski, "Die Tinte der Melancholie", in *Melancholie ; Genie und Wahnsinn in der Kunst*, hrsg. von Jean Clair, Hatje Cantz Verlag, Ostfildern-Ruit, 2005. pp.24~31 참조.
** 이와 관련하여 좀더 상세하고 학술적인 논의는 글쓴이의 다음 논문을 참조하기 바란다. 김동규, 「멜랑콜리―이미지 창작의 원동력; 아리스토텔레스의 『문제들』을 중심으로」, 『철학탐구』, 26집, 2009.
*** Aristotle, *Problems II*, Book X X X, trans. W. S. Hett, London and Cambridge, 1957. 953a.

람들, 즉 문화 창조자들의 비범성을 멜랑콜리와 연관 짓고 있다. 아니 그의 물음은 이미 그 연관성을 전제하고 있다. 다시 말해서 아리스토 텔레스에게 비범한 문화 창조자와 멜랑콜리의 연관성은 이미 자명한 사태이며 다만 그 까닭이 물음의 대상일 뿐이다. 이미 고대 그리스인 들에게 그 둘이 깊은 연관을 갖는다는 것은 기정사실이었던 것이다.

의사의 아들이었던 아리스토텔레스는 당대의 의학적 지식을 바탕 으로 멜랑콜리를 다루면서도, 멜랑콜리에서 의미심장한 지점을 지적 한다. 그의 관찰에 따르면, 창조적인 일을 하는 사람들, 천재적인 사람 들은 많은 경우 멜랑콜리의 기질을 가지고 있다. 그리고 그 기질은 "이 유 모를 슬픔"에 사로잡혀 생겨나는 기질이다. 그런데 왜 창조적인 천 재는 원인 모를 슬픔에 사로잡히는 것일까? 그는 충분한 답변을 내놓 지는 못한다. 그가 멜랑콜리에 대해 말하는 책 자체가 자연현상을 관 찰하며 문제로 제기되는 것들을 모아둔 『문제들*Problemata*』이란 책이 다. 비록 아리스토텔레스가 자신이 제기한 물음에 충분한 답변을 하지 못한 것은 사실이지만, 그는 인문학적으로 중요한 하나의 문제로 멜랑 콜리를 주제화했다는 점에서 큰 역할을 한 셈이다.

사랑에서 멜랑콜리는 시작된다. 미지근한 사랑이 아니라, 광적인 사 랑에서 멜랑콜리는 탄생한다. 연인에 대한 동경과 그리움 그리고 좌 절. 모든 사랑이 거리를, 부재를, 차이를, 이별을, 결국 죽음을 함축하 고 있기 때문에, 멜랑콜리는 죽음에서 시작된다고 말할 수 있다. 때문 에 사랑할 수밖에 없고 죽을 수밖에 없는 운명의 인간은 누구나 멜랑 콜리커가 될 수 있다. 타자에 대한 사랑이 커지면 커질수록, 멜랑콜리 한 감정은 깊어진다. 사랑이 크면 클수록, 고뇌Leid가 커지며, 그럴수록 열정Leidenschaft 또한 커져간다. 연인에 대한 열정이 커질수록 자신의 모든 감각과 생각의 가능성들이 최대로 실현된다. 그래서 보통사람들이 생각하거나 볼 수 없던 것들을 볼 수 있게 된다. 다시 아리스토텔레스의 말을 인용해보기로 한다. "멜랑콜리커들은 격렬성으로 인해 원거리 사수처럼 정확하게 활을 쏜다. 그리고 어느 한순간에 급변할 수 있는 그들의 태도로 인해 그들 앞에는 연속해서 그 다음 이미지가 급속도로 다가온다. …… 게다가 그들의 행동은 매우 커다란 격렬성으로 인해 또다른 행동에 의해 방해받지 않는다."* 멜랑콜리커는 격렬한 정념의 힘을 통해서 일상인의 사유 범위와 상상력의 한계를 초과하는 영역에 접근한다.

인접해 있기는 하지만, 보통의 상식으로는 연결되지 않는 사태와 사태, 단어와 단어를 연결시킬 수 있는 능력, 은유의 제작 능력, 그 놀라운 능력을 아리스토텔레스는 『시학』에서 천재라고 불렀다.** 보통의 상식과 안목으로는 도저히 도달할 수 없는 거리를 멜랑콜리커는 훌쩍 뛰어넘는다. 그리고 정확하게 사태를 적중시킨다. 때문에 사람들은 멜랑콜리커가 범상치 않은 재능을 가졌다고 판단한다. 이와 같이 근본적으로 "원거리 사수"가 될 수 있는 동력은 열정에서, 결국 사랑의 크기에서 나온다. 부재하는 연인에게로 비상하려는 열정, 바로 그 힘이 먼 거리에 있는 과녁을 정확히 명중시키는 동력이다.

사랑은 타자에 대한 사랑이며, 타자를 동화하지만, 결국 타자에 동화되는 사건이다. 플라톤의 『향연』과 『파이드로스』에서 등장하는 사랑은 타자를 동화시키기만 하는 사랑이다. 거기에는 타자에 동화되는

---

* Aristotle, "On Prophecy in Sleep"(in *Parva Naturalia*), *The Loeb Classical Library*, trans. W. S. Hett, London and Cambridge, 1964. 464a33~464b6.
** 아리스토텔레스, 『시학』, 천병희 옮김, 문예출판사, 1990. 125쪽.

사랑은 등장하지 않는다. 불멸을 향한 욕망의 재생산 구조만 등장하지, 타자의 씨앗에게 자신의 몸과 피를 양분으로 공급하는 희생의 구조는 등장하지 않는다. 타자에게 이화異化되는 사건, 그래서 자기 자신의 죽음을 뜻하는 사랑은 고통스러울 수밖에 없다. 고뇌로 가득 찰 수밖에 없다. 더욱이 타자는 언제나 타자로서 거리, 부재, 이별, 죽음의 지대에 있기 때문에 사랑은 언제나 애절한 그리움으로 남지 않을 수 없다. 그렇기 때문에 사람은 태어날 때부터 타고난 기질에 따라 멜랑콜리커가 되는 것이라기보다는, 누군가를 사랑하게 되면서부터 멜랑콜리커가 된다.

플라톤이 디오티마의 입을 빌려 이야기했던 사랑의 기본 모델을 떠올려보자. 사랑, 섹스, 임신과 탄생. 플라톤이 들었던 이 모델은 플라톤 이전과 이후, 동양과 서양을 막론하고 거론될 수밖에 없는 사랑의 기본 모델이다. 그리고 이 모델의 전 과정은 여성의 몸을 통해 육화된다. 여성의 몸을 통하지 않고는 사랑의 시작과 마지막을 형상화할 수 없다. 마찬가지로 우리의 해석 방향에 따라 죽음과 멜랑콜리를 사랑과의 연관 속에서 이해할 수밖에 없다면, 죽음과 멜랑콜리 역시 여성의 몸을 통해 육화될 수밖에 없다고 말할 수 있을 것이다. 예컨대 모든 것들을 낳은 대지의 여신이 살아 있는 모든 것의 생명을 거두어간다는 고대인들의 신화적 관념에서부터 최근에도 자주 회자되는 "팜 파탈"에 이르기까지, 여성의 몸은 (남성에게) 죽음의 거처, 곧 무덤의 상징물로 사용되었다. 멜랑콜리의 경우도 마찬가지다. 뒤러의 〈멜랑콜리아 I〉을 비롯한 많은 회화에서 멜랑콜리의 주인공은 여성으로 등장한다.*

반복해서 말하자면, 사랑은 타자의 침입 사건이다. 그러나 타자가 침입하여 자기 자신의 모든 것을 파괴해버리는 것에 그친다면, 그것은 사랑이 아니라 일종의 무자비한 폭력일 뿐이다. 사랑은 타자가 자신의 내부에 침투하여 새로운 것을 낳는 행위이고 새로운 타자를 위해 희생하는 사건이며 곧 생성의 사건에 참여하는 행위이다. 그 새로운 것이란 새로운 자기이면서 동시에 새로운 타자라고 말할 수도 있겠다. 하지만 엄밀히 말하자면, 그것은 자기도 아니고 사랑했던 타자도 아닌 전혀 새로운 타자, 미래의 타자다. 이런 타자의 탄생은 단순한 유전자 조합도 아니고, 플라톤의 불멸을 위한 자기 복제도 아니고, 헤겔의 변증법적 종합도 아니다. 그것은 **사랑이 사랑하기 위해 보낸 사랑의 전령**이다. 끝없이 이어지는 사랑을 위해 사랑이 보낸 미지의 타자이다.

멜랑콜리는 자기 내부에 잉태된 미래의 타자에게 자신의 피와 양분을 공급하면서 얻게 되는 고통, 흥분, 일렁임, 고독, 우울이다. 수태한 여인의 입덧처럼, 그것은 미래의 타자, 사랑의 전령을 자기 안에 간직한 자의 고통이다. 고통스럽지만 그런 멜랑콜리는 우리에게 희망을 준다. 영화에서 뱃속의 아이가 일로나에게 희망을 주었던 것처럼, 그런 멜랑콜리는 미래에도 중단 없이 사랑할 수 있다는 희망을 우리에게 안겨준다. 언젠가 고흐도 이런 멜랑콜리를 말한 적이 있다. "절망에 무릎을 꿇는 대신 적극적인 멜랑콜리를 선택하기로 했다. 슬픔 때문에 방황하게 되는 절망적인 멜랑콜리 대신 희망을 갖고 노력하는 멜랑콜리를 택한 것이다."** 물론 고흐도 결국 절망적인 멜랑콜리에 무릎을 꿇고 자살했지만, 그 전까지는 그는 적극적인 멜랑콜리, 희망의 멜랑

---

* 멜랑콜리의 여성성에 관해서는 다음의 책을 참조. Dörthe Binkert, *Die Melancholie ist eine Frau*, Hoffmann und Campe, Hamburg, 1995.
** 빈센트 반 고흐, 『반 고흐, 영혼의 편지』, 신성림 옮김, 예담, 1999. 17쪽.

콜리를 추구하며 많은 사람들로부터 사랑받는 작품들을 창작했다.

아리스토텔레스는 예술가와 철학자, 시인과 정치가와 같은 비범하고 창조적인 작업을 하는 이들이 멜랑콜리의 기질을 가지고 있다고 관찰했다. 그리고 이런 사람들이 멜랑콜리한 까닭을 물었다. 지금까지 살펴본 바에 따르면, 대답은 간단하다. 멜랑콜리는 창조적인 일, 곧 타자를 사랑하여 자기 내부로 타자를 받아들이고 그럼으로써 미래의 타자를 길러내는 일을 하는 사람이 가질 수밖에 없는 고통과 슬픔의 정조다. 우리는 이런 멜랑콜리 이해에 동의한다. 사랑과 죽음에서 멜랑콜리가 파생된 감정임을 인정하며, 그것이 예술의 주된 원천이라는 주장에도 동의한다. 단, 조건이 있다. 진정한 타자 사랑이라는 조건이 그것이다. 자기 사랑을 찬미하는 플라톤의 후예들은 타자를 자기화/동일화할 수 있을지언정, 창조적인 미래의 타자를 잉태할 수 없다. 그들의 멜랑콜리는 타자의 자기 동화同化 과정에서 오는 소화불량의 고통일 뿐이지, 이화異化되는 과정에서 오는 자기희생의 고통이 아니다. 만일 멜랑콜리가 자기 사랑에서 유래한 독특한 감정이라고만 말한다면, 앞서 간략하게 서술한 것처럼 누구나 겪는 보편적인 감정으로 멜랑콜리를 규정하려는 시도에 우리는 반대할 것이다. 우리는 그런 사랑만 존재한다고 믿지 않기 때문이다. 그런 멜랑콜리는 사랑과 죽음, 그리고 거기에서 유래한 보편적인 슬픔의 변종일 뿐이다.

동서고금의 모든 인간은 그들이 인간인 한에서 사랑하고 이별하고 슬퍼한다. 이런 슬픔은 누구나 공감할 수 있는 감정이다. 하지만 이 감정의 색깔은 특정한 문화와 역사를 만나면서 변색된다. 슬픔을 처리하는 문화적인 애도 작업이 곧바로 그 감정에 수반되기 때문이다. 서양 문화는 자기중심적 사랑론과 죽음론을 바탕으로 슬픔을 검은색으로 채색했다. 검은 담즙, 멜랑콜리는 이런 문화적 기반 속에서 태어나서 다시 문화를 멜랑콜리 정조로 물들이는 검은 잉크 역할을 한다. 멜랑콜리 문화가 자체 재생산 구조를 갖춘 것이다. 만일 멜랑콜리를 이런 각도에서 본다면, 우리는 멜랑콜리로부터 비판적 거리를 두지 않을 수 없다. 다시 말해서 우리는 그것을 서양의 특수한 문화적 코드로 볼 수밖에 없다.

새턴

고대 서양인들은 고대 의학과 천문학을 연결 지어 사유했다. 인간의 몸을 하나의 소우주로 간주했던 그들은 우리 몸에 네 가지 체액이 흘러 다니듯이, 대우주 천체에는 그에 상응하는 행성들이 떠다닌다고 생각했다. 그들(특히 연금술사들)에 따르면, 멜랑콜리의 별은 토성Saturn이다. 그리고 이 새턴(로마 신화에 등장하는 신. 그리스 신화에서는 '크로노스'라는 이름으로 등장)은 시간의 신이다. 멜랑콜리커는 새턴의 자식이다. 왜냐하면 그는 삶과 세계의 덧없음을 통찰하고 있기 때문이다. 단숨에 생명을 앗아가는 서슬 푸른 시간 날의 파괴력(서양의 화가들은 새턴이 한 손에는 모래시계를 다른 손에는 긴 서양 낫을 들고 있다고 상상했다)을 새턴의 자식들은 너무도 잘 알고 있기 때문이다.

그리스 신화에서 크로노스는 자기 아버지인 우라노스를 거세하고 하늘의 패권을 장악한 시간의 신이다. 이후 그는 자기 자식을 낳는 즉

시 먹어치웠다. 자신의 권력을 넘볼 수 있는 자는 자신의 자식밖에 없기 때문이다. 여기에서 고대 그리스에서 반복적으로 등장하는 부친 살해의 신화가 다시 삽입된다. 자식을 낳자마자 먹어치우는 엽기적인 신, 크로노스는 생성과 소멸을 주관하는 신의 이미지가 된다.

그로테스크하고 멜랑콜리한 그림, 〈네부카드네자르Nebukadnezar〉를 그리기도 했던 영국의 낭만주의 시인, 블레이크의 시 한 편을 먼저 감상해보자. 나는 이 시 속에 시간과 관련된 서양 역사의 한 단면이 담겨 있다고 생각한다.

아 해바라기! 시간이 지겨워 / 태양의 발걸음 헤아리며 : / 향긋한 금빛 나라 탐해보네 / 나그네의 여행길 끝나는 그곳 / 욕망으로 시든 젊은이와 / 눈빛 수의 걸친 창백한 처녀가 : / 그들 무덤에서 일어나 동경하는 그곳 / 나의 해바라기가 가고 싶어하는 곳

—「경험의 노래」에서[*]

해바라기는 태양만을 바라보는 향일성向日性 식물로 알려져 있다. 마치 태양을 그리워하는 것처럼 해바라기는 언제나 태양만을 쳐다본다.

---

[*] Ah Sun-flower! weary of time,
Who countest the steps of the Sun :
Seeking after that sweet golden clime
Where the travellers journey is done.
Where the Youth pined away with desire,
And the pale Virgin shrouded in snow :
Arise from their graves and aspire,
Where my Sun-flower wishes to go.
AH! Sun-Flower—in "Song of Experience"

해바라기의 모든 움직임은 태양을 향해 있다. 태양은 해바라기 운동의 목적지이고 "동경"의 대상이다. 해바라기의 동경은 태양을 향하고 있지만 태양에 닿을 수는 없다. 그의 동경은 처음부터 성취 불가능한 동경이다. 그 실현 불가능한 동경에 모든 힘을 소진한 해바라기는 태양에 조금씩 다가설수록 야위고 시들어만 간다. 태양을 향해 가는 길의 마지막에는 죽음만 존재할 뿐이다. 그럼에도 불구하고 해바라기는 태양을 향한 동경을 버릴 수 없다. 그 그리움이 자신을 좀먹는데도 해바라기는 어쩔 수 없다. 해바라기를 품은 자는 무덤에서도 일어나 태양을 동경한다.

지상에 존재하는 모든 것은 결국 사멸한다. 지상에서 소멸하지 않는 것은 없다. 다른 것으로 변화하지 않는 것은 없다. 오직 변한다는 사실만 변하지 않는다. 이런 변화와 운동을 아리스토텔레스는 이미 '시간'이라 불렀다. 철학 이전의 세계를 지배하던 고대 그리스 신화는 그것을 이미 크로노스 신이라 불렀다. 마치 뱀이 동그랗게 똬리를 틀면서 자기 꼬리를 물고 있는 것처럼, 자신의 분신을 낳자마자 이내 집어삼키는 신이 크로노스다. 이처럼 생성과 소멸, 탄생과 죽음을 주관하는 신, 크로노스가 고대 그리스인들이 가졌던 시간에 대한 첫인상이었다. 그러나 이 신은 결국 예언대로 자신의 아들, 곧 하늘, 불, 태양, 이성의 신인 제우스에게 왕좌를 빼앗긴다. 그리고 멀리 추방된다. 이때부터 지상에서 시간은 힘을 잃는다. 두려움과 공포의 대상, 인간이 어찌할 수 없이 승복할 수밖에 없던 대상이 이제 너무 뻔해서 "지겨운" 대상, 극복의 대상이 된다.

가슴 한구석에 해바라기 씨가 움트면서, 서구인들은 변하는 것 가운데 변하지 않는 것이 있다고 생각했다. 그리고 그때부터 인간은 영원

한 것, 시간 저 너머에 있는 것, 지상을 떠나 하늘로, 변치 않는 이성의
세계로 건너갈 수 있는 길을 찾고자 했다. 이승의 나그네인 인간이 가
야 하는 목적지가 설정된 것이다. 시에서는 그곳이 태양의 나라, 황금
의 나라로 표현되고 있다. 크로노스의 변덕, 그 시간의 생멸生滅마저 역
겹고 지겹게 되면서, 서양인들은 시간을 떠나 변치 않는 제우스의 세
계, 곧 태양으로 눈을 돌린다. 그래서 인간은 태양을 추종하는 한 송이
해바라기꽃이 된다.

그런데 서양인들이 한 송이 해바라기가 되면서 어떤 일이 일어났던
가? 인간들이 동경했던 그 태양의 제국은 어떤 곳이었던가? 태양의 저
편은 어떤 곳이었던가? 무덤이었다. 시인, 블레이크는 그곳을 모든 생
명, 젊음, 욕망이 시들고 사그라진 죽음의 땅으로 보았다. 역설적이게
도, 영원한 생명의 땅이라고 열망했던 그곳은 죽음의 땅이었다. 백퍼
센트 순수한 증류수에서 생명이 살 수 없듯이, 태양 제국의 시민이 되
기 위해서는 인간 삶의 모든 조건을 희생시켜야 했다. 지상에서 불멸
을 위해 시간을 없애면, 동시에 모든 탄생과 생명도 사라진다. 지상에
서 크로노스를 축출하면, 생명도 죽음도 없는 더없이 척박한 곳이 되
고 만다.*

사람들은 보통 시간을 하나의 직선으로 상상한다. 양끝은 무한대로
펼쳐지고 그 사이 초, 분, 시 등등의 측정 숫자로 촘촘히 메워진 직선,
거대한 우주적인 직선을 떠올린다. 그런데 직선이 이처럼 거대해지고
무한해지면, 무한한 양 극단이 서로 만난다고 상상할 수도 있을 것이

---

* 블레이크 시에 관한 이 부분은 글쓴이가 이미 발표했던 글을 수정하여 재수록한 부분이
다. 김동규, 「비 오는 겨울밤의 몽상」, 『생명에 관한 아홉 가지 에세이; 제1회 학술에세이상
수상작』, 민음사, 2002 참조.

다. 직선에서 원으로, 아니 둥근 무한대의 점으로 말이다. 내가 보기에, 시간은 하나의 작은 원, 또는 점에서 시작한다. 어떤 결정적인 사건Ereignis의 순간에서 시간은 출발한다. 즉 타자와의 만남에서 시간은 시작한다. 마치 고요한 수면에 작은 돌을 던졌을 때 동그라미 파문이 일어나듯이, 점은 반경을 넓히기 시작한다. 그렇게 점이 팽창하면서 너비를 갖는 원을 이루고, 그러면서 시작과 끝이 하나인 시간을 형성한다. 영화에서는 일로나의 사진 속에 담긴 시간이 바로 결정적인 사건의 순간이라 말할 수 있을 것이다. 사진에 담긴 순간이 영화 전체의 내러티브를 함축하고 있다. 정지된 듯 보이는 한순간이지만, 그것은 모든 사건들을 함축하고 있는 시간이다. 사진 속의 시간은 과거와 미래를 현재라는 한 점에 응축시켜놓은 시간이다.

우리의 시간은 궤적을 달리하는 원환 운동이다(시간은 아리스토텔레스의 말처럼 일단 "운동"이다). 시간의 수렴과 발산 운동, 수축과 팽창 운동, 나선 운동 등은 하나의 중심점을 가지고 있다. 그 중심점이 위에서 말한 만남의 순간이다. 시간의 운동은 궤적을 달리해도 중심을 잃지는 않는다. 아니 때때로 중심을 잃을 수도 있다. 하지만 그 순간 우리에게서 이전의 시간은 사라진다. 새로운 시간의 중심축이 사건으로 발생하기 이전까지, 이렇게 잃어버린 시간 속에서 우리는 살아도 사는 것이 아니라고 판단한다.

순간의 발산과 응축에 따라, 시간은 두 가지 상반된 얼굴을 가지고 있다. 느슨해진 시간과 긴장된 시간, 한없이 늘어지는 시간과 팽팽하게 조여오는 시간, 하이데거가 말한 바 있는 '권태로운 시간'과 '칼날같은 시간'이 그것에 해당한다.* 사건의 순간은 조밀하게 응축된 시간을 말한다. 이런 맥락에서 시간의 핵심은 순간이다. 그 순간의 점이 퍼져, 연장과 외연을 가지게 된다. 여기에서 순간이란 단순히 짧은 시간, 더이상 나눌 수 없는 미세한 시간을 뜻하는 말이 아니라, 어떤 중대 사건이 일어나는 그 순간을 말한다. 오래도록 삶을 결정짓는 어떤 사건의 시간을 뜻한다. 그 순간의 떨림은 동심원을 그리면서 삶의 경계에까지 이른다.

독일어로 순간은 아우겐블릭Augenblick이다. 이 말은 눈Augen빛Blick을 뜻한다. 이 단어를 해석하자면, 순간은 눈 깜짝할 사이의 짧은 시간이면서 동시에 눈에서 빛이 발하는 어떤 시점이다. 예컨대 사랑하는 사람을 처음 만났을 때라든지, 어떤 매혹적인 작품을 처음 보았을 때, 즉 어떤 새롭고도 의미 있는 사건이 막 일어나 이전의 시간과 이후의 시간이 갈릴 수밖에 없는 시점, 그래서 두 눈이 휘둥그레지는 시점이 바로 순간이다. 때문에 눈에서 빛을 잃은 사람에게 순간은 없다. 사랑 없이 사는 이에게는 그런 순간은 주어지지 않는다. 반면 사랑하는 연인 또는 아름다운 예술작품을 만나는 시간은 이런 눈빛 찬란한 순간들로 채워져 있다.

우리가 말하는 시간은 사람들 각자의 실존적 시간이다. 사실 존재하는 것들 모두는 각자의 시간을 가지고 있다. 모나드Monad, 유일무이한 개별성을 지닌 것들은 그것들 나름의 고유한 시간을 몫으로 부여받았다. 어떤 것이 존재한다는 것은 시간 한 점을 부여받고 시간화한다는 뜻이다. 존재한다는 것은 시간 한 점을 부여받고 다양한 방식으로 팽창과 수축 운동을 하는 것을 말한다. 이런 점에서 시간이 존재를 선물한다. 하이데거의 생각처럼, 시간은 존재자를 존재하게 하는 존재의

---

* 마르틴 하이데거, 『형이상학의 근본 개념들; 세계-유한성-고독』, 이기상·강태성 옮김, 까치, 2001 참조.

지평Horizont이다. 시간은 각자의 시간이면서 동시에 모두의 시간이다. 그런 까닭은 각각의 개별자가 고립된 존재자로 존재하는 것이 아니라, 타자와의 관계 속에서 존재하기 때문이다. 무엇 또는 누구와의 "사이"에서만 우리는 존재한다. "사이"가 없으면 개별자도 없다. "사이"가 없으면 고독도 없다. "사이"가 깊어질수록 그만큼 외로움도 깊어진다. 오직 "사이" 속에서만 한 존재자의 개별성이 부각될 수 있다. 이와 같이 하나의 개별자가 타자와의 "사이" 속에서만 존재할 수 있다면, 개별자 개개의 시간은 공유될 수 있는 "사이" 시간을 전제한다. 나의 시간은 타자의 시간과 '만나는 사이' 속에서만 존립할 수 있다. 타자와 관계 맺는 '사이'에 나는 나만의 시간과 더불어 타자와 공유하는 시간을 갖게 된다. 따라서 어떻게 누구(무엇)와 얼마만큼의 시간을 함께했는지에 따라서, 나의 시간의 질이 결정된다.

"나는 지금 어떤 시간을 살고 있는가?" 때때로 우리는 이렇게 자문할 수 있다. (타자와의 만남의) 사건이 없는 인생은 권태롭다. 지루한 일들의 연속이 시간을 늘어지게 만든다. 하지만 사건이 터지는 순간부터 시간은 급격하게 돌변한다. 강렬한 밀도의 희비가 교차되는 순간에 우리의 모든 신경회로가 팽팽하게 조여온다. 이 순간은 모든 것들이 수렴/응축되는 시간이다. 그래서 우리는 부지불식간에 과도한 긴장이 해소되기를 바란다. 과도한 긴장이 주는 불쾌와 고통, 피로감에 대한 두려움 때문에, 고통을 안정적으로 제거하기 위한 방안을 마련하고자 한다. 그러자마자 시간은 다시 발산하는 시간, 느슨한 시간, 흩어지는 시간으로 변모된다.

프랑스 현대 소설가, 투르니에Michel Tournier는 동쪽에서 떠서 서쪽으로 지는 태양과 그것이 남기는 그림자의 궤적을 통해서 시간과 인생을 빗대고 있다. "어린아이는 뜨는 해를 등지고 걷는다. 몸집이 작은데도 큼직한 그림자가 앞서가고 있다. 그것이 그의 미래인데, 입을 딱 벌리고 있지만 또한 납작하게 눌려진, 약속과 위협으로 가득 찬 동굴이다. …… 정오가 되면 해는 남중하고 그림자는 어른의 발밑으로 완전히 빨려 들어가게 된다. 완성된 인간은 당장 발등에 떨어진 일들에 정신이 팔린다. 그는 미래 같은 것엔 별로 관심이 없다. 미래 때문에 불안해하지도 않는다. 아직은 그의 과거가 발걸음을 무겁게 하지도 않는다. …… 그러나 해는 서쪽으로 넘어가고 성숙한 인간에게는 등 뒤에 그림자가 생겨나서 점점 길어진다. 이제부터 그는 점점 더 무거워지는 추억들의 무게를 발뒤축에 끌고 다닌다. 그가 사랑했다가 잃어버린 모든 사람들의 그림자가 자신의 그림자에 보태지는 것이다. 과연, 그의 발걸음은 점점 느려진다. 과거의 덩치가 점점 커짐에 따라 그 자신은 점점 작아진다. 뒤에 달린 그림자가 너무 무거워져서 걸음을 멈추어야 되는 날이 온다. 그러면 그는 사라져버린다. 그는 송두리째 그림자로 변하여 살아 있는 사람들에게 가차 없이 맡겨진다."* 여기에서 태양의 운동은 시간의 객관적인 모습이다. (시계로 측정되는 시간 역시 태양의 규칙적인 운동을 바탕으로 구성된 산물이다.) 그리고 태양 빛이 사람을 투과하며 만들어내는 그림자는 시간의 주관적인 모습이다. 마지막으로 인생이란 한바탕 펼쳐지는 시간의 그림자놀이다.

결국 시간이란 한 사람의 인생을 뜻한다. 과거와 현재 그리고 미래라는 것 역시 객관화된 시간 선을 분절한 것이라기보다는 한 사람의 인생을 분절시킨 것으로 보아야 한다. 한 사람을 파악할 때, 우리는 시

---

* 미셸 투르니에, 『짧은 글 긴 침묵』, 김화영 옮김, 현대문학, 1998. 225~26쪽.

간을 고려하지 않을 수 없다. 그 사람의 현재의 모습만이 아니라, 과거와 미래를 모두 고려해야만 그에 대한 올바른 이해에 도달할 수 있다. 한 사람의 몸속에는 과거가 흔적으로 남아 있고, 미래가 꿈으로 이미 도래해 있다. 프로이트는 과거에 있었던 어떤 트라우마가 현재와 미래를 구속한다는 것을 극적으로 보여준 바 있다. 우리의 의식 속에서는 사라진 지 오래된 것들도 여전히 무의식 속에서는 살아 있다. 그에 따르면, 우리는 과거에 매여 살 수밖에 없다. 떨쳐내려고 부단히 애를 써도, 결국 그 엄연한 과거를 인정하는 것 이외에는 그로부터 자유로워질 뾰족한 방법이 없다. 반면 하이데거는 미래가 얼마만큼 우리에게 가까이 있는지를 여실히 보여준 철학자이다. 그에 따르면 우리는 이미 미래 속에 살고 있다. 한 실존적 개인의 마지막 미래라고 할 수 있는 죽음에 우리는 이미 던져져 있다. 우리는 태어나자마자 죽기에는 너무 늙어 있다. 인간은 실존적으로 이미 죽음 속에 던져져 있다. 우리의 미래는 아직 당도하지 않은 것으로만 남아 있는 것이 아니라, 언제나 현재와 과거를 규정하는 좌표 역할을 한다. 쉽게 말하자면 미래에 대한 전망 속에서 현재와 과거를 전망할 수밖에 없다. 사실 모든 전망은 전체 시간에서 나온다. 과거와 현재 그리고 미래라는 전체의 전망 속에서 구체적인 사안들이 이해의 지평 안으로 들어설 수 있다는 말이다. 하이데거는 미래에 우위를 두고 있기는 하지만, 미래에만 유독 강조점을 찍을 이유는 없다. 마찬가지로 프로이트처럼 과거에 강조점을 찍을 이유도 없으며, 그렇다고 현재만을 강조할 필요도 없다. 시간이라는 것이 과거와 현재 그리고 미래로 나누어 생각해볼 수는 있는 것이지만, 그럼에도 불구하고 어떤 단일하고 완결된 삶의 지평을 뜻한다는 점이 중요하다.

시간은 흐른다. 우리는 그것을 피부로 느낀다. 인생에서 강렬하게 점점 더 강렬하게 느낄 수 있는 것은 시간뿐이다. 나이를 먹으면 다른 감각들은 쇠퇴하지만, 더욱 예민하게 발달하는 감각은 시간감時間感이다. 우리는 시간이 온몸 깊숙이 훑고 지나감을 느낄 수 있다. 하이데거가 아무리 본래의 시간 표상이 아니라고 험담을 해도, 도도히 흐르는 강물은 시간의 전형적인 포즈pose다. 시간의 이 포즈 앞에서 우리는 압도당한다. 연약하게 떨고 있는 우리를 전혀 아랑곳하지 않고 시간은 무자비하게 휩쓸고 지나간다. 때문에 종종 시간은 두려움과 공포의 대상으로 다가온다. 그런데 그 시간 앞에서 두려움을 느끼기 시작하면, 더이상 아무것도 할 수 없다. 반성도 할 수 없고, 철학도 할 수 없다. 예술도 없고 종교도 없다. 아무것도 할 수 없다. 시간의 공포는 전적인 무기력 상태로 우리를 몰아넣는다.

도도히 흘러가는 시간의 강물에 두려움을 느끼기보다는 차라리 그 강에 몸과 영혼을 맡기는 것이 현명한 일일지도 모른다. 왜냐하면 시간의 강은 모든 것을 망각하게 하는 레테의 강일 수도 있기 때문이다. 레테의 강에서는 모든 불안, 걱정, 집착, 두려움, 고통 등등을 잊을 수 있다. 죽음의 왕국으로 들어가기 전에 먼저 레테의 강물을 마셔야 한다. 이전 삶의 모든 기억을 잊어야만 새로운 삶이 가능하기 때문이다. 만일 시간의 전 과정이 삶과 죽음 그리고 재생의 순환 고리로 이어져 있다면 말이다. 사랑을 거절당한 한스가 도나우 강에 뛰어들어 자살을 시도했다가 라즐로에게 구조되었을 때 그는 완전히 변신한다. 순박한 촌뜨기에서 비열한 현실주의자로 다시 태어난다. 그는 도나우 강에서 일로나에 대한 집착을 버리지 못했다. 다시 태어난 한스는 일로나에 대한 집착을 돈과 권력에 대한 집착으로 바꾸었다. 그가 뛰어든 도나우 강은 레테의 강이 아니었던 모양이다.

기억과 망각

　기억상실증에 걸린 사람의 첫번째 특징은 자기 정체성의 상실이다. 기억할 수 없는 사람은 자신이 누구인지 알 수 없다. 한순간의 '나'의 모습만을 가지고서는 내가 누구인지를 결정할 수 없기 때문이다. 오직 기억을 통해서만 나에 대한 희미한 윤곽을 그려볼 수 있다. 그래서 기억상실은 필연적인 자기 상실로 귀착된다. 아주 짧은 시간만을 기억할 수 있는 사람의 경우에도 마찬가지로 자기 정체성의 혼란을 겪는다. 영화 〈메멘토〉는 그런 상황을 잘 보여주고 있다. 또한 공동체의 기억을 우리는 '역사'라고 부른다. 공유할 수 있는 역사를 가지지 못한 공동체는 머지않아 깨질 수밖에 없다. 하나의 공동체로 묶어줄 수 있는 공동의 기억이 없다면, 공동체의 정체성은 확보되지 못한다. 그래서 결국 필연적으로 공동체 구성원들은 뿔뿔이 흩어지고야 만다. 하나의 공동체가 성립할 때마다, 신화나 전설 혹은 역사가 함께 지어지는 까닭은 여기에 있다. 이런 점에서 한 개인이나 공동체에 있어 기억은 정체성을 이루는 핵심부라 하겠다. 모든 것의 '정체성'은 '기억'하고 있는 동안에만 '존재'할 수 있다.

고대 그리스인들은 예술가에게 영감을 보내주는 신을 뮤즈라고 불렀다. 그런데 신화에 따르면, 뮤즈들을 낳은 어머니는 기억의 신, '므네모쉬네Mnemosyne(라틴어 Memoria)'이다. 이 신화에 따르면, 예술의 원천은 기억에 있다. 기억이 모든 예술의 모태다. 생산력이 열악한 시대였음에도 불구하고, 수많은 웅대한 고대 예술품들, 예컨대 장대한 서사시나 기념비적 건축물 등이 공동체의 기억을 위해 만들어졌다는 사실만으로도 이 점은 쉽게 이해된다. 예술작품은 한 개인의 또는 공동체의 기억을 위해 창작된다. 사람들은 예술작품을 보고 망각된 것을 다시 복원한다. 이런 면에서 예술작품은 일종의 기억의 매체다. 하지만 예술작품은 기억을 환기시키는 단순한 기억의 매체로 존재하는 것이 아니라, 기억을 '보존'하면서 동시에 '변형'시키는 매체다.

철학자 하이데거 때문에 유명해진 말이지만, '진리'에 해당하는 그리스어 알레테이아aletheia에는 망각이란 뜻의 단어 레테lethe가 포함되어 있다. 레테라는 말에는 은폐되고 감춰진 것, 잠재하고 있는 것이라는 의미와 함께 망각이라는 의미가 내장되어 있다. 접두어 'a-'는 어근의 내용을 부정하는 접두어다. 예컨대 이것은 쪼개지지 '않는' 것을 표현하는 아톰a-tom이란 말에서도 쉽게 확인할 수 있다. 하이데거는 상투어가 되어버린 진리라는 말에서 어떤 근원적인 의미를 드러내고자 알레테이아를 '비은폐성Un-verborgenheit'이라고 번역한다. 이 말 속에서 그는 진리라는 것이 단순히 적나라하게 '드러난 것'만을 의미하는 것이 아니라, 그 이전에 감추어진 것을 내보이는 지난한 '과정'과 인고의

'시간' 임을(진리 역시 정태적인 명사로서가 아니라 동태적인 동사로 이해), 그리고 드러난 것이 배경으로 깔고 있는 어두운 감춤 현상을 함께 말하고자 한다. 이와 연관해서 레테를 망각으로 해석한다면, 다음과 같이 말할 수도 있을 것이다. 진리란 잊혀지지 않는 것, 아니 잊고 싶어도 잊혀질 수 없는 것, 또는 잊어서는 안 되는 것이라고 말이다.

이런 맥락에서 하이데거는 예술을 "진리의 작품 안으로의 정립", 곧 진리가 구체적인 형태로 드러나는 것이라 말한 다음, 그것을 다시 "회상Andenken"이라고 말할 수 있었다. 그에게 예술은 회상이다. 그에게 있어서도, 진리란 잊혀지지 않는 것, 아니 잊고 싶어도 잊혀질 수 없는 것, 또는 잊어서는 안 되는 것이다. 그렇지만 여기에서 회상이란 단순히 잊혀진 과거를 떠올리는 회상이 아니라, 망각의 거대한 심연 속으로 사유의 밧줄을 내려 기억의 두레박으로 미래를 조금 떠 올리는 회상이다. 그에게 미지의 미래는 망각된 과거와 연결되어 있기 때문에, 미래지향적인 예언적 예술은 과거지향적인 회상을 통해서만 가능하다. 하이데거에게 예술은 큰 망각을 기억하는 회상이다. 망각의 보존 기능과 보호 기능을 긍정하는 한에서의 회상이다.

전통적으로 서양의 지성인들은 망각보다는 기억을 더 우위에 놓았다. 기억이 권장할 만한 것이라면, 망각은 떨쳐버려야 할 것이다. 이런 경향은 그네들에게 잊고 싶은 것보다는 기억하고 싶은 것들이 많다는 것을 말해준다. 김상봉에 따르면, 서양인들은 자기 전통의 아름다움에 도취된 자들이고 그런 만큼 자긍심이 강한 나르시시스트였다. 그네들의 역사는 승리의 역사였고 단 한 번도 뼈저리게 타자로부터 자기를 상실한 적이 없는 역사였다는 것이다. 이런 빛나는 전통 속에서 망각보다는 기억이 더 가치 있는 것으로 여겨진 것은 자연스러운 일이라

할 수 있다. 인간의 선험적인 망각 상태로부터 "상기anamnesis"를 통해 이데아의 진리로 진입할 수 있다고 보았던 플라톤 이래로, 서양 지성인들은 망각의 베일을 찢고 태양처럼 밝은 진리의 세계로 나아가는 것이 인간의 최고선이라고 생각했다. 신과의 '약속', 그리고 약속 파기시의 징벌을 중시 여겼던 헤브라이즘 전통 역시 약속과 복수의 가능 조건인 기억을 중요한 가치로 여겼다. 이런 전통 속에서 하이데거와 같은 일군의 현대 철학자들은 자기네 전통에 대한 첨예한 비판의 일환으로 기억의 폐해를 부각시키는 동시에 망각, 곧 레테의 중요성을 되살리려 한다.

기억되는 것은 그냥 기억되는 것이 아니다. 인간의 기억은 손쉽게 컴퓨터 디스크에 데이터를 저장하듯 기억되는 것이 아니다. 어떤 것(사건)이 강렬한 자국을 우리의 두뇌에(아니 온몸에―이것은 단순한 비유가 아니다. 면역학의 연구 성과에 따르면, '기억세포'라는 것이 있고 세포의 수준에서 기억 작용이 일어난다는 것을 확인할 수 있다) 각인시켜야 기억된다. 여기에서 각인^{刻印}이란 말 그대로, 새기고 홈을 파는 과정, 즉 영혼의 피부에 상처를 내는 과정을 통해서만, 기억이 성립된다. 따라서 니체의 말처럼, 기억이란 원래 고통을 수반한 화인^{火印}과 같은 것이다. 그것은 타자가 스치고 지나간 자국, 어떤 흔적이다. 그 자국의 깊이, 영혼의 상처의 깊이만큼 깊은 기억이 생성된다. 기억으로 말미암은 이런 상처를 치유하는 일은 쉬운 일이 아니다. 고통스럽지 않을 만큼 타자를, 곧 연인(의 상실)을 망각(기억)하는 일은 쉬운 일이 아니다. 사랑의 이별에서 애도 작업이 어려운 것은 바로 그 때문이며, 이런 맥락에서 망각은 기억과 더불어 애도 작업의 핵심요소다.

흔히 주위에서 볼 수 있는 애도 작업의 망각적 특징을 생각해보자.

사랑하던 연인을 잃고 슬픔 속에 잠겨 있다. 처음에는 슬픔을 통해 슬픔을 극복한다. 슬퍼해야 할 때 슬퍼하지 못하면 더 큰 회한의 상처가 남기 때문이다. 일정 기간이 지나면, 적극적으로 떠나간 연인을 망각하려 한다. 망각하지 않으면, 슬픔을 떨쳐버릴 수 없기 때문이다. 우선 연인의 허점과 치부를 기억한다. 프로이트에 따르더라도 연인의 상실은 연인에 대한 안 좋은 기억들이 억압 없이 의식의 수면 위로 떠오르는 절호의 찬스다. 이것은 기억술을 통해 망각하려는 이열치열의 방법이다. 다음으로 연인을 기억나게 하는 모든 것들을 피한다. 예컨대 연인의 사진이라든지, 연인과 자주 함께 시간을 보낸 카페라든지, 연인이 주었던 선물 등등과 같은 것들을 멀리한다. 아예 낯선 곳으로 여행을 가는 것도 망각의 좋은 방법이다. 그런데 가장 강력하고 최종적인 망각의 방법은 새로운 연인을 만나는 것이다. 이전 사랑을 잊는 최종 단계, 곧 애도 작업의 마지막 결정적인 단계는 바로 새로운 사랑, 새로운 만남이다. 사랑은 모든 기억의 원천이자 동시에 망각의 원천이기 때문이다.

사랑의 대상은 변할 수 있다. 하지만 덧없는 변화 속에서도 변치 않는 것은 변화의 기저에서 생멸生滅을 관장하는 사랑뿐이다. 사랑의 영원성은 대상의 영원성이 아니라, 사랑 대상의 변화를 주도하는 사랑의 근원성에 있다.

사건은 타자와의 만남에서 일어난다. 타자와의 만남은 언제나 충격적이고 새로운 경험이 아닐 수 없다. 만남의 대상이 타자이기 때문이다. 물론 밀도가 떨어지는 만남도 있다. 스쳐 지나가는 만남도 있다. 그런 만남은 진정한 만남이 아니다. 타자와의 만남이 아니다. 그것은 자신을 중심에 두는 자신만을 위한 만남이고, 자기 시각의 잣대로 타자를 넘겨짚는 만남이며, 그래서 그런 만남은 큰 고통도 그렇다고 큰 기쁨도 없는, 그저 그렇고 그런 김빠진 만남으로 남기 쉽다. 이런 스쳐 지나가는 만남은 기억될 수 없다. 굳이 그런 만남을 기억할 이유도 없고 기억하고 싶지도 않을뿐더러 또한 기억될 수도 없다. 기억을 위한 필수 조건인 강렬한 파토스의 자국이 남지 않았기 때문이다. 오직 타자와의 밀도 높은 만남을 통해서만 어떤 '사건'이 일어나고, 그런 사건만이 기억에 남을 수 있다.

타자와의 만남은 충만한 기쁨과 동시에 고통을 수반하기 때문에, 그 감정상의 혼돈 속에서는 아무 말도 할 수 없다. 아무것도 기억할 수 없다. 그저 순간순간의 사건이 전해오는 존재의 충격감과 희비의 감정만을 느낄 수 있을 뿐이다. 예를 들어 사랑의 황홀경에 빠진 사람이라든가 실연의 아픔에 빠진 사람은 자신의 감정을 온전히 표현할 수 없다. 표현하는 순간 이미 어느 정도는 감정의 소용돌이에서 빠져나온 셈이다. 어디가 어떻게 아프다고 구체적으로 말할 수 있는 사람의 고통은 당연히 외마디 비명을 지르기만 하는 사람의 고통보다 작을 수밖에 없다. 감정의 강도가 지나치게 클 경우에는 어떤 반성적 사유나 언어도 불가능하기 때문이다. 그래서 사유와 언어는 일어난 사건으로부터 시간적 거리가 확보되었을 경우에만 가능하다. 기억 역시 마찬가지이다. 영화 〈메멘토〉에 등장하는 인물처럼 짧은 현재만을 기억하는 사람은 온전히 기억한다고 말할 수 없다. 기억은 사건의 전말을 아우르는 긴 시간의 과정 속에서만 성립하는 것이기 때문이다.

기억은 타자와의 만남의 사건에서 유래하는 것이다. 그렇지만 타자가 남겨놓은 흔적만으로는 타자나 타자와의 만남을 온전히 복원시킬 수 없다. 타자가 스쳐 지나간 흔적은 단순히 흔적일 뿐 타자의 모습이

나 타자와의 만남 자체가 아니다. 흔적은 단지 파편화된 기억일 뿐이다. 사건은 단지 파편화된 기억 조각만을 남길 뿐이다. 하나의 기억이 성립하기 위해서는 이런 기억 조각들을 발굴하고 재조립하고 재구성하는 시간이 필요하다. 벤야민은 이런 기억 과정을 다음과 같이 묘사했다. "옛 도시가 파묻혀 있는 땅이 매체이듯 기억도 체험한 것의 매체이다. 파묻혀버린 자신의 과거에 가까이 가려면 땅을 파내는 사람과 같은 자세를 취해야 한다. 무엇보다도 몇 번이고 동일한 사실을 대하게 되고 그때마다 그 사실을 흙을 흩어 뿌리듯 흩어 뿌리고 땅을 파 엎듯 파 엎는 것을 꺼려서는 안 된다. …… 이렇듯 진정한 기억이란 발굴자가 기억이 가능한 장소를 정확히 표시하듯 그렇게 분명히 모습을 드러내지는 않음에 틀림없다."*

이런 기억 과정 속에서 언표 불가능했던 사건은 사후事後적으로 재구성되고 언술된다. 이렇듯 기억은 언표 불가능한 사건을 재조립, 재해석, 재구성함으로써 언표 가능한 이야기로 전환시키는 사유의 작업을 뜻한다. 그리고 예술은 타자와의 언표 불가능한 만남을 재구성해서 언표하는 탁월한 기억방식이다. 예술작품은 타자와의 만남을 기억하기 위해 창작된다. 동시에 탁월한 기억방식인 예술을 통해서만 사건은 언표 가능하고 현시 가능하다. 다시 말해서 예술은 사건과 기억에 그 원천을 두고 있지만, 사건과 기억은 예술을 통해서만 우리에게 자신을 알릴 수 있다.

영화 속에서 일로나의 흑백 사진은 시간을 역류시키는 역할을 한다.

---

* Aleida Assmann, *Erinnerungsräume*, 『기억의 공간』, 변학수·백설자·채연숙 옮김, 경북대학교출판부, 2003. 208쪽; Walter Benjamin, *Gesammelte Schriften*, Bd.Ⅳ, Ⅰ, Frankfurt a. M. 1991. 400쪽.

시간을 역류시켜 과거에 있었던 사건을 이야기로 풀어갈 수 있는 계기를 마련한다. 마치 옛날이야기가 "옛날 옛적 호랑이가 담배 피우던 시절에"로 시작하여 하나의 이야기를 풀어가듯이, 기억은 사건이 있었던 과거로 시간을 역류시킨 다음, 시간의 흐름에 따라 내러티브가 전개되면서 시작된다. 영화 속에 등장하는 노년의 한스는 일로나의 사진을 보고 지나간 과거, 망각된 과거를 다시 떠올릴 수 있었을 것이다. 영화 속의 인물뿐만이 아니라, 영화 자체가 이 사진을 매개로 시간을 역류시킨다. 현재 일어난 사건의 비밀을 풀기 위해서는 사건의 시간적 배후를 먼저 알아야 하기 때문이다.

영화를 보는 관객의 입장에서 기억은 작품 감상에 절대적인 위치를 차지한다. 영화는 전형적인 시간예술이기 때문에 과거의 장면을 기억해서 현재의 장면과 연결 짓고 미래의 장면을 예측해서 과거와 현재의 장면과 짜 맞추는 작업을 짧은 시간에 수행해야만 한다. 그러지 않으면 영화는 이해 불가능한 장면들의 몽타주 모음에 불과할 것이기 때문이다. 하나의 이미지로 승부를 거는 시나 회화, 조각, 사진 등등의 경우에도 시선의 시간적 이동과 상상력의 시간적 전개가 작품 감상에 필수적이다. 결국 감상은 시간 속에서 전개되는 기억의 재구성이다. 감상이 추체험이고 재창작이라 할 수 있다면, 감상은 예술작품의 기억 내용을 재-기억하는 것이라 할 수 있다. 여기에서 다시 기억한다는 것은 기억 내용을 동일하면서도 다른 내용으로 변형시킨다는 것을 뜻한다.

기억과 망각이 서로 무관하고 반대되는 것으로 생각되기 쉽지만, 실상 기억은 망각을 전제한다. 기억 행위는 이미 기억하고픈 것을 선별하는 행위를 포함하기 때문에, 처음부터 기억하기 싫은 것을 배제할 수밖에 없다. 그리고 기억하고 싶지 않지만 끈질기게 기억되는 것 때문에 다른 기억의 가능성들이 배제되기도 한다. 머릿속을 온통 메우고 있는 특정 기억이 다른 기억을 위한 공간을 모두 차지해버리기 때문이다. 이것은 마치 특정한 연인에 대한 사랑 때문에 다른 것들을 망각하는 것과 마찬가지이다. (사랑은 기억과 망각을 동시 선사한다.) 이런 점에서 기억은 망각을 필연적으로 전제한다. 망각 역시 무엇이든 기억된 것의 망각이기 때문에 기억을 전제하지 않을 수 없다. 또한 프로이트에 따르면 망각은 한갓 기억된 것이 의식의 장에서만 사라진 것을 뜻한다. 기억된 것이 단지 의식의 공간에서 무의식의 공간으로 이동했을 뿐이다. 그렇다면 타자와 만난 흔적이란 의미에서 기억은 결코 사라질 수 있는 것이 아니다.

사건에는 기억하고픈 사건이 있는가 하면 기억하기 싫어 망각하고픈 사건도 있다. 전자가 기쁜 사건이라면 후자는 슬픈 사건이다. 전자가 행운의 사건이라면 후자는 불운한 사건이다. 전자의 경험이 많은 사람은 행복했던 과거를 갖고 있어 복고적인 반면, 후자의 경험이 많은 사람은 불행했던 과거를 갖고 있어 차라리 미래지향적이다. 물론 그 역의 모습을 보일 수도 있다. 자유로운 인간에게는 동일한 사건이 상이한 결과를 초래할 수 있기 때문이다. 전자의 사람은 발목을 잡는 과거가 없기 때문에 미래지향적일 수 있는 반면, 후자의 사람은 어떤 트라우마와 같은 과거 때문에 자신의 의도와는 상관없이 과거지향적일 수 있다. 어찌 되었든 우리가 원하건 원하지 않건 간에 만남의 사건은 기억을 낳는다. 또한 우리의 뜻과 무관하게 영혼의 상처가 아물고 기억이 무의식의 깊은 바다에 빠짐으로써 사건은 망각된다.

사람들은 기억과 망각을 장악하고 통제할 수 있다고 생각한다. 오래전부터 기억술과 망각술이 전해 내려오는 까닭도 여기에 있다. 기억하고 싶은 것도 많고 잊고 싶은 것도 많기 때문에 이런 기술들이 고안된 것이다. 만일 기억술과 망각술이 예술과 연관된다면, 그리고 니체의 주장대로 예술의 두 구성원리가 아폴론적인 원리와 디오니소스적 원리라면, 아폴론적 예술은 일종의 기억술이고 디오니소스적 예술은 일종의 망각술이라고 말할 수 있다. 조각과 건축이 전자에 해당한다면, 도취적인 음악은 후자에 해당할 것이다. 하지만 궁극적으로 기억과 망각은 우리의 통제 범위를 넘어선다. 정말 기억하고 싶지 않은데 스멀스멀 자꾸만 기억나는 것도 있고, 꼭 기억하고 싶은데 기어코 망각되는 것들이 있다. 이것은 단순히 우리 능력의 모자람에서 기인한 현상이 아니다. 기억과 망각은 우리 관할 영역 내부에 있지만 마음대로 통제할 수 없는 특별 자치구와 유사하다. 왜냐하면 그곳은 우리 안의 타자가 심어놓은, 반쯤은 타자의 식민지이기 때문이다.

천재

영화 속에는 두 명의 예술가가 등장한다. 한 명은 작곡가이자 피아니스트인 안드라스이고, 다른 한 명은 캐리커처 화가이며 영화에서 처음 〈글루미 선데이〉 음악을 듣고 자살한 퇴레즈다. 안드라스는 말이 별로 없고 시무룩하고 삐쩍 마른 체구에 섬세한 표정과 표정만큼 섬세한 손가락을 가진 사람이다. 또한 그는 나름의 자제력을 발휘하기도 하지만, 전체적으로 그때마다의 기분에 따라 행동하는 사람으로 그려진다. 어쩌면 그는 전형적인 예술가의 모습을 갖추고 있다. 안드라스는 일로나에게 처음 자신을 재능 없는 음악가라고 소개한다. 가난하고 재능 없는 피아니스트이기에 호화로운 음악당에서가 아니라 라즐로의 식당에서 음악을 연주한다고 말한다. 그런데 안드라스는 정말 음악적 재능이 없었던 것일까? 음악을 통해 사람의 마음을 움직이다 못해 자살하게끔 만든 그에게 음악적 재능이 없다고 말할 수 있을까? 그렇다면 여기에서 예술적 재능이란 도대체 무엇일까? 예술적 재능을 가진 예술가란 누구일까?

전통적으로 예술가에 대한 몇 가지 생각이 존재해왔다. 예술가는 '장인', '천재', '발명가', 지성과 감성이 조화를 이룬 '전인全人'으로 이해되기도 했다. 여기에서는 예술가에 대한 두 가지 견해를 중심으로 예술가가 누구인지를 살펴보기로 하자. 첫째로 예술가는 장인이다. 이것은 역사가 오래된 견해다. 예술이 일종의 기술(테크네)로서 이해되던 옛날부터 사람들은 예술가를 장인으로 규정했다. 지금도 그 견해는 면면히 이어지고 있다. 뛰어난 예술가를 지칭하는 우리말의 거장巨匠이 그러하고, 라틴어 마기스터magister는 도제徒弟, apprentice를 가르치는 장인을 뜻하는 말로서, 영어의 마스터master, 이탈리아어의 마에스트로 maestro의 어원이 되는 말이다. 오랜 견습 과정에서 익힌 숙련된 기술을 연마한 사람이 장인이며, 이런 장인 개념은 지금도 예술가를 평가하는 하나의 중요 요소로 남아 있다. 그래서 여전히 현대인들은 아이디어만을 중시하는 현대 작가들을 의심의 눈동자로 바라본다.

두번째로 예술가는 천재이다. 한때 사람들은 천재를 소유한 자만이 예술가일 수 있다고 생각했다. 어원적으로 천재天才, genius란 라틴어 게니우스genius에서 유래한 말로서 특정 개인이나 토지의 수호신을 뜻하는 말이다. 또 그와 연관된 말, 창의력이 풍부하고 천재적이라는 뜻을 가진 ingenious는 라틴어 인게니움ingenium에서 유래한 말로서 창조적인 정신의 선천적인 힘을 뜻한다. 이런 어원적 의미에서 보자면, 천재란 개개인마다 '주어진' 수호천사이자 독창적이고 창의적인 '선천적' 능력을 뜻한다. 여기에서 천재는 인간의 노력과 의지와는 거리가 있는 '선천적으로 주어진' 재능이라는 점이 강조되고 있다. 이런 견해에 따르면, 예술가가 되기 위해선 천재가 필요하다. 하지만 그것은 원한다고 노력한다고 얻을 수 있는 것이 아니다.

이 해석을 언뜻 들다보면, 지나치게 숙명론적이고 결정론적인 견해처럼 들리기도 하고, 예술가의 귀족적 특권 의식이 느껴지기도 한다. 니체의 말처럼, 어쩌면 "예술가는 결국 그의 작품의 선행 조건이나 모태나 토양에 불과하며, 경우에 따라서는 그 위에서 또 거기에서 작품이 성장하는 비료나 거름"일 뿐인데 말이다. 이런 천재 개념은 중세까지 세계의 중심에 있던 창조주 신神 대신에 근대 주체가 중심을 차지하면서 이론적인 기반이 마련되었고, 개인의 개성과 창조성이 신격화된 낭만주의에 이르러 극에 달했다. 그런데 신격화된 예술가에게는 더이상 인간의 냄새가 나지 않는다. 창조주를 대신하는 신격화된 예술가, 곧 천재는 더이상 인간이 아니라, 인간이 얽매여 있는 미지의 힘을 뜻한다.

천재를 해명하려는 시도는 다양하게 전개되었다. 어떤 이들은 천재의 기행奇行을 두고 일종의 '정신병'으로 해석하는 사람도 있고, 어떤 과학자들은 '유전적 요소'로서 천재를 설명한다. 여전히 고대인들처럼 천재를 "신들림"의 일종이라고 파악하는 사람들도 많으며, 또 대다수의 현대인들은 천재를 '지능지수IQ'로 이해하기도 한다. 그런데 이미 언급한 대로 천재는 낭만주의 사조에서 만개했는데, 낭만주의는 개인, 특정 민족을 중시 여겼고, 그런 맥락에서 천재는 한 개인의 개성과 특정 민족의 정신을 표현하는 매체라고 보았다.

우리는 이제 칸트의 천재론을 중심으로 천재 개념에 좀더 천착해보고자 한다. 칸트는 이후 등장하는 낭만주의에 천재에 대한 중요 아이디어를 제공했으면서도 한갓 신격화된 천재가 아니라 철학적인 천재 개념을 구성했다. 그의 천재론에서 우리는 천재에 대한 오해를 불식시킬 수도 있고, 그 개념이 가지고 있는 철학적 의의에 대해 반성해볼 기회를 가지게 될 것이다. 칸트는 천재를 몇 가지 측면에서 다음과 같이 서술한다.[*]

첫째, 천재란 모방과 학습으로 도달될 수 없는 독창성Originalität을 산출하는 재능이다. 예술 '작품'이 공장에서 기계로 찍어내는 '제품'이 아니라면, 유일무이한 독특성Singularität을 가지고 있어야 하는데, 그런 독특성을 마련하는 독창성은 배울 수 있는 것이 아니다. 물론 장인은 도제에게 작품 창작에 필요한 여러 가지 기술을 전수할 수 있고, 예술학교의 교육 프로그램은 창작에 필요한 다양한 교양 지식 및 전문 지식을 전달해줄 수 있다. 하지만 그 모든 것도 독창성을 보장해주지는 못한다. 또한 예술작품에서 추후에 어떤 규칙을 찾아볼 수는 있지만, 창작과정에서는 언제나 기존의 규칙을 벗어나는 창조성이 중요하다. 이처럼 모방과 학습, 규칙과 관습만으로 예술(창작)을 설명하고자 할 때, 불가피하게 설명할 수 없는 부분이 남는다. 게다가 설명 불가능한 이 잉여 부분이 도리어 예술의 주변이 아닌 핵심부로 여겨진다면, 그것을 소홀히 다룰 수는 없다. 이런 문제 상황에서 제출된 개념이 바로 천재라는 개념이다.

둘째, 천재는 새로운 모범Muster을 만드는 재능이다. 작가의 독창성을 최대한 발휘하여 작품에 독특성을 부여하는 데 성공한다고 해서, 작품이 한갓 주관적인 산물로 떨어지는 것은 아니다. 그렇게 독특한 작품은 도리어 모든 사람이 공감할 수 있고 다른 작가들이 보고 배울

---

[*] 임마누엘 칸트, 같은 책. 339쪽 이하 참조.

수 있는 나름의 규칙과 스타일을 가지고 있다. 다시 말해 천재 작품의 창조성은 규칙 일반의 새로운 창작을 뜻하는 것이지, 규칙 일반의 거부를 뜻하는 것은 아니다. 이런 점에서 천재는 새로운 전형과 모범을 창작하는 능력이라고 할 수 있을 것이다. 예술의 역사는 이런 천재의 출현으로 일가─※가 형성되고, 다시 또다른 천재가 나타나 또다른 유파가 전개되는 역사이다. 즉 예술사는 천재의 세기와 그를 모방하는 아류의 시대가 이어지고 또다른 천재의 출현과 그것의 아류의 번성이 반복되는 역사다.

셋째, 천재는 자연의 총애를 받는 자Günstling der Natur이자 자연의 선물이다. 그것이 의지와 노력의 산물이 아니기에 주어진 것, 호의, 선물이라고 하지 않을 수 없다는 것이다. 이전처럼 칸트는 신들의 선물이라 말하지 않는다. 신 대신 자연의 선물이라고 생각한다. 여기에서 자연이란 자연과학적인 자연, 법칙으로 설명될 수 있는 자연이 아니라 초자연성이 내재화된 자연이다. 다시 말하면 초자연적 신이 강림한 자연이다. 어떻게 표현하든, 이것은 아무리 노력해도 인간의 의지대로 세계가 움직여지지 않는다는 비극적인 경험을 보여준다. 인간의 의도와 계획에서 빗나가는 우연의 힘을, 행운과 불행의 운명을 보여준다. 천재는 선물이고 행운이다. 그것은 노력이나 의지와도 상관없이 주어지는 것이다. 그러나 그렇기 때문에 천재를 소유했다고 우쭐해서는 안된다. 그것은 자신의 힘으로 이룬 것이 아니기 때문이다. 차라리 천재를 소유한 예술가는 자신에게 온 행운에 감사하고 그 선물을 많은 사람들에게 골고루 나눠줘야 한다.

〈4분Vier Minuten〉(영어 제목 'Four Minutes')이라는 영화를 보면, 감옥에 갇힌 여성 수인囚人들에게 정기적으로 피아노를 가르치는 노파, 크뤼거Krüger가 등장한다. 그 노파는 제니(제니Jenny는 독일어로 천재Genie를 뜻하는 말과 발음이 같다)라는 이름의 수인이 가진 천재적인 재능을 많은 이들에게 선사하기 위해 그녀를 탈옥시킨다. 탈옥을 시켜서라도 천재를 타인들에게 알리고 그럼으로써 죄수를 공동체에 편입시키려고 한다. 왜냐하면 천재를 타인들과 공유해야만 비로소 천재는 빛을 발할 수 있으며(그러지 못한 경우 천재는 한갓 광기, 일탈, 비정상으로 남는다), 타인들이 천재를 함께 향유하도록 하는 것만이 천재라는 특별한 수혜에 감사하는 유일한 길이기 때문이다. 영화의 마지막에서 4분간의 피아노 연주가 끝나자 관중들은 뜨거운 갈채를 보내고, 제니는 처음 사회화된 몸짓의 인사로 우아하게 관객들에게 답한다.

  마지막으로 칸트가 보기에 천재는 학문이 아니라 예술에만 적용되어야 할 개념이다. 통상 우리는 뉴턴이나 아인슈타인 같은 머리 좋은 과학자들도 천재라고 부른다. (정확히 말하면 '천재天才를 소유한 자'라고 불러야 하지만, 관용어법으로 비범한 사람을 곧바로 천재라고 부른다.) 하지만 칸트가 보기에 학문의 영역에서 천재라는 말은 적절한 표현이 아니다. 왜냐하면 학문의 영역에서는 어떤 지적 비약도 허용되지 않기 때문이다. 차근차근 단계 단계를 지적으로 밟아나간다면 그 어떤 어려운 이론도 접근 가능해야 한다. 그것이 학문의 중요 이념이다. 그러나 예술 창작에는 그런 연속적인 지적 단계 설정이 불가능하다. 창작 과정은 언제나 비약의 연속이다. 그런 비약을 가리키는 말이 바로 천재라는 것이다. 이런 점에서 예술의 역사는 불연속적인 천재 출현의 역사다. 한 시대를 풍미하던 천재와 다음 시대를 연 다른 천재 사이에는 설명할 수 없는 어떤 비약적 간극이 존재한다. 쿤Thomas Kuhn의 패러다임 이론이 나온 다음부터는 학문의 역사도 불연속적인 측면이 있음을 말할 수 있게 되었지만, 칸트가 말하는 학문과 예술 창작과의 거리는 여전히 남아 있으며, 그런 맥락에서 예술에서만 천재 개념이 유효하다는 그의 주장 역시 아직까지 의미를 잃지 않았다고 볼 수 있다.

영화 속 안드라스의 모습도 그렇지만 자살하는 화가 퇴레즈의 모습도 전형적인 예술가의 모습이다. 식당 구석 테이블에 앉은 그는 머리를 감싸며 창작에 몰두한다. 턱을 괴고 있는 그의 포즈는 전형적인 멜랑콜리커의 포즈다. 플라톤의 '신적인 광기'를 이어받아 아리스토텔레스가 처음 제출한 멜랑콜리 담론은 예술가적 천재를 해명하기 위해 서양인들이 고안한 중요 이론이었다. 이미 언급했던 것처럼 아리스토텔레스의 언명, 즉 모든 비범한 예술가가 멜랑콜리커라는 언명 이래로, 멜랑콜리는 천재임을 알리는 중요 표식으로 사용되었다. 토성의 자식인 멜랑콜리커는 천재적 예술가일 수도 광인이 될 수도 있다. 아니 천재적 예술가 역시 아직 안전하지 않다. 그의 천재는 천행天幸일 수도 천형天刑일 수도 있다. 쇼펜하우어에 따르면, "세계의 눈이 되는 능력"인 동시에 광기와 인접하고 있는 능력이 천재이기 때문이다.* 천재는 인간에게 '주어진' 미지의 권능이다. 그 권능을 만인과 공유하는 예술작품 창작에 쓰지 않는다면, 아마도 권능을 얻은(어쩌면 그 권능에 소유당한) 사람은 광인으로만 남을 것이다.

---

* 아르투르 쇼펜하우어, 『의지와 표상으로서의 세계』, 권기철 옮김, 동서문화사, 2008. 238쪽.

비극

영화는 비극적이었던가? 비극인 것 같기도 하고 아닌 것도 같다. 안드라스와 라즐로를 포함한 숱한 사람들이 죽어나가는 장면을 보면 영화가 비극적인 것처럼 느껴진다. 하지만 영화의 마지막에 전개되는 극적 반전은 영화의 비극성을 크게 반감시킨다. 영화 첫 장면에 등장하는 한스의 죽음이 단순한 자연사가 아니라, 통쾌한 복수였음을 영화의 마지막 장면이 보여주기 때문이다. 영화의 마지막 장면은 이렇다. 백발의 일로나가 식당 주방에서 식기들을 세척하고 있다. 한스의 여든살 생일을 알리는 장신구를 깨끗하게 씻고 있다. 그 옆에는 과거 안드라스가 자살하려고 가지고 다니던 독약 병이 놓여 있다. 일로나의 아들인 레스토랑 지배인은 축하의 샴페인을 터트리며 어머니의 생일을 축하한다. 이 마지막 장면 때문에, 영화 속 이야기는 악한 자가 응징되고 선한 자가 승리하는 권선징악, 해피엔딩으로 끝나는 멜로드라마의 줄거리처럼 보이기도 한다.

그런데 만일 일로나의 아들이 한스의 자식이라고 가정한다면? 영화는 일로나 아들의 아버지가 정확히 누구인지를 알려주지 않는다. 왜 알려주지 않은 것일까? 영화가 보여준 장면에 따르면, 일로나가 마지막으로 성관계를 가졌던 사람은 안드라스나 라즐로가 아니라 한스였다. 단 한 번의 강간이었지만 일로나의 아들이 한스의 피를 받지 않았다고 확신할 수는 없다. 만일 그렇다면, 일로나의 아들은 자신의 아버지를 죽인 셈이며, 일로나는 아들에게 부친 살해를 사주한 셈이다. 영화를 이렇게 해석한다면, 영화는 다시 비극적으로 보인다. 서양 비극에서 빈번히 등장하는 모티프, 즉 운명의 극적인 반전, 부친 살해, 복수, 아이러니 등등을 고스란히 간직한 비극으로 보인다.

사람들은 종종 인생을 연극에 비유한다. 반드시 삶의 드라마틱한 국면 때문이 아니라도, 인생을 반추하는 행위 자체가 한 편의 연극을 보는 행위와 유사하기 때문이다. 삶에 깊숙이 빠져 있을 때에는 마치 배우가 연기에 몰두했을 때 그러하듯이 그것이 연극인 줄을 모른다. 하지만 자신의 삶이 어떠한지가 궁금할 때, 그래서 삶을 가만히 살펴보고자 하는 욕망이 생겨날 때, 그래서 삶을 찬찬히 반성할 때, 사람들은 더이상 배우이기를 그치고 한 명의 관객이 된다. 그리고 자기 삶을 관람하며 자기가 연기하고 연출한 연극을 감상한다.

인생을 연극에 그리고 연기에 비유할 수 있다면, 자신이 맡은 배역에 그다지 불만을 느낄 필요는 없다. 특히 사회적인 주목을 거의 받지 못하는 배역이라는 점에 지나치게 불만을 가질 필요는 없다. 왜냐하면 각자는 자기 인생의 주인공이기 때문이다. 연극 속의 주인공이 가난하고 사회적인 지위가 낮다 하더라도, 바로 그 점 때문에 우리는 그를 비난하지 않는다. 오히려 그런 사람일수록 더 관심과 애정이 가기 마련이다. 정작 중요한 것은 자신의 위치, 배역을 얼마만큼 잘 소화하느냐, 자기에게 주어진 연기 환경을 얼마만큼 잘 활용할 수 있느냐, 얼마나 진솔하고 깊이 있게, 삶을 연기하고 연출하느냐가 문제가 된다.

'본래부터' 인간은 배우이다. 왜 그럴까? 이런 질문에 사람들은 아리스토텔레스의 말을 인용하여 인간이 '모방하는 본성'을 가지고 있기 때문이라고 말한다. 하지만 그보다 더 중요한 까닭이 있지 않을까? 내가 보기에 인간이 배우일 수밖에 없는 까닭은 자신이 누구인지 모르기 때문이다. 자신에 대한 무지가 인간을 배우로 만든다. 만일 인간이 자신이 누구인지 처음부터 알 수 있다면, 그는 '타고난' 배우는 아닐 것이다. 배우 되기를 원하고 배우가 될 수는 있을지언정, '선험적인' 배우는 아닐 것이다. 우리가 어디에서 와서 어디로 가고 있는지를 정확하게 알 수 있다면, 그래서 자기 정체성을 정확히 간파할 수 있다면, 인간은 근본적으로 배우는 아닐 것이다. 두 눈만으로 자신의 모습을 직접 볼 수 없듯이, 인간은 자신의 본모습을 알 수 없다. 그래서 언제나 자신의 행위나 생각이 연기처럼 어색하고 부자연스럽게 느껴질 수밖에 없다. 능숙하게 연기함으로써 그런 어색함과 부자연스러움을 경감시킬 수는 있지만, 그 낯선 느낌을 근본적으로 없앨 수는 없다. 그런 점에서 인간은 본질적으로 가면을 쓴 배우이다. 옛 연극에서 배우는 가면persona을 썼다. 수없이 다양한 가면을 바꿔 쓸 수는 있지만, 가면 뒤의 진실은 언제나 걷어낼 수 없는 "무지의 베일"로 가려져 있다.

소크라테스가 "너 자신을 알라"고 했다지만, 인간은 자신을 완벽하게 알 수 없다. 내가 누구인지 과연 누가 자신 있게 장담할 수 있겠는가? 지금의 자기 모습이 진정한 자기 모습이라고 말하는 것도 어렵다.

그렇다고 과거의 자기 모습을 본래의 자기라고 말하기도 힘들며, 미래에 희망하는 자기 모습이 그렇다고 하기도 힘들다. 그 모두이며, 그 모두가 아니다. 때문에 총체적이고 분명한 자기의 모습을 그릴 수 없다. 물론 본래의 내 모습에 가깝게 접근하는 느낌이 들 때가 있다. 예컨대 이런 모습은 내가 '아니'라고 부인할 경우가 그때이다. 어떤 일을 하다가도, "아냐! 이것은 내 모습이 아냐!"라는 자각이 들 때, 하이데거가 말한 바 있는 양심, "슐디히자인schuldig-sein"이 바로 그것을 말한다.* 이처럼 "부정의 길"을 통해서 나를 어렴풋하게 확인할 수 있을지 모르지만, 결국 나에 대한 완전한 앎에는 도달할 수 없다.

이렇듯 내가 누구인지를 완벽하게 알 수 없기 때문에 우리는 배우일 수밖에 없다. 즉 온전히 내가 아닌 나를 연기하고 있는 것이다. 대부분의 일상에서 연기하는 줄도 모르고 연기한다. 이런 점에서 인간은 최고의 연기자다. 최고의 연기자는 배역과 하나가 되는 연기를 선보이는 자이기 때문이다. 그런데 이것이 하나의 연기임이, 즉 '내'가 알고 있는 '내'가 '내'가 아님이 드러날 때가 있다. 그때부터 인간은 자신을 돌이켜볼 수 있는 관점을 획득한다. 그런 시선과 관점을 확보하면서 배우였던 인간은 한 명의 관객이 된다. 배우에서 관객이 된 우리는 지금까지의 자기 삶을 비평하고 감상하면서 새로운 자기를 준비한다.

새로운 자기를 창조하고 새로운 캐릭터를 구축하면서 인간은 예술가가 된다. 단순히 스테레오타입으로 연기하는 것이 아니라, 새로운 배역, 새로운 캐릭터를 창조하는 연기자는 예술가다. 그런데 이런 예술가적 면모는 얼마 못 있어 재차 일상인의 모습으로 전락한다. 왜냐

---

* 여기에 관해서는 필자의 다음 논문을 참조하시오. 김동규, 「예술가의 자기 목소리—예술가와 양」, 『하이데거 연구』, 제11집, 한국 하이데거학회, 2005.

하면 하나의 캐릭터를 창조하는 즉시 반복되는 일상의 힘은 그 캐릭터를 고정/보존/안정화하기 때문이다. 사람들은 대개 이런 일상의 안정성에 쉽게 빠져든다. 그러다가 다시 거기에서 빠져나오는 순간이 있다. 단순히 감정이입하기만 하는 관객이 아니라, 거리를 둘 줄 아는 관객이 되는 순간이 있다. 그때 인간은 비로소 철학자가 된다. 스스로가한 명의 철학적인 관객이 됨으로써 예술가이기도 한 우리는 이전과는다른 연기와 배역을 준비할 수 있다. 이런 의미에서 철학자는 예술을준비하고, 예술가는 철학을 필요로 한다.

우리는 세상이라는 거대한 무대 위에서 어떤 배역을 맡고 있는 배우이다. 하지만 많은 경우 우리는 우리 자신이 배우라는 사실을 모른다. 배역에 빠져들어 그곳에서 빠져나올 줄 모른다. 이 점에서 관객의 시선을 갖는 것이 중요하다. 관객의 시선을 갖지 못하면, 자신이 배우라는 사실조차 파악하지 못하고, 이런 몰이해가 훌륭한 연기자가 되는것을 가로막는다. 자신의 삶을 돌아보고 성찰하는 것, 바로 이 속에서새로운 삶을 창조할 수 있다. 그리고 이렇듯 삶을 비판적 관객으로서성찰하는 것이 바로 철학이다. 요컨대 자기 배역에서 빠져나와 자신이배우임을 통찰하는 것, 그래서 관객의 시선을 확보하는 일이 바로 철학적 시선을 얻는 것이다.

배우-actor와 관객spectator. 현실에서 인간은 배우이자 관객이다. 어느누구도 자기 인생에서 미리 짜인 각본, 곧 자기 운명을 정확히 알 수없기 때문에 배우는 심사숙고하지 않을 수 없다. 어떻게 행위해야 할지, 도대체 자기에게 주어진 배역이 어떤 것인지 반성reflection(서양어에서 이 말은 반사, 거울이나 물에 비친 영상, 반성, 심사숙고 등을 두루 아우르는 말이다)하지 않을 수 없다. 하지만 그의 심사숙고speculation의 과정에서, 반성의 거울speculum에 비친 자신의 모습은 언제나 자기의 유령 specter일 뿐이다.

서양 예술사에서 비극이 차지하는 비중은 우리의 상상을 초월한다. 비극이 서양 연극의 모태임은 두말할 나위도 없을 뿐더러, 여타의 다른 예술 장르에도 많은 영향을 미쳤다. 예컨대 아리스토텔레스의 『시학』은 비극에 관한 철학적 저작임에도 불구하고 서양 문예학의 전범이 되었고, 수많은 회화와 조각은 비극의 주인공들을 형상화했으며, 니체의 디오니소스 예찬이 아니더라도 음악은 비극적 모티프를 음의 세계 속에 도입했다. 이렇듯 비극이 서양 예술에서 큰 비중을 차지하는 까닭은 비극이 서양 예술의 근원에 가까이 위치해 있기 때문이다. 동서양을 막론하고 예술의 기원을 원시 종합예술, 곧 종교적인 성격의 제례의식, 또는 축제에서 찾는다면, 비극은 서양의 원시 종합예술에 가장 가까이 접해 있다고 말할 수 있다. 그러므로 비극은 단순히 예술의 한 장르를 지칭하는 말이 아니라, 서양 예술의 본 바탕을 가리키는 말로 이해된다.

비극성은 서양 예술의 독특성이다. 간단히 다른 문화권의 서사 구조와 비교해보면 그것을 쉽게 확인할 수 있다. 상식선에서 이해되는 비극은 극중 주인공이 불행과 고통 속에서 인생을 살다가 비참한 최후를 맞이하는 것을 그린 작품을 말하는데, 서양의 많은 고전적 서사가 이런 비극적 구조를 이루고 있다. 반면에 동양(인도, 한국, 중국 등등. 일본은 조금 예외적이다)의 서사 구조의 대부분은 권선징악이나, 해피엔딩으로 마무리된다. 서양, 인도, 한국 연극을 "카타르시스", "라사", "신명풀이"라는 열쇳말로 비교한 바 있는 조동일에 따르면, 서양 비극이 "파탄에 이르는 결말"을 유도한다면, 인도와 한국의 연극은 "원만한 해결"로 극을 마무리 짓는다고 한다.*

　이미 언급했듯이, 비극은 신을 찬양하는 종교적인 축제에서 유래했다고 한다. 특히 포도주의 신인 디오니소스 축제에서 시작되었다고 한다. 디오니소스는 근원적인 생명의 신으로서 당시 민중들로부터 해방의 신, 이방의 신, 거인적이고 야만적인 신으로, 동시에 지극히 인간적인 신으로 이해되었다고 한다. 이 디오니소스에 얽힌 신화는 다양한 종류가 있다. 그 가운데 하나의 신화에 따르면, 디오니소스는 아름다운 처녀 세멜레와 제우스 사이에서 태어났다. 인간과 신 사이에서 태어났기 때문에, 태생부터 디오니소스는 불완전한 신이자, 인간 편에서 보자면 보다 인간적인 신일 수밖에 없다.

　니체는 『비극의 탄생』**에서 비극의 기원인 디오니소스 축제로 돌아가서, 비극의 디오니소스적 성격을 크게 부각시킨다. 잘 알려져 있다시피, 니체는 비극의 원리로서 '아폴론적인 것'과 '디오니소스적인 것'을 언급한다. 양자는 자신의 존재 이유를 상대에게 두고 있는 상호 공속적인 관계에 있지만, 이성 중심주의에 매몰된 서구 세계를 보면서 니체는 전자보다 후자의 가치와 중요성을 강조한다. 양자의 차이점을 간단히 도표화하면 다음과 같다.

---

* 조동일, 『카타르시스, 라사, 신명풀이: 연극·영화미학의 기본원리에 대한 生克論의 해명』, 지식산업사, 1997. 114쪽.
** Friedrich Nietzsche, *Die Geburt der Tragödie* / Unzeitgemäβe Betrachtungen I-IV / Nachgelassene Schriften1870~1873, Kritische Studienausgabe hrsg. von Giorgio Colli und Mazzino Montinari, Deutscher Taschenbuch Verlag, München, 1999; 『비극의 탄생』, 곽복록 옮김, 범우사, 2002 참조.

	아폴론	디오니소스
신화 속 신의 모습	빛나는 자(포이보스), 태양의 신, 지혜의 신, 미남의 신, 진리(완전성), 궁술·예언·의료·음악의 신, 아르테미스(달과 사냥의 여신)가 누이, 리라의 명수	근원적 생명력의 주신(酒神), 불완전한 신, 제우스와 세멜레의 자식, 해방의 신, 거인적이고 야만적인 것
대표 예술 장르 및 형태 유무	조형예술 / 형태	비조형적 음악예술 / 무형태
적절한 비유	꿈	도취
삶에서의 기능	아름다운 가상(가면/마스크)을 통한 자기 구원 가상에 대한 갈망과 가상에 의한 구원의 갈망	삶의 일상적 구속과 한계를 파괴·망각
원리	개별화의 원리(principium individuationis) 그리스인들의 꿈―선과 윤곽, 색채와 배열의 논리적 인과성 절도·자기인식 요구	탈–개별화의 원리 개별화의 원리가 깨어지는 공포와 황홀감, 자아 망각 인간과 인간 사이의 유대감 인간과 자연의 화해의 축제 인간은 더이상 예술가가 아니라 예술품이 됨

술, 음악, 춤, 도취와 황홀, 개별성의 한계를 무너뜨리는 어떤 일체감, 그리고 금기시되고 억압된 성적 욕망의 자유분방한 분출이 허용된 축제의 정신, 그 속에 스며 있는 비조형적 음악성에서 니체는 서양 비극을 재조명한다. 이미 아리스토텔레스도 비극의 기원을 디오니소스 축제에서 찾고 있다. "비극은 디튀람보스(디오니소스 신의 종자들은 사티로스로 분장한 자들이 춤추고 노래하는 사티로스 극을 곁들인 디튀람보스에서 비극이 유래한다고 주장)의 지휘자로부터 유래하였고, 희극은 아직도 많은 도시에서 관습으로 남아 있는 남근 찬가의 지휘자로부터 유래하였다."* 이렇게 신의 축제에서 비롯된 비극은 점차 지금 우리가 알고 있는 연극의 형태, 예술의 형태로 변모한다. 하지만 고대 비극에서

코로스가 존재하는 것은 그것의 원천이 축제에 있으며, 코로스는 그 축제에 참여한 사람들이었다는 것을 보여준다. 초기 비극 형식의 변천사를 아리스토텔레스는 다음과 같이 증언한다. "배우의 수를 한 사람에서 두 사람으로 늘리기는 아이스킬로스가 처음인데, 그는 또한 코로스의 역할을 줄이고 대화가 드라마의 중심이 되게 했다. 소포클레스는 배우의 수를 세 명으로 늘리고 무대 배경을 도입했다. 비극은 또한 그 길이가 길어졌다."**

아리스토텔레스에 따르면, 연극은 크게 두 가지로 구분된다. 희극과 비극이 그것이다. 그가 이 둘을 나누는 기준은 예상 외로 아주 간단하다. 연극은 행위하는 인간을 모방하는 것인데, 희극은 평범한 사람보다 못한 사람의 행위를, 비극은 평범한 사람보다 나은 사람의 행위를 모방하는 것이다. "희극은 실제 이하의 악인을 모방하려 하고, 비극은 실제 이상의 선인을 모방하려 한다."*** 희극과의 비교 속에서 비극을 규정하기도 했지만, 아리스토텔레스는 비극의 본질을 다음과 같이 규정하기도 한다. "비극은 …… 행동을 모방하며, …… 드라마적 형식을 취하고 서술적 형식을 취하지 않으며, 연민과 공포를 환기시키는 사건에 의하여 바로 이러한 감정의 카타르시스를 행한다." 또는 "비극은 완결된 행동의 모방일 뿐 아니라, 공포와 연민의 감정을 불러일으키는 사건의 모방이다".****

이런 아리스토텔레스의 비극론을 정리해보면, 비극은 비범한 사람

---

* 아리스토텔레스, 『시학』, 천병희 옮김, 문예출판사, 1990. 38~39쪽.
** 아리스토텔레스, 같은 책. 40쪽.
*** 아리스토텔레스, 같은 책. 31쪽.
**** 아리스토텔레스, 같은 책. 47, 64쪽.

의 완결된 행위와 그의 행위에서 초래된 사건, 특히 그것을 바라보는 사람들로 하여금 공포와 연민을 불러일으킬 수 있는 사건의 모방이다. 이런 아리스토텔레스의 고전적인 비극론은 이후 서양 비극론의 교과서가 되었다. 특히 비극의 효과로서 카타르시스를 언급한 부분은 비단 비극뿐만 아니라, 예술 일반으로 확대 해석되었다. 아리스토텔레스가 보았던 고대 비극은 인간의 행위와 그 행위로 말미암은 사건, 그리고 일정한 연결고리로 묶인 사건들의 플롯이 비극의 기본 뼈대를 이룬다. 이런 고전적 비극의 기본 구조는 셰익스피어 비극에 와서야 바뀌게 된다. 셰익스피어 비극, 즉 근대 비극에서는 인물의 행위, 플롯보다는 인물의 내적 반성과 성격이 중요시된다. 셰익스피어의 『햄릿』이 가장 좋은 전범이다.

피상적으로 바라보면, 비극을 즐긴다는 것은 기이한 악취미이다. 왜냐하면 극중 주인공이 고통을 겪고 슬픔을 느끼는 모습을 보면서 관객은 즐거움을 느끼기 때문이다. 만일 비극이 인간의 고통을 담은 것이기만 하고, 관객은 비극적 주인공의 고통스런 인생을 바라보며 즐거워한다고 한다면, 그것은 가학적인 쾌락을 위한 오락이라고도 말할 수 있을 것이다. 하지만 과연 비극을 그렇게만 평가할 수 있을까?

비극은 고통에 대한 해석이다. 인생은 부처의 말처럼 고통의 바다다. 가도 가도 끝이 없는 고통의 망망대해. 이런 고통의 바다에서 한평생을 살아가기 위해서는 고통에 대한 해석이 필요하다. 사람들이 고통을 넉넉히 감수할 수 있기 위해서는 자신의 고통에서 어떤 의미를 찾을 수 있어야 한다. 예컨대 "이 고통의 순간이 지나면 다시 행복할 수 있을 거야. 행복한 미래를 위해 이 고통스런 순간을 무사히 통과해야돼. 내가 지금 당하고 있는 이 고통은 이전에 내가 저질렀던 죄에 상응하는 벌이야" 등등의 자기 위안은 고통에서 의미를 찾는 일에 다름 아니니다. 이런 맥락에서 그리스의 비극은 인간이 마주칠 수밖에 없는 고통, 그것도 해석하기 힘든 고통에서 어떤 의미를 찾는 것이라고 할 수 있다. 이처럼 비극은 고통에 대한 해석이며, 고통에 대한 해석은 인간의 운명에 대한 성찰로 이어진다.

한 편의 비극이 성립되려면 운명이 필요하다. 운명 없는 비극은 없다(물론 근현대 비극을 논의의 대상으로 삼는다면, 운명 개념을 새롭게 변형시켜야 한다). 비극이 성립하기 위해서는 행/불운 반전이 필요하다. 행운에서 불운으로의 갑작스런 반전이 필요하다. 정확히 말하자면, 행운에서 불운으로의 단순한 반전이 아니라, 행운을 기대하고 했던 행위가 바로 불행의 씨앗이 되어 불운에 직면하게 되는 인간의 가혹한 운명이 모든 비극의 기본 바탕이다. 그렇다면 여기에서 이야기되는 운명이란 어떤 것일까? 운명에 대해 몇 가지를 정리해보자.

첫째, 운명에 대한 앎은 언제나 유예된다. 운명은 원래 알 수 없는 것이다. 부분적으로 알 수 있다손 치더라도, 단지 과거의 것만을 알 수 있다. 밝혀진 운명도 사실 아직 정확히 알려진 것이라고 말할 수 없다. 그것이 어떤 의미를 갖는지는 여전히 열려 있다. 미래가 결정되지 않은 채 남아 있기 때문이다. 미래의 가능성 속에서 언제나 과거는 새롭게 해석될 수밖에 없기 때문이다. 죽음이 오기 전까지 과거에 남겨진 운명의 흔적은 다양한 해석의 가능성들을 담고 있다. 따라서 운명은 언제나 유예된 채, 숨겨진 채, 자신을 알려온다.

둘째, 운명에 대한 의식은 유한성의 자각에서 출발한다. 사람들이 운명을 이야기하는 이유는 간단하다. 살면서 내 뜻대로, 마음대로 일이 진행되지 않기 때문이다. 자기 행위에 대한 결과를 예측하기 어렵기 때문이고, 확신을 가지고 했던 행위들이 번번이 뜻하지 않은 변수를 만나 좌절하기 때문이며, 그래서 언제나 회의와 무력감에 시달리기 때문이다. 다시 말해서 나의 한계를 보는 순간, 그것도 내 뜻대로 그려지지 않는 나의 모습을 보는 순간, 우리는 운명을 말한다. 내가 볼 수 있는 나의 그림은 나만의 힘으로 그려지지 않았다. 나는 그 그림의 온전한 주인이 아니다.

셋째, 운명을 확인하는 유일한 길은 자유뿐이다. 비극 속의 주인공은 단지 주어진 운명에 순응하는 나약한 인물들이 아니다. 운명을 말한다고 해서 나약한 순응주의를 떠올려서는 곤란하다. 도리어 비극의 주인공들은 자신의 운명을 알기 위해 투쟁하는 영웅들이다. 그들은 자신이 할 수 있는 바가 어디까지인지를 확인하기 위해 자신의 가능성을 극대화하는 자들이고 자기 운명을 확인하기 위해 자유롭게 모험하는 자들이다. 기존의 자기 모습에 안주하지 않고 자신의 가능한 다른 모습을 찾아 방랑하는 자들이다. 운명은 오직 이런 자유를 통해서만 자기 모습을 분명하게 드러낸다. 운명의 남겨진 카드를 확인하기 위해서는 자유로운 분투, 목숨을 건 싸움이 요구된다. 이런 점에서 미지의 운명은 자유의 조건이다. 운명은 자유를 극대화하기 위한 조건이다. 역으로 자유는 운명이 밝혀지기 위한 조건이다. 운명의 유예성은 언제나 자유를 허락한다.

자유를 위한 투쟁 속에서만 실패도 있고 좌절도 있다. 자유롭게 행위하지 않는 이상, 실패도 성공도 없다. 자유가 없는 노예는 어떤 행위를 하더라도 그의 행위가 딱히 실패라고 할 것도, 성공이라고 할 것도 없다. 그는 단지 주인의 명령에 따라 행위했을 뿐이기 때문이다. 실패와 좌절은 오직 자유로운 행위 속에서만 가능하다. 그리고 그 실패와 좌절 속에서 우리는 우리의 한계를 확인한다. 그렇게 한계 지워진 나의 윤곽을 사람들은 운명이라 부른다. 자유 행위의 성공과 실패 속에서 우리는 그 순간 나의 운명의 모습을 엿본다. 그러나 아직 운명을 속단할 수 없다. 그것은 운명의 전체 그림이 아니기 때문이다. 운명의 그림에는 언제나 여백이 남아 있다. 유예된 여백이 있다. 온전한 운명의 그림은 여전히 유예되어 있기 때문에, 특정한 일의 성공이나 실패를 가지고 미래를 장담할 수 없다. "새옹지마塞翁之馬"라는 고사가 알려주듯이, 성공은 실패의 씨앗이 될 수 있고, 실패는 성공의 모태가 될 수 있기 때문이다. 그래서 운명의 마지막 카드를 보기 전까지는, 즉 죽음에 이를 때까지는, 자유롭게 분투해야 한다.

이런 방식으로 운명을 정리해보면, 자주 거론되는 "자유냐 운명이냐"라는 진부한 도식은 피상적인 생각에서 나온 도식일 뿐이다. 이 도식을 통해 양자택일한 사람들 가운데 자유를 주장하는 많은 이들은 아직 인생의 쓰디쓴 좌절을 겪어보지 못한 행운아들이고(또는 행운을 희망하는 사람들), 운명을 선택한 많은 이들은 인생의 달콤한 성공을 겪어보지 못한 불운아들(또는 자신의 행운에 만족하지 못하는 사람들)이다. 자유와 운명은 양자택일할 수 있는 것이 아니다. 자유는 운명을 전제하고, 운명은 자유를 전제한다. 하나가 없으면, 다른 하나도 없다. 그리고 이런 영웅적이고 남성적인 자유를 바탕으로 비극이라는 독특한 예술형식이 서양 문화에서 만들어질 수 있었다.

불행은 언제나 한꺼번에 온다. 무더기로 떼거지로 어떤 거대한 야수의 무리처럼 우리를 덮쳐온다. 그것은 언제나 고통의 예상 수치와 강도를 훌쩍 뛰어넘는다. 행운아는 드물지만 불운아는 곳곳에 존재한다. 비극은 누구에게나 닥칠 수 있는 불운, 한순간에 엄습하여 우리의 모든 것들을 앗아갈 수 있는 불운을 다룬다. 아니 비극은 행운을 의도했던 행위가 불운의 씨앗이 되는 그런 역설적인 불운을 그리고 있다. 그런 비극을 보면서, 관객은 자신의 운명을 돌이켜본다. 자신의 작은 행운에 감사하고 언제 닥칠지 모르는 불운의 고통을 준비한다. 만일 인생이 한 편의 연극과 같다면, 아무리 가혹한 운명을 부여받았더라도 우리는 비극의 주인공으로 연기할 수 있고, 한 명의 관객으로서 그런 자신을 바라보면서 인생의 고통을 해석할 수 있다. 불행이 닥쳐오더라도 비극이라는 예술형식이 있기 때문에 우리는 위안과 용기를 가지고 그와 맞설 수 있다. 다시 말해서 스스로를 비극의 주인공으로 생각하면서 불행이 일으키는 고통을 담담히 참는 법을 배운다. 비극마저 없었다면, 어떻게 우리가 불가해하고 무의미하게 닥쳐오는 숱한 고통들을 응시할 수 있었겠는가? 이런 점에서 비극은 결코 비관주의 내지 체념주의를 조장하지 않는다. 도리어 고통에 당당하게 맞설 수 있는 용기를 불어넣어준다.

어쩌면 가장 참기 힘든 고통의 순간은 견딜 수 없는 그 고통마저 무의미하게 다가올 때다. 비극을 비롯한 수많은 예술 형식은 그런 고통의 무의미성에 의미를 부여하는 문화적 의미망이다.* 고통이 무의미해지지 않도록, 고통을 넉넉히 감당할 수 있도록, 예술가는 고통이 배어 있지만 고통의 무의미에 압도되지 않은 아름다운 작품을 창작한다. 굳이 비극적 예술 형식이 아니더라도 예술가는 작품을 통해 우리에게 고통의 의미를 전해준다. 고정희의 다음의 시는 그 가운데 압권이다.

---

* 여기에 관한 보다 상세한 논의는 글쓴이의 다음 글을 참조 바란다. 김동규, 「니체 철학에서의 고통과 비극—문화 철학의 관점에서」, 『철학탐구』, 제26집, 중앙철학연구소, 2009.

상한 갈대라도 하늘 아래선 / 한 계절 넉넉히 흔들리거니 / 뿌리 깊으면야 / 밑둥 잘리어도 새 순은 돋거니 / 충분히 흔들리자 상한 영혼이여 / 충분히 흔들리며 고통에게로 가자 // 뿌리 없이 흔들리는 부평초잎이라도 / 물 고이면 꽃은 피거니 / 이 세상 어디서나 개울은 흐르고 / 이 세상 어디서나 등불은 켜지듯 / 가자 고통이여 살 맞대고 가자 / 외롭기로 작정하면 어딘들 못 가랴 / 가기로 목숨 걸면 지는 해가 문제랴 // 고통과 설움의 땅 훨훨 지나서 / 뿌리 깊은 벌판에 서자 / 두 팔로 막아도 바람은 불듯 / 영원한 눈물이란 없느니라 / 영원한 비탄이란 없느니라 // 캄캄한 밤이라도 하늘 아래선 / 마주잡을 손 하나 오고 있거니

—「상한 영혼을 위하여」 전문[*]

＊ 고정희, 『이 時代의 아벨』, 문학과지성사, 1983. 91~92쪽.

예술이란?

지금까지 우리는 영화 한 편을 가지고 예술에 대한 이런저런 이야기를 해왔다. 영화는 예술의 본질과는 무관하거나 지극히 지엽적인 관계만을 가지고 있는 것처럼 보인다. 게다가 지금껏 우리가 했던 작업은 영화에 '대한' 이야기보다는 영화와 '함께' 예술을 생각해보았다고 말하는 편이 더 나을 것이다. 그렇다면 과연 예술이란 무엇일까? 지금껏 예술을 생각해왔다고 했는데, 그렇다면 예술에 대한 생각을 어떻게 정리해볼 수 있을까?

고대 그리스인들은 현대인들이 흔히 알고 있는 예술 개념, 곧 '순수예술fine arts, beaux-arts'을 가지고 있지 않았다. 미학자 타타르키비츠 Wladyslaw Tatarkiewicz에 따르면, 이 명칭은 1747년에 바퇴Charles Batteux가 조각, 회화, 시, 음악, 무용 등을 가리키는 뜻으로 도입했다고 한다.* 순수예술 개념은 서양 근대에 이르러서야 정착된 역사적인 산물이다.

그 개념에 이론적 토대를 제공한 사람이 바로 칸트이다. 그런데 고대인들에게 예술이란 보다 폭넓은 의미로 이해되었다. 그것은 예술이란 단어의 변천사만을 보아도 쉽게 확인할 수 있다. 영어 art는 라틴어 ars에서 온 말이고 ars는 고대 그리스어 테크네τέχνη의 번역어이다. 테크네techne라는 말은 지금의 영어 단어 가운데 technic, technology와 같은 단어들의 어원이 되는 말이다.

이런 어원에 대한 추적을 통해 우리는 두 가지를 추측할 수 있다. 하나는 고대 그리스인들이 예술을 넓은 의미의 기술, 정확히는 무엇인가를 만드는 기술 또는 앎으로 이해하고 있었다는 점이며, 다른 하나는 서양 예술은 처음부터 과학 기술과 긴밀한 연관 속에 있었다는 점이다. 그리스인들에게는 신발을 만드는 것도 예술이요, 배나 건물을 만드는 기술도 예술이었다. 없던 무엇인가를 만들 수 있고, 더구나 만들어진 것이 우연의 산물이 아니라 반복해서 만들 수 있는 기술이자 앎의 소산인 경우, 그 기술을 테크네라고 불렀던 것이다. 예술이란 말의 독일어 쿤스트Kunst는 어원적으로 무엇인가를 '할 수 있음Können' '능력'과 연관된다. 어원적 연관성을 좀더 상상해본다면, 무엇인가 창작할 수 있는 능력Vermögen은 '좋아하기Mögen' 때문에 '가능Möglichkeit'한 것이다. 곧 예술적 창작 능력은 사랑을 통해 확보된 가능 지평이다.

역사적으로 예술에 대한 다양한 견해들이 출현했다. 각각의 견해들이 흥망성쇠하는 것을 보면서, 바이츠M. Weitz와 같은 현대 미학자들은 예술의 정의 불가능성을 주장하기도 한다. 하지만 예술에 대한 궁금증

---

* 블라디슬로프 타타르키비츠, 『여섯 가지 개념의 역사』, 이용대 옮김, 이론과실천, 1997. 17쪽.

은 여전히 남아 있고, 그것이 여전히 예술철학의 가장 큰 문제라는 사실만큼은 변하지 않았다. 그동안 미학자들은 예술에 관한 다양한 의견을 제출해왔다. 가령 1) 아름다움을 생산한다는 점, 2) 현실을 재현하거나 재생산한다는 점, 3) 형식을 창조한다는 점, 4) 생각과 감정의 표현이라는 점, 5) 심미적 경험을 산출한다는 점, 6) 커다란 충격을 준다는 점 등등을 꼽아왔다.*

예술에 대한 가장 고전적인 정의는 '미메시스mimesis'이다. 즉 예술의 본질은 모방이라는 것이다. 모방을 '재현' 또는 '반영'이라는 말로 바꾸어도 근본적인 측면에서 같은 계열에 속한 견해이다. 이 견해는 인간(예술가)의 창조적 역할을 중시한 근대 미학, 특히 칸트와 낭만주의 미학을 통해 격렬하게 비판받지만, 이내 다시 새로운 버전으로 부활했다. 예술을 설명하면서 합리성ratio과 미메시스의 변증법을 말하는 아도르노나 모방 자체를 순수한 욕망으로 바라보며 모방 욕망을 강력하게 피력하는 지라르가** 모방을 부활시킨 장본인이다.

다음으로 예술을 '창조'로 보는 일군의 미학자들이 있다. 이 견해는 지배적인 예술 담론인 모방론에 대항하는 견해로서 근대 미학자들의 거의 공통된 견해다. 현대로 오면서 예술은 '체험'의 '표현'으로 이해되든지 '미적 경험의 산출'로 이해된다. 이 밖에도 니체는 생명의 강장제로 예술을 이해하며, 하이데거는 철학과 함께 진리가 드러나는 드문 장소로서 예술을 이해한다.

각각의 예술에 관한 견해뿐만 아니라, 예술에 접근하는 방식도 상이

---

* 여기에 관한 좀더 자세한 내용은 타타르키비츠의 책, 제1장 '예술: 개념의 역사'를 참조하기 바란다. 블라디슬로프 타타르키비츠, 같은 책. 21쪽 이하.
** 르네 지라르, 『희생양』, 김진식 옮김, 민음사, 1998.

하다. 예를 들면, 사회·역사적 접근 방식, 심리학적(정신분석학적) 접근 방식, 문화인류학적 접근 방식, 기호학적 접근 방식 등등을 꼽을 수 있을 것이다. 각각의 접근 방식들은 예술의 가려진 부분을 들추어내고 조명하는 데 도움을 주기는 하지만, 많은 경우 예술의 피상적인 부분만을 다룬다. 그래서 헤겔이나 하이데거와 같은 철학자는 예술의 표피만이 아니라 그 내밀한 핵심까지 보기 위해서는 철학적인 접근이 필요하다고 말한다.

예술에 대한 이런 전통적인 견해들 말고 이제 우리의 이야기를 정리해보기로 한다. 우리는 사랑과 죽음이라는 삶의 문맥 속에서 예술에 접근했다. 예술이 사물처럼 대상처럼 존재하는 것이 아니고 삶과 동떨어져 존재하는 것도 아니기에, 삶의 문맥 속에서 멜랑콜리 미학을 결정화하려고 노력했다. 이제 멜랑콜리 미학의 차원에서 예술을 다시 불러보기로 하자.

예술이 무엇이냐고 묻고 생각하는 것은 이미 '예술'과의 만남을 전제한다. 예술과의 인상적인 '만남', 그 첫 눈맞춤이 없었더라면, 그리고 예술을 사랑하지 않았다면, 그것을 이렇게 오랜 시간 동안 묻고 생각하지는 않았을 것이다. 이미 사랑philia이란 의미소를 함축하고 있는 철학은 사랑에 빠진 자의 깊은 생각을 뜻하는 말이다. 그렇다면 미학 혹은 예술철학은 예술과의 놀라운 만남을 회상하는 것이고 간절하게 그리워하는 생각과 다른 것이 아니다.

예술과의 만남은 눈부시게 황홀한 사랑의 만남이다. 사랑의 대상은 무엇이든 아름다운 예술이며(예술이란 말은 어떤 개념이기 이전에 근원적으로 감탄사다. 예컨대 아름답고 절묘한 광경을 보고 감탄하며 뱉어내는 "예술인데!"라는 말처럼), 그래서 예술은 매혹적인 것이다. 예술의 매혹은 신비스런 '아우라'에서 유래한다. 상대방의 정체를 이성의 빛으로 선명하게 파악한다는 명분 때문에, 섣불리 이런 아우라를 제거해서는 안 된다. 왜냐하면 아우라는 앎의 지반인 사랑에서 유래한 것이고, 지속적인 만남을 가능케 하는 것이기 때문이다. 또한 사랑의 만남은 인식의 언어가 아니라 존재고백存在告白의 언어로 엮인다. 인식의 언어를 통해서는 예술과의 만남을 제대로 재현할 수도 없으며, 그것과 소통할 수도 없다. 연인과의 만남 속에서도 상대를 쉽게 규정하고 판단하는 인식의 언어를 사용했다가 얼마나 자주 낭패를 보았던가! 오직 자기 고백의 언어를 통해서만 예술은 언어에 담길 수 있다. 예술과의 만남 속에서 예술작품은 풍요로운 생각을 낳고, 다시 그런 생각은 또다른 예술작품을 낳는다. 마찬가지로 철학은 예술을 그리워하고 예술은 다시 철학을 부른다.

삶의 시작부터 이미 죽음이 깃들듯, 처음 만나는 순간부터 이미 '이별'이 자라고 있다. 만남의 '밀도'는 이런 잠재된 이별과 대면함으로써 높아진다. 플라톤의 말처럼, 예술은 에로스의 '결실'이자 사랑의 선물이다. 그러나 동시에 예술은 사랑하는 대상의 부재와 상실에 대처하기 위한 문화적 장치이다. 상실된 대상의 빈자리에 가상의 이미지라도 그려놓아야만 상실과 이별의 상처를 견딜 수 있기 때문이다. 이런 점에서 예술작품은 상실된 사랑 대상의 일종의 대체물이다. 요컨대 예술은 실연의 아픔을 치유하는 애도 작업이다. 이런 맥락에서 예술은 그 본질상 사랑과 죽음의 '노래'이며 그 노래에는 멜랑콜리의 멜로디가 묻어 있지 않을 수 없다.

사랑의 만남을 원하는 자는 이별 역시 사랑해야 한다. 사랑한다는 것은 고통의 가시면류관을 쓰겠다는 것을 뜻하기 때문이다. 용기 있는 자만이 미인을 얻을 수 있고 사랑할 수 있다는 말은 이런 문맥에서 이해될 수 있다. 그런데 이별 후의 사랑은 이별 전 사랑의 척도이다. 사랑할 때에는 그 사랑의 크기를 잴 수 있는 방법이 뾰족히 없다. 이별 후 얼마나 큰 상처와 빈자리를 남기느냐가 가장 분명한 사랑 크기 측정법이다. 사랑은 이별 속에서 그 만남을 완성한다. 우리의 사랑은 이별로 완성되는 '유한한 사랑'이다. 그리고 예술 또한 유한한 사랑의 산물일 수밖에 없다.

이렇듯 이별이 있는 유한한 사랑으로 '우리'는 새롭게 태어난다. 사랑의 만남은 자기 '상실'의 고통과 자기 '창조'의 기쁨이라는 씨줄과 날줄로 엮여 있다. 그리고 예술 창작자와 감상자의 자기 상실과 창조를 담고 있는 작품만이 진정한 예술작품이다. 왜냐하면 진정한 예술작품이란 하이데거가 말하는 것처럼, 기존의 세계를 파괴하면서 동시에, 새로운 세계를 구축하는 것이기 때문이다. 결국 예술작품의 '아름다움'이란, 기존 세계(자기 세계)를 꿰뚫는 사랑의 푼크툼으로 말미암아, 그 균열의 '사이'로 새어 들어오는 눈부신 '진리의 빛'이며, 그 강렬한 빛이 우리 영혼의 급소에 내리꽂는 '화인火印'이다. 그래서 그것은 유한한 영혼에게 닥쳐오는 사랑(죽음)의 상처인 동시에 그 상처에서 돋아나는 새살이다.

예술과 철학이 눈에 들어올 때

　누구나 잘 알고 있듯이, 인생은 짧다(고대 로마인들은 그것을 비타 브레비스vita brevis라고 불렀다). 나이를 먹으면 먹을수록 그 말은 더 실감나게 다가온다. 나이가 들수록(물론 이것은 상대적인 개념이다. 한두 살 차이 나는 초등학생들의 대화나 아흔의 부모가 환갑이 넘은 자식에게 하는 말을 떠올려보면, 나이가 들었다는 표현의 상대성을 분명하게 확인할 수 있다), 인생이 짧다는 말은 하나의 지적인 판단으로 다가오기보다는 무엇인가가 피부를 할퀴고 지나가는 것처럼 강렬하고 생생한 느낌으로 다가온다. 지적 해명만으로는 충분히 해소되지 않는 하나의 실존적 언명으로 다가온다. 때로는 그 느낌의 강도가 너무 강해 당혹감과 두려움이 엄습하기도 한다. 시간을 피부로 느끼면서 모든 것이 덧없고 공허해진다. 나이가 들수록 지나간 자신의 과거가 한순간의 기억으로 압축된다. 자기가 살았던 기나긴 시간이 하나의 이미지로 농축된다. 사람들이 자주 이야기하듯이, 아마도 마지막 죽음을 앞두고 지난 수십 년간의 인생이 한순간에 주마등처럼 지나갈 것이다. 인생의 주요 장면들이 순식간에 스쳐 지나감으로써 인생은 '하나'의 살아 있는 이미지가 될 것이다. 그것은 순간에 포착된 인생이고, 시간을 머금고 있는 이미지이다. 그것은 죽음 앞에서 완성된 우리네 삶의 풍경화다.

이렇게 짧은 인생에서 우리는 언제 예술과 철학을 경험할까? 인생은 짧고 언제나 할 일은 많은 상황에서 예술이나 철학은 한가한 사람들의 소일거리처럼 생각된다. 그렇다면 우리는 정말 예술이나 철학과는 전혀 무관하게 살고 있는 것일까? 예술이나 철학은 있으나 마나한 것, 또는 있으면 좋지만 없어도 무관한 것에 불과한 것일까? 예술가라는 공식적인 직함을 가진 사람들이나 철학 전공자를 제외하고(사실 그런 사람들도 제대로 예술과 철학을 경험하고 있는지는 매우 의심스럽지만) 평범한 일상인들이 예술과 철학을 경험하는 경우는 언제일까? 소박한 나의 경험에 따르면, 사랑할 때와 죽음을 경험할 때이다. 두 경우에는 예외 없이 누구나 예술가가 되고 철학자가 된다. 비록 아주 잠깐 동안만이라도 말이다.

냉혹한 현실을 살아가는 데 쓸모없는 예술적 감각과 철학적 사변에 경멸을 보냈던 사람이라도, 사랑과 죽음을 경험하면서 시집과 철학책을 뒤적이는 모습을 우리는 주변에서 쉽게 찾아볼 수 있다. 고상한 예술작품은 아니더라도, 예컨대 버스 안에서 흘러나오는 대중가요의 한 소절이 가슴에 비수처럼 꽂히는 경험을 그 무렵에(사랑과 죽음의 시간에) 하지 않았던가? 그 무렵에 신문이나 대중잡지에 누군가 인용한 철학자의 한마디 말이 뇌리에서 자꾸만 되새김질되지 않았던가? 영화 속에서도 마찬가지다. 무명의 작곡가이자 연주자인 안드라스는 일로나에게 사랑을 느끼면서 비로소 타인의 마음을 울리는 노래를 작곡할 수 있었다. 영화 속에서 이따금씩 심오한 말을 던지는 라즐로 역시 일로나와 사랑할 때에는 시인 흉내를 내기도 하고, 죽음에 직면해서는 〈글루미 선데이〉의 메시지를 철학적으로 해석하기도 한다. 이런 경험을 바탕으로 하나의 가설을 마련해보자. **인간은 사랑과 죽음을 경험할 때에야 비로소 예술과 철학이 눈에 들어온다.**

지금까지 예술과 철학이 사랑과 죽음에 친근한 영역이라는 점은 이미 여러 차례 언급되었다. 그리고 사랑과 죽음이 인간에게 가장 중요하고 "궁극적인 것"이라는 점도 언급되었다. 이와 연관되지만 조금 다른 맥락에서 이 가설을 생각해보자. 사랑할 때와 죽음이 임박했을 때, 사람들은 자신에게 솔직해진다. 그때 솔직하지 못한 사람은 사랑과 죽음을 경험했다 말할 수 없으며, 삶의 고갱이가 빠져버린 구제불능의 인간이다. 이때 자신에게 솔직해진다는 것은 자기 본모습으로 돌아간다는 뜻이다. 그렇다면 자신의 본모습은 어떤 것일까? 인간이란 과연 어떤 존재인가?

서양에서는 인간을 보통 '이성적 동물'이라고 규정했다. 아리스토텔레스에게서 유래한 이 말은 이후 언어적 동물, 지성을 가진 동물 등등의 의미로 다양하게 해석되었지만, 기본적으로 지적 능력을 가진 동물로 인간을 이해한다는 점에서는 큰 차이를 보이지 않는다. 인간은 이성적인 동물이다. 그렇다면 이렇게 반문해보자. 사랑과 죽음을 경험할 때, (그때에야 우리가 자신에게 솔직해지고 자기 본연의 모습으로 돌아간다면) 그때 우리는 비로소 이성적 동물이 되는가? 간단하게 말해서, 사랑과 죽음을 경험할 때, 우리는 비로소 이성적 동물이 되는가? 누가 듣더라도 설득력이 없는 귀결이다. 도리어 사랑과 죽음을 경험할 때, 비이성적으로 보이는 행위들이 더 많이 관찰된다. 그렇다면 우리의 가설이 틀렸거나, 아니면 서양적 인간관에 문제가 있다고 말할 수 있다.

하이데거에 따르면, 예술은 "진리의 작품 안으로의 정립", 즉 진리가 일어나는 장소이다. 예술작품 안에서 우리는 진실을 볼 수 있고, 그 진실의 힘 안에서 우리 자신이 바뀐다. 예술이 어떻게 그럴 수 있을까? 그것에 대한 하이데거의 대답은 인간의 본질이 예술과 직결된다는 점에 있다. 인간은 그 본질에 있어 예술적이다. 그에 따르면, 존재의 목소리를 들을 수 있고, 그것에 응답할 수 있는 존재자가 인간이다. 그런데 존재 자체가 창조적이기 때문에, 존재에 응대하는 인간의 목소리도 창조적일 수밖에 없으며, 그런 점에서 존재가 예술적이기 때문에 인간 역시 예술적인 존재자일 수밖에 없다.

존재는 그 자체가 예술적이다. 존재에 대한 가장 오래된 이름인 퓌시스φύσις(자연)는 비은폐성과 가까운 말이었고, 예술의 고어인 테크네τέχνη는 그 퓌시스와 닮아 있다. 존재는 예술이다. 이 말의 의미는 존재와 예술이 모두 무無와 유有의 상호교체, 창조, 소멸, 생성 등의 현상과 밀접한 관계를 이루고 있다는 것을 뜻한다. 있는 것들의 있음은 인간의 경탄의 진원지이고, 그것을 퓌시스 또는 테크네라 불렀던 것이다. 예술은 이처럼 존재에의 경탄을 불러일으키는 것에 대한 이름에 다름 아니다.

예술과 현실은 구분된다. 전통 철학자들은 현실이 아닌 예술을 가상 Schein, 假像이라고 말했다. 반면 니체, 하이데거를 위시한 현대 철학자들에게 현실과 구분되는 예술은 한갓 가상이 아니다. 도리어 예술이 진실이다. 여기에서 현실은 둘로 또 나뉜다. 하나가 일상의 현실이고, 다른 하나가 본래성을 획득한 현실이다. 본래적 현실이란 존재와 단독적으로 만나본 현실이다. 본래성을 획득했다는 것은 이미 현실을 예술화했다는 것을 뜻한다. 그리고 본래적 현실의 진리를 체득한 뒤 그것을 예술적으로 재현하는 것이 아니라, 본래적 현실 자체가 이미 하나의 작품이다. 진리를 드러내는 작품은 그 자체가 또하나의 '현실'이지, 결코 어떤 것의 '재현물'이 아니다.

예술은 철학이 아니다.[*] 예술은 무엇인가를 창작하는 것인 반면, 철학은 창작된 것을 기억하고 사유하는 것이기 때문이다. 물론 기억하는 사유 행위를 또다른 창작이라 말할 수 있고, 창작 역시 일종의 기억의 바다에서 솟구친 한 줄기 파도라고 말할 수 있다. 그래서 두 개념은 그저 상대적인 개념일 뿐이다. 그러나 구분할 필요는 있다. 예술은 기억을 통해 작품을 창작한다. 철학은 창작된 작품을 사랑하며 기억한다. 예술은 철학의 토대에서 성장한다. 철학은 예술을 떠날 수 없다. 또한 철학은 예술의 미래를 준비한다. 마찬가지로 예술은 철학의 미래를 예고한다.

하이데거에 따르면, 예술철학은 예술에 "관한" 철학이 아니다. 다시 말해서 철학을 특정 분야나 대상을 기준으로 세분하여 형이상학, 윤리학, 인식론, 과학철학 등등으로 나누는 것처럼 예술철학이란 단순히 특정 예술 분야에 관한 지적 성찰이 아니라는 말이다. 하이데거가 "미학"을 신랄하게 비판한 데에는 여러 가지 이유가 있었지만, 미학이 이런 분과적 학문으로 여겨졌다는 점도 중요한 이유 가운데 하나이다.

---

[*] 예술과 철학의 관계에 관해서는 글쓴이의 이전 책에서 자세하게 논했다. 거기에서 글쓴이는 하이데거의 예술철학을 중심으로 서양 미학사에 등장했던 예술과 철학 사이의 관계 모델을 비판적으로 소개하면서 그 '사이'의 철학적 의미를 밝혀놓았다. 김동규, 『하이데거의 사이−예술론: 예술과 철학 사이』, 그린비, 2009 참조.

하이데거에게 예술은 미술관이나 콘서트홀이나 책 속에서만 만날 수 있는 것이 아니다. 그것은 고급한 지적 오락도 아니고 대규모 문화산업이 생산한 소비상품 또한 아니다. 하이데거에게 예술은 우리 삶에 좀더 가까이에 있는 소중한 것이다.

그렇다고 우리 주위의 모든 것이 예술이라는 말은 아니다. 무차별한 동일시는 예술을 삶에 밀착시키는 길이 아니다. 도리어 이런 평준화·획일화된 의미의 예술은 더이상 예술이 아니다. 모든 것이 예술이 되는 순간, 예술이란 말의 힘은 사라진다. 근본적으로 예술은 '탁월하고 경이롭게 있음'을 찬미하는 말이다. 그래서 예술은 삶에 가까이 있지만, 동시에 멀리 있는 것이다. 다시 말해서 예술이란 낯익은 일상의 삶에서 낯섦의 충격을 경험케 하는 것을 뜻한다. 다시 말해서 예술은 낯선 타자와의 사랑의 만남, 그리고 타자와의 이별의 경험(죽음)을 고스란히 간직하여 어떤 새로운 것을 창작하는 일을 뜻한다. 그리고 철학은 그런 예술을 사유하고 기억하며 새로운 예술을 준비하는 활동이다. 이런 점에서 예술과 철학은 존재에 응대하는 인간 고유의 본성을 가리키는 말이라고 할 수 있다.

만일 예술과 철학을 이렇게 규정할 수 있다면, 우리가 우리 자신의 본모습에 가까이 다가갈 때, 즉 사랑과 죽음을 경험할 때, 우리는 예술과 철학을 만난다고 말할 수 있을 것이다. 인간이면 누구나 한 번은 사랑하고 죽는다. 그렇다면 인간이면 누구나 한 번은 예술과 철학을 만날 수밖에 없다. 이런 점에서 예술과 철학은 인간의 조건이고 '예술-철학'과의 만남은 인간의 필연적인 운명이다. 화려한 조명을 받는 극소수의 예술가들을 제외하고 무명의 그늘 속에서 묵묵히 창작활동을 하는 대다수의 예술가들과 겉으로는 존중받는 것 같지만 사회 어느 구석에도 발붙일 곳 없이 지내는 대다수의 철학자들은 이 점을 믿는다. 그들은 예술과 철학이 인간의 조건이며 '예술-철학'과의 만남은 인간의 운명이라는 믿음 속에서 현 시대의 소외와 현 사회의 푸대접을 의연하게 이겨내고 있다.

미래의 멜랑콜리

누구나 공유하는 사랑과 죽음의 경험 속에서, 양자가 혼융된 멜랑콜리한 정조 속에서 예술과 철학은 탄생한다. 그러나 사실 이 테제는 지나치게 일반화된 주장일 수 있다. 지나친 일반화는 언제나 빠트리고 있는 것이 있기 마련이다. 이 테제에서 우리가 쉽게 간과할 수 있는 것에는 이런 것을 들 수 있다. 지금까지 논의되어온 예술과 철학은, 엄밀히 말하자면, '서양'의 예술과 철학에 한정된다. 지금까지 주된 논의가 '독일' 영화 한 편을 중심으로 서양 예술철학의 범위 내에서 진행되었다. 그런데 지금껏 살펴본 것처럼, 서양의 예술과 철학은 자기중심적 사랑과 남성적 자유를 극대화하는 죽음, 그리고 그 가운데 발생한 독특한 멜랑콜리의 정조를 바탕으로 탄생하고 성장했다. 그렇다면 마찬가지로 동양의 예술과 철학은 그와는 다른 사랑법과 죽음관, 그리고 다른 색조의 멜랑콜리 속에서 유래했다고 말할 수 있을 것이다.

하지만 서양의 멜랑콜리가 동양인인 우리에게 설득력이 없는 것은 아니다. 왜냐하면 그것 역시 어떤 보편적인 구조 속에 있기 때문이다. 다시 말해서 **사랑과 죽음이 녹아 있는 노래(예술)를 음미한다(철학)는 기본 구조**는 동양의 예술과 철학에도 동일하게 적용될 수 있기 때문이다. 사랑과 죽음에 대한 상이한 이해에 따라 멜랑콜리한 노래의 변주가 가능할 수는 있겠지만, 분명 공유될 수 있는 구조(사랑과 죽음 그리고 양자가 어우러진 노래)는 존재한다. 인간이면 인종이나 문화 또는 역사나 성별에 관계없이 사랑하고 죽는다. 사랑하지도 않고 죽지도 않는 인간은 아무리 인간의 형색을 하고 있다손 치더라도 그것은 괴물이든지 유령이지, 결코 따뜻한 피가 흐르는 인간이 아니다.

지금까지의 이야기가 영화 〈글루미 선데이〉라는 서양 영화를 바탕으로 이루어졌다면, 마지막으로 동양 영화 한 편을 바탕으로 간략히 동양적 멜랑콜리의 모습을 음미해보기로 하자. 어차피 동양적 멜랑콜리를 제대로 기술하고 분석하기 위해서는 동양적 사랑과 죽음관에 입각하여 최소한 이제껏 해왔던 분량의 이야기를 다시 또 해야 한다. 그 작업은 현재 필자의 역량으로는 엄두조차 낼 수 없다. 여기에서는 간략히 영화 하나만을 분석하기로 하자. 지금 다룰 영화는 한 눈먼 악사의 슬픈 이야기를 담고 있는 중국 영화다. 〈패왕별희〉라는 영화로 유명해진 첸 카이거 감독의 초기 작품 〈현絃 위의 인생〉이 그것이다.

아주 먼 옛날, 세상에 장님이 생겨나고부터, 장님은 사람들에게 아름다운 음악을 들려주는 것을 자신의 천직으로 삼았다고 한다. 그리고 그 장님 악사들 사이에는 입에서 입으로 하나의 전설이 내려오고 있었는데, 그 전설의 내용은 대강 이렇다. 만일 누군가 비파를 연주하여 천 개의 현을 끊는다면, 천 개의 현이 닳아 헤어질 정도로 열심히 비파를 연주한다면, 비파의 한 귀퉁이에 장착된 작은 문이 열리고, 그곳에서 장님 악사의 눈을 뜨게 할 수 있는 처방전이 나온다는 내용이다. 그 전설 덕분인지 장님 악사들의 연주 실력은 언제나 뛰어났다. 그러나 말이 쉽지, 천 개의 현을 끊는다는 것은 짧은 생을 살다가는 인간에게 너무 버거운 일이다. 오랜 시간이 흘렀건만 천 개의 현을 끊는 이는 나오지 않았다. 그러다 성실하고 의지가 강한 이 영화의 주인공이 천 개에 가까운 현을 끊는다. 한편 그 장님 악사에게는 제자가 한 명 있었는데, 그는 스승과는 달리 장님의 전설을 믿지 않는다. 더구나 그는 자신의 눈을 뜨기 위해 비파를 연주하지 않고 사랑하는 여인을 위해 연주한다.

젊었을 적부터 주인공 장님 악사는 언젠가 눈을 떠 바라보게 될 세상, 즉 참된 세상의 모습을 꿈꿔왔다. 이글거리는 태양, 그 빛에 자신의 모습을 한껏 뽐내는 나무, 졸졸거리며 시원하게 흐르는 시냇물, 기암괴석, 화사하게 흐드러진 꽃들 그리고 그 빛이 스러지면 연이어 부드럽게 대지를 덮는다는 별빛, 달빛. 그는 이런 꿈에 부풀어 밤낮을 가리지 않고 비파를 뜯는다. 화살 같은 시간은 흘러, 혈기왕성했던 장님은 이제 죽음을 눈앞에 둔 백발의 노인이 되었고, 천 개의 현 가운데 겨우 두서너 개만 남았다. 그사이 그의 연주 실력은 신기에 가까운 경지에 이르러서, 서로 다투고 있는 사람들의 심금을 울려 싸움을 중단시킬 수 있는 힘까지 갖게 된다.

끊어진 현의 숫자가 천千을 향할수록, 뜻밖에도 노인에게는 기쁨이 샘솟는 대신에, 마음에 심한 동요가 일어난다. 꿈과 더불어 살아온 날들을 회상하면서, 막상 꿈이 실현되려는 순간에 평생 자신이 그려온 꿈의 세계가 깨져버릴 수 있다는 불안이 엄습한 것이다. 그러나 장인 악사는 그 불안감을 수습하고 마지막 천번째 현을 끊는다. 한 손에는 아름다운 세상을 볼 수 있다는 희망을, 다른 손에는 비파에서 나온 처방전을 움켜쥐고 그는 약방으로 달려간다. 그리고 그는 약사에게 처방전에 따라 약을 지어달라고 주문한다. 그러나 그 처방전은 아무것도 쓰이지 않은 백지임이 밝혀지고 그의 삶을 지탱해온 희망은 순식간에 허물어져버린다. 얼마 뒤, 죽음보다 지독한 절망 가운데 아름답고 구슬픈 노래만을 남기고 그는 세상을 떠난다.

플라톤이 '동굴의 비유'를 통해서 보여주는 철학자는 본래 장님이 아니다. 그는 단지 그림자만 비치는 어두컴컴한 동굴에 있었을 따름이다. 플라톤에게 철학자란 묶여 있던 쇠사슬을 끊고 동굴에서 빠져나온 사람이다. 동굴 밖으로 뛰쳐나와 참된 세상을 바라보았던 철학자는 사명감을 가지고 동굴로 다시 들어가 그의 동료들에게 외친다. "너희들이 지금 보고 있는 것은 그림자이고 가상이다! 속지 마라! 쇠사슬을 끊고 동굴만 나가보라! 참된 세상, 아름다운 세상이 너희를 기다리고 있다." 그런 철학자의 외침에 동굴 속의 사람들은 반신반의한다. 어떤 이들은 다시 돌아온 철학자를 구박하며, 다른 이들은 철학자의 이 말에 희망을 품고 혼신의 힘을 다해 사슬을 끊으려 한다.

플라톤의 '동굴의 비유'에 등장하는 철학자도 한때는 눈뜬장님 신세였다. 그가 동굴에서 사슬에 묶여 있을 때가 그러했다. 그는 동굴 밖의 아름답고 참된 세계에 대한 희망을 가지고 있었으며, 그 희망이 실현 가능하리라는 믿음을 갖고 있었다. 이 믿음에 의지해서 아무리 험한 장애도 이겨낼 수 있었던 것이다. 동굴에 비친 나무, 바위, 꽃 등의 그림자, 그것들의 실물을 마음속에 그리면서, 평생 동안 그는 사슬 끊기에 사력을 다할 수 있었다. 이런 희망과 갈구, 바로 그것이 『향연』에서 플라톤이 말하고 있는 '사랑'의 요체이다. 그래서 플라톤은 희망의 철학자요, 사랑의 철학자이며, 개안開眼을 약속하는 철학자이다.

　여기에 두 개의 이야기가 놓여 있다. 하나는 장님 악사의 이야기이고 다른 하나는 플라톤의 이야기이다. 두 이야기 모두 철학을 해명하는 열쇳말인 시선의 결핍, 갈망, 동경, 사랑 등등을 내포하고 있기는 하다. 그러나 결핍을 전자는 장님의 수준으로, 후자는 착시 현상 정도로 이해한다. 두 가지 중 어떤 이야기가 철학을 더 잘 설명할까? 이것은 단순한 선택의 문제는 아니다. 그러나 분명 장님 악사의 이야기는 플라톤의 이야기를 포괄하면서도 더 많은 이야기, 좀더 설득력 있는 이야기를 하고 있다. 왜냐하면 그 이야기는 희망과 함께 근원적인 절망에 대한 이야기도 함께 하고 있으며, 욕망과 함께 철저한 무無의 자각을 이야기하고 있기 때문이다. 그렇지만 장님 악사의 이야기를 플라톤의 '동굴의 비유'를 대신하는 철학적 신화로 삼기에는 여전히 부족한 점이 많아 보인다. 2,500년을 내려온 서양의 신화가 하루아침에 깨진다는 것은 어불성설이기도 하려니와, 아직 그것은 플라톤의 신화가 배출해놓은 철학, 문화, 문명의 크기에 도저히 견줄 바가 못 되기 때문이다. 그러나 플라톤 신화의 세례를 받았으면서도 그것의 주변부·바깥에 서 있는 우리에게는 장님 악사와 같은 신화가 소중하다. 더욱이 현대 서양 철학자들의 증언에 따르면, 플라톤 신화의 한 중심에 서 있는 이들조차도 더이상 그 신화에만 안주할 수 없게 되었다.

　장님 악사의 이야기에서 플라톤의 이야기와 결정적으로 갈라지는 지점은 꿈으로 가득 채워져 있던 희망이 백지로 돌아간다는 점이다. 말 그대로 '백지'가 중요하다. 여기에서 백지란 장님의 희망이 여지없이 좌초된 곳을 뜻한다. 그래서 그것은 장님 악사를 죽음 같은 절망으로 몰아넣은 무無의 소용돌이다. 그러고 보면 동시에 그것은 거대한 플라톤 신화를 난파시킬 수 있는 암초이기도 하다. 그 전율스런 백지 때문에 인간은 눈을 뜰 수가 없다. 영영 개안의 가능성은 사라진 것이다. 플라톤식으로 말해서 더이상 동굴 밖은 없다. 무無다. 하얀 어둠이다. 그 백지에는 아무 글자도 적혀 있지 않았다. 그것은 그저 흰 종이였다. 아니 그 무엇도 아니었다. 비록 이야기 속에서는 눈 뜬 사람이 있어 '흰 종이'임을 확인할 수 있었지만, 엄밀하게 말해서 장님에게 그것은 오직 그 무엇도 아니라는 것 외에는 확인할 수 없는 그저 '아님'일 뿐이다.

영화가 말하고 있는 것은 이것뿐일까? 다시 곰곰이 되새겨보자. 우리는 그 이야기에서 무엇인가 중요한 것을 놓치고 있었다. 그것도 역시 백지와 연관되어 있다. 무엇인가를 그리기 위해서는 그릴 곳이 필요하다. 그것도 아무것도 그려지지 않은 깨끗한 종이가 필요하다. 장님 악사가 꿈을 그린 곳은 결국 그 백지 위다. 장님 악사의 이야기는 역설적으로 인간의 희망이 절망의 진원지인 백지 위에서만 가능하다는 사실을 말해주고 있다. 백지가 없으면 희망도 없다. 우리는 그 백지 위에 무수히 많은 희망을 그린다. 그것이 언제나 백지이기에 우리는 영원히 희망을 그릴 수 있다. 또한 그것이 무정형無定形의 백지이기에 우리는 끊임없이 세계의 다양한 모습을 백지 위에 채워넣을 수 있다. 물론 언제나 다시금 하얗게 지워지지만 말이다.

그러나 여전히 남는 물음이 있다. 결국은 지워지고 말 것을 왜 부질없이 그리려고 하는가? 눈을 뜬다는 보장도 없는데 무엇 때문에 비파를 연주하는가? 사실 이것은 대답하기 어려운 물음이다. 그러나 다행히 장님 악사의 이야기는 이 물음에 대한 답까지 어느 정도 준비하고 있다. 만일 그 이야기의 마지막 부분에서 장님 악사가 백지로 말미암아 절망에 휩싸여 있을 때, 그것으로 이야기가 끝났다면, 아마도 일말의 여운도 남지 않았을 것이다. 그러나 장님 악사는 죽기 직전에 아름답고 구슬픈 노래를 부른다. 더이상 그 노래는 눈을 뜨기 위해 부른 노래가 아니다. 그렇다고 자신의 슬픔과 절망을 한탄하며 부른 비관의 노래는 더더욱 아니다. 그것은 인간이 처한 비극적 상황에 대한 자각의 노래이고, 그런 현실을 담담하게 응시하려는 긍정의 노래이다. 절망스러운 현실을 긍정하는 그 노래는 듣는 이의 가슴을 사무치게 한다. 한마디로, 장님 악사는 욕망과 좌절, 사랑과 이별, 삶과 죽음을 모두 겪는 존재가 공명共鳴할 수 있는 음악을 남길 수 있었던 것이다. 그리고 그가 연주한 음악은 〈글루미 선데이〉와는 다른 음색의 멜랑콜리를 전해주고 있다.

하지만 이런 다른 음조의 멜랑콜리에도 문제가 있다. 영화는 그 점까지 넌지시 암시하고 있다. 스승의 음악은 나르시시즘으로부터 아무리 정제되고 승화되었다 하더라도 결국 자기 사랑의 굴레에서 벗어나지 못한다. 이미 언급했다시피 비록 장님 악사의 음악이 플라톤과는 상이한 철학을 깔고 있지만, 그 역시 플라톤적 나르시시즘에서 크게 벗어나지는 못한다. 이런 스승과 대조적으로 젊은 제자는 자기 눈을 뜨기 위해서가 아니라, 또는 뜬 눈으로 세상의 진상을 보고 싶은 욕망에서 비파를 연주하는 것이 아니라, 연인을 위해 음악을 연주한다. 나로 수렴되는 사랑이 아니라, 타자로 수렴되는 사랑을 음악에 담는다. 여기에서 짧지만 또다른 멜랑콜리가 연출된다. 하지만 영화는 아직 그것을 충분히 그려 보이지는 못하고 있다. 어쩌면 그 멜랑콜리는 동서양이 아직 풀어내지 못한 미래의 멜랑콜리일 것이다. 우리가 새롭게 다가서야 할 미지의 멜랑콜리일 것이다.

새 술은 새 부대에 담으라는 말처럼, 멜랑콜리라는 이름이 자꾸만 서양적 나르시시즘을 연상시킨다면, 도래할 그것에 다른 이름을 붙여도 괜찮을 것이다. 사실 도래하는 미지의 것들에는 이름이 없다. 하이데거에 따르면, 그것에 이름을 명명하는 자가 시인이고 철학자다. 미래를 예견하는 시인과 철학자는 이름 없는 도래의 소리를 미리 듣고 그 소리에 맞춰 혀를 굴려야 한다. 그러나 적어도 그들의 성대에서 울리는 음성에는 사랑과 죽음의 대위법이 묻어 있어야 할 것이다. 자기 (그리고 자기와 동일시된 공동체)의 바깥을 지향하는 사랑론과 죽음론, 그것들이 절묘하게 어우러진 화음을 내야 할 것이다.

붙이는 글

1 _ 글쓰기의 멜랑콜리

2 _ 영화, 〈글루미 선데이〉

글쓰기의 멜랑콜리

창밖으로 서늘한 어둠이 내려앉은 지 오래다. 주위는 팽팽한 적막에 갇혀 있다. 널찍한 책상 위에는 낡은 컴퓨터 모니터와 어지럽게 널린 책들, 담뱃갑과 재떨이 등이 놓여 있다. 컴퓨터 화면에는 한글 빈 문서가 떠 있고, 하얗게 빛나는 빈 화면엔 커서만이 눈을 깜박인다. 써볼 테면 써보라는 듯, 커서는 냉소의 눈빛을 보낸다. 잠시 후 눈빛의 색조는 순식간에 냉소에서 강요로 돌변한다. 일정하게 반복되는 커서의 움직임이 나에게 무엇인가를 재촉한다. 그 깜박임은 분명 강요의 눈빛이다. 그 눈빛은 멍청하게 바라보고 있지만 말고 영혼을 일깨워 자기처럼 가볍게 움직여보라고 말한다. 호흡을 가다듬고 용기를 내서 자판을 튕겨본다. 둔탁한 자판 소리가 요란하게 울리지만, 화면에는 시시껄렁한 몇 줄의 글만이 남아 있다. 신경질적으로 삭제 키를 두들겨 불편해진 심기를 달래본다. 한참동안 썼다 지우기를 반복한다.

아무것도 쓰이지 않은 하얀 종이[白紙]의 공허가 그러하듯, 일정하게 깜박이는 커서의 움직임도 나를 숨 막히게 한다. 글쓰기의 언저리에 놓인 어둠, 백색, 적막, 공허, 반복 등이 불러오는 묘한 두려움과 그런 가운데에서도 무엇인가를 써야 한다는 강박감이 연합하여 나를 포위하고 억누른다. 자초한 고립이고 고독이다. 글을 쓰기 위해서는 이런 것들에서 오는 두려움을 홀로 감내해야만 한다.

　언젠가 화가 고흐는 동생 테오에게 이런 편지를 쓴 적이 있다. "사람을 바보처럼 노려보는 텅 빈 캔버스를 마주할 때면, 그 위에 아무것이든 그려야 한다. 너는 텅 빈 캔버스가 사람을 얼마나 무력하게 만드는지 모를 것이다. 비어 있는 캔버스의 응시. 그것은 화가에게 '넌 아무것도 할 수 없어'라고 말하는 것 같다. 캔버스의 백치 같은 마법에 홀린 화가들은 결국 바보가 되어버리지. 많은 화가들은 텅 빈 캔버스 앞에 서면 두려움을 느낀다. 반면에 '넌 할 수 없어'라는 마법을 깨부수는 열정적이고 진지한 화가를 텅 빈 캔버스는 두려워한다."* 인용된 고흐의 편지에는 그림을 그릴 때마다 피해갈 수 없는 싸움 한판이 적혀 있다. 빈 캔버스와 화가 사이의 눈싸움 한판이 묘사되고 있다. 두려움에 눈시울을 떠는 자가 패할 수밖에 없는 전율스러운 눈싸움이 그려지고 있다.

　두려움을 느끼면 글을 쓸 수 없다. 쓰더라도 그것은 이미 실패한 글이다. 그렇다면 아무것도 없는 빈 공간의 두려움을 어떻게 누그러뜨릴 수 있을까? 고흐의 말처럼, 텅 빈 캔버스가 오히려 나를 두려워하도록 만들려면 어떻게 해야 할까? 노려보는 수밖에 없다. 도리어 캔버스가

---

* 빈센트 반 고흐, 『반 고흐, 영혼의 편지』, 신성림 옮김, 예담, 1999. 106쪽.

두려워할 만큼 노려보면서, 마법이 깨질 때까지 기다릴 수밖에 없다. 무無의 시선을 피하지 않고 직시하는 것, 가끔은 허공을 노려보는 것 이외에는 뾰족한 방법이 없다. 사유의 황량한 사막을 똑바로 응시하고 그 사막을 가로질러 걷는 수밖에 없다. 모든 창작은 이런 무無와의 격렬한 싸움 속에서만 존재할 수 있다. 창작이란 무無에서 유有를 가져오는 행위이기 때문이다.

타인이 써놓은 책 속에서 가끔씩 우리는 사유의 오아시스를 만난다. 또 때때로 마음이 통하는 사람과의 대화 속에서도 사유의 젖과 꿀이 샘솟는 오아시스를 경험하곤 한다. 하지만 책상에 홀로 앉아 무엇인가를 생각하려 할 때면, 번번이 나는 사유의 사막만을 경험한다. 생각의 황무지만을 만난다. 끔찍한 내 사유의 불모성만을 확인한다. 때로는 나만의 불행과 고통은 아니라고 자위하기도 하지만, 언제나 자위는 구차한 자기변명으로 떨어질 뿐이다. 모래사막 한가운데 지쳐 쓰러져, 눈을 감고서 사막을 외면하는 낙타, 그것은 그런 초라한 동물의 위태로운 자기 위안일 뿐이다. 막막함과 두려움을 억누르며 나는 묻는다. 도대체 지금 무엇을 쓰고자 하는가?

그 물음에 대한 답은 이미 손에 쥐고 있는 상태다. 나는 지금 '멜랑콜리 미학'을 쓰려고 한다. 그런데 어떻게 글을 시작할까? 불현듯 다가온 이 아이디어를 어떻게 풀어내야 할까? 막막하다. 머릿속에는 다시 황량한 사막이 펼쳐진다. 글을 쓸 때면 매번 부딪히는 문제지만, 처음 시작이 어렵다. 첫 단어와 첫 문장을, 그리고 몇 문단을 쓰고 난 다음부터는 술술 풀려 글쓰기가 시간문제라는 생각이 드는데, 처음의 그 결정이 어렵다. 서양 시인들의 아버지, 호메로스는 『일리아드』 첫머리에서 "노래하소서, 여신이여, 펠레우스의 아들 아킬레우스의 노여움을", 『오뒷세이아』 첫머리에서는 "들려주소서, 무사 여신이여, 트로이아의 신성한 도시를 파괴한 뒤 많이도 떠돌아다녔던 임기응변에 능한 그 사람의 이야기를"이라고 뮤즈 여신의 도움을 청하면서 글을 시작한다. 글을 처음 시작하는 어려움 때문에, 불멸의 시인도 뮤즈의 신에게 기댄 것일까? 그렇다면 철학하는 나는 어느 신에게 기대야 할까?

고대 그리스인들은 철학자의 신을 "아테네", 로마인들은 "미네르바"라고 불렀다. 그리고 그 철학의 신을 상징하는 동물로서 부엉이를 꼽았다. 크고 동그란 눈을 가진 새, 어둠을 뚫고 사물을 투시하는 지혜의 상징. 언젠가 헤겔은 "미네르바의 부엉이는 황혼이 질 무렵에야 날개를 펼친다"는 의미심장한 말을 한 적이 있다. 그런데 내가 보기에 헤겔 자신을 비롯해서 많은 사람들은 그 말을 잘못 이해하고 있다. 한낮의 중요한 사건이나 상황이 종료된 이후 그것을 정리 정돈하는 것이 철학이라고 해석하는 순간 말이다. 마치 이미 주어진 도서관의 자료들을 정리하듯이, 철학은 이미 벌어진 사태를 단순히 기록하고 집대성하는 것에 그치는 것이 아니다. 도리어 철학은 기나긴 고통의 어둠을 견뎌내며 도래하는 새벽빛을 감지하는 부엉이의 눈이라고 해석해야 한다. 철학자의 눈은 부엉이의 큰 눈처럼 한낮에는 별로 쓸모가 없다. 차라리 한낮에는 눈을 감고 있는 편이 낫다(도래하는 어둠을 위해서). 모든 사람들이 잠들고 모든 것이 어둠에 잠기는 밤이 되면 철학의 신은 눈을 부릅뜬다. 부엉이 눈을 하고, 실핏줄이 붉게 드러나도록, 시신경이 부어오르도록 어둠을 응시한다(도래하는 빛을 위해서).

황혼이 사라진 지도 오래되었건만, "미네르바의 부엉이"는 날아오를 기미조차 보이지 않는다. 답답한 마음에 호메로스를 흉내내며 아테네 여신을 불러본다. "들려주소서, 아테네 여신이여, 사랑과 죽음 그리고 멜랑콜리 미학 이야기를!" 하지만 아무리 부르고 기다려도 여신의 음성은 내게 들려오지 않는다. 아무래도 새벽녘까지 무거워진 머리를 괴고 책상에 앉아 있어야 할 모양이다.

영화, 〈글루미 선데이〉

영화를 보지 못한 독자를 위해 간단하게라도 영화 줄거리를 소개해야 할 것 같다. 영화는 아름답고 관능적인 아가씨, 일로나 바르나이Ilona Varnai를 중심으로 세 명의 남자, 라즐로 자보Làszló Szabo, 안드라스 아라디Andràs Aradi, 한스-에버하르트 비크Hans-Eberhard Wieck가 엮어가는 사랑 이야기다. 사랑을 중심축으로 예술(음악)과 죽음, 질투와 배신, 전쟁과 복수, 인간의 자유와 존엄이라는 주제가 복잡하게 얽혀 있다. 하지만 영화는 그다지 난해하지 않다. 오히려 주제와 기법에 있어 영화는 통속적이다. 그렇다고 이 영화를 우습게 생각해서는 곤란하다. 왜냐하면 이 영화의 통속성은 인간의 조건이자 공감대를 형성하는 기반만을 이룰 뿐, 영화를 천박하게 만들지는 않기 때문이다. 하이데거도 말한 바 있지만, 인간은 인간인 이상 통속적일 수밖에 없으며, 어느 순간 통속성에서 자유로울 수는 있을지언정 완벽하게 그것을 제거할 수는 없다. 인간이 통속적일 수밖에 없는 까닭은 우리가 결국 타인과 더불어 살아가는 존재이기 때문이다. 영화는 통속성, 일상성 속에서 어떤 심상치 않은 것을 담아낸다. 어느 영화에서나 볼 수 있는 진부한 사랑 타령을 하고 있지만, 이 영화가 보여주는 사랑은 독특한 깊이를 담고 있다.

원칙적으로 영화는 줄거리로 요약될 수 없다. 영화를 줄거리로 환원하여 그 줄거리를 영화라고 착각하는 것은 영화 감상에 치명적이다. 한 편의 영화는 문자적인 서사를 통해 재기술될 수 없는 독자적 영역을 가지고 있다. 당연한 말이지만, 영화는 영상예술이기 때문에 언어적 서사만을 통해서는 도저히 도달할 수 없는 영상 이미지만의 영역을 가지고 있다. 게다가 그것이 하나의 예술작품이라면, 작품만의 방식으로 도달한 예술적 성취는 다른 방식을 통해서 결코 도달할 수 없는 법이다. 예술의 언어는 원칙적으로 번역이 불가능하다. 예술작품은 유일무이한 독특성을 고수하는 존재이기 때문이다. 상당히 자명하고 간단한 원칙임에도 불구하고 우리는 자주 이 원칙을 잊는다. 영화의 줄거리는 영화가 아니다. 이 책으로 말미암아 영화에 관심을 갖게 된 분들은 반드시 영화를 직접 보시기를…… 이제 간략히 영화 줄거리를 살펴보기로 하자.

헝가리 부다페스트에 있는 작지만 고풍스러운 레스토랑에 리무진을 타고 온 손님들이 들어선다. 손님들 가운데에서 백발의 노부부가 그날의 주인공이다. 독일에서 온 노신사는 젊었을 때 이 식당에 자주 들렀다고 하는데, 자신의 80번째 생일을 맞이하여 부인과 함께 추억이 고스란히 남아 있는 이 레스토랑을 찾은 것이다. 자신이 즐겨 주문하던 음식을 먹으며, 노신사는 많이 해본 능숙한 솜씨로 음악 연주를 부탁한다. 오래전, 그 식당에서 초연되었던 음악, 〈글루미 선데이〉가 바이올린과 피아노로 연주된다. 추억이 담긴 음식과 음악을 음미하면서 노신사는 피아노 위에 놓인 사진 한 장을 무심코 바라본다. 순간 노신사의 얼굴이 갑작스럽게 놀라움과 당혹스러움으로 일그러지면서 이내 바닥에 쓰러진다. 흑백 사진 속에는 한 여인이 피아노 옆에서 매혹적인 미소를 짓고 있다. 사진을 클로즈업하고 사진 속 주인공을 오버랩하면서, 영화는 60년 전으로 되돌아간다.

60년 전, 그러니까 2차 세계대전이 터지기 직전, 이 식당의 주인은 라즐로라는 유대인이었고, 사진 속의 주인공은 일로나라는 식당의 종업원이자 라즐로의 애인이었다. 어느 날 라즐로는 식당에 처음 피아노를 들여놓고 나서, 그 피아노를 연주할 피아니스트를 고용하고자 오디션을 연다. 일로나의 맘에는 들지 않았지만, 결국 한 사람을 피아니스트로 고용했는데, 오디션이 끝난 뒤 한참 뒤에 안드라스라는 청년이 찾아온다. 첫눈에 일로나는 그에게 호감을 갖게 되고, 안드라스는 일로나 덕에 고용된다. 얼마 뒤 일로나의 생일 선물로 안드라스는 〈글루미 선데이〉라는 곡을 헌정한다. 일로나는 음악에 실려온 사랑에 빠진다. 일로나의 연인이었던 라즐로는 질투와 배신감을 느끼지만, 일로나를 완전히 잃느니 그들의 사랑을 인정함으로써 일로나와의 사랑을 유지하고자 한다. 이로써 두 남자와 한 여자 사이의 묘한 사랑이 전개된다. 셋은 때때로 질투와 상실감을 느끼면서도 그 관계를 계속 유지한다.

라즐로와 안드라스 말고도 한스라는 독일 청년도 일로나를 짝사랑한다. 한스는 일로나와 자신의 생일이 같은 것을 운명이라 핑계대며 일로나에게 사진 모델을 청하고 어설프게 청혼을 하지만 그녀로부터 정중히 거절당한다. 상심한 나머지 도나우 강에서 자살을 시도하는 한스는 라즐로의 도움으로 겨우 목숨을 구한다. 그리고 둘은 친구가 된다. 일로나를 위해 안드라스가 작곡한 〈글루미 선데이〉는 얼마 후 세계적으로 유명한 음악이 된다. 특히 많은 젊은이들이 그 음악을 들으며 자살하는 사건이 발생하면서 그 음악은 더욱 유명해진다. 안드라스는 이 일로 괴로워하며 자살을 기도하지만, 일로나의 사랑어린 설득으로 자살을 포기한다.

그사이 전쟁이 일어나고, 순박한 청년이었던 한스가 독일군 사령관이 되어 라즐로의 식당에 나타난다. 제복과 완장 그리고 권총을 찬 한스는 더이상 실연당해 자살을 기도했던 순박한 청년이 아니다. 나치 군대의 사령관이 된 한스는 점점 권력과 돈을 추구하는 인물이 되고, 유대인을 탈출시키는 대가로 엄청난 부를 축적한다. 이처럼 돌변한 한스는 자기 생명의 은인이자 친구였던 라즐로를 모욕한다. 라즐로는 가까스로 참아내지만, 안드라스는 그 모욕을 참지 못해 자살하고 만다. 그 후 얼마 뒤 유대인인 라즐로는 한스의 배신으로 체포되고, 일로나는 강제수용소로 끌려가는 라즐로를 구하기 위해 한스의 성적 욕망의 희생양이 된다. 그러나 한스는 자기의 모든 비밀을 알고 있는 라즐로를 구하는 대신, 전후戰後 자신을 도와줄 유력한 유대인을 탈출시킨다. 그 한스가 바로 영화의 첫 장면에 등장했던 노신사다.

영화는 다시 60년 후로 되돌아온다. 모든 사람들이 떠나버린 빈 레스토랑에 누군가 읊조리는 〈글루미 선데이〉가 잔잔히 들리고, 레스토랑의 지배인은 샴페인을 터트린다. 식당 부엌에는 한 노파가 〈글루미 선데이〉를 흥얼거리며 설거지를 하고 있다. 개수대 위에는 언젠가 안드라스가 자살하기 위해 간직하고 있던 독극물 병이 놓여 있고, 노파의 머리에는 라즐로가 생일 선물로 준 머리핀이 꽂혀 있다. 레스토랑의 지배인은 어머니 생일을 축하한다는 말을 하면서 축배를 권한다.

치기 그리고 감사

이 책의 테마인 사랑, 죽음, 멜랑콜리, 예술, 철학 등등은 현재의 내게 너무 버거운 주제들이다. 그럼에도 치기稚氣를 부렸다. 물론 나름의 이유는 있었다. 지엽적인 문제를 다루기보다는 정면으로 근본적인 문제들과 부딪쳐본다는 명분이었다. 오늘날의 학계가 지나치게 세분화되고 전문화되어 왜소해졌고, 그런 상황 속에서 젊은 연구자들마저 전문적인 연구 업적을 올리기에 급급한 나머지 중요 문제들을 방기하게 되었는데, 그런 작금의 세태에 조금이라도 역행하고 싶었다. 그러나 결과적으로 치기를 부린 셈이 되었다. 역량은 부족한데 의욕만 앞섰기 때문이다.

사실이다. 글 전체를 이어가고 엮었던 원동력은 치기였다. 나이가 들어 이제는 얼마 남지도 않은 치기, 그 부끄러운 힘을 사용했다. 글이 거의 윤곽을 드러낸 다음, 유치한 글이 부끄러워 당장이라도 파일을 삭제하고 싶었다. 글을 쓰기는 고단하고 시간도 오래 걸리지만, 삭제는 간편하고 신속하다. 간단히 컴퓨터의 삭제 키만 누르면 된다. 아무리 공들여 쌓아 올린 탑도 무너지는 것은 한순간이다. 삭제 키에 커서를 올려놓고 몇 번이나 마우스를 만지작거렸다. 결국 지우지는 않기로 했다. 젊은 날의 치기도 언젠가 빛바랜 사진처럼 나만의 추억은 될 수 있겠다는 생각에서였다. 대신 누구에게도 보여주지 않기로 다짐했다. 덜떨어진 사유의 자화상을 굳이 세상에 공개할 필요는 없다고 판단했기 때문이다.

그런데 어느 날 대학 교정에서 낯익은 학생을 만났다. 대학 1학년 때 내가 강의하는 미학 수업을 수강했던 학생이다. 벌써 4학년이 된 그녀가 가볍게 인사를 한 뒤 내게 물었다. "그때 한창 쓰신다던 선생님 글은 언제 출간되나요? 혹시 벌써 출간되었나요? 꼭 보고 싶은데……" 아뿔사! 아마도 수업중에 사랑과 죽음 그리고 멜랑콜리에 관한 글을 쓴다는 이야기를 흘렸던 모양이다. 나는 말을 더듬으며 얼버무렸다. 그리고 이와 유사한 난처한 상황이 몇 번 반복되었다. 학생들은 내 이야기를 책 속에서 좀더 자세하게 듣고 싶었던가보다. 아마도 어눌한 나의 강의만으로는 만족할 수 없었던 모양이다.

글을 쓴다는 소리를 학생들에게 흘리지 말았어야 했다. 허탈한 낭패감이 밀려들었다. 동시에 쥐구멍이라도 있으면, 그곳에 머리를 처박고 싶은 창피함이 밀려들었다. 재능도 모자란 사람이 게으르기까지 하면 되겠느냐는 소리 없는 비난의 목소리가 나를 무척이나 괴롭혔기 때문이다. 그래서 결국 꿈도 꾸지 않던 출간을 고려하게 되었다. 최대한 치기를 없애는 조건에서 말이다. 나만을 위한 글이 아니라 타인과 함께 나눌 수 있는 글로 바꾼다는 조건에서 말이다.

오랫동안 치기를 지우려고 노력했다. 하지만 좀처럼 지워지지 않는 것들이 있었다. 아무리 생각을 닦고 다듬어도 거머리처럼 떨어지지 않는 치기가 있었다. 영영 지워지지 않을지도 모르고, 백발의 노인이 된 다음에야 지워질지도 모를 그런 치기였다. 유치함이 사라진 다음 느지막이 출판하는 길도 있지만, 아무래도 그때를 기다리다가는 결국 내지 못할 것만 같은 불안감이 밀려들었다. 그와 동시에 최소한 게으르지는 않았노라고 말할 수 있다면, 그것이면 책을 출간할 수도 있겠다는 또다른 치기가 스멀스멀 뻗히기 시작했다. 결국 나는 이 맹랑한 치기에 굴복했고 이처럼 책을 출간하게 되었다. 어쩌면 이런 자질구레한 개인 사적 뒷이야기를 쓰는 것 자체도 또하나의 치기일 것이다.

하지만 나는 지금 이 순간, 그토록 싫었던 나의 치기에 감사한다. 그런 치기마저 없었더라면, 오늘의 이 책은 없었을 터이기 때문이다. 그리고 앞으로 내가 좀더 나은 글을 쓰고 책을 낸다면, 아마도 내 치부를 드러낸 이 책 덕분이 아닐까 생각된다. 이 책이 내게는 적어도 좋은 반면교사 역할을 해줄 것이기 때문이다. 처음부터 부끄러운 치기를 숨김없이 보였기에, 굳이 그것을 감추려 애쓸 필요 없이, 진솔하게 글을 쓸 수 있을 것이기 때문이다.

*****

"이 책의 필요성은 오늘날 사랑의 담론이 지극히 외로운 처지에 놓여 있다는 사실을 인식한 데에서 비롯되었다. 이 담론은 아마도 수많은 주체들에 의해 말해져왔을 것이다. 그러나 어느 누구에 의해서도 보호받지는 못했다. 그것은 주변의 언어들로부터 버림받았다. 또는 무시되고 헐뜯어지고, 웃음거리가 되어왔다."

이 인용문은 롤랑 바르트가 『사랑의 단상』이라는 책 첫머리에 기입해놓은 글이다. 그의 책이 출판된 지 꽤 시간이 흘렀건만, 사정은 그때나 지금이나 동일한 것 같다. 사랑 담론이 외로운 처지에 놓였을진대 하물며 죽음 담론의 사정은 두말할 나위가 없을 것이다.

현대인들은 삶에서 가장 중요한 두 테마를 방기하고 있다. 세세한 모든 담론들이 이곳으로 수렴되어 이들 테마에 대한 논의가 풍성해져야 할 터인데, 상황은 그와는 반대이다. 의미 연관을 잃은 지엽적인 문제들만이 사람들의 주목을 받고 있다. 지성인들조차 전문가가 되기에 급급한 나머지 정작 중요한 문제에 고민을 쏟을 여유가 없다. 하지만 이런 "궁핍한 시대"일수록 사랑과 죽음에 관한 사유는 더욱 절실하게 요구된다고 말할 수 있을 것이다.

이 글은 예술을 삶의 폭넓은 지평에서 바라보고자 했다. 자세하고 세부적인 관찰보다는 예술이 삶의 어떤 국면들과 연결되어 있는지를 밝히는 데 주력했다. 사랑하다 죽는 우리들 삶 속에서 예술의 의미를 발굴하려고 했던 것이다. 엄격히 말하자면, 글쓴이는 서양의 삶과 문화 속에서 예술의 의미를 발굴하고자 했다. 그 발굴과정에서 멜랑콜리라는 빛나는 결정체를 얻어냈다. 아직 충분히 갈고 다듬지 못한 개념이지만, 글을 쓰는 가운데 이 개념이 서양 예술을 특징짓는 결정체라는 확신을 얻었다. 글쓴이가 보기에, 이 책에 지적인 가치가 있다면, 그것은 바로 멜랑콜리 개념의 발굴에 있다. 이 글을 통해서 멜랑콜리 담론의 지층들을 세세히 분석하지는 못했지만, 그 개념의 위상과 중요성은 어느 정도 드러냈다고 생각한다. 멜랑콜리에 대한 세밀한 분석, 학술적인 연구는 다음에 출간될 책에서 선보일 예정이다.

진정한 예술가는 예술을 미화하지 않는다. 진정한 철학자는 철학을 미화하지 않는다. 있는 그대로 아름답고 풍족하기에 굳이 미화할 이유도 없고, 따라서 미화하고픈 욕망도 일어나지 않을 것이기 때문이다. 미화는 오직 존재에 이르지 못한 미달, 곧 미성숙의 산물일 뿐이다. 곧 치기의 산물일 뿐이다. 이런 점에서 진정한 철학자와 예술가는 아름답게 치장된 껍데기에 냉소를 날릴 수 있는 사람이다. 치기어린 미화를 한 방에 날려버릴 수 있는 냉소.

이 글에서 나는 예술과 철학을 미화한 듯하다. 그것은 내 미숙함의 명백한 징표다. 솔직히 인정한다. 그럼에도 약간의 변명이 허락된다면, 예술과 철학이 터무니없이 냉대받고 있는 현실 속에서 그 반대급부로서 이 정도의 미화는 용서받을 수 있으리라 믿는다. 언젠가 아리스토텔레스도 이야기한 것처럼, 중용의 지점Topos은 산술적으로 정확한 양극단의 중간 지점이 아니라, 어느 한 극단에 치우친 기우뚱한 중심점이기 때문이다. 마치 중용의 덕인 용감함이 비겁함보다는 무모함에 더 가까이 있는 것처럼.

*****

하이데거는 '생각한다Denken'는 것은 '감사한다Danken'는 뜻이라고 말한 바 있다. 생각하는 행위의 밑바탕에는 생각을 추동해준 존재에 대해 감사하는 마음이 놓여 있다는 뜻이다. 이런 의미에서 나는 길고 길었던 이 생각 고리들의 시작과 끝에 헌정과 감사의 말을 새겨넣고 싶다. 그런데 문제는 감사해야 할 분들이 너무 많다는 점이다. 이 책에 직접적인 도움을 준 사람만 언급해도 지면이 여러 장 필요할 것 같다.

여기에서 일일이 거명하지는 못하지만 그 모든 분들께 진심으로 감사드린다. 그래도 이 말은 꼭 남기고 싶다. 나의 이전 책(『하이데거의 사이-예술론』, 그린비, 2009)이 여러 선생님, 선배 들에게 크게 빚졌다면, 이번 책은 친구들과 학생들에게 큰 빚을 지고 있다고 말이다. 나를 격려해주고 독려해준 그분들께 감사한다. 특히 나의 일천한 플라톤 해석을 교정해주신 이명기, 양태범 선배님과 베를린 체류를 도와준 친구 강정수와 구자범, 파리 체류를 도와준 한영정, 부다페스트를 함께 여행했던 독일인 친구 앙겔루스Angelus, 그리고 예리하고 섬세한 코멘트를 해주었던 안희연을 비롯한 나의 학생들(내가 수업했던 서울여대, 안양대, 연세대, 중앙대, 충북대, 한남대, 한양대 학생들)에게 감사의 마음을 전한다. 그리고 볼품없는 글 무더기를 근사한 책으로 만들어주신 최지영 님을 비롯한 문학동네 여러분께 감사드린다. 마지막으로 이 책을 처음 구상했던 세 곳, 즉 신촌의 안산安山과 베를린의 동물공원Tiergarten 그리고 부다페스트의 도나우 강에도 감사한다. 안산과 동물공원의 오솔길과 도나우 강변에서 책의 태반을 떠올렸으니, 그 산과 숲과 강에게도 감사해야 하는 것은 지극히 당연한 일이 아닌가.

〈글루미 선데이〉 ┃ 감독 롤프 슈벨 ┃ 1999

〈모딜리아니〉 ┃ 감독 믹 데이비스 ┃ 2004

〈매트릭스〉 ┃ 감독 앤디 워쇼스키·래리 워쇼스키 ┃ 1999

〈메멘토〉 ┃ 감독 크리스토퍼 놀런 ┃ 2000

〈바람계곡의 나우시카〉 ┃ 감독 미야자키 하야오·코마츠바라 카즈오 ┃ 1984

〈포 미니츠〉 ┃ 감독 크리스 크라우스 ┃ 2006

〈센과 치히로의 행방불명〉 ┃ 감독 미야자키 하야오 ┃ 2001

〈신과 함께 가라〉 ┃ 감독 졸탄 스피란델리 ┃ 2002

〈파니 핑크〉 ┃ 감독 도리스 도리 ┃ 1994

〈일 포스티노〉 ┃ 감독 마이클 래드포드 ┃ 1994

〈진주 귀걸이를 한 소녀〉 ┃ 감독 피터 웨버 ┃ 2003

〈플란다스의 개〉 ┃ 감독 쿠로다 요시오 ┃ 1997

〈현 위의 인생〉 ┃ 감독 첸 카이거 ┃ 1991

〈헤드윅〉 ┃ 감독 존 캐머런 미첼 ┃ 2000

고정희, 『이 時代의 아벨』, 문학과지성사, 1983.

고진, 가라타니, 『윤리 21』, 송태욱 옮김, 사회평론, 2008.

골드만, 루시앙, 『숨은 신』, 송기형·정과리 옮김, 연구사, 1986.

기형도, 『기형도 전집』, 문학과지성사, 2000.

김동규, 「예술가의 자기 목소리—예술가와 양심」, 『하이데거 연구』, 제11집, 한국하이데거학회, 2005.

—, 「니체 철학에서의 고통과 비극—문화 철학의 관점에서」, 『철학탐구』, 제26집, 중앙철학연구소, 2009.

—, 「멜랑콜리—이미지 창작의 원동력; 아리스토텔레스의 『문제들』을 중심으로」, 『철학탐구』, 26집, 2009.

—, 「비오는 겨울밤의 몽상」, 『생명에 관한 아홉 가지 에세이: 제1회 학술에세이상 수상작』, 민음사, 2002.

—, 「서양이성의 멜랑콜리—칸트의 경우」, 『이성의 다양한 목소리』, 현대철학연구소 편, 철학과현실사, 2009.

—, 『하이데거의 사이—예술론; 예술과 철학 사이』, 그린비, 2009.

김민수·최호철·김무림 편찬, 『우리말 어원사전』, 태학사, 1997.

김상봉, 『나르시스의 꿈』, 한길사, 2002.

—, 『서로 주체성의 이념—철학의 혁신을 위한 서론』, 길, 2007.

김상환, 『예술가를 위한 형이상학—해체론 시대의 철학과 문화』, 민음사, 1999.

니체, 프리드리히, 『비극의 탄생』, 곽복록 옮김, 범우사, 2002.

—, 『인간적인 너무나 인간적인 I』, 김미기 옮김, 책세상, 2001.

데리다, 자크, 『환대에 대하여』, 남수인 옮김, 동문선, 2004.

뒤르켐, 에밀, 『에밀 뒤르켐의 자살론』, 황보종우 옮김, 이시형 감수, 청아출판
　　사, 2008.
뒤봐, 필립, 『사진적 행위』, 이경률 옮김, 마실가, 2004.
드브레, 레지스, 『이미지의 삶과 죽음―서구적 시선의 역사』, 정진국 옮김, 시
　　각과언어, 1994.
릴케, 라이너 마리아, 『릴케전집 2』, 김재혁 옮김, 책세상, 2000.
몽테뉴, 미셸 드, 『몽테뉴 수상록』, 손우성 옮김, 동서문화사, 2007.
바르트, 롤랑, 『밝은 방』, 김웅권 옮김, 동문선, 2006.
―, 『사랑의 단상』, 김희영 옮김, 문학과지성사, 1999.
바슐라르, 가스통, 『대지 그리고 휴식의 몽상』, 정영란 옮김, 문학동네, 2002.
바타유, 조르주, 『에로티즘의 역사』, 조한경 옮김, 민음사, 1998.
―, 『에로스의 눈물』, 유기환 옮김, 문학과의식, 2002.
반 고흐, 빈센트, 『반 고흐, 영혼의 편지』, 신성림 옮김, 예담, 1999.
백문식, 『우리말의 뿌리를 찾아서』, 삼광출판사, 1998.
버틀러, 주디스, 『불확실한 삶―애도와 폭력의 권력들』, 양효실 옮김, 경성대
　　학교출판부, 2008.
벤야민, 발터, 「사진의 작은 역사」, 『발터 벤야민의 문예 이론』, 반성완 옮김,
　　민음사, 1996.
서정주, 『미당 시전집 1』, 민음사, 1999.
솔로몬, 앤드류, 『한낮의 우울』, 민승남 옮김, 민음사, 2004.
쇼펜하우어, 아르투르, 『의지와 표상으로서의 세계』, 권기철 옮김, 동서문화
　　사, 2008.
식수, 엘렌, 『메두사의 웃음/출구』, 박혜영 옮김, 동문선, 2004.
스타이런, 윌리엄, 『보이는 어둠―우울증에 대한 회고』, 임옥희 옮김, 문학동
　　네, 2002.
스탕달, 『스탕달 연애론 에세이 LOVE』, 이동진 편역, 해누리, 2006.
아리스토텔레스, 『시학』, 천병희 옮김, 문예출판사, 1990.

아벨라르·엘로이즈,『아벨라르와 엘로이즈』, 정봉구 옮김, 을유문화사, 1999.

아스만, 알라이다,『기억의 공간』, 변학수·백설자·채연숙 옮김, 경북대학교
　　　출판부, 2003.

오비디우스,『오비드 신화집―변신 이야기』, 김명복 옮김, 솔, 1993.

이성복,『달의 이마에는 물결무늬 자국』, 열림원, 2003.

정진홍,『만남, 죽음과의 만남』, 궁리, 2008.

정현종,「사랑 사설 하나―자기 자신에게」

―,『견딜 수 없네』, 시와시학사/황금이삭.1, 2003.

정호승,『사랑하다가 죽어버려라』, 창작과비평사, 1997.

조동일,『카타르시스, 라사, 신명풀이: 연극·영화미학의 기본원리에 대한 生
　　　克論의 해명』, 지식산업사, 1997.

조영언,『한국어 어원사전』, 다솜출판사, 2004.

지라르, 르네,『희생양』, 김진식 옮김, 민음사, 1998.

카이와, 로제,『놀이와 인간』, 이상률 옮김, 문예출판사, 2003.

칸트, 임마누엘,『판단력비판』, 백종현 옮김, 아카넷, 2009.

―,『순수이성비판』, 백종현 옮김, 아카넷, 2006.

크리스, 에른스트·쿠르츠, 오토,『예술가의 전설』, 노성두 옮김, 사계절,
　　　1999.

크리스테바, 줄리아,『검은 태양』, 김인환 옮김, 동문선, 2004.

―,『사랑의 역사』, 김인환 옮김, 민음사, 2008.

타타르키비츠, 블라디슬로프 ,『여섯 가지 개념의 역사』, 이용대 옮김, 이론과
　　　실천, 1997.

투르니에, 미셸,『짧은 글 긴 침묵』, 김화영 옮김, 현대문학, 1998.

파스칼, 블레즈,『광세』, 김형길 옮김, 서울대학교출판부, 1996.

곽토, 프란세트,『미인』, 이민아 옮김, 까치, 2000.

프로이트, 지그문트,「나르시시즘에 관한 서론」,『무의식에 관하여』, 윤희기
　　　옮김, 열린책들, 1997.

—, 『문명 속의 불만』, 김석희 옮김, 열린책들, 1998.

—, 「슬픔과 멜랑콜리」, 『무의식에 관하여』, 윤희기 옮김, 열린책들, 1997.

—, 『정신분석강의』, 임홍빈·홍혜경 옮김, 열린책들, 1997.

플라톤, 『파이드로스』, 조대호 옮김, 문예출판사, 2008.

—, 『향연』, 박희영 옮김, 문학과지성사, 2003.

—, 『국가』, 박종현 옮김, 서광사, 1997.

플루서, 빌렘, 『사진의 철학을 위하여』, 윤종석 옮김, 커뮤니케이션북스, 1999.

한용운, 『당신을 보았습니다』, 문학과비평사, 1988.

횔덜린, 프리드리히, 『히페리온』, 홍경호 옮김, 범우사, 1990.

Aristotle, "On Prophecy in Sleep"(in; Parva Naturalia), in; *The Loeb Classical Library*, trans. W. S. Hett, London and Cambridge, 1964.

—, *Problems II*, Book XXX, trans. W. S. Hett, London and Cambridge, 1957.

Benjamin, Walter, *Gesammelte Schriften*, Bd.IV, I, Frankfurt a. M. 1991.

Binkert, Dörthe, *Die Melancholie ist eine Frau*, Hoffmann und Campe, Hamburg, 1995.

Dahrendorf, Ralf, *Essays in the Theory of Society*, Stanford University Press, Stanford, California 1968.

Fink, Eugen, *Metaphysik und Tod*, Kohlhammer, Stuttgart·Berlin·Köln·Mainz, 1969.

Heidegger, M., *Aus der Erfahrung des Denkens*, 4. Auflage, Neske, Pfullingen, 1977.

—, *Die Grundbegriffe der Metaphysik : Welt-Endlichkeit-Einsamkeit*, Frankfurt am Main : V. Klostermann, 2004.(『형이상학의 근본개념들; 세계-유한성-고독』, 이기상·강태성 옮김, 까치, 2001.)

—, *Die Metaphysik des Deutschen Idealismus—Zur Erneuten Auslegung von*

Schelling, hrsg. von Günter Seubold, Vittorio Klostermann, Frankfurt a.M., 1991.

—, *Sein und Zeit*, hrsg. von Friedrich-Wilhelm von Herrmann, Vittorio Klostermann, Frankfurt am Main, 1977.(『존재와 시간』, 이기상 옮김, 까치, 1999.)

—, *Vorträge und Aufsätze*, 4. Auflage, Neske, Pfullingen, 1978.

Jean Starobinski, "Die Tinte der Melancholie," in *Melancholie ; Genie und Wahnsinn in der Kunst*, hrsg. von Jean Clair, Hatje Cantz Verlag, Ostfildern-Ruit, 2005.

Kübler-Ross, E., *Interviews mit Sterbenden*, Stuttgart, 1969.

Lambrecht, Roland, *Melancholie: Vom Leiden an der Welt und den Schmerzen der Reflexion*, Rowohlt Taschenbuch Verlag, Hamburg, 1994.

Leder, Helmut, "Ein psychologischer Ansatz zur Ästhetik: Gefallen und Vertrautheit", in: *Dimensionen ästhetischer Erfahrung*, hrsg. von Joachim Küpper und Christoph Menke, Suhrkamp Frankfurt am Main, 2003.

Longinus, "On the Sublime", in *Classical Literary Criticism*, trans. T.S. Dorsch, Penguin Books, 1965.

Macho, Thomas H., *Todesmetaphern*, Suhrkamp, Frankfurt a.M, 1987.

Nick Barkow, *Das Lied vom traurigen Sonntag*, Rowohlt Taschenbuch Verlag, 2003.

Paz, Octavio, *Die doppelte Flamme*, Rudolf Wittkopf(übersetzen), Suhrkamp, Frankfurt am Main, 1997.

Schulte, Günter, *Philosophie der letzten Dinge Über Liebe und Tod als Grund und Abgrund des Denkens*, Heinrich Hugendubel Verlag, Kreuzlingen München, 1997.

멜랑콜리 미학

사랑과 죽음 그리고 예술

ⓒ 김동규 2010

1판 1쇄 2010년 4월 27일
1판 8쇄 2021년 10월 4일

지은이 김동규
편집 최지영 양재화 | 독자 모니터 김경범
마케팅 정민호 양서연 박지영 안남영
홍보 김희숙 함유지 김현지 이소정 이미희 박지원
제작 강신은 김동욱 임현식 | 제작처 영신사

펴낸곳 (주)문학동네 | 펴낸이 염현숙
출판등록 1993년 10월 22일 제406-2003-000045호
주소 10881 경기도 파주시 회동길 210
전자우편 editor@munhak.com | 대표전화 031) 955-8888 | 팩스 031) 955-8855
문의전화 031)955-2655(마케팅) 031)955-1913(편집)
문학동네카페 http://cafe.naver.com/mhdn | 트위터 @munhakdongne
북클럽문학동네 http://bookclubmunhak.com

ISBN 978-89-546-1117-6 03100

www.munhak.com